SOCIAL WORK
PRACTICE

사회복지 실천론

박귀영 간호옥
김현경 서민호
송운용 오현숙
이장희 정명희
주민경 공저

양성원

머리말

통계청 「2022년 출생 통계」에 따르면 합계출산율(여자 1명이 평생 낳을 것으로 예상되는 평균 출생아 수)은 0.78명으로 전년보다 0.03명(-3.7%) 감소하여 OECD 국가 중 최저를 나타내고 있으며, 이로 인하여 초고령사회의 진입이 빨라지고 있다. 이는 한국 미래의 어두운 큰 문제가 된다.

세계로 확산된 새로운 유형의 코로나바이러스감염증-19에 의한 호흡기 감염질환이 지구촌에 큰 재앙을 주었고, 지금도 기후 불안정에 따른 홍수, 산불, 사건, 사고와 재난 등으로 사회복지 소요는 예상을 초월해 증가할 수밖에 없으며 이로 인한 사회복지는 진일보 발전하고 있다.

대한민국에서의 사회복지 실천은 과거 요보호 대상자의 민생 구휼이나 시혜 또는 상부상조, 구빈 업무와 공장 운영, 민간 차원의 우애 방문, 무료 봉사로 시작하였다. 그러나 현재는 그 선두에서 사회복지 실천이 이루어지고 있으며, 세계 복지의 흐름인 보편적 복지 시대를 구가하면서 의무에서 권리로 변화되어 가고 있다.

사회복지 실천은 이렇게 사람들의 기본권인 의식주를 해결하고 더 나아가 모든 사람들의 삶의 질을 향상시키는 데 그 목적을 두고 끊임없이 진행되어 가고 있다. 지금까지 수많은 수고와 노고를 아끼지 않은 많은 선진들이 있어 오늘에 있음을 감사한다.

이번 코로나바이러스감염증-19의 경우에서 보았듯이 우리의 의료서비스와 국민들의 봉사 등 사회복지의 현장에서 수고하는 사회복지학 전문가와 사회복지사들이 모든 국민이 행복하게 살아갈 수 있는 복지국가를 만들기 위해 노력하고 있다.

그래서 사회복지(social welfare)가 필요하며 그 구체적 · 전문적 실천이 사회복지 실천

(social work practice)이다. 우리가 다양한 클라이언트를 만나고 이들의 조력자, 협력자, 돕는자, 위로자가 되어 필요로 하는 일을 감당하려면 전문적 지식과 기술이 필요하다. 그러므로 사회복지실천은 사회의 다양한 욕구를 수용하고 그들이 가지고 있는 개인적인 문제에서 사회현장의 갈등에 이르기까지 사회복지실천 전문가로서 가져야 할 가치와 지식 및 기술을 발휘할 수 있는 전문가가 필요하다.

따라서 2022년 7월에 한국사회복지교육협의회는 사회복지 관련 교과목지침서를 표준으로 사회복지 실천론 교과목지침서를 준용하여 구성하도록 하였으며, 현장에서 직접 활용할 수 있는 이론과 방법들을 중심으로 구성하였다.

이런 지침을 중심으로 과목의 목적은 사회복지 실천의 개념과 관점을 정립하고, 실천의 토대가 되는 사회와 현장에 대한 이해, 사회복지 전문직과 자신에 대한 이해를 바탕으로 도움을 필요로 하는 사람들에 대하여 다양한 관점을 기반으로 통합적 접근을 통해 전문적인 서비스를 제공할 수 있는 역량을 함양하는 데 두었다.

이러한 목적을 달성하기 위하여 다음과 같은 목표를 설정하였다.

첫째, 사회복지 실천의 개념과 목적을 이해

둘째, 사회복지 실천 현장을 이해

셋째, 사회복지 실천 가치와 윤리에 대해 이해

넷째, 사회적 약자에 대한 옹호를 이해

다섯째, 사회복지 전문직으로서의 정체성 이해

여섯째. 사회복지 실천의 관점 및 통합적 접근에 대해 이해

일곱째, 사회복지 실천 과정에 대해 이해

그렇다면 이러한 목표에 도달하기 위해 어떻게 공부할 것인가?

이를 위해 이 책을 서술하면서 사회복지 실천의 교육 지침에서 제시한 목적과 목표를 달성하기 위한 내용을 담도록 노력하였으며 모두 13장으로 구성하였다.

제Ⅰ부 사회복지 실천의 토대 측면에서 제1장은 사회복지 실천의 이해, 제2장은 사회복지 실천 현장의 이해, 제3장은 사회정의와 사회복지 실천의 가치, 제4장은 사회복지사의 전문성과 성찰적 실천에 대한 부분을 다루었다.

제Ⅱ부 사회복지 실천의 접근 방법에서 제5장은 사회복지 실천의 관점, 제6장은 사회복지 실천의 통합적 접근, 제7장은 사회복지 실천의 관계와 의사소통에 대한 부분을 다루었다.

제Ⅲ부 사회복지 실천의 과정에서 제8장은 사회복지 실천 과정과 기록, 제9장은 초기단계, 제10장은 사정 및 계획단계, 제11장은 실행 단계(미시적), 제12장은 실행 단계(거시적), 제13장은 종결 단계에 대한 부분을 다루었다.

본 서는 사회복지사 1급 · 2급, 건강가정사, 요양보호사를 공부하는 학생들과 사회복지 실천을 연구하고 필드에서 사회복지 실천 분야에서 근무하는 모든 전문직들이 사회복지 실천을 이해하고 사회의 제반 문제를 파악하고 해결하기 위한 예방 방법을 찾는데 기초지식을 제공하고자 한다. 부족한 점은 독자들의 넓은 아량으로 이해해 주기 바라며 미흡한 분야에 대해서는 충고와 사랑을 아낌없이 베풀어 주기 바란다.

끝으로 본 서가 집필되기까지 바쁜 일정 가운데서도 출판을 허락하여 주신 양성원 강철원 대표님과 모든 직원들에게 진심으로 감사의 마음을 전한다.

2024년 2월

저자 일동

차 례

머리말 / 3

PART 01 사회복지 실천의 토대

Chapter 01 사회복지 실천의 이해 13

제1절 사회복지 실천의 개념과 목적 14
제2절 사회복지 실천의 기능과 수준 22
제3절 사회복지 실천의 대상과 방법 24
제4절 사회복지 실천의 이념 33

Chapter 02 사회복지 실천 현장의 이해 41

제1절 한국 사회복지 실천의 역사 42
제2절 사회복지 흐름과 변화 49
제3절 사회복지 실천 동향과 구조와 역량 54
제4절 사회복지 실천 현장의 도전 62

Chapter 03 사회정의와 사회복지 실천의 가치 71

제1절 사회정의에 대한 이해 72
제2절 사회복지 실천의 가치와 윤리 81
제3절 사회복지 실천 현장의 가치 및 윤리 갈등 87

Chapter 04 사회복지사의 전문성과 성찰적 실천 97

제1절 사회복지 전문직의 개념 98

제2절 사회복지 실천의 정체성과 성찰적 실천 113

PART 02 사회복지 실천의 접근 방법

Chapter 05 사회복지 실천의 관점 127

제1절 환경 속의 인간 관점 128

제2절 일반체계이론 관점 135

제3절 생태체계적 관점 141

제4절 사이버네틱스 이론 관점 149

Chapter 06 사회복지 실천의 통합적 접근 159

제1절 통합적 방법의 개념과 특징 160

제2절 통합적 방법의 등장 배경 164

제3절 통합적 방법의 이론적 기반 166

제4절 통합적 방법의 실천 모델 172

Chapter 07 사회복지 실천의 관계와 의사소통 185

제1절 사회복지 실천을 위한 관계 186

제2절 사회복지 실천을 위한 의사소통 201

PART 03 사회복지 실천의 과정

Chapter 08 사회복지 실천의 과정과 기록 215

제1절 사회복지 실천의 과정 216

제2절 사회복지 실천의 기록 224

Chapter 09 초기 단계(접수와 자료수집) 243

제1절 접수 244

제2절 자료수집 257

Chapter 10 사정 및 계획 단계(사정, 계획) 265

제1절 사정 266

제2절 계획단계 281

Chapter 11 실행 단계(미시적) 295

제1절 개인 대상 실천의 이해 296

제2절 개인 대상 실천 과정 301

제3절 개인의 내적 변화를 위한 실천 308

제4절 대인 관계적 변화를 위한 실천 316

Chapter 12 실행 단계(거시적) 325

제1절 집단에 대한 이해 325

제2절 집단 운영 계획하기 334

Chapter 13 종결 단계(평가, 종결) 353

제1절 평가 354

제2절 종결 368

▌참고문헌 / 382

▌찾아보기 / 387

PART 1

사회복지 실천의 토대

01

Chapter

사회복지 실천의 이해

사회복지 실천론은 사회복지사가 모든 사람의 삶의 질과 사회적 안녕 상태를 이루기 위해 사회적 서비스들을 클라이언트가 요구하는 현장에서 실천에 옮기는 과정이다. 사회복지학을 전공하는 학생들과 사회복지를 연구하거나 관심을 가지고 있는 모든 사람들에게 있어서 사회복지 실천론은 필수과목이다. 필수과목으로서의 사회복지 실천은 무엇인가? 그렇다면 사회복지 실천은 누구를 대상으로 어디서 무엇을 서비스할 것인가를 배우는 기초라고 할 수 있다. 본 장에서는 사회복지실천 이해를 위해 사회복지개념과 목적, 사회복지 실천의 기능과 수준, 누구를 대상으로 어떻게 서비스하는지 그 방법을 살펴보고 마지막으로 사회복지실천의 이념 부분을 기술한다.

제1절 사회복지 실천의 개념과 목적

1. 사회복지 실천의 개념

사회복지 실천은 하나의 독립된 영역으로 구체적이고 쉽게 정의를 내린다는 것은 쉬운 일이 아니다. 왜냐하면 사회복지 실천의 기능이나 이런 사회복지 실천 과정에 대해 분명하고 간결한 정의를 내리지 못하고 있으며, 실천 방법과 실천 장면들이 매우 다양하므로 모든 내용을 포괄할 수 있는 정의를 내린다는 것은 쉬운 일이 아니기 때문이다. 이러한 사회복지 실천에 대한 개념은 사회복지가 발달하던 초기에는 개인이나 개인의 성격 변화에 초점을 둔 정의들이 대부분이었다. 리치몬드는 개인 대 개인 및 인간과 그의 사회 환경 간에 잘 적응하는 능력을 갖도록 성격을 발달시키는 과정으로 보았다(Richmond, 1922). 그러나 1949년 바우어스의 정의를 기점으로 개인이나 개인의 성격을 벗어나 지역사회를 포괄적으로 다루는 것으로 사회복지 실천에 대한 정의가 내려지고 있다. 바우어스는 클라이언트와 그의 환경 사이의 조화를 이루도록 지역사회 내의 자원과 클라이언트 개인의 능력을 최대한 동원하는 지식과 기술로 보았다(Bowers, 1949).

하지만 지역사회를 대상으로 보는 포괄적인 정의라고는 할 수 없다. 1950년대 후반부터 사회복지의 방법에는 사회복지사가 수행하는 어떤 공통적인 역할과 요소가 있다는 점에 착안하여 사회복지 통합방법이 나오게 되면서 사회복지에 대한 포괄적 정의들이 내려지게 되었다.

사회복지 실천의 개념은 환경 속의 개인을 다루어 개인이 효과적으로 환경과 상호작용하도록 도와주는 것으로 어떤 방법으로 원조를 할 것인지에 따라 달리 해석되고 있다. 따라서 사회복지사는 사회복지 실천에 대한 포괄적인 개념을 명백히 해 두는 것이 필요하다.

결론적으로 사회복지 실천은 인간이 일상생활에서 직면하게 되는 욕구나 문제를 개인, 집단, 가족 및 지역사회 수준의 접근 방법을 통하여 원만한 사회적 기능을 수행하도록 돕는 전문적 활동이다. 따라서 사회복지 실천의 핵심은 사회적 기능 수행상의 문제를 중심으로 사회복지사와 클라이언트가 함께 활동하는 것이다.

사회복지 실천의 정의는 메리 리치몬드(Mary Richmond, 1922)의 정의로부터 그 기원을 찾을 수 있는데, 그녀는 사회복지 실천을 '인간과 그의 사회 환경 간에 개별적이고도 의식적인 조정을 통해 그 사람의 인격 발달을 가져올 수 있도록 하는 과정'이라 하였다.

펄만(Perlman, 1957)은 사회복지 실천이란 '개인들이 사회적 기능을 함에 있어서 그들의 문제를 보다 효과적으로 대처해 나갈 수 있도록 개인들을 돕는 사회복지기관의 한 과정'이라고 하였다.

또한 보엠(Bohem, 1958)의 정의를 보면 '개인 한 명 또는 개인들 집단의 사회기능을 향상시키는 것으로, 여기서 사회기능이란 개인과 그 상호작용을 이루는 사회관계의 활동'이라고 하였다.

펄만에게서 영향을 많이 받은 핀커스와 미나한(Pincus & Minahan, 1973)은 『통합적 접근 방법에 의한 사회복지 실천』(Social Work Practice: Model and Method)이라는 책을 저술하게 되었고 이 책 속에서 사회복지 실천에 대한 정의를 제시하였는데, 이러한 핀커스와 미나한의 정의는 '사람들이 그들의 생활 과업을 성취하고 고통을 덜며, 열망과 가치를 실현할 수 있는 사람들의 능력에 영향을 주는 인간과 사회 환경의 상호작용에 관여하는 것'이라고 하였다.

미국사회복지사협회(NASW, 1995)에 의하면 사회복지 실천은 '개인, 집단, 혹은 지역사회가 사회기능을 향상시킬 수 있는 자신들의 능력을 회복하거나 증진시키고, 자신들의 목적에 맞는 사회 조건을 창조하도록 돕는 전문적인 활동'이라고 규정하였다.

돌고프 등(Dolgoff et al., 1997)에 의하면 사회복지 실천은 '인간복지의 향상, 빈곤과 억압의 경감, 최상의 삶의 질 향상을 위해 업무를 수행하는 전문직'이라고 하였다.

이러한 학자들의 사회복지 실천에 대한 개념을 해석 및 응용하여 새롭게 개념을 정리하면 사회복지 실천이란 '사람의 삶의 질 향상을 위해 개인, 소집단, 가족 또는 지역사회의 문제와 욕구를 해결하기 위해 종합적인 서비스 접근 방법을 찾아 적용하는 종합적인 전문 활동'이라고 한다(박귀영, 2014).

2. 사회복지 실천의 목적

사회복지 실천의 궁극적인 목적은 모든 사람의 삶의 질(quality of life)을 향상시키는 것이다. 사회 내의 모든 사람의 삶의 질을 향상시킨다는 것은 말처럼 간단한 문제가 아니다. 삶을 영위하는 그 시대적 상황이나 환경에 따라 변화되는 것이며, 사회적 배경 내에서는 사회정의가 실현되는 맥락이어야 한다. 즉, 모든 사회구성원이 가용자원과 기회에 쉽고 공정하게 접근할 수 있도록 보장을 해 주어야만 되는 것이다. 또한 사회적 환경과 물리적 환경이 사람들의 삶의 질에 영향을 미치므로 이들의 개선이 필요하다. 개인, 가족, 집단 또는 지역사회의 사회적 기능을 향상시키는 데 사회복지실천가는 도움을 주어야 한다.

1) 사회복지 실천의 목적

(1) 생존권의 보장

사회복지 실천의 가장 기본적인 목표는 건강하고 문화적인 최저한도의 생활을 보장하는 것이다. 생존권을 보장한 다양한 사회복지 실천을 통하여 지원해 준다. 즉, 인간이 최소한의 인간다운 생활을 유지하기 위하여 최소한의 자원을 주는 것이다.

(2) 사회생활상의 기본적 욕구의 충족

사회복지 실천은 앞에서 지적하고 있는 바와 같이 생존권의 보장과 동시에 인간의 사회생활의 기본적 욕구도 충족시켜야 한다. 사회복지 실천을 통해서 인간이 가지고 있는 다양한 사회적 욕구를 충족할 수 있도록 접근해야 한다.

(3) 정상화의 실현

사회복지 실천 이념 중에서 중요한 부분 중의 하나가 정상화(normalization)의 이념이다. 원래 정상화의 이념은 정신 자체가 다른 사람과 동등한 생활을 지역사회에서 함께 하는 것을 지향하는 것이다. 즉 장애인의 인권, 가치, 존엄성이 일반 시민과 같은 것이며, 장애를 가진 자가 장애를 가지지 않는 자와 함께 생활할 수 있는 사회야 말로 정상적인 사회라는 이념이다. 그리고 사회복지 실천에서 추구하는 탈시설화, 주민의 참가 등에 의한 재가 복지의 구체적인 목적이 정상화의 이념과 밀접한 관계를 가지고 있다. 다시 말해, 보호 대상자가 생애를 통하여 될 수 있는 한 가족생활을 기반으로 각 생활주기에 대응하는 정상의 발달과제로서의 인간으로서이 욕구를 충족시키며, 이웃 관계, 교육, 고용, 문화 등을 포함한 그 이외의 사회적 교류의 기회가 정상적으로 확보될 수 있는 사회복지 실천의 체제를 만들어 내는 것을 목적으로 하는 것이 정상화의 이념이다.

(4) 통합화의 실현

통합화란 장애인이나 노인 등의 보호 대상자가 자신들이 성장한 지역사회에서 일반 주민들과 함께 생활해야 한다는 것이다. 역사적으로 볼 때, 보호 대상자들이 지역사회에서 격리된 수용시설에서 특별히 보호하는 것이 일반적이었으나, 최근에는 인간의 기본적 인권 중시의 입장에서 복지적 처우는 격리적 보호에서 통합적 처우를 중시하는 방향 또는 시설보호에서 재가 복지와 지역사회복지를 중시하는 방향으로 사회복지 실천이 변화하고 있다. 또한 통합하는 정상화의 이념을 달성하기 위한 주요한 원칙으로서 그 목적은 지역사회의 보호 대상자들이 가능한 한 지역 주민들과 생활하고 일하는 것을 원칙으로 한다. 즉 보호 대상자가 생애를 통하여 지역사회와 가정생활을 기반으로 인생 주기에 대응하는 정상적인 발달과제, 인간관계의 사회적 교류 등을 정상적으로 확보될 수 있는 사회복지 실천 체계를 만들어 내는 통합적인 처우의 이념이다.

(5) 복지 사회의 실현

사회복지 실천의 궁극적인 목표도 사회복지 정책과 사회복지 실천의 효율적인 통합화를 통하여 복지 사회를 실현하는 것이다. 즉, 사회복지 실천이 국민의 다양한 사회문제의 해결을 통하여 복지 사회를 달성하여 모든 국민이 행복하게 생활하는 것을 목표로 하고 있다.

2) 협회 및 학자들의 목적

(1) 미국 사회복지사협회

미국 사회복지사협회(NASW, 1958)가 최초로 발표한 사회사업의 목적은 다음과 같이 제시하였다.

① 개인과 집단이 그들과 환경 간에 불균형 상태가 발생했을 때 문제를 찾아내어 문제의 어려움 정도를 감소시키거나 해결하도록 도와주는 것이다.

② 개인이나 집단이 그들과 환경 간에 불균형 상태가 일어날 수 있는 잠재적 문제를 미리 발견하여 예방하는 것이다.

③ 개인과 집단과 지역사회 내의 최대한의 잠재력을 발견하여 확인하고, 또 이를 강화시켜 주는 것이다.

(2) 핀커스와 미나한

핀커스와 미나한은 『통합적 접근방법에 의한 사회복지 실천』(Social Work Practice: Model and Method)에서 사회복지 실천에 대한 목적을 다음과 같이 네 가지로 제시하였다(Pincus & Minahan, 1973).

① 사람들의 문제해결 및 대처 능력을 향상시키는 것이다.

② 사람들을 자원, 서비스 그리고 기회를 제공하는 체계들과 연결시키는 것이다.

③ 그런 체계들의 효과적이며 인도적인 운영을 증진시키는 것이다.

④ 사회정책의 개발과 개선에 공헌하는 것이다.

(3) 미국 사회교육협의회

미국 사회복지교육협의회(CSWE, 1992)의 사회복지 실천의 목적은 다음과 같이 네 가지이다.

① 개인, 가족, 집단, 조직 그리고 지역사회가 목적을 달성하고 고통을 완화시키며 자원을 활용할 수 있도록 도와줌으로써 이들의 사회기능을 촉진(promotion), 회복(restoration), 유지(maintenance), 강화(enhancement)[1]시키는 것이다.

② 인간의 기본 욕구를 충족시키고 인간이 갖고 있는 잠재력 및 가능성을 개발하는 것을 돕기 위해 필요한 사회정책, 서비스, 지원, 프로그램 계획(planning), 공식화(formulate),[2] 시행(implementation)하는 것이다.

③ 곤궁에 처한 집단에게 힘을 실어 주고(empower), 사회적 · 경제적 정의를 실현하기 위해 조직적 또는 행정적 옹호 그리고 사회적 또는 정치적 운동을 통해 정책, 서비스, 자원, 프로그램을 추구하는 것이다.

④ 목적과 관련된 모든 전문적인 지식과 기술을 개발하고 시험하는 것이다. 사람과 사회 간에 유익한 상호작용을 촉진하거나 회복시켜 모든 사람의 삶의 질을 향상시키는 사회복지 실천의 목적을 달성하기 위해 구체적인 목표를 선정해야 한다.

(4) 미국 사회복지사협회

미국 사회복지사협회(NASW)는 사회복지 실천의 목표를 다음과 같이 제시했다.

① **인간의 능력향상**: '환경 속의 인간' 개념을 적용하면서 사회복지 실천은 '인간'에게 초점이 있으며, 문제가 있는 사람에게 사회복지사가 초기에 해결하도록 서비스(상담사, 교사, 행동 변화가, 도움을 주는 자 등)하는 것이다.

② **인간과 체계와의 연결**: '환경 속의 인간' 개념을 적용하면 사회복지 실천은 사람과

1) 촉진(promotion): 승진, 진급, 조성, 장려, 제창, 발기
회복(restoration): 복구, 부흥, 반환, 복위, 수복, 복원, 빈민구제
유지(maintenance): 계속, 지속, 보존, 생계, 부양, 주장, 지지, 옹호, 소송불법원조
강화(enhancement): 증대, (가치 따위의) 인상

2) 공식화(formulate): ~을 명확한 형태로 나타내다, ~을 공식화하다, ~을 공식으로 나타내다.

그들이 상호작용하는 체계 사이의 관계에 초점을 두고 사회복지사는 중개자로서의 역할로 먼저 서비스하는 것이다.

③ **자원과 서비스 체계의 운영과 효과성 증진**: '환경 속의 인간' 개념을 적용하면 사회복지 실천의 초점은 인간과 체계 간의 상호작용에 있으며, 사회복지사는 대변자, 프로그램 개발자, 지도감독자, 조정자, 전문가 등의 역할을 수행하게 된다.

④ **사회정책의 개발과 개선**: 이 목표의 초점은 법이나 사회정책의 개발 및 개선에 있으며, 사회복지사는 계획가, 새로운 법령과 정책의 개발자, 비효과적이거나 부적당한 법령과 정책의 개혁자로의 역할을 수행하게 된다.

위와 같이 현재 사회복지사협회를 비롯하여 많은 학자는 이 목표를 가장 많이 사용하거나 이용하고 있다. 이는 사회복지 실천의 목적은 일반 사회복지 모델에 맞추자는 의지의 표현으로 보인다. 따라서 사회복지 실천의 목적은 사람들로 하여금 그들의 능력을 향상시키고 자원을 취득할 수 있도록 도움을 주며 사람과 교류를 촉진하는 것이다. 또한 환경이나 사회복지정책 등을 개선 및 개발하며, 사회 · 경제적 정의를 증진시키고 전문적 기술과 지식을 개발 · 검증하는 것이다(김현호 외, 2020).

3. 사회복지 실천의 등장 배경

사회복지 실천이란 영어 Social Work Practice를 우리나라 상황에 맞추어 번역한 것으로 그동안 사용되어 왔던 사회사업(Social Work)은 개별사회사업(Social Casework), 임상사회사업(Clinical Social Work), 일반적 사회사업(Generalist Social Work)이라는 3가지 방법으로 구분되어 사용되었다. 전통적 방법론들이 통합되면서 등장하게 되었다. 우리나라에서 본격적으로 사용하기 시작한 것은 1998년 「사회복지사업법」 시행령 및 시행규칙 개정 당시 한국사회복지사협회가 사회복지 실천 방법과 관련된 교과목을 정리하면서 사회복지 실천론과 사회복지 실천 기술론으로 구분하였다. 이때부터 사회복지 실천

(Social Work Practice)이라는 용어를 본격적으로 사용하기 시작하였다. 이 이전만 해도 주로 사회사업(Social Work)이라는 용어를 사회복지 실천(Social Work Practice)으로 사용하였다.

이러한 사회사업은 여러 가지 비판을 받음으로써 새로운 방법을 모색하게 되었는데, 그 대표적인 것으로 사회복지 실천, 사회치료, 임상 사회사업 등을 들 수 있다. 또한 전통적인 실천 방법을 하나의 통합된 실천의 가치, 지식, 목적 및 기술 체계로 묶는 통합 작업이 전개되면서 통합실천 방법론이 대두되기 시작하였다. 이와 함께 우리의 사회복지교육은 기존의 세 가지 방법론(개별, 집단, 지역사회)에 통합방법론이 추가되어 네 가지 사회복지 실천 방법론은 모두가 교육되는 상황이었다.

하지만 통합방법론이 추구했던 의도는 사회복지 실천 방법의 종류를 추가하자는 것에 있었던 것이 아니라 세 가지로 분류되어 각각 발달되어 왔던 실천 방법론들을 하나로 통합하여 사회복지 활동의 정체성을 분명히 하자는 데에 있었다. 실제로 사회복지 실천 현장에서 이루어지는 각종 실천 활동은 개별, 집단, 지역사회 중 어느 한 방법에 따라 이루어지기보다는 세 가지 방법이 서로 보완적으로 복합적으로 사용되는 것이 현실이다. 따라서 통합방법론 속에 모든 사회복지 실천 방법들을 포함시켜 함께 학습하는 것이 현실적으로 바람직하다고 하겠다. 한국사회복지교육협의회에서는 이러한 통합방법론 쪽으로 변화를 인정하여 사회복지 실천 방법과 관련된 교과목을 '사회복지 실천론'과 '사회복지 실천 기술론'으로 통합, 구분하였다. 사회복지 실천론은 1998년 「사회복지사업법」의 개정으로 인하여 2003년부터 실시되는 사회복지사 국가 자격 취득 시험 필수과목으로 되었다. 이로 인하여 과거의 대학 교육 교과목 명칭 중 개별사회사업과 집단사회사업이 없어지고 사회복지 실천론과 사회복지 실천 기술론으로 2001년부터 공식적으로 사용하게 되었다.

제2절 사회복지 실천의 기능과 수준

1. 사회복지 실천의 기능

사회복지 실천의 기능이란 '사회복지 실천의 궁극적인 목적을 달성하기 위하여 사회복지실천가들이 사람들을 도와줄 때 성취해야 하는 세분화된 목표(objectives)'이다. 사회복지 실천의 기능은 모든 사람의 삶의 질을 증진시키기 위하여 개인과 사회 사이에서 상호적으로 유익한 상호작용을 하도록 촉진시키거나 회복시켜 주는 것이다.

포플(Popple, 1992)은 사회복지 실천의 기능을 크게 두 가지로 나누었다. 하나는 욕구가 있는 개인의 사회증진 기능이고, 다른 하나는 사회정의 향상의 기능이다. 기존의 많은 학자는 이 두 가지 기능을 원인론(cause)과 사례론(case)이라고 불렀다. 이 이중성은 오랜 기간 동안 발전하여 온 것으로 사회정의 향상은 사회복지사의 옹호 활동(advocacy)을 통해, 그리고 사회기능 증진은 예방, 재활, 치료의 활동을 통해 실천될 수 있다. 전자는 표출된 욕구와 직접 관련이 있지 않은 사람들이 대상이 되는 것으로 작게는 개인 및 집단, 크게는 지역사회 및 국가가 될 수 있다. 후자는 욕구를 표출한 사람들이 직접적 관련이 있는 것으로, 주로 개인이나 가족 및 집단 또는 지역사회 전체가 해당된다. 지금까지 사회복지 실천에서는 주로 후자에 많은 관심과 노력을 기울여 왔다.

이러한 추상적 목적을 달성하기 위하여 미국의 사회복지사협회와 사회복지실천가들은 사회복지 실천의 기능을 다음의 여섯 가지 기능으로 분류하였다.

① 사람들로 하여금 그들의 능력(competence)을 확장시키고, 그들의 문제해결과 대처능력이 증진되도록 도움을 주어야 한다.

② 사람들로 하여금 자원을 취득하도록 도움을 주어야 한다. 모든 사람이 인간다운 삶을 유지하려면 여러 가지 이용 가능한 자원이 필요하다. 즉 최소한의 의식주를 해결하는 데 필요한 자원, 의료서비스, 정신 건강 서비스 등이 필요하다. 사회복지

실천가들은 이러한 서비스들을 클라이언트에게 직접 제공하거나 클라이언트가 제공받을 수 있도록 도움을 주어야 한다.

③ 조직이 사람들에게 반응(responsive)하도록 해야 한다. 클라이언트에게 서비스를 제공하는 기관들이 클라이언트의 존엄성을 존중하면서 그에게 알맞은 서비스를 적절한 절차와 기준에 따라서 제공하는지의 여부를 조사하고 부적절한 경우에는 이것들을 시정하는 활동도 하여야 한다.

④ 개인과 환경 내의 다른 사람과의 상호작용을 촉진시킨다. 사람들의 삶의 질이란 그들의 사회적 환경 내에 있는 사람들과의 양질의 상호작용으로 결정된다. 그러므로 사회복지실천가는 사람들이 주위의 사람들과 양질의 상호작용을 하도록 도와주어야 한다.

⑤ 조직과 제도 간의 상호관계에 영향력을 행사한다. 사회복지실천가는 이 목표를 성취하기 위하여 조정자, 중재자 또는 정보 제공자로서의 역할을 수행해야 한다.

⑥ 사회정책과 환경정책에 영향력을 행사한다. 사회복지실천가들이 기본적으로 직접 서비스(direct service)를 제공한다고 할지라도 클라이언트의 삶의 질은 그들의 물리적 환경과 사회적 환경의 질을 높이는 정책이나 법률이 조장되어야만 개선되므로 사회복지실천가는 사회정책과 환경정책에 영향을 미쳐야 할 책임이 있다.

2. 사회복지 실천 수준

1) 미시적 수준(micro level)

부부, 자녀, 형제 등의 좁은 관계에서 발생하는 문제를 다룬다. 즉, 개인과 개인의 심리적 · 사회적 문제를 임상적으로 실천하는 직접 실천 방법이다.

2) 중간적 수준(mezzo level)

문제를 가진 사람들끼리 문제를 해결하려는 목적을 가지고 활동하는 소집단활동이 이에 해당한다. 즉 자조 집단(장애아를 가진 부모의 모임), 치료 집단(정신질환자, 알코올중독자의 모임, 청소년 쉼터) 등의 소집단활동에 실천하는 방법이다.

3) 거시적 수준(macro level)

전체 지역사회, 기관, 조직 등을 대상으로 정책분석, 정책대안 제시를 하며 자금을 모금하는 등의 간접실천 방법을 말한다. 그러므로 사회복지사가 어떤 실천 현장(미시적 · 중간적 · 거시적 수준)에서 일하느냐에 따라 실천의 관심이 달라진다.

제3절 사회복지 실천의 대상과 방법

1. 사회복지 실천의 대상

1) 개인

사회체계의 기본이 되는 개인은 사회가 얼마나 건강한가에 달려 있다면, 사회는 개인들이 얼마나 건강한가에 따라 달라진다는 것은 다 잘 알고 있다. 따라서 사회복지 실천에 있어서도 개인은 항상 사회 속에서 자기의 역할을 감당하지 못하여 도움을 받아야 하는 경우가 발생하게 된다. 이때 주변에 있는 체계들의 도움을 받아야 한다. 이러한 경우 개인은 요보호 대상자가 되며, 일반적으로 가장 가까이서 동거동락하는 가족에서부터 친구, 이웃, 지역사회, 국가에 이르기까지 도움을 요청하여 해결하고 때로는 전문가로부터 도움을 받을 때도 있다. 그때 개인의 문제를 전문성을 가진 한 개인이 일대일로 만나 개별적인 개입을 통하여 문제를 해결하는 서비스 과정이 개별사회복지 실천(case work)이다. 개인을 대상으로 하는 사회복지 실천은 모든 사회복지 현장에서 일어나게 되는데 사람이 있는 곳이면 어디나 사회복지 실천 현장이 된다.

2) 가족

가족 내에서 어떤 문제가 발생할 경우에도 개인적인 개별사회복지 실천과 마찬가지로 다른 가족과 친척, 친구나 이웃들의 도움으로 가지고 있는 문제를 해결하기 위한 서비스를 받게 되는 것이다. 이러한 경우에 가족구성원 중 한 사람 또는 가족 전체가 요보호 대상자가 되어 전문가에 의한 서비스를 지원받게 된다. 가족을 대상으로 한 사회복지 실천은 개인의 문제를 해결하기 위해 가족을 사용하는 경우도 있지만 가족구성원 모두가 다 자기 역할을 하지 못할 때 그 가족을 요보호 대상자로 선정하여 개입하여 서비스를 진행하게 된다. 이렇게 가족을 대상으로 하는 사회복지 실천은 개인을 단위로 서비스하는 것보다 가족을 단위로 개입할 때 더 개입 효과가 크다고 판단될 경우나 혹은 가족이 가진 문제를 해결하기 위해서는 가족 모두의 참여가 필요하다고 판단될 때 적용하는 접근 방법이다. 가족을 대상으로 하는 사회복지 실천은 가정에서 일어날 수 있는 부부 갈등 및 이혼, 아동방임 및 학대, 알코올중독 및 약물 남용, 부모와 자식 간의 갈등, 가족 빈곤, 가출청소년 문제 등이 발생하는 사회복지 실천 현장에서 일어난다.

3) 집단

집단을 대상으로 하는 사회복지 실천은 집단에서 가지고 있는 문제를 해결하기 위한 서비스 과정으로 이는 집단 구성원들에 의해서 이루어진 문제들을 해결하기 위한 서비스 과정이다. 집단을 구성하고 있는 개별 구성원들을 하나의 집단으로 구성하여 전문적 지식을 가진 전문가 및 전문가 팀이 문제점을 해결하기 위하여 전문적 개입을 통해 개인들의 기능을 향상시키거나, 집단들의 목표를 달성하기 위한 기능을 향상시키거나, 성장을 촉진시키는 서비스를 하는 과정이다. 여기서 집단이란 2명 이상의 사람이 모여 형성되는 것으로 어쩌면 가정으로부터 목적을 가지고 형성된 조직이다. 이렇게 형성된 집단 구성원들이 집단 활동을 통하여 자신들의 문제를 해결하기 위해 자신들의 감정적 반응에 대해 서로 대화하거나 피드백을 통해서 해결하게 되는 서비스 과정이다. 이러한 집단의 사회복지 실천이 잘되기 위해서는 집단 구성원, 서비스 프로그램, 사회복지전문가가 서로 협력하여 역동적인 참여로 문제점을 해결하도록 노력해야 한다.

4) 지역사회

지역사회를 대상으로 하는 사회복지 실천은 지역사회를 하나의 사회복지 실천의 대상으로 선정하여 지역사회 주민이나 지역의 문제를 해결하기 위한 서비스 과정이다. 이러한 사회복지 실천은 지역사회를 하나의 대상으로 하고 그 지역에서 가지고 있는 공동의 욕구나 문제를 지역사회가 자조적으로 해결할 수 있도록 돕는 과정이다. 문제가 개인이나 가족, 집단이 아니고 보다 큰 체계의 지역사회를 대상으로 개입하고 서비스를 제공하여 지역사회가 가지고 있는 문제를 해결함으로써 지역사회가 건강하고 공동체의 욕구를 만족하게 개입하는 서비스 과정이다. 이러한 지역사회를 대상으로 하는 서비스는 작게는 가족에서부터 크게는 국가의 특정 부분까지 그 분야가 확장될 수 있다. 과거에 요보호 대상자 위주의 복지에서 국가가 개입하는 보편적 복지로 변화되어 가는 과정 중에 있는 사회복지 실천 대상의 하나이다.

2. 사회복지 실천 방법(전통적인 3대 실천 방법론)

사회복지 실천에서 사회복지사 개인, 집단, 지역사회를 구분하지 않고 접근하는 통합 접근 방법이 강조되고 있지만 사회복지 실천 방법은 사례의 특성과 규모에 따라 구분될 필요가 있다.

왜냐하면 사회복지사의 기술 수준과 자신의 성향에 의해 개입하는 방법이 달라질 수 밖에 없고 통합 접근 방법으로 개입하더라도 결국 그 사례는 개인, 집단, 지역사회를 가리지 않고 활동할 수도 있지만 대체로 사회복지사는 자신의 성향에 따라 개인, 집단, 지역사회 중 자신이 선호하는 영역을 선택하는 데 근거한다.

다음은 전통적인 사회복지 실천 방법인 개별사회사업, 집단사회사업, 지역사회사업을 소개하고자 한다.

1) 개별사회사업

개별사회사업은 사회복지 실천 방법 중 가장 먼저 개발된 것이다. 이뿐만 아니라 개인 클라이언트를 상대하는 이 방법은 다른 모든 사회복지 실천 방법의 토대가 된다고 할 수 있다. 왜냐하면 집단사회사업을 비롯한 모든 사회복지 실천 방법이 인간관계를 중심으로 이루어지고, 나아가 개인은 집단에, 집단은 지역사회와 단절되지 않고 관련하는 맥락에서 개인이 기초가 되기 때문이다.

(1) 개요

개별사회사업을 리치몬드는 개인과 개인이 처한 사회 환경에 대해 인위적으로 이루어지는 개별적 조정을 통해 그 사람의 인격 발달을 도모하는 제반 과정으로, 펄만은 개인이 사회생활을 할 때 자신의 문제를 한층 효과적으로 대처해 나가도록 그 개인을 도와주기 위해 사회복지기관에서 사용하는 과정으로 정의하였다.

결국 개별사회사업이란 개인 클라이언트의 욕구나 문제를 해결하기 위해 일정한 형식을 갖추어 개입하는 과정이라 할 수 있다.

개별사회사업은 1920년대 초기부터 1960년대까지 미국의 사회복지 실천 현장에서 사회복지 실천의 기초 방법으로 애용되었다. 그러나 1970년대부터 임상 사회복지 실천 방법이 등장하면서 개별사회사업은 사회복지 실천 현장에서 사라지고 말았다. 우리나라에서도 1980년대에 들어서면서 사회복지 실천 방법을 통합접근으로 일원화하면서 개별사회 사업에 대한 관심이 사라졌다고 볼 수 있다.

그럼에도 개별사회사업은 제반 사회복지 실천 방법의 토대가 될 것이므로 이에 관한 공부는 계속해야 한다.

(2) 주요 모델

개별사회사업 방법의 주요 모형은 사회복지사와 클라이언트가 1:1로 사례 과정을 이끌어 가는 것이 특징이다.

로버츠와 니에 의하면 개별사회사업의 모형으로 심리 사회적 접근 모델, 기능주의 모델, 문제해결 모델, 행동 수정 모델, 위기개입 모델을 들고 있다.

① **심리 사회적 접근 모델**: 심리 사회적 접근 모델의 관점은 체계이론에 근거하고 있다. 이 접근에서 시도하는 진단과 치료는 인간과 그의 외부환경과 상호작용에 중점을 두고 있다. 아울러 이 모델에서 치료는 클라이언트의 욕구에 의해 달라져야 한다는 점을 강조하고 있다. 그러므로 사회복지사는 클라이언트의 복지향상을 위해 합의한 내용에 따라 클라이언트를 수용해야 하고, 클라이언트의 욕구를 우선하는 타인 중심 관계라야 하며, 편견을 버리고 클라이언트를 과학적 형체로 이해해야 한다.

② **기능주의 모델**: 1930년대 펜실베이니아대학교 사회복지학과 교수진에 의해 개발되었다. 이 접근은 인간의 본질에 관한 이해, 사회복지 실천의 목적에 관한 이해, 과정의 개념에 관한 이해를 강조한다. 기능주의적 접근은 성장심리학에 근거하기 때문에 변화를 사회복지사 중심이 아닌 클라이언트 중심으로 보았으며 사회복지 실천의 목적은 클라이언트에게 주어진 건강한 개인적 · 사회적 조건을 위해 영향을 주는 것이고 사회복지 실천 기관을 통해 전체 과정을 돕는 과정임을 강조하였다.

③ **문제해결 모델**: 문제해결의 과정은 클라이언트의 곤경을 해결하기 위해 사람이나 대상 및 환경을 조작하는 것이 아니고 활동적인 사회복지사와 클라이언트와 주변환경 간에 이루어지는 교류를 발전적으로 증진시켜 나가는 것을 의미한다. 따라서

이 모델에서 강조하는 요점 중 하나는 문제를 느끼고 문제를 안고 다니며 문제를 경험하고 있는 자는 바로 도움을 얻고자 하는 클라이언트라는 사실이다. 문제해결 모델은 클라이언트가 지니는 문제의 해결은 클라이언트를 통하고 클라이언트와 함께 클라이언트의 힘을 빌려 가능하다는 점을 강조한다.

④ **행동 수정 모델**: 행동 수정에 관한 지식과 실천이 대두하면서 개별사회복지사들이 이 분야에 관심을 두면서 자연스럽게 개발된 것이다. 클라이언트의 특정 행동을 변화시키거나 아니면 지속시키기 위해 개별사회복지사들이 행동 수정 모델을 활용하게 되었다. 이 모델에서는 클라이언트의 부적절한 행동이나 사고를 변화시키기 위해 행동주의 이론에서 강조하고 있는 학습이론의 원리를 토대로 하고 있다.

⑤ **위기 개입 모델**: 단기 개별사회사업의 실제에서 위기 이론과 이 이론의 적용에 갑자기 관심을 갖게 된 것은 1960년대부터다. 이론적으로 위기 개입은 정신 분석 이론을 비롯하여 인간 행동의 여러 이론을 기초로 하고 있다. 위기 개입의 목표는 클라이언트가 당면하고 있는 위기를 해소하는 데 있다. 클라이언트가 직면하고 있는 위기를 심리적으로 해소해 가고 그로 인해 적어도 클라이언트가 위기 기간 이전에 보존하고 있었던 기능수행의 수준까지 회복시키는 것이다.

2) 집단사회사업

집단사회사업은 전통적 사회복지 실천 방법 중 하나로 개별사회사업 이후에 개발되었다. 당시 빈곤 지역사회의 사회복지관이 청소년을 위해 실시했던 집단 활동으로부터 시작되었다.

(1) 개요

집단사회사업은 미국의 사회개혁가, 교육가, 사회복지사가 지역사회의 아동과 청소년을 위한 방법으로 집단을 통한 개입에 많은 관심을 쏟아왔다. 이런 중 1923년에 집단사회사업이 대학에서 교과과정으로 채택되면서 사회복지 실천 방법으로 자리 잡게 되었다.

집단사회사업 방법은 사회복지사가 집단을 활용하여 클라이언트 개인이나 집단의 문제 및 욕구를 해결하는 데 도움을 주는 방법이다.

이 방법이 개별사회사업 방법과 다른 점은 사회복지사가 2명 이상으로 구성된 집단 안에서 활동한다는 것이다. 그러므로 집단을 통한 방법은 사회복지사에게 일대일로 활동할 때와 달리 집단에 어울릴 수 있는 기질과 집단을 능숙하게 운영할 수 있는 기술이 특별히 요구된다. 예컨대 집단역동, 집단문화, 집단의 발달단계를 분명히 이해함으로써 집단을 유용하게 이끌어갈 수 있다.

(2) 주요 모형

집단사회사업은 원래 집단이 달성하고자 하는 목표에 따라 다음 세 가지 모형으로 구분할 수 있다. 이들 모형은 이미 집단사회사업 외에도 집단상담이나 집단치료에 관한 연구자들에 의해 소개된 것이다.

① **과업형**: 과업형은 집단성원 개인의 욕구보다 집단의 목표 달성에 초점을 두고 있다. 그러므로 이 모형에서 집단성원의 변화와 적응은 그 개인을 위한 것보다 집단이 설정한 목표 달성에 초점을 둔다. 과업형 진단으로 이사회, 운영위원회, 지역사회 대표자 모임 등을 들 수 있다. 이와 같은 집단에서 사회복지사는 주로 집단성원의 변화를 위한 매개인 역할을 한다.

② **성장형**: 성장형은 집단성원이 자신의 상황에 비추어 더욱 유익한 생활인으로 발전하기 위해 참여하는 집단이다. 이 집단은 집단의 목표, 집단성원의 취미와 나이 따위에 의해 특성화할 수 있다. 성장형 기관으로 초등학교의 아람단, 사회복지관에서의 중·고등학생 모임이나 주부 모임, 대학의 다양한 동아리 등을 들 수 있다. 이들 집단에서 사회복지사는 정보 제공자, 안내자, 교육자 등의 역할을 하게 된다.

③ **치료형**: 가정, 학교, 직장, 지역사회 등에 부적응하는 이들로 구성되어 이들의 변화를 꾀하는 집단을 의미한다. 예컨대 질병으로 인해 치료를 받아야 하거나 비행

이나 범죄에 의해 사법기관으로부터 치료 판결을 받은 자들을 사회복지사가 재활시키는 것이다. 치료형으로 정신증 환자 집단, 알코올중독자·약물남용자 집단, 가정폭력으로 인한 보호관찰 대상자 집단 등을 들 수 있다. 이 모형에서 사회복지사는 대체로 치료자나 상담가의 역할을 한다.

3) 지역사회사업

지역사회사업 방법은 사회복지 실천의 중 범위적 접근으로 클라이언트(체계)의 규모가 개별사회사업이나 집단 사회사업에서보다 월등히 크다. 이 방법은 지역사회의 욕구나 문제를 해결하는 데 초점을 두기도 하지만 사회복지사의 개별사회사업 방법과 집단사회사업 방법에 간접적으로 많은 도움을 주기도 한다.

예컨대 개별사회사업이나 집단사회사업에서 클라이언트나 집단성원의 욕구나 문제를 해결하기 위해 지역사회의 자원을 활용해야 할 때나 지역사회에 도움을 요청해야 할 때 지역사회사업 방법을 이해하고 있는 사회복지사라면 이들 상황에 적절히 대처할 수 있을 것이다.

(1) 개요

지역사회사업 방법은 사회복지사가 지역사회를 클라이언트 체계로 삼아 지역사회의 욕구나 문제를 지역사회 주민의 조직화를 통해 해결하도록 돕는 활동을 일컫는다. 그러므로 지역사회에 기초한 사회복지사의 활동은 지역사회의 욕구와 문제해결과 지역사회 주민의 성숙한 시민화의 두 가지 목적을 동시에 갖는다. 이 목적의 달성은 대체로 지역사회 주민의 조직화를 토대로 이루어진다.

지역사회사업 외에도 지역사회조직, 지역사회보호, 지역사회개발, 지역사회복지, 지역사회 만들기 등의 용어들이 혼재하고 있다. 어쨌든 지역사회사업은 철저히 지역사회를 클라이언트로 간주하고 사회복지 실천의 전문기술을 이용하여 이의 변화를 꾀하는 것이다.

따라서 지역사회사업의 초점은 지역사회를 사회복지 실천의 클라이언트로 간주하는 것이며 사회복지사의 개입 목표는 지역사회가 지니는 욕구나 문제의 예방 및 해결에 있으며 철저히 사회복지 실천의 전문지식과 기술을 토대로 이루어진다는 데 두고 있다.

(2) 주요 모형

지역사회사업 방법은 지역사회 주민의 조직화가 핵심을 이루고 있으므로 여기에서는 조직화를 위해 주민을 접촉하는 방법에 따라 침투형, 다단계형, 투망형으로 구분하여 소개하였다.

① **침투형**: 조직화에 필요한 지역사회 주민을 일대일로 접촉하여 조직을 확대해 나가는 것을 일컫는다. 사회복지사 1명이 주요 주민 1명을 설득하고 이 주민이 다른 주민 1명을 끌어들이도록 하여 합당한 규모에까지 주민조직을 형성하는 방법이다. 이 모형은 초기에 사회복지사를 협력하는 자원봉사자를 필요로 하거나 조직화가 어려운 영구임대아파트 단지에서 유용하게 활용할 수 있다.

② **다단계형**: 사회복지사 1명이 지역사회 주민 2~3명을 유도하고 유도된 지역사회 주민 각자가 다시 새로 지역사회 주민 2~3명을 조직화에 참여시키는 것이다. 이 방법은 다단계 판매 방식의 강점을 응용한 것으로 조직화에 주민의 참여도가 중간 수준인 지역사회에서 유용하게 활용할 수 있는 모형이라 할 수 있다. 예컨대 대도시 인근 지역으로서 도시와 농촌의 특성을 함께 지니고 있는 지역사회를 들 수 있다.

③ **투망형**: 처음부터 조직화에 필요한 주요 인물을 선정하여 사회복지사가 이들을 바로 조직하는 것을 의미한다. 이 모형은 조직화의 신속함을 요할 때 유용하고 대체로 참여도가 높은 지역사회 주민들에게 활용 가능하다.

제4절 사회복지 실천의 이념

1. 인도주의

최초의 이념 혹은 사상이라고 할 수 있는 것은 아마 인도주의(humanitarianism)이며 박애 사상(philanthropy)일 것이다. 이는 자선조직협회(COS: Charity Organization Society) 우애 방문원(friendly visitor)의 철학이었다. 기독 사상을 실천하려는 중산층 이상의 사람들이 빈곤한 사람을 대상으로 인도주의적 구호를 제공하였고, 이 사상이 후에 사회복지 실천의 기본사상이 되었다.

이는 타인을 위하여 용서하는 정신으로 실천되었다. 영어로는 'care'라고 할 수 있는 봉사 정신은 자기 자신보다는 클라이언트를 먼저 생각하는 정신을 낳았고, 이는 이타주의(altruism)로 불리는 사회복지 실천의 기본정신으로 자리 잡게 되었다. 그러나 시대의 변화에 따라 '클라이언트를 위한' 무조건적 봉사(caring for)에서 '클라이언트에 대한' 봉사활동(caring about)으로 그 개념이 변화하였다(Morris, 1977).

자선 조직 단체의 우애 방문원들이 무조건적 봉사를 해 주는 역할을 하였다면, 현대의 사회복지사는 클라이언트에 대한 선택적 봉사를 행하고 있다고 할 수 있다.

2. 사회진화론

사회진화론(social darwinism)은 다윈(Charles Darwin)의 1895년 저서인 『종의 기원』에서 파급된 이념으로 다윈의 자연과학적 개념이 사회과학적 요소에 가미되어 파생된 것이다. 자연법칙의 진화론을 사회법칙의 진화론에 적용시킨 것이다. 따라서 사회복지의 측면에서 보면, 부자는 그들이 우월해서 부유층으로 살아남는 것이고, 반면에 빈곤한 사람은 그들이 게으르고 비도덕적인 열등 인간이기 때문에 가난하게 살 수밖에 없다는 것이다(Dolgoff et al., 1997).

이러한 계층화는 동 · 식물 생태계의 적자 생존의 자연법칙과 마찬가지라는 것이다. 따라서 진화법칙에 의해 이른바 '사회 적합 층(best fit)'인 사회 주요 인물은 살아남고 그렇지 못한 사람은 '사회 부적합 계층(unfit)'으로 자연 소멸된다는 것이다. 결국 사회에 적합한 계층을 위해 사회 부적합 계층은 사회에서 사라져야 한다는 논리이다.

사회복지에서 이 이념을 수용한 것은 사회복지 실천의 사회통제 측면에서 나타난다. 사회통제를 주목적으로 한 실천은 자선 조직협회의 봉사활동에서부터 두드러지게 나타난다. 자선조직협회의 우애 방문원들은 그 당시 사회의 열등 계층인 극빈자와 장애인을 방문하여 자신이 신봉하는 중산층의 기독교적 도덕을 강요하고 그에 맞추어 생활하도록 하였다. 그들 나름대로의 가치관이나 도덕성을 완전히 무시하였으며, 지금까지의 생활 신념이나 가치관을 버리고 새로운 도덕 및 윤리를 따르도록 강요하였다. 그렇지 못할 경우 현 상태를 겨우 유지할 수 있을 정도의 도움만을 제공하는 것에 그쳤다. 따라서 그 당시 중간계급의 사상에 적합하지 못한 계층은 최소한의 도움으로 겨우 생존할 수 있는 수준만 유지하도록 하였으며, 따라서 사회 적합 계층에 방해가 되지 않도록 하였던 것이다.

3. 민주주의

민주주의(democracy)는 평등(equality)을 표방하는 이념이다. 사회진화론의 생존 계층화와 달리 모든 인간의 평등함을 인정하면서 클라이언트도 평등한 대우를 받을 권리가 있음이 표방된다(Dean, 1977). 민주주의의 등장과 함께 클라이언트를 위한 무조건적 봉사 정신이 약화되고 클라이언트에 대한 선택적 봉사의 철학이 강화되었다.

인도주의 및 사회 진화론에 입각하여 이른바 우월한 자인 봉사제공자가 열등한 자인 클라이언트에게 봉사 및 시혜를 무조건 받도록 결정, 강요하던 것에서 주는 자와 받는 자의 평등한 권리를 인정하여 받는 자인 클라이언트가 시혜 여부를 결정하는 데 적극 참여하도록 하는 사회적 움직임이 있었다.

이는 현대에 오면서 클라이언트의 자기 결정권의 가치적 측면에도 상당한 영향을 미치게 된다. 클라이언트에게도 사회복지사와 같은 동등한 권리를 주면서 모든 결정에 대한 선택권을 주게 된다. 평등을 위한 사회변화를 추구하는 사회복지 실천은 인보관 운동의 활동에서 두드러지게 나타난다. 빈곤계층도 나름대로의 가치관이 있으며 이를 동등하게 인정해 주는 것에서부터 시작하는 인보관 운동의 이념은 전체 사회가 이를 인정해 주도록 하는 사회개혁으로 이어졌다.

사회복지 실천의 또 하나의 축인 사회변화의 노력도 민주주의에 그 이념적 기원을 갖고 있다. 예를 들어, 사회진화론에 근거를 둔 사회통제의 측면에서 빈곤이나 장애를 전적으로 클라이언트의 책임으로만 돌렸다면, 사회변화의 측면에서는 사회의 책임으로 돌린다. 즉, 모든 인간이 평등하듯 사회복지의 클라이언트도 동등한 처우를 받을 권리, 빈곤에서 탈피할 동등한 기회를 제공받을 권리를 갖고 있다는 것이다. 따라서 빈곤에 대한 책임은 이러한 권리를 보장해 주지 못한 사회에 있으며, 사회변화를 통해 이를 가능하게 해야 한다는 것이다. 이는 민주적 사회주의(democratic socialism)를 채택하는 결과를 낳았으며(남찬섭 역, 1994), 특히 스웨덴, 덴마크, 영국 등이 이 이념을 수용한 국가들이다(Whitaker & Federico, 1997).

4. 개인주의

개인주의(individualism)와 함께 자유방임주의가 등장하였다. 이는 작은 정부를 표방하는 형태로 나타났으며, 이와 함께 경제뿐만 아니라 사회복지마저도 자유시장에 맡기는 자유방임의 정책을 펴 나가게 되었다. 이 사상은 사회복지 실천에 영향을 미쳐 사회복지 실천의 사상적 줄기에 한 획을 그었다.

개인주의 사상은 두 가지 형태로 나타나는데, 하나는 개인 권리의 존중이며, 다른 하나는 수혜 자격의 축소이다. 개인의 권리와 의무가 강조되면서 빈곤의 문제도 다시 빈곤한 자의 책임으로 돌아갔다. 빈곤한 사회복지 수혜자는 빈곤하게 살 수밖에 없어야 한다는 '최소한의 수혜 자격 원칙'을 낳았으며(Whitaker & Federico, 1997), 저임금 노동자보다 더 낮은 보조를 받도록 하는 정책을 펼쳤다. 이는 미국의 경우 사회진화론과 맞물려 더욱 큰 힘을 발휘하였다.

반면 사회복지 실천에서는 클라이언트의 개인적 특성, 즉 개별화를 중시하는 것에 초점을 두었다. 물론 개별화는 사회복지 실천의 역사에서 보자면 상당히 초기의 문헌에서도 찾아볼 수 있는 개념이지만 그것의 실천적 측면에서 보았을 때 시기상 적용이 훨씬 쉬워졌으며, 적용 수준에 대한 허용도가 높아졌다.

5. 다양화

21세기를 맞이하면서 다양화(diversitism) 경향이 두드러졌다. 세계화(globalization)의 영향으로 전 지구가 하나가 되는 과정에서 지구촌은 어디를 막론하고 다양성에 대한 수용이 높아졌다. 몇몇 강국의 지배체제에서 이른바 열국들의 집합의 힘이 커지고, 백인종이 우세하던 형태에서 모든 인종의 각각의 목소리가 높아지는 체제로 돌입하게 되면서 다양화가 두드러졌다.

따라서 사회복지 실천에서도 다양한 계층에 대한 수용, 다양한 문제 및 접근방식에 대한 용납, 그러면서도 독특성을 인정하는 개별화를 동시에 추진하는 실천의 방식을 따라야 될 것이다. 이에 권한 부여(empowerment)에 대한 논의가 활발히 진행되고 있다. 이른바 사회진화론에서 열등 계층이라 불리던 소외계층(disadvantaged population)에게 스스로 발전할 수 있는 여건을 만들어 줌으로써 자기 변화를 위한 권한을 부여하는 것이다.

사회복지 실천 모델의 새로운 형태로 소개되고 있는 권한 부여 모델은 클라이언트와의 협력(partnership)을 통해서만 이루어 낼 수 있다. 비기득권 계층인 여성과 유색인종을 대상으로 개발된 이 모형은 기존 사회복지 실천 모델의 제공자-수혜자(beneficiary)의 관계개념에서 제공자-소비자(consumer)의 관계개념으로 기본 철학의 변화를 초래하였다. 즉, 모든 권한을 다 갖고 있는 사회복지사가 클라이언트의 인간적 권리를 존중해 주던 차원을 넘어 아예 클라이언트도 그만큼의 권한을 갖고 관계에 임한다고 인정하는 이념의 변화이다.

이는 실제적인 실천의 장에서는 클라이언트에 대한 무조건적 봉사가 아니라 클라이언트가 자발적 선택으로 사회복지사를 찾아 도움을 요청하게 되는 형태로 나타나게 된다. 제공자와 소비자의 관계를 형성하게 되는 권한 부여 모델은 새로이 적용되는 과정에서 여러 형태의 논의를 불러일으킬 수 있다.

우선 소비자 권한 부여의 개념 틀에 따라 사회복지 실천 서비스에 자유시장 경제 개념이 도입될 가능성이 있다. 자유시장 경쟁 원리에 따라 소비자인 클라이언트가 제공자인 사회복지사를 선택하게 되고 이는 서비스 제공 대가에 대한 비용의 논의를 초래하게 된다. 스스로 결정을 내릴 능력이 없어 동등한 관계 형성을 해낼 수 없는 클라이언트나 서비스에 대한 대가를 치를 수 없는 빈곤계층 클라이언트의 경우 딜레마에 봉착하게 될 것이다.

학습하기

01 사회복지 실천의 이념으로 알맞지 않은 것은?

① 인도주의 ② 사회진화론
③ 민주주의 ④ 상호주의
⑤ 다양화

해설 상호주의가 아니고 개인주의이다.

02 다음 □ 안의 사회복지 실천의 목적을 말한 학자는 누구인가?

사회복지 실천이란 개인, 가족, 집단, 지역사회의 문제와 욕구를 해결하기 위해 종합적인 접근방법을 찾아 서비스를 제공하는 전문 활동이다.

① 메리 리치몬드(Mary Richmond) ② 펄만(Perlman)
③ 박귀영 교수 ④ 돌고프(Dolgoff)
⑤ 미국사회복지사협회

03 다음은 핀커스와 미나한(Pincus & Minahan, 1973)의 사회복지 실천에 대한 목표이다. 알맞지 않은 것은?

① 사람들의 문제해결 및 대처 능력을 향상시키는 것
② 사람들을 자원, 서비스 그리고 기회를 제공하는 체계들과 연결시키는 것
③ 그런 체계들의 효과적이며 인도적인 운영을 증진시키는 것
④ 목적과 관련된 모든 전문적인 지식과 기술을 개발하고 시험하는 것
⑤ 사회정책의 개발과 개선에 공헌하는 것

04 미국의 사회복지사협회와 사회복지실천가들은 사회복지 실천의 기능을 다음의 여섯 가지 기능으로 분류하였다. 알맞지 않은 것은?

① 사람들로 하여금 그들의 능력이 증진되도록 도움을 주어야 한다.
② 사람들로 하여금 자원을 취득하도록 도움을 주어야 한다.
③ 조직이 사람들에게 반응(responsive)하도록 해야 한다.
④ 개인과 환경 내의 다른 사람과의 상호작용을 촉진시킨다.
⑤ 조직과 제도 간의 상호관계에 영향력을 행사한다.
⑥ 사회정책과 환경정책에 영향력을 행사한다.

05 1970년대의 통합적 방법론에 해당하지 않는 것은?

① 사회치료 ② 사회복지 실천
③ 임상 사회사업 ④ 사례관리
⑤ 개별사회사업

06 전통적 사회복지실천방법(전통적인 3대 실천방법론)에 알맞은 것은?

가. 개인 사회사업	나. 개별사회사업
다. 집단사회사업	라. 지역사회조직
마. 국가사회사업	

① 가 · 나 · 다 ② 나 · 다 · 라
③ 가 · 나 · 마 ④ 다 · 라 · 마
⑤ 나 · 다 · 마

해설 전통적 사회복지 실천 방법은 개별사회사업, 집단사회사업, 지역사회조직이다.

07 미국 사회복지교육협의회(CSWE, 1992)의 사회복지 실천의 목적에서 '개인, 가족, 집단, 조직 그리고 지역사회가 목적을 달성하고 고통을 완화시키며 자원을 활용할 수 있도록 도와줌으로써 이들의 사회기능을 ( ), ( ), ( ), ( )시키는 것이다'라고 했다. 그 내용과 일치하는 것은?

① 촉진, 강화, 승진, 진급 ② 회복, 유지, 강화, 촉진
③ 촉진, 회복, 유지, 강화 ④ 유지, 회복, 계속, 지속
⑤ 강화, 회복, 유지, 촉진

08 핀커스와 미나한(Pincus & Minahan, 1973)의 사회복지 실천의 정의를 설명하시오.

정답

01. ④ 02. ③ 03. ④ 04. ① 05. ⑤ 06. ② 07. ③ 08. ① 사회복지실천의 목적, ② 개인의 문제해결능력 향상, ③ 개인에게 부족한 자원의 연결 원조, ④ 기관이 클라이언트의 욕구에 부응하는지 감시, ⑤ 개인과 환경 간의 상호작용 촉진, ⑥ 기관과 기관 간의 상호작용 촉진, ⑦ 사회, 환경정책을 개발하고 수정하는 데 영향력 행사

02

Chapter

사회복지 실천 현장의 이해

사회복지 실천의 전통적인 방법은 어느 국가나 시혜적으로 실시되던 것이 영국의 빈민법과 작업장법, 그리고 베버리지 보고서(1601)에 이르러 일할 수 있는 자에게 일을 하게 하고 어찌할 수 없이 일을 할 수 없는 자에게는 최저의 생계를 보장하는 측면에서 시작하여 오늘에 이르고 있다. 보호 대상자 위주의 시혜적 복지 시작이 이제는 보편적이며 권리 주장의 복지 방향으로 그 흐름이 변화되어 가고 있다.

한국은 왕들의 인지도를 높이기 위한 시혜적인 인명구조나 의식주 보조 차원과 민생보살피기, 마을별 상부상조로부터 시작하여 조선시대를 지나 일본식민지, 미군정, 한국전쟁, 군사혁명을 거치면서 다양한 변화를 거듭하며 미국과 일본의 영향을 많이 받아왔다. 이렇게 짧은 기간에 많은 변화를 거듭하였으며 지금은 미국에서조차 한국 건강보험제도를 벤치마킹할 정도로 보편적 권리 주장의 복지선진국으로 발돋움하고 있다.

본 장에서는 이를 위해 한국의 사회복지 실천의 역사, 흐름과 변화, 동향과 구조와 역량, 현장의 도전 부분을 기술한다.

제1절 한국 사회복지 실천의 역사

1. 고대사회

1) 고대사회의 구제 활동

고대국가의 존립을 위해 사회정책으로 구제 활동을 시작하였으며, 사회문제에 대한 국가정책으로 진궁구휼[1] 정책을 펴기도 하였다. 이 시기의 대표적인 제도의 하나로 고구려의 진대법을 들 수 있겠다.

2) 고려시대의 구제 사업

불교의 자비를 베푸는 시혜를 중심으로 구제 사업이 상당할 정도로 조직화, 제도화되기 시작하였다. 이때의 구제 제도로는 창제, 은면, 재면, 환과고독, 진대, 수한역진대, 납속 보관제 등이 있었다. 궁민, 재민을 구제하는 기관으로는 제위보, 구제도감, 동서대비원, 혜민국 등이 있었다. 또한 불교도에 의한 구제 활동으로 유아, 기아, 빈민아를 사원에서 수용 · 양육하기도 했다.

3) 조선시대의 구제 사업

유교의 자혜사상 및 백성들의 불행은 군주의 책임이라는 왕민 사상 중심이었으며, 구제 사업이 보다 체계화되었다. 민생구휼 기관은 구황청, 혜민국, 재생원, 활인서, 기로

1) 진궁구휼(振窮救恤)이란 진휼(振恤)이라 한다. 상호부조는 환과고독(鰥寡孤獨)에 대해 마을 백성들이 십시일반으로 도와주던 공동체적 부조 방법이었고, 진휼은 흉년, 천재지변, 전쟁, 전염병 등에 의해 대량으로 요구호자가 발생할 경우 이들에게 곡식을 제공하는 구휼제를 말한다. 씨족 간 상호부조에서 국가 구휼로 발전했다고 보는 것이 통설이다. 현대 사회에 이르러 국가 구휼제도는 복지제도로 진화를 거듭하고 있다.

소 등이 있었다. 구제 제도로 창제와 환곡을 두었으며, 한 해를 대비한 비황을 위한 제도로 의창, 상평창을 두었다. 지방관청을 중심으로 환과고독에 대한 진휼 사업을 실시하였고, 민간 조직의 활동으로 계, 두레, 향약 등을 두었다.

2. 초기 사회사업의 발달

1) 개화기 사회사업의 전래

개화 이후 1888년 프랑스 주교가 설립한 천주교회에 의한 고아원 개설이 최초의 근대적 사회복지사업이었다. 1894년 갑오개혁 이후 종교단체들이 포교를 겸하여 서울, 평양, 인천 등지에 육아, 구료[2] 등의 사업을 실시(인천 부속 고아원 설립, 1907년 평양 맹아학교 개교 등)하였다.

2) 미군정시대의 사회사업

일제강점기의 제반 법규와 시설이 형식상으로 계승되었으나 실질적으로는 많은 제약하에 놓이게 되었다. 한국에서의 사회복지 실천의 정착은 광복 후 미국을 통해 소개되는 것에서 비롯된다. 실천의 현장으로는 미군병원 및 세브란스병원 등에서 사회복지사를 고용하는 것을 필두로 하며, 1921년 태화여자관(현 태화기독교사회복지관)이 최초의 지역사회복지관으로 설립되었다.

---

2) 빈민 · 행여자의 구호와 질병의 치료를 목적으로 실시되었다. 파견하여 백성을 위문하였으며, 혹은 군단위에 제위보, 혜민국 등

3. 사회복지 실천의 도입기(1945~1961)

1945년 공포된 미군정 법령 제18호에 의하여 정부 조직으로서 보건후생부를 두어 사변 재해의 구제, 일반 빈곤한 자의 공공 구제, 아동의 후생 및 기타 필요한 보호, 노무자의 후생 및 은급제, 주택문제 등과 같은 업무를 관장하였다.

사회복지관 사업은 미국의 인보관 운동과 같은 형태로, 한국 사회에 사회계몽 및 지역사회개혁 등과 같은 원인론적 궤도상의 실천을 주로 소개해 주었다. 한국 사회에서 지역사회주민과 호흡을 함께하며 무지, 빈곤, 비위생, 차별, 착취 등으로부터의 해방을 목표로 시작하였다.

1948년 정부수립 후 1년 여간은 미군정 제도와 방법을 그대로 답습하였다. 사회복지 분야의 업무는 보건후생부와 노동부를 통합한 사회부가 생겨 관장하였고, 1949년에는 보건부가 독립되어 나갔다가 1955년 「정부조직법」의 개정으로 다시 보건사회부로 통합되었다.

사회복지 실천의 도입은 1950년대의 개별사회사업이다. 이 시기는 한국전쟁 직후에 많은 외국 민간 원조 단체가 들어온 것이 계기가 되었으며, 정치, 경제, 군사 면에서뿐만 아니라 사회복지 분야에 있어서도 일대 전환기를 마련하게 되었다. 이 가운데 세계기독교 봉사회(Christian World Service)는 가정복지부를 통해 사회사업 프로그램을 전개하였다. 이 외에도 캐나다 유니테리언 봉사회(USC: Uniterian Service Committee of Canada) 등도 사회사업을 시도하였다. 그러나 이와 같은 활동들이 우리나라의 사회사업을 발전시켰다고는 볼 수 없다. 이들 외국 민간 원조 단체들은 본래의 목적이 선교활동이었으므로 관련된 사람들이 사회사업의 전문직 교육이나 훈련을 받지 못한 비전문가들로 구성되어 있었기 때문이다.

그리고 당시의 많은 기관이나 시설은 수용 보호의 전통적 방법에서 탈피하지 못한 상태이어서 인력의 수요, 공급 면에서 전문성이 부족하여 사회사업 발전에 저해 요인이 되고 있었다. 또한 전문기관의 미성숙, 민주 의식 결여, 이론 결핍 등도 사회사업 발전의 저해 요인으로 작용하고 있었다.

1952년 전쟁고아 수용 보호시설을 비롯한 전란으로 인하여 혼란에 빠진 기존 각종 사회복지시설을 합리적으로 지도 · 감독할 행정적 필요에 따라 보건사회부 훈령으로 후생시설 운영 요령을 시달하여 후생시설 운영과 그 지도 · 감독의 준칙으로 삼았다.

우리나라 사회복지 발전의 중요한 사건들은 다음과 같다. 외국 민간 단체의 영향으로 1959년에 국립의료원에서 의료사회사업이 시작되었고, 1965년에는 캐나다 유니테리언 봉사회와 기독교봉사회가 주동이 되어 개별사회사업과 지역복지사업이 시작되었다.

4. 사회복지 제도의 확립기(1962~1987)

1962년대는 사회복지의 제도적 형성기로 사회보험과 공공부조, 사회복지서비스의 제도적 기반을 구축하였다.

1970년대는 사회복지 실험적 실천기로 새마을운동이 한국의 지역복지에 영향을 미치게 되었으며, 현장에서 근무하는 전문 인력의 자격과 관련된 사항이 제정된 「사회복지사업법」에 명시되었다.

1980년대는 제도적 정비기로 기존의 '사회복지사업종사자' 자격법이 1983년에 '사회복지사' 자격제도로 변경되었고 일련의 입법 조치와 복지행정의 확대가 이루어지기 시작하였다. 1987년 생활보호 업무를 효과적으로 수행하기 위하여 '국민복지증진 대책'의 일환으로 대도시 빈곤 지역 동사무소에 7급 별정직으로 사회복지 전문요원이 임용되기 시작하면서 민간뿐만 아니라 공적 서비스 전달체계에 투입되기 시작했다.

5. 사회복지 실천의 확대기(1988~현재)

1989년 사회복지관 설치 · 운영 규정으로 영구임대아파트 단지에 사회복지관 설치가 권장되면서 전국적으로 사회복지관이 확대되고 전문적인 사회복지 실천의 장이 마련되었다. 이 밖에 재가봉사 센터(1991), 주간 및 단기 노인 보호시설(1992), 재가 장애인 서비스사업(1992) 등 재가 복지사업이 활발하게 이루어졌다.

이와 함께 사회복지 실천 분야에 있어서 1991년 「영유아보육법」, 1995년 「정신보건법」, 1999년 「장애인복지법」의 개정, 2000년 「아동복지법」의 개정 등 법적 기초가 재정립되었다.

1921년에 세워진 '태화 여자관'을 시초로 한 사회복지관들의 꾸준한 설립 및 운영이 본격적으로 정부의 개입에 의해 이루어지기 시작하였다. 국가 지역복지와 재가 복지 사상이 도입되면서 전국적으로 종합사회복지관이 건립되어 전문가들이 역량과 기술을 발휘하게 되었다. 또한 공공 영역에서는 사회복지 전문요원이 동사무소에 배치되어 정부의 복지정책을 실행하는 역할을 수행함으로써 전문요원은 한국 사회복지 실천의 중추적 역할을 하고 있었다.

1966년 사회복지사의 전문성을 제고하고자 한국사회복지사협회의 주관으로 실시되어 온 '임상 사회복지사' 자격제도가 1998년부터 '전문사회복지사' 제도로 바뀌어 시행되었고, 1990년대에는 4대 사회보험[3])이 구축되었다.

1997년에는 「사회복지사업법」이 대폭 수정되었고 지역사회주민의 정신 건강 향상을 위한 「정신보건법」 시행으로 정신보건 사회복지사 제도가 도입되었다. 1998년 「사회복지사업법」 개정과 함께 개별사회사업과 집단사회사업이 통합 · 분할되어 사회복지 실천과 사회복지 실천 기술론으로 변경되었다.

공공 영역에서는 1987년부터 사회복지 전문요원(1999년 이후부터 전담 공무원)이 탄생하였으며 1999년까지 지속적으로 성장하여 정부의 복지정책을 최일선에서 실행하는 법적이고 공식적인 영역으로 자리매김하였다. 사회복지사의 활동은 주로 지역사회 중심의 사회복지관에서 이루어지고 있으며, 1987년부터 사회복지 전문요원[4])이 구청 및 동사무소에 배치됨에 따라 국가의 직 · 간접적 매개체로서의 역할도 담당하고 있다. 2004

3) 4대 보험은 국민연금, 국민건강보험, 고용보험, 산재보험으로 사회복지 제도의 큰 성과였다.
4) 사회복지 전문요원은 사회복지 현장 최일선에서 생활 보호 대상자 조사, 선정 등의 공공부조와 노인, 장애인, 소년소녀가정, 한부모가정 등에 대한 각종 사회복지서비스를 담당하고 있다.

년 7월부터 전국 9개 시 · 군 · 구에 사회복지사무소를 시범 운영하면서 지역주민의 복지를 최우선시하는 공공 영역의 사회복지 전문성 강화를 시도했다.

정식 교육기관으로는 1947년 설립된 이화여자대학교의 사회사업학과가 최초이다. 1953년에는 YMCA 후원으로 현재의 강남대학교 사회복지대학의 전신인 중앙신학교가 최초의 사회복지사 양성을 위한 훈련기관으로 설립되었다. 이는 1958년 서울대학교 대학원과 그리스도 신학교(현 그리스도신학대학교)에 사회사업학과가 설치되는 등 사회복지 전공 설치 대학을 계속해서 증가시키는 결과를 낳았다.

대학이 늘어나는 초기인 1965년 한국 사회사업 교육연합회(현 한국사회복지교육협의회)가 태동하였다. 2014년 현재까지 전국 188개 대학 및 대학교가 사회복지학과 회원교로 활약하고 있다(한사교협 내부자료, 2014).[5)]

우리나라의 자격제도는 아직 정립 단계에 있다. 1997년 「사회복지사업법」을 개정하면서 사회복지사의 자격제도를 법에 명시해 놓은 것은 커다란 발전적 변화라 할 수 있다. 1997년 개정된 「사회복지사업법」에 따라 1999년 입학생부터 새로운 사회복지사 자격제도가 시행되어 이들이 졸업하는 2003년부터 국가 자격 시험이 부과되기 시작하였다. 따라서 모든 예비 사회복지사와 2급, 3급의 사회복지사는 이 국가 자격 시험에 합격하여야 공인된 1급 사회복지사 자격을 갖게 된다. 특히 국가시험 응시의 자격이 특정 학과 졸업생이 아니라 필수 지정 과목 이수자로 바뀐 것은 획기적인 일이다. 이런 사회복지사 자격증 제도가 대학, 사회복지사협회, 그리고 보건복지부의 공동 노력으로 실시되었다.

2003년에는 「사회복지사업법」 개정을 통해 시 · 도 및 시 · 군 · 구 단위의 지역사회보장계획 수립을 의무화하였다. 지역사회보장계획 수립의 목적은 시도가 처해 있는 복지 환경과 활용 가능한 복지자원을 고려하며, 시 · 군 · 구의 사회보장계획은 각 기초 단체별로 복지 대상자 및 지역 주민들의 욕구를 파악하여 예산을 편성하고 각 분야의 전문

---

5) 현재 전국에서 사회복지전공을 이수할 수 있는 대학 수는 총 278개교이다(한국사회사업협회 내부 자료, 2003). 이 중 4년제 대학은 121개이며, 전문대학은 80개에 달하고 대학원 26개, 특수대학원 51개이다. 이 대학들을 통해 연간 12,000여 명의 졸업생을 배출하고 있다.

가들이 참여하여 모든 영역에 복지서비스를 제공하기 위한 것이다(조추용 외, 2009 재인용). 이후 지역사회보장계획 수립은 「사회보장급여의 이용 · 제공 및 수급권자 발굴에 의한 법률」이 제정되면서 이 법에 따르고 있다. 2005년에는 「건강가정지원법」이 제정되면서 여성가족부가 시행하는 가족정책의 주요 전달체계로서 다양한 가족 지원 정책을 제안 및 실행하기 위해 건강지원센터가 개소되어 운영되고 있다. 이후 「다문화가족지원법」이 제정되어 결혼 이민자 가족을 위한 다문화가족지원센터가 개소되어 운영되고 있으며 「아이돌봄지원법」에 따라 아이들의 복지증진 및 보호자의 일 · 가정 양립을 통한 가족 구성원의 삶의 질 향상과 양육 친화적인 사회 환경을 조성하고 있다.

또한 정부는 노인 인구 증가로 인한 초고령사회(노인 인구가 20% 이상)에 대비하여 노인장기요양보험제도를 2008년 7월 1일부터 시행하고 있다. 이 제도의 목적은 고령이나 노인성 질병 등의 사유로 일상생활을 혼자 수행하기 어려운 노인 등에게 제공하는 신체활동 또는 가사 활동 지원 등의 장기요양급여에 관한 사항을 규정하여 노후의 건장 증진 및 생활 안정을 도모하고 가족의 부담을 덜어 줌으로써 국민의 삶의 질을 향상하도록 하는 것이다(노인장기요양보험법, 법률 제8403호).

새로운 법에 의하면, 사회복지사는 1, 2, 3등급으로 나뉜다. 사회복지사 1급은 정규대학교 및 대학원 졸업생으로 사회복지학 교육을 받고 졸업과 함께 국가 1급 자격시험에 응시하여 합격한 자이다. 또한 정규적으로 교육을 받고 그 자격증을 연장해야 자격이 유지된다.

한국사회복지사협회(2014. 7. 31.) 자료에 의하면 1급 사회복지사는 116,431명이고, 2급 사회복지사는 515,157명, 3급은 12,763명으로 총 694,351명이다(한국사회복지사협회 내부 자료, 2014. 7. 31.).

이와같이 다양한 영역에서 전문성을 발휘하고 있는 사회복지사의 공식적 모임인 한국사회복지사협회가 1967년 탄생하였으며, 2014년 7월 31일 현재 694,351명의 사회복지사를 회원으로 확보하고 있다(한국사회복지사협회 내부 자료, 2014). 1997년 정식으로 공식적 법정단체로 등록되면서 사회복지사들은 명실공히 사회가 인정하는 전문가로서 사회적 위치를 확보하게 되었다. 특히 2000년 법의 개정을 통해 매년 9월 7일을 '사회복지사의 날'로 정한 것은 대단히 큰 성과이다.

문제인 정부의 5년 복지 정책은 약자부터 촘촘하게, 지속 가능한 복지국가의 비전을 가지고 국민 삶의 질 향상, 사회통합 증진을 목표로 ① 약자부터 두터운 복지, ② 전 생애 사회서비스 고도화, ③ 사회보장 체계 혁신을 추진하였다.

윤석열 정부의 2023년 복지 정책은 미래 도약을 위한 튼실한 복지국의 비전을 가지고 약자 복지 및 필수 의료 확대와 미래 대비 개혁 과제 중점 추진을 목표로 ① 촘촘하고 두터운 약자 복지 확대, ② 생명 · 건강 지키는 필수 의료 강화, ③ 지속 가능한 복지 개혁추진, ④ 보다 나은 미래 준비를 추진하고 있다.

제2절 사회복지 흐름과 변화

1. 사회복지 실천의 흐름

사회복지 실천의 흐름은 해결해야 할 문제영역이 전통적으로는 정해져 있었다. 대체로 미시적 실천이나 임상적 실천 영역은 특정 개인이나 가족 그리고 집단의 문제영역이 많았다. 복지 실천은 전통적으로 빈곤으로 직접 생계 위협의 문제에 대응하거나 빈곤으로 인해 이차적으로 질병이나 교육에 문제가 생기는 문제에 대응하는 경우가 많았다. 그간 오랫동안 복지 실천은 소위 취약계층을 대상으로 실천을 하는 것으로 보는 경우가 많았다.

하지만 점차 복지 환경의 변화에 따라 다양한 사업을 추구하는 쪽으로 변화되었고 복지정책의 대상이 국민 전체로 변화되면서 복지 실천도 다양한 대상으로 확대되었다. '경계나 선을 넘었다'는 표현의 의미는 바로 실천의 대상이 훨씬 폭넓어졌다는 데서 출발한다고 볼 수 있다.

한국의 사회복지 교육이 미국의 사회복지 전문직을 기반으로 형성된 이론 교육을 중심으로 해왔기 때문에 대체로 임상적인 실천가를 위한 교육이 중심이 되었다. 그런데 한편으로 공공 복지제도가 하나둘씩 모양을 갖추어 가면서 공공의 복지 전달체계가 강화되었고, 공공 중심 실천에 대한 소개가 사회복지 교육에서 강화되기 시작하였다.

사회복지 실천가의 필요도 처음에는 주로 민간 사회복지시설을 중심으로 있었지만, 최근 2010년 전후로 공공기관으로도 확대되어왔다. 당연히 사회복지를 공부하는 예비 사회복지사도 사회복지 전담 공무원이 되고자 하는 이들이 많아졌으며, 공공에서도 수요가 증가하면서 민간 시설에서 일하던 실천가도 경력직 공무원으로 전환하는 경우가 늘어났다.

사회복지 실천의 새로운 흐름은 사회복지사는 이제 복지 실천의 전통적인 경계나 영역을 넘어서기 시작하였다. 가장 큰 흐름은 각종 복지제도가 보편적으로 설계되어 확장되면서 모든 시민이 권리로 복지를 보장받게 되면서 그 변화가 시작되었다고 얘기해도 맞을듯하다. 그리고 최근에 '우리 사회의 지속가능발전목표(SDG: Sustainable Development Goals)'가 중요해지면서 2020년을 전후에 복지 현장에도 그 관심이 반영되었다. SDG는 2015년 유엔이 환경, 건강, 사회에 대한 여러 가지 도전을 국경을 넘어 전 지구가 함께 관심 가지며 2030년까지 공동으로 해결해야 할 17가지 목표를 정한 것이었다. 물론 빈곤 퇴치, 기아 종식, 건강과 웰빙, 양질의 교육, 불평등 감소 등 복지의 전통적인 해결 과제도 포함되어 있었지만, 깨끗한 물과 위생, 적정 가격의 깨끗한 에너지, 지속 가능한 도시와 지역사회, 기후 행동, 생태계 보전 등과 같은 기후·환경 변화와 관련된 해결 과제가 새롭게 복지 문제로 확대되기 시작하였다.

최근 사회복지시설에도 '환경은 선택이 아닌 필수다'라는 '필(必) 환경'의 가치를 사업으로 추진하는 것도 이러한 흐름의 반영이며, 주민 참여로 진행되는 '줍깅' 프로그램이나 '1회용품 줄이기' 실천이 늘어나는 것도 같은 맥락이다.

그리고 SDG의 도입과 MZ세대의 비율 증가가 영향을 미쳐 조직 운영 관점에서도 변화가 있다. 또 'ESG 경영'의 도입이 추세이다. 영리 조직, 공기업 등에서 얘기하던 가치

지향이 복지조직에도 반영되고 있다. 조직의 최고 관리자는 물론 중간 관리자도 관심이 늘어나고 있다. 환경(Environment), 사회적 책임(Social Responsibility), 거버넌스(Governance)를 중요하게 보는 경영을 사회복지조직도 중요하게 보는 움직임이 늘어가고 있다. 이는 젊은 세대가 중요하게 보는 공평, 인권, 성인지, 일과 삶의 균형 등의 가치와도 잘 부합되어 점점 힘을 얻고 있다. 과거 취약계층 주민이나 약자를 돕는 복지 실천이나 조직 운영 측면에서 볼 때 경계나 영역이 많이 확장되고 변하고 있는 게 사실이다.

실천 현장의 확장도 다양하다. 과거 전통적인 현장은 사회복지시설이 중심이었고, 조금 확장하면 사회복지와 관련이 있는 법인이나 단체 정도였다. 하지만 최근에는 보편적 복지의 맥락과 모든 시민의 복지 권리가 확대되면서 사회복지서비스로 부르던 용어가 사회서비스로 확장되었다. 그런 흐름과 함께 사회적 기업, 협동조합 등과 같은 사회적 경제조직에서 일하는 사회복지사도 점점 늘어가고 있다. 앞으로 펼쳐질 복지 현장을 전망해 보면, 사회적 경제 영역에서 사회복지사에 대한 수요가 더욱 확대될 것으로 기대된다. 이러한 전망은 복지 실천의 흐름을 더욱 넓혀줄 것으로 보인다.

2. 사회복지 실천의 변화

초기의 사회복지 실천 흐름은 사회문제를 해결하기 위한 방법으로 사회운동과 관련되어 있었으며, 그 이후에는 개개인의 문제해결을 위하여 훈련받은 유급 사회복지사의 채용 및 전문화 과정의 시작과 함께 전문사회사업이 생겨나고 사회운동의 성격은 약화되었다. 그러나 오늘날 사회복지 실천은 현재의 사회적 조건에 상응하여 사회개혁으로 되돌아가려는 경향을 가지고 있다. 이렇게 보면 사회복지 실천의 흐름과 방법의 변화는 역사적 사건들에 의해 변화되어 왔다고 할 수 있다(Jones, 1975).

사회사업 실천은 사회복지 현장이나 전문사회사업기관에서 클라이언트에게 전문적으로 제공하는 사회사업 활동, 서비스, 프로그램의 제반 사회적 서비스다. 사회사업 방법은 기술과 기법(skill and techniques)으로 구성되어 있으며, 사회복지사 또는 변화 매개인(change agent)이 주어진 사회사업 현장에서 인간 이해(human understanding)에 기초하여 전문적인 사회사업지식을 응용하는 능력이라고 할 수 있다.

사회복지 실천의 방법론의 변화 과정을 보면 다음과 같다.

초기의 사회복지 실천 방법은 미국의 전통적인 3대 방법인 개별사회사업(social case work), 집단사회사업(social group work), 지역사회사업(community organization)이며 대상은 개인과 가족, 집단, 지역사회로 규정하였다.

1970년대에 들어오면서 전통적인 사회사업 방법은 생태체계이론(ecological system theory) 또는 사회체계이론(social system theory)의 영향이며, 방법론에 대한 비판으로 사회사업의 통합적 방법이 출현하게 되었다. 즉, 종전의 의학 모델(medical model)에서 생활 모델(life model) 또는 체계 모델(system model)로 전환되면서 통합적 접근 방법이 탄생하였다.

대표적인 학자로는 핀커스(A. Pincus)와 미나한(A. Minahan)을 들 수 있으며, 이들은 전통적인 3대 방법, 즉 개별사회사업, 집단사회사업, 지역사회조직의 공통점을 찾아 4 체계 모델을 개발하였다.

또 하나의 사회사업 방법론의 변화는 프리들랜더(Friedlander)와 에프트(Apte, 1974~1980)의 방법론의 영향이다. 전통적 개별사회사업이나 집단사회사업을 투합하여 사회사업의 직접적 서비스(direct service in social work)라 하고, 대상은 개인, 집단, 가족으로 규정하였다. 실천 이론으로는 행동주의 심리학, 자아 심리학, 신프로이트 이론(Neo-Freudian theory), 가족 관계망 치료(Family network therapy), 의사 교류 분석(Transactional analysis) 등을 사용하였다.

또한 지역사회조직과 기관의 계획(planning of institution) 영역을 통합하여 간접서비스(indirect service)로 규정하고, 사회사업행정과 조사 영역을 통합하여 지원적 서비스(support service in social work)로 구분하고 설명하여 전통적 방법론의 개념이 변화되었다. 그리고 돌프만(Dorfman, 1988)의 임상 사회사업의 패러다임(paradigms), 재스트로(Zastrow, 1992)의 사회사업 실천에서의 새로운 관점, 실천 기법의 변화, 그리고 카운슬링 실천 모델도 적용하였다. 1992년 존슨(Johnson)은 사회복지 실천에 체계적 이론을 적용하여 사회사업 실천 과정을 사정(assessment), 계획(planning), 직접적 실천 행동(direct practice actions), 간접적 실천행동(indirect practice actions), 평가(evaluation), 종결(termination) 등 6단계로 설명하여 과거의 질병 모델(disease model)이나 생활모델(life model)을 새로운 관점에서 설명하였다.

세퍼, 호레이시, 그리고 호레이시(Sheafor, Horejsi, & Horejsi, 2000)는 사회사업 실천의 기법과 지침에서 사회사업 실천 이론과 모델을 확대하여 해석하였고, 실천기술에 적용되는 기본적 지침 내용을 구체적으로 제시하면서 사회사업 실천의 중요성을 강조하였다. 이들은 계획된 변화 과정을 5단계, 즉 접수 면접과 관여, 자료수집과 사정, 계획과 계약, 개입과 점검, 평가와 종결 과정으로 구분하였다.

각 단계마다 실천 기법과 지침을 직접적 실천 영역과 간접적 실천 영역으로 나누었다. 직접적 실천 영역은 전통적 개별사회사업이나 집단사회사업 방법을 활용하고, 간접적 영역은 지역사회조직, 행정, 조사, 정책, 홍보 및 사회행동 등 폭넓게 적용하도록 한 점이 특징이다.

사회복지서비스 영역을 미국의 전통적 사회사업 방법론에 기초하여 실천 기법의 변화 과정을 분석하여 분류하면 다음과 같다.

핀커스와 미나한은 개별사회사업, 집단사회사업, 지역사회조직을 중심으로 실천 방법을 통합하고, 목적, 대상, 서비스 방법, 변화 매개인의 역할을 강조했다. 그리고 프리들랜더와 에프트는 미국의 전통적인 사회사업의 5대 방법론을 중심으로 직접적 서비스, 간접적 서비스, 지원적 서비스 등의 3개로 구분하여 구조화하였다.

또한 세퍼와 호레이시는 사회복지 실천의 기법과 지침에서 개별사회사업, 집단사회사업을 직접적 실천 영역으로, 지역사회조직과 사회복지행정, 사회사업연구, 사회행동과 정책을 간접적 실천 영역으로 분류하였다. 〈표 2-1〉은 사회복지서비스에 대한 학자별 분류 관점을 도표화한 것이다.

〈표 2-1〉 사회복지서비스의 분류 관점

<table>
<tr><th rowspan="2">전통적
사회사업방법</th><th colspan="3">학자</th></tr>
<tr><th>핀커스, 미나한(1973)</th><th>프리들랜더, 에프트(1980)</th><th>세퍼, 호레이시(1997)</th></tr>
<tr><td>개별사회사업</td><td rowspan="3">사회사업에서
통합적 방법</td><td rowspan="2">직접적 서비스</td><td rowspan="3">직접적 실천</td></tr>
<tr><td>집단사회사업</td></tr>
<tr><td>지역사회조직</td><td>간접적 서비스</td></tr>
<tr><td>사회사업행정</td><td rowspan="3">거시-영역 접근방법</td><td rowspan="2">지원적 서비스</td><td rowspan="3">간접적 실천</td></tr>
<tr><td>사회사업연구</td></tr>
<tr><td>사회행동과 정책</td><td>거시-영역 접근방법</td></tr>
</table>

제3절 사회복지 실천 동향과 구조와 역량

1. 사회복지 실천의 동향

사회복지의 동향은 여러 가지 법안 중 사회복지 분야와 관련된 법안을 우선순위로 다루어지기를 원한다. 이에 따른 사회복지 서비스 및 지원의 변화와 기대효과에 대해 정리하였다.

1) 사회복지의 디지털 전환

사회복지 분야에서도 인공지능(AI), 빅데이터, 자동화 기술 등이 사회복지 서비스의 효율성 향상과 혁신을 이끌어 내는 방법에 대해 전환이 필요할 것으로 예상된다. 그래서 이러한 기술의 도입으로 얻을 수 있는 잠재적인 이점과 함께 주의해야 할 윤리적 고려 사항에 관심을 갖게 될 것이다.

2) 사회적 기업과 가치 창출

사회적 기업은 사회적 가치 창출을 목표로 하는 기업들로서, 사회복지 정책에 큰 영향을 미칠 수 있다. 따라서 사회적 기업의 역할과 그들이 어떻게 사회복지정책에 기여하는지를 조사하고, 성공 사례를 살펴보며 미래 사회복지에 대한 전망을 반영할 것이다.

3) 지역사회 중심의 사회복지

협력과 혁신을 통한 지속 가능한 변화를 위해 지역사회는 사회복지 정책의 핵심 요소이며, 지역사회 중심의 사회복지가 더욱 강조될 것으로 예상된다. 이에 따라, 사회복지 기관과 지역사회 간의 협력과 혁신이 중요해진다. 따라서 지속 가능한 변화를 이루기 위해 필요한 전략과 지원 방안이 이루어 질 것이다.

4) 다양성과 포용성 강화

사회적 소외와 인종 격차 해소에 대한 관심이 커질 것으로 예상된다. 이에 따라, 사회복지 정책이 다양성과 포용성을 강화하는 방향으로 진화될 필요가 있다. 따라서 사회복지 서비스의 다양성을 확대하고, 소외된 집단들에게 보다 효과적인 지원을 제공하기 위한 방안이 이루어질 것이다.

5) 지속 가능한 실현을 위한 환경보호

환경보호와 사회복지가 더욱 밀접한 관련성을 가지게 될 것으로 예상된다. 따라서 지속 가능한 사회복지를 실현하기 위해 환경문제에 대한 적극적인 대응과 사회적 책임의 중요성에 대해 다루고, 사회복지정책과 환경보호의 상호작용에 대해 큰 변화를 가져올 것이다.

6) 서비스의 혁신과 디지털플랫폼 활용

사회복지 분야에서 혁신과 디지털플랫폼의 활용이 더욱 강조될 것으로 예상된다. 따라서 디지털플랫폼을 통해 사회복지 서비스의 접근성과 효율성을 개선하는 방법과 주의해야 할 것이다.

7) 전문가 역량과 요구사항 변화

사회복지 전문가들이 가진 역할과 요구사항이 변화될 것으로 예상된다. 따라서 사회복지 분야의 전문가들이 가져야 할 역량과 미래에 대비하기 위해 필요한 준비가 있어야 할 것이다.

8) 정책에 대한 시민 참여와 투명성

시민들의 참여와 사회적 투명성은 사회복지정책의 성공과 지속 가능성을 위해 중요한 요소이다. 따라서 이러한 시민 참여와 투명성을 높이기 위한 방법과 관련된 사례들에 대해 연구하고, 사회복지 정책의 투명성과 시민들의 참여를 높이는 방안이 강구될 것이다.

2. 사회복지 실천의 구조

사회복지 실천은 역사적으로 사회학, 심리학, 정신의학, 정치학, 경제학, 문화인류학 등과 같은 인접 학문의 영향을 받으면서, 그리고 이들 학문을 사회복지 실천의 고유한 목적과 기능을 위해 효과적으로 변형, 수정, 활용하여 왔다. 사회복지 실천을 위한 학문은 순수학문이라기보다는 실천 응용 학문이라고 할 수 있다.

사회학은 사회의 현상과 구조를 연구하는 학문으로 사회구성원 간에 상호작용이 언제, 어떻게, 왜 이루어지는가를 과학적으로 밝히고 있다. 그러므로 사회학자는 사회문제나 사회현상의 원인과 결과를 사실적으로 밝히는 것이 목적이고, 이것을 위해 사회조사, 참여관찰, 통계검증 등과 같은 과학적 연구 조사 활동에 초점을 맞춘다.

사회복지 실천은 사회구성원 간의 상호작용이나 사회문제의 원인과 결과를 연구한다는 면에서는 사회학과 유사하지만 사회 구성원의 사회적 기능을 향상시키고 사회문제를 해결하는 구체적 방법을 개발하고, 개입하는 활동에 더 많은 비중을 두는 것이 사회학과는 다르다.

심리학은 인간의 사고, 정서, 행동 등을 연구하는 학문이므로 개인의 내면적 세계나 성격적 특성, 그리고 행동의 원인을 밝히는 것이 목적이다. 사회복지 실천도 인간의 내면적 특성이나 행동을 연구하고 심리치료를 제공하는 면에서는 심리학과 유사하나 사회복지 실천은 클라이언트의 심리 정서적 문제를 치료하기 위해 상담 외에 사회경제적 서비스를 하는 것이 특징이다.

정신의학은 의료모델에 기초하여 환자의 정신질환을 진단하고, 처방하며, 약물이나 주사 투여 혹은 입원을 통해 이들의 질병을 치료하고 건강을 회복시키는 것이 목적이다. 사회복지 실천도 정신질환자를 돕는다는 면에서는 정신의학과 동일하지만 정신의학은 환자 개개인의 질병을 의료적으로 치료하고 회복시켜 주는 것에 중점을 두는 반면, 사회복지 실천은 심각한 정신질환의 치료보다는 클라이언트와 이들 가족의 일상적 심리 문제를 해결하고 이들의 사회적 기능을 향상 내지 회복시키는 것에 중점을 둔다.

정치학은 정부와 지방자치단체가 제도를 보완하고 행정을 시행함에 있어 공적 및 사적으로 적용하는 과정에서 결과에 대한 예측과는 동떨어진 결과를 초래할 수도 있고 성공적인 서비스를 완성할 수도 있기 때문에 복지정책을 입안하고 실행하는 정부에 대한 관심과 지방자치단체장들의 참여가 필수적인 요소로서 무한한 관계를 유지해야 하는 분야이다.

경제학은 사회복지가 비배제성이나 비형평성의 원리를 적용하기란 어렵다지만 경제적 원리를 적용하지 않으면 안 되는 부분과 자본과의 밀접성이 곧 복지의 성패에 달려 있다고 본다면 상품의 생산과 분배, 그리고 소비 측면에서 경제와 밀접한 관련이 있는 분야이다.

문화인류학은 사람이 살아가는 데 그 집단마다의 전통과 문화가 있기 마련이며 사람들이 살아온 환경에 따라 가치가 달라진다. 따라서 그 문화와 환경에 많은 영향을 받지 않을 수 없다. 따라서 인간의 문제에 대한 사회 체계적 · 환경적 요인의 분석이 관련이 있는 분야이다.

이러한 사회 인문학과 사회복지학의 다른 점을 살펴보면 다음과 같다(류종훈 외, 2007).

〈표 2-2〉 **사회 인문학과 사회복지학의 차이점**

구분	인문학	사회복지학
사회학	사회문제나 사회현상의 원인과 결과를 사실적으로 밝히는 과학적 방법에 초점	사회구성원의 사회적 기능을 향상시키고, 개인의 문제를 해결하는 구체적인 방법을 개발하여 적용하는 데 초점
심리학	인간의 내면세계나 성격상 특성, 그리고 행위의 원인을 밝히는 것에 초점을 두는 심리치료 서비스	이 외에도 사회, 경제적 서비스를 제공
정신의학	정신질환을 진단, 처방, 치료, 회복하는 것을 강조	개인과 가족의 일상적인 심리 문제를 해결하고, 사회적 기능을 향상시켜 주는 것에 초점
정치학	정부와 정치제도의 과정, 원칙, 구조를 연구	공적 및 사적 영역의 대인서비스에 관심
경제학	상품의 생산, 분배, 소비를 연구	사회, 경제적 정의의 원칙에서 정책, 정책형성과정, 그리고 사회정책분석에 영향을 미치는 요인에 관심
문화인류학	고고학적 · 민속학적 · 사회적 · 심리학적 자료를 기반으로 인간문화를 연구하고 분석방법을 연구	인간의 문제에 대한 사회 체계적 · 환경적 요인의 분석

출처: 류종훈 외(2007) 재인용.

3. 사회복지 실천의 역량

새로운 흐름에 맞는 실천 역량은 변화된 우리나라의 복지 환경과 새로운 흐름에 적합한 사회복지사의 핵심역량도 근본적으로 짚어보거나 다시 생각해 봐야 한다. 반드시 새로운 것이라 할 수는 없지만, 복지 실천가의 생각 확장을 위해 사회복지 핵심역량 8가지는 [그림 2-1] 사회복지 실천의 핵심역량과 같다(최명민 외, 2022).

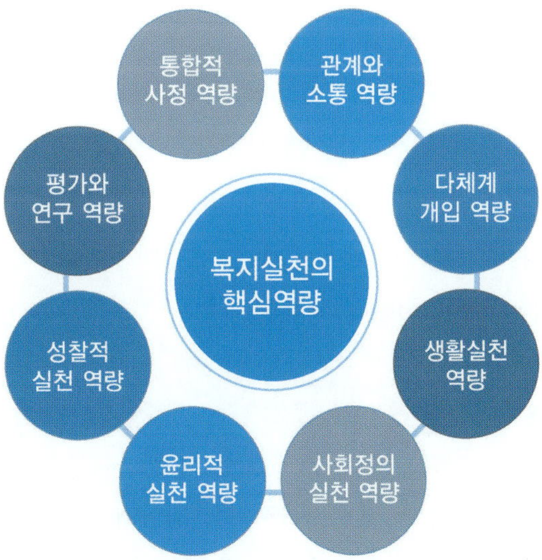

[그림 2-1] **사회복지 실천의 핵심역량**

1) 통합적 사정 역량

현대사회의 문제들의 원인과 양상이 복잡하고 다양하기에 실천가가 이를 다루기 위해 인간 존재의 의미를 이해하고 사람과 관계를 맺는 다양한 체계와 그들의 역동을 파악할 수 있는 통합적인 사정 역량이 필요하다. 개인이라는 미시체계에서 사회라는 거시체계의 특성을 잘 이해하면서 해결책을 제시해야 한다는 점에서 통합적으로 분석하고 판단할 수 있는 역량이 필요하다.

2) 관계와 소통 역량

대부분의 복지 실천가는 사람들과 관계를 맺고 그들과 소통하면서 실천하게 된다. 그 관계는 일대일 관계, 집단과의 관계, 상호 연대와 공동체와의 관계 등 다양한 층위의 관계를 맺으며 일한다. 실천가는 일대일 관계에서 면담하는 형태의 소통 역량뿐만 아니라 타 분야의 전문가와 협력하고 타 기관의 관리자를 설득하며 클라이언트를 옹호하기 위한 소통 역량도 필요하다.

3) 다체계 개입 역량

복지 실천가는 개인 체계에만 초점을 두지 않고 집단, 조직, 지역사회, 전체 사회와 같은 다양한 체계에 개입해야만 한다. 이러한 미시적 체계에서 거시적 체계에 이르는 다양한 체계에 개입하는 과정에서 체계에 속한 대상의 속성을 파악하면서 통합적으로 접근할 수 있는 다체계 개입 역량이 필요하다.

4) 생활 실천 역량

서구의, 특히 미국의 복지 실천가는 치료자이자 임상가로서 역할이 중시되지만, 우리의 경우 지역주민의 일상과 직결된 실천을 수행하는 경우가 많다. 특정한 상담 공간에 머무르며 전문적인 거리를 유지하지 않고, 문턱이 낮은 원조자로 인식되어 지역주민의 실제 삶의 현장에 들어가 일을 수행하는 경우가 대부분이기에 주민이 실제 생활하는 곳에서 문제해결을 돕는 역량이 필요하다.

5) 사회정의 실천 역량

사회복지 전문직의 주된 가치이자 사명은 인간 존중과 함께 사회정의를 중요하게 인정하였다. 부조리한 사회구조를 비판적으로 바라보고 개인과 사회가 만나는 접점에서 불평등과 부정을 없애고자 하는 노력을 기울이는 것이 복지 실천의 본질이다. 특히 양극화가 심하고 사회적 위험이 증가하면서 불평등과 배제로 인해 고통받는 사람들이 많아졌기에 오늘날에 사회정의를 위한 실천 역량이 꼭 필요하다.

6) 윤리적 실천 역량

사회복지 전문직은 지식, 기술과 함께 가치, 윤리, 규범을 전통적으로 본질을 구성하는 요소로 보았다. 실천가가 내리는 결정은 윤리적 속성을 가질 수밖에 없는데, 최근 점차 표준화된 매뉴얼에 의존하고 측정 가능한 실적에 치중하면서 윤리적인 측면에 상대적으로 소홀해지는 경향이 있다. 도덕성이나 윤리 의식을 회복하고자 하는 노력은 현대 복지 실천에서 가장 중요한 역량이다.

7) 성찰적 실천 역량

사회복지 실천가는 성찰할 수 있을 때 이미 알고 있는 지식을 실천 상황에 맞게 비판적으로 수정하여 적용할 수 있으며 이 과정에서 새로운 깨달음을 얻을 수 있다. 사회복지실천가는 기존의 지식을 답습하는 것을 넘어 상황에 적합한 새로운 지식을 발견하기 위해 성찰할 수 있는 역량을 갖추어야 한다.

빠르게 변화되는 유동성이 큰 현대사회에서 보편적이고 규격화된 지침만을 따르는 실천이 아니라 자기 인식과 반성을 통해 새로운 가치를 부여할 수 있는 역량이 필요하다.

8) 평가와 연구 역량

사회복지 실천가는 자신의 실천을 수행하는 과정과 개입의 효과성을 적절히 검증할 수 있는 역량이 요구된다. 실천에 대한 평가는 클라이언트와 사회에 대한 책무성과 실천의 전문성을 실현하기 위해 꼭 필요한 요소이다. 평가가 실천의 성과를 관리하는 수단으로만 강조되는 것이 아니고 클라이언트의 역량이 강화되는 기회를 제공해야 한다. 평가는 실천가에게 자신의 실천을 연구할 수 있는 역량을 함께 요구하고 있다.

복지 실천가에게 변화된 복지 환경은 실천의 가치 측면에서, 그리고 조직 운영의 가치 측면에서 모두 기존에 우리가 서 있던 경계나 선을 허물어뜨리도록 요구하고 있다. 그 변화에 맞는 실천 역량을 요구하고 있다. 우리나라 사회복지 실천 현장의 변화에 적합한 복지 실천가의 핵심 역량 8가지를 소개하였다. 변화된 환경 속에서 '사람 중심' 실천을 위해 이러한 변화된 역량이 더욱 요구되는 시대이다.

제4절 사회복지 실천 현장의 도전

1. 사회복지 실천 현장의 개념

사회복지 실천 현장은 사회복지서비스가 직접적으로 이루어지는 곳이다. 이곳은 실제 사회복지서비스가 클라이언트와 사회복지사가 만나고, 서비스가 행해지는 현장인 것이다. 이들은 병원, 학교, 사회복지관, 공동생활시설, 재활센터, 가정, 상담소 등 다양한 곳이 된다. 이러한 사회복지 실천 현장의 목적은 사회적 약자나 고립된 이들의 삶의 질을 향상시키는 것이다.

사회복지 실천의 현장은 사회복지사가 클라이언트들의 개인적인 욕구와 문제를 해결할 수 있는 목표를 설정하고 이들을 달성하는 데 도움을 주기 위해 실시되는 현장이다.

이들 활동은 공공기관, 사설 기관, 비영리 조직들이 함께 참여하여 클라이언트에게 필요한 지원을 제공하게 된다.

사회복지 실천 현장에서는 개별적인 서비스 제공뿐만 아니라 사회의 구조적인 문제까지 인식하고 개선하는 방향으로도 노력한다.

이는 폭력, 빈곤, 차별 등과 같은 사회적 문제를 해결하는 데 중요한 역할을 하게 된다.

따라서, 사회복지 실천 현장은 사회복지서비스의 전반적인 프로세스와 관련된 모든 활동들이 일어나는 곳이다. 이는 클라이언트의 생활의 질을 개선 향상시키고, 사회정의를 실현하는 데 중요한 역할을 한다.

이들이 생활 중에 직면하게 되는 여러 가지 문제를 해결하고, 개인의 자립과 사회참여를 돕는 데에 초점을 둔다. 이곳에서 이루어지는 사회복지 현장은 다음과 같은 내용들이 이루어진다.

1) 상담

클라이언트의 문제를 이해하고 해결하는 데 도움을 주는 역할들을 한다. 이는 정신건강, 가정 문제, 학업 문제 등의 여러 가지 문제에 대해 이루어진다.

2) 사회적 지원

사회복지서비스가 클라이언트의 사회적 관계를 개선하고, 사회에 대한 참여를 증진시키는 데 도움을 준다. 행정기관과 사회복지기관이나 시설과 연계를 통해 이루어진다.

3) 옹호와 정책 개발

클라이언트를 대신하여 그들의 권리를 옹호하고, 클라이언트들의 이익을 위한 노력과 개인의 문제들의 해결을 위한 정책 개발에 참여하게 된다.

4) 사례관리

사회복지사는 개별 사례들을 관리하며, 필요한 서비스를 제공하거나 다른 전문가에게 의뢰한다. 이러한 사례들을 1회성으로 끝나는 것이 아니라 계속적인 관리가 이루어지도록 관리한다.

2. 사회복지 실천의 도전과 과제

사회복지 실천 현장은 다양한 문제와 도전 과제에 직면하고 있다. 사회복지사가 이러한 도전을 극복하기 위해 노력하는 과제는 다음과 같다.

1) 서비스 접근의 문제

모든 클라이언트는 필요한 서비스에 쉽게 접근하기가 어렵다. 이는 거주지, 소득, 신분, 인종, 성별, 연령 등의 이유로 발생할 수 있다. 사회복지사는 이러한 장벽을 해소하고, 더욱 공정하고 포괄적인 서비스를 제공하기 위해 노력해야 한다.

2) 서비스의 품질과 효과성

서비스의 품질이 떨어지거나, 서비스가 클라이언트들이 실제 필요에 맞지 않는 때가 있다. 이를 해결하기 위해 사회복지사는 지속적으로 서비스를 평가하고 개선해야 하며, 실천에 근거한 접근방식을 적용해야 한다.

3) 자원의 부족

많은 사회복지 프로그램들은 적절한 자원과 지원을 얻지 못하고 있다. 이는 경제, 인적 자원, 물적 자원 등을 포함한다. 이것들로 인해 사회복지사는 클라이언트에게 필요한 서비스를 제공하는 데 어려움을 겪을 수 있다.

4) 복잡한 개인적, 사회적 문제

사회복지사가 다루는 클라이언트들은 다양한 개인적, 사회적 문제에 직면하고 있다. 이는 빈곤, 실업, 가정 내 폭력, 알코올 중독, 약물 남용, 정신 건강 문제 등을 포함한다. 이러한 문제들을 복잡하고 상호연관되어 있어 해결하기 어렵다.

5) 전문성과 윤리

사회복지사는 클라이언트와의 관계에서 다양한 윤리적 문제에 직면할 수 있다. 이는 개인정보의 보호, 적절한 경계 유지, 권력의 남용 등을 포함한다. 또한, 지속적인 전문성 유지와 개발도 중요한 도전 과제이다.

6) 사회적 차별과 불평등

사회의 구조적인 문제를 사회적 차별과 불평등은 클라이언트의 문제를 악화시키고, 사회복지 실천의 효과성을 저해한다. 사회복지사는 이러한 문제를 인식하고, 이를 해결하기 위한 옹호와 정책 개발에 참여해야 한다.

3. 사회복지 실천의 대응 방안

사회복지 실천 현장에서의 도전 과제들을 극복하기 위한 대응 방안은 다음과 같다.

1) 서비스 접근의 문제

사회서비스 접근성을 개선하기 위해서는 사회복지사가 커뮤니티와 협력하여 정보를 공유하고, 사회복지서비스에 대한 인식을 높여야 한다. 또한 다양한 언어와 문화적 배경을 고려하여 서비스를 제공하고, 서비스 위치와 시간을 클라이언트가 이용하기 용이하게 조정해야 한다.

2) 서비스의 품질과 효과성

사회복지서비스의 효과성을 개선하기 위해 사회복지사는 지속적으로 사회복지서비스를 평가하고 개선해야 한다. 이는 피드백을 수집하고, 근거 기반의 실천을 적용하고, 연구와 교육에 참여하는 것을 포함한다.

3) 자원의 부족

자원 부족의 문제를 해결하기 위해 사회복지사는 다양한 자금 조달 방법을 탐색하고 적용해야 한다. 이는 정부 지원, 지방자치단체기관, 기부, 펀드레이징 등을 포함할 수 있다. 또한 자원을 효율적으로 사용하고, 사회복지서비스를 운영하는 데 필요한 비용을 최소화하는 방법을 찾아야 한다.

4) 복잡한 개인적, 사회적 문제

복잡한 개인적, 사회적 문제를 해결하기 위해서 사회복지사는 다학제적인 접근을 적용해야 한다. 이는 다양한 전문가와 협력하고, 문제의 다양한 측면을 고려하여 종합적인 해결책을 개발하는 것을 의미한다.

5) 전문성과 윤리

사회복지사는 전문성과 윤리적인 문제를 해결하고 전문성을 유지하기 위해 지속적인 교육과 반성에 참여해야 한다. 이는 윤리 교육, 상담, 지도 등을 포함할 수 있다.

6) 사회적 차별과 불평등

사회적 차별과 불평등을 해결하기 위해, 사회복지사는 클라이언트를 대표하여 옹호하고, 정책 개발에 참여해야 한다. 이는 클라이언트의 권리와 이익을 위한 법률과 정책을 제한하고, 사회적 차별과 불평등에 대한 인식을 높이는 활동을 포함할 수 있다.

이러한 대응 방안들은 사회복지 실천 현장에서의 도전과 과제들을 극복하는 데 중요한 역할을 한다. 하지만 이러한 방안들은 끊임없는 노력과 약속을 필요로 하며, 사회복지사가 그들의 역할을 더욱 효과적으로 수행할 수 있도록 지원해야 한다.

4. 도전을 통한 사회복지 실천의 개발

사회복지 실천은 복잡하고 도전적인 분야이며, 그 중심에는 사회복지사의 역할이 자리하고 있다. 그들은 개인과 커뮤니티의 복지를 향상시키고, 사회적 변화를 촉진하는 중추적인 역할을 담당하며, 그 과정에서 다양한 도전 과제에 직면하게 된다. 이러한 도전 과제에 자원의 부족, 서비스 접근성의 문제, 사회복지의 품질과 효과성, 복잡한 개인과 사회적 문제, 전문성과 윤리, 그리고 사회적 차별과 불평등 등이 포함되며, 이들은 사회복지사가 그들의 역할을 효과적으로 수행하는 데 방해가 된다.

그러나, 동시에 이러한 도전 과제들은 사회복지 실천을 향상시키고, 사회적 문제를 해결하는 데 필요한 기회를 제공한다. 그 해결책은 자금 조달 방법의 탐색, 커뮤니티와의 협력, 연구와 교육, 다학제적 접근, 윤리 교육, 그리고 옹호와 정책 개발 등 다양한 방식으로 제시된다.

따라서, 이러한 도전 과제들을 극복하고 사회복지 실천의 목표를 실현하기 위해서는, 사회복지사뿐만 아니라, 모든 이해관계자들이 연대하고 협력하는 것이 중요하다.

이는 정부 비정부기구, 커뮤니티, 그리고 클라이언트 자신들을 포함한다. 이러한 공통의 노력을 통해, 우리는 사회복지 실천이 사회의 다양한 문제를 해결하고, 모든 사람들의 삶의 질을 향상시키는 데 기여할 수 있을 것이다.

마지막으로, 이 모든 노력을 지속하고 확장을 위해, 우리는 사회복지 실천의 중요성을 인식하고, 이를 지원하는 다양한 방법을 계속적으로 탐색하고 적용해야 한다. 이는 끊임없는 교육, 연구, 그리고 개발을 필요로 한다. 그렇게 함으로써 우리는 사회복지 실천이 그 가치와 목표를 완전히 실현할 수 있도록 돕는 데 기여할 수 있을 것이다.

학습하기

01 다음은 사회복지 실천의 핵심역량이다. 이에 옳지 않는 것은?

① 통합적 사전 역량
② 대상자와 소통 역량
③ 다체계 개입 역량
④ 생활 실천 역량
⑤ 사회정의 실천 역량

해설 사회복지 실천의 핵심역량은 ① 통합적 사전 역량, ② 관계와 소통 역량, ③ 다체계 개입 역량, ④ 생활 실천 역량, ⑤ 사회정의 실천 역량, ⑥ 윤리적 실천 역량, ⑦ 성찰적 실천 역량, ⑧ 평가와 도구 역량이다.

02 우리나라의 사회사업 도입과 현황으로 옳지 않은 것은?

① 한국에서의 사회복지실천의 도입은 1950년대의 개별사회사업이다. 이 시기는 한국전쟁 직후에 많은 외국 민간원조단체가 들어온 것이 계기가 되었으며, 이 가운데 세계기독교봉사회(Christian World Service)는 가정복지부를 통해 사회사업 프로그램을 전개하였다.
② 캐나다 유니테리언봉사회(USC: Uniterian Service Committee of Canada) 등도 사회사업을 시도하였다. 그러나 이와 같은 활동들이 우리나라의 사회사업을 발전시켰다고 볼 수가 없다. 이들 외국 민간원조단체들은 본래의 목적이 선교활동이었으므로 관련된 사람들이 사회사업의 전문직 교육이나 훈련을 받지 못한 비전문가들로 구성되어 있기 때문이다.
③ 현존하는 많은 기관이나 시설은 수용보호의 전통적 방법에서 탈피하지 못한 상태여서 인력의 수요, 공급면에서 전문성이 부족하여 사회사업 발전에 저해요인이 되고 있었다. 또한 전문기관의 미성숙, 민주의식 결여, 이론 결핍 등도 사회사업 발전의 저해요인으로 작용하고 있었다.
④ 1970년에 처음으로 「사회복지사업법」이 제정되고, 1980년대에는 지역복지와 재가복지사상이 도입되면서 전국적으로 종합사회복지관이 건립되어 전문가들이 역량과 기술을 발휘하게 되었다.
⑤ 2004년부터는 사회복지사 자격증 제도가 대학, 사회복지사협회, 그리고 보건복지부의 공동 노력으로 실시되었다.

해설 사회복지사 자격제도는 2003년부터 실시되었으며, 1급 사회복지사 자격시험이 실시되는 근거가 되었다.

03 우리나라의 사회복지 역사의 중요한 사건들은 다음과 같다. 맞지 않는 것은?

① 외국 민간 단체의 영향으로 1959년에 국립의료원에서 의료사회사업이 시작되었다.

② 1965년에는 캐나다 유니테리언봉사회와 기독교봉사회가 주동이 되어 개별사회사업과 지역복지사업이 시작되었다.

③ 1975년에 처음으로 「사회복지사업법」이 제정되고, 1980년대에는 지역복지와 재가 복지사상이 도입되면서 전국적으로 종합사회복지관이 건립되어 전문가들이 역량과 기술을 발휘하게 되었다.

④ 1997년에는 「사회복지사업법」이 대폭 수정되었고 지역사회주민의 정신건강 향상을 위한 「정신보건법」 시행으로 정신보건 사회복지사 제도가 도입되었다.

⑤ 2003년부터는 사회복지사 자격증 제도가 대학, 사회복지사협회, 그리고 보건복지부의 공동 노력으로 실시되었다.

해설 「사회복지사업법」은 1970년에 최초로 제정되었다.

04 사회복지서비스의 분류에서 프리들랜더와 에프트가 주장한 내용으로 알맞지 않은 것은?

① 사회사업에서 통합적 방법론
② 직접적 서비스
③ 간접적 서비스
④ 지원적 서비스
⑤ 거시-영역 접근방법

05 사회복지 현장은 다음과 같은 내용들이 이루어진다. 내용으로 알맞지 않은 것은?

① 상담
② 사회적 자원
③ 옹호와 정책 개발
④ 실천 기관 및 시설
⑤ 사례관리

06 사회복지실천의 도전을 극복하기 위해 노력하는 과제이다. 알맞지 않은 것은?

① 서비스 접근의 문제
② 서비스의 품질과 효과성
③ 자원의 부족
④ 단순한 사회복지 문제
⑤ 전문성과 윤리

해설 기타 복잡한 개인적, 사회적 문제와 사회적 차별과 불평등의 과제이다.

07 사회 인문학과 사회복지학의 차이점이다. 알맞은 것은?

구분	인문학	사회복지학
① 사회학	사회문제나 사회현상의 원인과 결과를 사실적으로 밝히는 과학적 방법에 초점	사회구성원의 사회적 기능을 향상시키고, 개인의 문제를 해결하는 구체적인 방법을 개발하여 적용하는 데 초점
② 심리학	인간의 내면세계나 성격상 특성, 그리고 행위의 원인을 밝히는 것에 초점을 두는 심리치료서비스	사회, 정치적 서비스를 제공
③ 정신의학	정신질환을 진단, 처방, 치료, 회복하는 것을 강조	개인과 가족의 일상적인 심리문제를 해결하고, 사회적 기능을 향상시켜 주는 것에 초점
④ 정치학	정부와 정치제도의 과정, 원칙, 구조를 연구	공적 및 사적 영역의 대인서비스에 관심
⑤ 경제학	상품의 생산, 분배, 소비를 연구	사회, 경제적 정의의 원칙에서 정책, 정책 형성과정, 그리고 사회정책분석에 영향을 미치는 요인에 관심

해설 「심리학」의 사회복지학은 이 외에도 사회, 경제적 서비스를 제공한다.

정답

01. ② 02. ⑤ 03. ③ 04. ① 05. ④ 06. ④ 07. ②

03

Chapter

사회정의와 사회복지 실천의 가치

사회복지 실천은 사회복지사가 사회적 안녕 상태를 이루기 위해 필요한 사회적 서비스를 그 서비스가 요구되는 현장에서 실천에 옮기는 과정으로 다양한 형태의 서비스를 계획하고 실천하여 삶의 질을 향상하는 것이다.

이러한 사회복지 실천을 위한 과정에서 사회정의를 이해하고 시대와 목적에 따라 전문직의 발달과 함께 다양하게 나타나는 가치 및 윤리를 이해하는 것이 필요하다. 이 장에서는 사회정의에 대한 이해, 사회복지 전문직의 가치와 윤리, 사회복지 실천 현장의 가치와 윤리 갈등 등에 대해서 기술한다.

제1절 사회정의에 대한 이해

1. 사회정의

사회정의(Social justice)는 일반인의 통념으로 판단한 올바른 사회적 윤리이다. 모든 사람이 한결같이 인간다운 생활을 누릴 수 있도록 보장하는 것을 기본으로 하며, 법 앞에서의 평등이나 정당한 보수 등이 이에 속한다.

사회정의는 다양한 방향에서 구분해 볼 수 있다. 형식적 정의는 곧 '같은 것은 모두 동일하게', 실질적 정의는 '실질적으로 공정하게'로 표현될 수 있다. 현대사회에서 분배정의와 관련하여 실질적 정의의 의미가 부각되더라도, '법 앞에서의 평등'과 같은 형식적 정의는 정의의 중요한 기본 바탕을 이루고 있다.

결과적 정의는 공정한 절차와 여러 가지 보완 노력을 거쳐 최종 결과가 정의롭게 달성되는 것이 정의라고 보는 관점이고, 절차적 정의는 사람들이 일정한 조건하에서 공정한 절차를 거쳐 어떤 원칙을 만들었을 때 그 원칙은 정의롭다고 보는 관점이다.

사회정의에 대해 존 롤스(J. Rawls) 하버드대 교수는 〈정의론〉에서 "모든 이에게 자유를 완벽하게 누리게 할 수 있어야 하며 빈곤한 사람들의 복지를 우선으로 배려해야 한다. 또한 결과의 불평등은 존재하되 모든 사람에게 기회는 균등하게 주어져야 하는 것이 정의의 원칙이다."라고 사회정의를 정의하였다.

롤스는 평등한 자유의 원칙이 가장 우선하고, 기회균등의 원칙이 두 번째, 그 다음이 차등의 원칙이라고 하였다.

사회정의의 한계는 다음과 같이 형식적 정의와 실질적 정의로 구분할 수 있다

형식적 정의는 개인 간의 차이를 고려하지 않고 무조건 모든 사람을 동등하게 대하는 것만으로는 정의로운 사회를 달성하기 어렵다고 본다.

실질적 정의는 한 공동체의 종교, 문화, 철학 등 구체적인 삶의 방식과 깊이 연관되어 있기 때문에 구체적인 삶의 방식이 달라지면 실질적 정의의 내용도 달라질 수 있다.

2. 인권

인권(Human rights)은 사람이라면 누구나 태어나면서부터 당연히 가지는 기본적 권리로 인간이 태어남으로 인해 갖는 천부적 권리로서 성, 인종, 국적, 경제적 배경 등을 가리지 않고 누구나가 평등하게 가지는 권리를 의미한다. 즉, 상이한 문화적·종교적 전통의 가치에도 불구하고 인간의 보편성과 인도주의의 가치를 주창(主唱, 주의나 사상을 앞장서서 주장함)할 수 있는 중요한 내용 중의 하나가 인권이다(공경배, 2013).

여기서 인도주의(Humanitarianism)는 모든 인간이 인간이라는 점에서 동등한 자격을 갖추고 있다는 생각으로 인류의 공존을 꾀하고 복지를 실현시키려는 박애 사상을 의미한다. 또한 박애 사상(Philanthropy)은 인간이 부딪치고 있는 모든 현실적 차별, 즉 인종·국적·종교·신분·풍습·이해관계 등의 차별을 초월하고 인간성을 기초로 하여 근심·불행·괴로움 등을 같이 나누려는 인간애를 의미한다.

인권이라는 용어는 17세기 이후 서유럽 자유주의 정치사상에 입각한 자연법사상에서 비롯되었다. 즉 〈인간의 권리(Right of man)〉라는 페인(Paine, 1971)의 저서 제목과 동의어인 '인간의 권리'에서 유래된 것이다(공경배, 2013).

우리나라의 경우 「국가인권위원회법」에 따라 독립 국가 기관인 국가인권위원회가 2001년 11월 25일 설립되면서 인권의 중요성이 더욱 강조되었다.

인권의 출발점은 인간 생명의 존엄성이라고 할 수 있으며, 어떤 영역에서 문제되는 인권이든지 간에 인간 생명의 존엄성을 기초로 한다. 인권의 사전적 의미는 '사람이 사람답게 살기 위해 필요한 것으로서 당연히 인정된 기본적 권리' 또는 '인간이 자연인으로 누려야 할 당연한 권리'를 의미한다.

이러한 인권과 유사한 의미로 사용되는 개념으로는 자연권, 시민권, 기본권이 있다.

자연권은 태어나면서부터 개인에게 초자연적으로 부여된 권리로서 천부인권이라고도 불리며 자유와 평등을 핵심 개념으로 하는 권리를 의미한다. 이에 비해 인권은 인간의 권리가 천부적으로 주어진 것이 아니라 세상에 인간으로 태어나서 다른 사람들과 관계를 맺는 과정에서 형성되는 권리로서 완전한 평등보다 사회복지 실천론은 정의를 강조하고 있다.

시민권은 사회공동체를 이루고 사는 인간이 국적과 영토를 기반으로 하는 특정 국가의 구성원으로서 갖는 권리를 의미한다. 이에 비해 인권은 특정 국가에서의 지위가 아닌 인간이기 때문에 갖는 보편적 권리이다.

기본권은 민주사회의 헌법과 법률에 규정된 법적 권리를 의미한다. 이에 비해 인권은 인간존엄성에 바탕을 두고 인간의 자유와 평등, 정의 등의 기본 가치를 반영하는 도덕적 권리로서 기본권보다 포괄적이며 기본권의 토대를 제공한다. 그러므로 기본권은 인간의 도덕적 가치와 배치되지 않는지 끊임없이 점검받아야 하며, 실정법에 규정되지 않는 권리까지도 인권으로 인정하고, 인권을 제도화해 나가려는 노력이 병행되어야 한다.

특히, 사회복지사가 추구하는 바가 모든 인간이 존엄한 존재로서 인간다운 삶을 살아갈 수 있도록 삶의 질을 높이는 것이라고 볼 때, 사회복지영역에서 인권은 실천의 바탕에 깔려 있어야 한다.

인권은 다음과 같은 특성이 있다. ① 인권은 모든 사람이 누려야 하는 권리라는 점에서 보편성을 지니고 있다. ② 인권은 태어난 사람이라면 누구나 가지고 있는 권리라는 점에서 고유성을 지니고 있다. ③ 인권은 사람이 일시적으로 누리는 권리가 아니라 항구적으로 누리는 권리라는 점에서 항구성이 있다. ④ 인권은 정부 권력 등 외부로부터 침해를 받아서는 안 된다는 불가침성이 있다.

이러한 특성에 따라 인권은 지위에 상관없이 누구나 항구적으로 누려야 하는 권리라는 점에서 사회복지영역의 요보호 대상자나 사회적 약자를 대상으로 하는 사회복지 실천에서 가장 중요한 요인이라고 할 수 있다.

3. 옹호

옹호(Advocacy)는 클라이언트의 이익을 옹호하고 대변하는 활동을 의미한다. 옹호 활동은 지역사회의 클라이언트가 정당한 처우나 서비스를 받지 못하는 경우에 활동하며, 표적 집단에 대하여 강력한 영향력이나 압력을 행사하는 활동이다.

옹호자는 클라이언트의 이익을 위해 전문적 대변인이나 대리인으로 활동한다. 이러한 옹호는 클라이언트가 권리를 갖고 있으며, 그 권리의 보장은 법적으로 요구할 수 있기 때문에 클라이언트가 받아야 할 권리나 혜택에 초점을 맞춘다. 여기서는 옹호의 원칙, 실천유형, 기술과 전술 등에 대해서 알아본다.

1) 옹호의 원칙

옹호는 다양한 클라이언트나 집단을 상대로 하는 활동일 뿐만 아니라 그들이 지닌 가치, 신념, 규칙 등과도 싸워야 하는 어려운 일이다. 효과적인 옹호 활동을 펼치기 위해 다음과 같은 원칙을 지켜야 한다(김현호, 2023).

(1) 옹호 활동은 합리적 수준을 유지하는 것이 좋다. 즉, 클라이언트 수준에 맞아야 한다는 것이다.

(2) 가능하면 개별적 활동보다 팀워크(team work)에 의존한다. 개별적 옹호 활동이 더 좋은 결과를 가져올 때도 있지만, 집단적 옹호 활동은 동원 가능한 자원이나 다양한 전술을 활용할 수 있다는 점에서 유리하다.

(3) 옹호 활동은 가끔 적극적이고 단호한 태도를 요구하기도 한다. 옹호 활동의 상대가 기득권을 가진 조직이나 개인을 대상으로 옹호 활동을 할 때, 타협적이거나 양보하는 태도를 취하기 쉽다. 그렇지만 클라이언트의 이익을 지속적으로 알리고 상대방의 변화를 유도하기 위해서는 적극적이고 단호한 태도를 보여주어야 한다.

(4) 유연성을 강점으로 인식할 필요가 있다. 단호한 태도가 요구된다고 해서 모든 일에 경직된 태도를 유지하는 것은 아니다. 상황에 따라 최선보다는 차선에 만족하는 법도 터득해야 한다.

2) 옹호의 실천유형

옹호의 실천유형은 개별옹호, 집단옹호, 정치적 옹호로 나누는데, 각각에 대해서 알아본다(김현호, 2023).

(1) **개별옹호**(Case advocacy)

사례 옹호라고도 하며 개인이나 가족을 위한 옹호 활동을 의미한다. 따라서 개별옹호는 주로 특정 클라이언트의 욕구나 권익을 대변하여 필요한 자원이나 서비스를 확보하는 데에 초점을 둔다. 또한 개별옹호는 특정 기관으로부터 서비스 수혜 자격이 있는 클라이언트가 서비스를 받지 못하는 경우, 이러한 갈등을 해결하는 노력으로 옹호 활동이 전개된다.

(2) **집단옹호**(Class advocacy)

특정 클라이언트 집단이나 제도의 문제점과 관련된 옹호 활동을 의미한다. 집단옹호는 해당 집단의 클라이언트들이 일정한 공통 욕구를 공유하여 사회 여건을 변화시키려는 일에 초점을 둔다. 이러한 집단옹호는 특정 대상자 집단에게 불리한 영향을 미치는 이슈를 사회적으로 다룸으로써, 현 상태에 중요한 변화를 일으키고 그들의 욕구와 권익을 대변하며 그들의 갈등을 해결하는 일련의 원조 활동을 의미한다(김현호 외, 2018).

(3) **정치적 옹호**(Political advocacy)

공공옹호(public advocacy)라고도 하며, 주로 정치와 정책 영역을 대상으로 하는 옹호 활동을 의미한다. 즉 여성, 아동, 빈민, 소수인종, 장애인과 같이 비교적 무력한 집단들이 그들의 자원과 기회를 향상시키도록 돕는 정책 실천을 의미한다. 정책실천은 정책변화를 위한 노력을 의미하며, 정치적 옹호는 이러한 정책변화를 위해 무력한 집단들의 몫을 향상시키기 위한 노력이라고 할 수 있다.

3) 옹호의 기술과 전술

옹호의 기술과 전술에는 설득하기, 대변하기, 표적을 곤경에 빠트리기, 정치적 압력 등이 있는데, 각각에 대해서 알아본다(김현호 외, 2023).

(1) 설득하기

설득은 사회복지 실천에서 자주 사용되는 대인 관계기술의 하나로, 대상자나 어떤 명분(cause)에 대해 호의적인 해석을 얻어내기 위한 제반 활동이다(Hardcastle et al., 1997). 이러한 설득의 효과를 높이는 데에는 개인적인 권위와 정확한 사실 파악이 필수적이다. 설득은 4가지 요소로 이루어지는데 전달자, 전달 형식, 메시지(message), 대상자 등이다(김현호 외, 2023).

(2) 대변하기

대변은 문제를 스스로 처리할 능력과 지식이 부족한 클라이언트에 대해서 전문지식이 있는 다른 사람이 대신해서 표현 또는 전달하는 행위이다. 대변자와 대변을 요청한 클라이언트와의 관계는 양자의 합의에 의해서 결정한다. 이러한 대변 역할의 효율성을 위해서는 의사소통, 클라이언트의 욕구 발견, 클라이언트로 하여금 진행 과정을 지원하도록 가르치고 동기화시키는 일 등의 훈련이 필요하다(김현호, 2018).

(3) 표적을 곤경에 빠트리기

직접적인 도전이나 공격이 어려울 때 쓸 수 있는 효과적인 전술이다(Kirst-Ashman & Hull, 2001). 표적을 곤경에 빠트림으로써 특정 사안에 대한 표적의 태도나 입장이 흔들

릴 수 있기 때문이다. 이러한 전술은 표적이 과거 자신의 공언(公言)과 다른 의사결정을 내릴 때 주로 사용되는 옹호 전술이다.

(4) 정치적 압력

선출직 표적(자치 단체위원, 자치단체장, 국회의원 등)을 대상으로 펼치는 옹호 활동이다. 이러한 전략은 정부의 지원을 받는 기관을 상대로 이루어지기도 하고 선출직 표적을 통해 문제의 실상을 파악해 해당 기관에 압력을 행사하는 경우도 있을 수 있다.

4. 사회행동

사회행동(social action)은 사회적으로 억압받고 소외된 클라이언트나 지역주민이 사회정의와 생존권적 권리에 입각해서 사회, 정치, 경제적으로 보다 나은 처우를 받을 수 있도록 행해지는 조직적 활동을 의미한다(김만호, 2010). 사회복지에서 사회행동은 인간의 복지를 해결하기 위한 조직적 노력을 의미한다. 따라서 사회행동은 사회서비스의 향상을 목적으로 하는 클라이언트나 집단의 활동이라고 할 수 있다(Fridlander & Apte, 1974; 김현호 외, 2023).

사회행동은 클라이언트의 사회적 조건을 향상시키거나 사회변화를 통하여 사회의 부적응을 해소하고 사회해체를 예방하는 목표를 가지고 있다. 이러한 사회행동은 소수인의 행동에 의해서 출발되는 경향이 있으며, 합법적 또는 비합법적 수단이 되기도 한다. 이것은 상대 집단을 이기기 위해 힘을 갖기 위한 의도로서 정보력, 상대의 약점 파악, 대중 동원 등에서 급진적 방법이 사용될 수도 있다.

1) 사회행동의 특징

사회행동의 목적은 지역사회를 기초로 특정 지역사회 문제나 사회적 약자의 권익 보호와 문제해결을 추구하는 것이며, 집합적인 특징을 지닌다. 이러한 사회행동의 특징을 제시하면 다음과 같다(Dunham, 1970; 김현호 외, 2023).

(1) 사회행동은 항상 사회 실천에 있어서 변화를 위한 제안과 이 제안에 대한 옹호나 반대를 위한 것이다.
(2) 사회행동은 사회행동가에 의해서 수용될 수 있는 바람직한 목적을 포함한다.
(3) 사회행동은 항상 사회행동가보다는 개인 또는 소수에 의해서 시작된다.
(4) 사회행동은 교육, 선전, 설득, 압력 등과 같은 방법을 사용하지만 육체적 탄압은 하지 않는다.
(5) 사회행동의 목적과 방법은 합법적일 수도 있고 비합법적일 수도 있다.
(6) 사회행동은 사회적 결과보다는 방법과 과정에 중점을 둔다. 사회행동은 선을 위해 사용할 수도 있고, 악을 위해 사용할 수도 있으며, 선과 악의 중립적 목적을 위해 사용할 수도 있다.

2) 사회행동의 전략

사회복지사는 사회행동에서 지역주민들이 직접 행동을 취할 수 있도록 사회구조와 여건에 따라 다양한 전략을 구사할 수 있다. 사회행동의 전략은 합의적 전략과 대립적 전략으로 구분할 수 있다(김현호 외, 2018). 합의적 전략은 통합된 공동체, 동질적 이익, 사회의 가치 및 윤리의 목표와 수단에 대한 동의, 사회 내 구성원 사이의 협력 가능성을 전제로 하고 있다.

이러한 사회행동을 효과적으로 전개하기 위한 전략은 기본전략, 정치적 압력 전술, 직접 행동, 법적 행동 등이 있는데, 각각에 대해서 알아본다.

(1) 기본전략

사회행동은 지역사회 내 사회적 약자들의 생활에 영향을 미치는 중요한 결정에 대해 이들의 통제력을 향상시키기 위한 집단적 행동이라고 할 수 있다. 이러한 기본전략은 효과적인 쟁점의 정리, 힘의 극대화, 정당성 확보, 협상의 전개 등이 있다.

(2) 정치적 압력 전술

사회행동은 많은 부분에 있어서 정치체계를 통하여 행동하게 된다. 정치체계는 최고 결정권자를 중심으로 명령체계를 구축하고 있기 때문에 상층부의 결정은 많은 영향력을 미치게 된다. 따라서 정치체계에 영향력을 행사하기 위해서는 먼저 정부의 구조와 정책 형성 및 입법 과정 등에 대해서 충분한 지식과 정보를 갖추고 있어야 한다. 즉, 정책의 책임과 권력의 소재를 파악하여 압력을 가함으로써 효과적인 사회행동의 목표를 달성할 수 있다.

(3) 직접 행동

직접 개입을 뜻하는 의미로, 로비활동과 같은 온건하고 간접적인 방법이 효과를 거두지 못할 때 사용하는 사회행동 전략의 하나이다. 직접 행동은 문제를 가시화하는 데 효과가 있고, 표적에 대해 직접적인 타격을 가할 수 있으며, 사회행동 조직의 내부적 결속력을 높일 수 있다. 그러나 직접 행동은 성공적인 자원 동원을 전제로 할 뿐만 아니라 때로는 상당한 위험 부담을 감수해야 한다(김현호 외, 2023).

(4) 법적 행동

법적 행동은 국가의 힘을 수반으로 강제적인 사회규범으로 규칙을 준수하지 않은 상대 조직이 규칙을 지키도록 한다. 제한된 인원이 참가하고 참여자들이 냉정하고 심각한 특징이 있으며 조직 활동을 공식적으로 합법화하므로 상대방의 급작스러운 조치에 공격할 수 있는 시간을 얻어낼 수 있는 장점도 있다. 그러나 시간과 돈이 많이 드는 단점도 있다. 법적 행동은 많은 시간이 걸리기 때문에 지루하게 만들 수 있다.

제2절 사회복지 실천의 가치와 윤리

1. 사회복지 실천의 가치

가치(value)가 사상과 달리 객관적으로 증명할 수 없고 주관적으로 선호하는 것으로 인간이 올바른 행동을 선택하는 데 있어서 지침이나 기준이 된다면 윤리(ethics)는 가치에서 비롯되나 무엇이 옳고 그른가를 판단하여 주는 도덕적 지침이 된다. 그러므로 사회복지 실천에서 가치를 중요하게 다루는 것은 사회복지전문가나 사회복지사의 가치에서 윤리적 원칙들이 정하여지기 때문이다.

가치와 윤리의 차이점은 가치는 무엇이 좋고 싫은가를 다루고, 윤리는 무엇이 옳고 그른가를 다루는 데 있다.

1) 사회복지 실천과 가치

(1) 가치

가치(value)란 사람들이 중요시하는(바람직하다고 생각하는) 삶의 방식이나 기준, 신념을 말한다. 가치는 믿음과 같은 것으로 좋고 바람직한 것에 대한 지침이며 적합한 행동의 선택에 대한 지침이다(Lowenberg, 1988). 가치는 곧 지식 및 기술과 함께 사회복지 실천의 3대 중심축의 하나로 이는 윤리와 구분되며, 가치가 믿음이라면 윤리는 판단이다.

프리들랜더(Friedlander)는 사회복지의 기본 가치를 인간의 존엄성, 인간의 자율성, 기회의 균등성, 그리고 사회적 책임성으로 전제하고 있으며, 사회복지 실천에 있어 전문직의 가치는 다양한 형태로 설명되고 있다.

미국 사회복지사협회(NASW, 1995)의 사회복지의 기본 가치는 '개인의 가치와 존엄성', '개인에 대한 존경', '개인의 변화 가능성에 대한 가치', '클라이언트의 자기 결정권', '비밀보장과 사생활 보장', '적절한 자원과 서비스 제공', '클라이언트에게 권한 부여', '동등한 기회 보장', 그리고 '다양성의 존중' 등이 있다.

(2) 사회복지 실천의 핵심 가치와 원칙

NASW 윤리강령에서 제시하는 사회복지의 여섯 가지 핵심 가치와 원칙이다.

① 서비스는 사회복지사의 궁극적 목표는 도움이 필요한 사람들을 돕고 사회적 문제들에 대응하는 것이다.

② 사회정의는 사회복지사는 사회적 불의와 대결하여야 한다.

③ 인간에 대한 존엄성과 가치는 사회복지사는 타고난 인간의 존엄성과 가치를 존중하여야 한다.

④ 인간관계의 중요성은 사회복지사는 인간관계가 가진 중요성을 인식해야 한다.

⑤ 충실은 사회복지사는 신뢰받을 수 있게 행동하여야 한다. 전문가답게 업무수행에 최선을 다해야 한다.

⑥ 능력은 사회복지사는 자신의 능력 범위 내에서 실천 활동을 하여야 하며, 자신의 전문적 기술을 개발하고 향상시켜야 한다.

2) 사회복지 실천의 중심 가치

(1) 사회복지 실천의 기본전제

사회복지 실천의 기본전제는 다음과 같다(Skidmore et al., 1994).

① 인간은 존엄한 존재이다.

② 개인이나 사회문제의 원인은 인간과 사회 환경 간의 역기능적 상호작용에 의해서 발생한다.

③ 모든 사회는 이러한 개인적 또는 사회적 문제를 해결하기 위해서 전문적 실천 활동이 필요하다.

(2) 사회복지 실천에서 일반적으로 중시되는 가치

① 감정이입, 클라이언트의 강점 개발, 클라이언트의 지능과 능력에 대한 존경
② 클라이언트의 입장에서 시작, 다양성에 대한 존중
③ 클라이언트의 삶의 경험을 가치 있게 생각
④ 예의, 존경, 그리고 긍정적 관심
⑤ 선택과 그 결과에 대한 교육

3) 사회복지 실천의 3대 중심축

(1) 가치

브리태니커 사전에서는 가치(value)를 "어떤 사물 · 현상 · 행위 등이 인간에게 의미 있고 바람직한 것임을 나타내는 개념, 가치는 현실 세계에 대한 인간의 실천과 경험을 통해 형성되는 의식적 관계가 축적된 결과로서 '역사적' 산물"이라고 하였다.

① 가치란 좋고 바람직한 것에 대한 지침으로 믿음과 같은 것이다.
② 사회복지의 기본 가치를 프리들랜더는 "인간의 존엄성, 인간의 자율성, 기회의 균등성, 사회적 책임"이라고 했다.
③ 사회복지 실천 현장은 전문적 가치, 개인적 가치, 사회적 가치를 합한 것이다.

(2) 지식

지식(knowledge)이란 "교육, 학습, 숙련 등을 통해 사람이 재활용할 수 있는 정보와 기술 등을 포괄하는 의미"이다. 이 외에도 많은 의미를 내포하는 광범위한 용어이다. 최근에는 한 사람뿐만 아니라 집단의 사람이 재활용할 수 있는 모든 소유 학문의 세계를 지식이라 한다.

① **사회복지 실천에 필요한 지식**(Kadushin의 다섯 가지 지식)

- 사회복지에 관한 일반적 지식(필수과목)

- 특수한 실천 분야에 관한 지식(선택)
- 특수한 기관에 관한 지식
- 특수한 클라이언트에 관한 지식
- 특수한 접촉에 관한 지식

② 사회복지 실천의 지식 기반

- 심리, 행동이론(정신분석학, 자아 심리학, 행동주의 이론, 인지 이론, 기능주의 이론, 인본주의 이론)
- 역할이론
- 생태체계이론
- 임파워먼트 강점 이론

(3) 기술

기술(skills)은 "어떤 것을 만들거나 어떤 일을 하는 데 필요한 기법에 대한 체계적 연구"이다. 최초의 기계장치가 신석기시대에 등장한 이래 도기 제조용 돌림판과 바퀴가 만들어졌고, 이후 쟁기 · 돌낫 · 맷돌 등이 제작되었다. 현재에 지식정보화 시대에 살고 있는 사회복지 현장에서의 기술이란 "사회복지 현장에서 클라이언트의 문제해결 방법을 적용하고 활용하는 방법"이라고 할 수 있다.

2. 사회복지 실천의 윤리

1) 윤리

사전적 의미로서의 윤리(ethics)란 "사람이 사회적 관계에 있어 사람으로서 마땅히 행하거나 지켜야 할 도리"(우리말 큰 사전, 1992)이다. 영어로는 에틱스(ethics)라고 하며 그리스어의 'ethos'에서 나온 '관습'의 의미를 갖고 있다. 윤리(ethics)란 선악의 속성이나 도덕적 의무를 결정하는 일련의 지침, 행동 기준 또는 원칙이라고 할 수 있다(Barker, 1955).

핀커스와 미나한(Pincus & Minahan, 1973)은 윤리란 "도덕적 철학이다. 도덕적으로 좋고 나쁘고 옳고 그른 것에 관한 것으로 가치와는 구분되는 개념이다. 가치란 신념이며 선택인 것으로 인간을 위해 좋은 것과 바람직한 것에 대한 가정이다"라고 했다. 물론 사실도 아니고 과학적 근거도 없으며 따라서 규범적 가치 기준이 절대적으로 필요하지 않을 수도 있다. 그에 반해 윤리란 실질적 결정을 내릴 때 필수적인 것으로 옳고 그른 행동에 대한 사회적 태도를 가리킨다. 가치란 하나의 가정적 개념이어서 인간의 생각 속에서 그치지만 윤리는 행동으로 나타나는 것으로 윤리적 판단에 따른 행동 수행에 있어 규범적 기준이 필요하게 된다. 따라서 윤리란 인간의 행동을 통제하거나 규제하는 기준이나 원칙까지 포함하는 개념으로 일반적으로 타인에 대한 책임감에서 우러나오는 인간에 대한 양심적 기대감을 말한다.

2) 사회복지 실천과 윤리

(1) 가치와 윤리와의 관계

① **가치**: 인간의 적절한 행동을 선택하는 데 있어서 지침이나 기준이 되는 것으로, 무엇이 좋고(good) 바람직한지(desirable)에 관심을 두는 주관적 선호이다.

② **윤리**: 가치에서 비롯되나 무엇이 옳고(right) 바른지(correct)를 판단하여 주는 도덕적 지침이 되는 것이다.

(2) 사회복지사의 기본적 윤리기준

① 전문가로서의 품위와 자질을 유지하고, 자신이 맡고 있는 업무에 대해 책임을 진다.

② 클라이언트의 종교, 인종, 성, 연령, 국적, 결혼상태, 성 취향, 경제적 지위, 정치적 신념, 정신, 신체적 장애, 기타 개인적 선호, 특징, 조건, 지위를 이유로 차별 대우를 하지 않는다.

③ 전문가로서 성실하고 공정하게 업무를 수행하며, 이 과정에서 어떠한 부당한 압력에도 타협하지 않는다.

④ 사회정의 실현과 클라이언트의 복지증진에 헌신하며, 이를 위한 환경조성을 국가와 사회에 요구하여야 한다.

⑤ 전문적 가치와 판단에 따라 업무를 수행함에 있어, 기관 내외로부터 부당한 간섭이나 압력을 받지 않는다.

⑥ 자신의 이익을 위해 사회복지 전문직의 가치와 권위를 훼손해서는 안 된다.

⑦ 한국사회복지사협회 등 전문가 단체 활동에 적극 참여하여, 사회정의 실현과 사회복지사의 권익을 위해 노력해야 한다.

(3) 사회복지 실천 윤리

① 전문가로서의 품위, 자질, 책임

② 전문직의 가치, 지식, 기술

③ 공공복지를 위한 성실성

④ 클라이언트의 권익 우선

⑤ 클라이언트의 자기 결정권을 위한 도움

⑥ 클리이언트에 대한 평등한 대우

⑦ 클라이언트의 생활에 대한 비밀보장

⑧ 동료에 대한 존중과 신뢰

⑨ 동료나 기관의 부정에 대한 합법적 대응

⑩ 사회복지 발전을 위한 협력적 참여

제3절 사회복지 실천 현장의 가치 및 윤리 갈등

1. 사회복지 실천에서 가치 갈등

사회복지 실천에서 근무하는 사회복지사는 개인적 가치, 전문적 가치, 클라이언트와 클라이언트 집단의 가치, 사회적 가치에 의해 영향을 받으며, 이러한 딜레마에 의해 가치 갈등을 하게 된다.

사회복지사가 사회복지 실천에서 겪게 되는 다양한 가치의 유형은 다음과 같다.

1) 가치 상충

2개 또는 그 이상의 경쟁적 가치와 직면했을 때 윤리적 딜레마에 빠질 수 있다.

2) 의무 상충

기관에 대한 의무와 클라이언트에 대한 의무 사이에서 갈등이 일어난다.

3) 클라이언트 체계의 다중성

복합적 문제를 다룰 때 누가 클라이언트인가를 결정하는 데 어려움을 겪을 수 있다.

4) 결과의 모호성

사회복지사가 내린 윤리적 결정의 효과가 모호할 때 선택의 딜레마에 봉착하게 된다.

5) 힘 또는 권력의 불균형

사회복지사와 클라이언트의 관계가 권력적으로 평등하지 않음으로 인한 윤리적 딜레마에 봉착하게 된다.

2. 사회복지 실천에서 윤리적 딜레마

사회복지사는 사회복지 실천에서 여러 가지 가치나 윤리의 갈등을 접하게 되는데 이때 딜레마를 극복하여야 한다. 이러한 딜레마에 대한 대처는 모든 사람에게 적용되는 공통적인 면과 개인적 대처방안과 전문적 대처방안으로 한다.

1) 공통 사항

사회복지사의 윤리강령은 사회복지사가 전문직으로서 지향하는 바와 가치관을 성문화하고, 직업상의 책무나 최소한도의 행동 규제, 준수해야 할 규칙, 비밀 유지 등 전문가 집단이 자기 규제를 해감에 있어서의 기준을 나타내는 것이다.

(1) 개인의 존엄과 가치
(2) 클라이언트의 자기 결정의 촉진
(3) 클라이언트의 다양성 존중
(4) 클라이언트의 자기실현을 달성하기 위한 기회나 자원의 제공
(5) 클라이언트의 임파워먼트 배양
(6) 사회정의의 향상
(7) 클라이언트의 비밀 유지
(8) 동료에의 경의
(9) 전문직 행위에 관한 책임

2) 개인적 대처방안

가치 갈등이나 윤리적 딜레마에서 벗어나기 위해 사회복지사로서 자신의 가치관에 대한 인식을 명확히 함이 바람직한데 먼저 자신에 대한 이해를 높이는 훈련 방법으로 다음과 같은 질문을 한다.

(1) 특별한 주제에 대한 나의 입장은 무엇인가?
(2) 나의 견해는 어디로부터 나온 것인가?
(3) 나의 가치는 수정 가능한 것인가?
(4) 나의 가치관을 바꾸도록 도전해 보았는가?
(5) 세상은 나의 어린 시절과 다를 것이 없다고 내심 주장하고 있는가?
(6) 나의 클라이언트가 나의 가치관을 받아들이도록 재촉하고 있지는 않은가?
(7) 나의 가치를 클라이언트에게 강요하지 않으면서도 나의 가치를 전달할 수는 없는가?
(8) 나의 가치관이나 신념이 클라이언트와 일하는 나의 방식에 어떻게 영향을 주고 있는가?

3) 전문적 대처방안

사회복지사는 사회복지 실천에서 가치 갈등으로 인한 윤리적 딜레마가 발생하면 윤리적 원칙들이 지니는 중요성의 정도에 따라서 윤리적 의사를 하게 되는 원칙을 적용한다.

사회복지 실천과 윤리적 결정 과정은 다음과 같다(Loewenberg & Dolgoff, 1996).

(1) **윤리 원칙 1. 생명보호의 원칙**
생명이나 신체적 안녕, 혹은 생존기회를 위협하는지
(2) **윤리 원칙 2. 평등과 불평등의 원칙**
누군가를 기본적으로 부정의, 불공정, 불공평한 방식으로 다루거나 기본적 인권을 위반하는지

(3) **윤리 원칙 3. 자율성과 자유의 원칙**

누군가의 자기 결정권이나 자율성을 제한하는지

(4) **윤리 원칙 4. 최소손실의 원칙**

누군가의 중대한 개인적 고통이나 경제적 곤란을 야기하는지

(5) **윤리 원칙 5. 삶의 질의 원칙**

이웃, 지역사회, 혹은 전체 사회 사람들의 삶의 질을 감소시키는지

(6) **윤리 원칙 6. 사생활과 비밀보장의 원칙**

누군가의 사생활과 비밀보장 권리를 잃게 하는지

(7) **윤리 원칙 7. 진실성과 완전 개방의 원칙**

개인 혹은 지역사회의 진실을 왜곡하거나 철회하는 것을 포함하는지

3. 사회복지 실천의 윤리적 쟁점

1) 클라이언트의 자기 결정권

사회복지사는 자신의 전문적 지식 및 경험과 기술에 근거하여 특정 문제에 대해 전문적 도움을 요청하는 클라이언트에게 자기 결정권을 부여한다는 것은 기본적인 인권 존중 원칙에 의거한 것으로 인간 모두에게 있는 자율권과 자유권의 보장을 의미한다. 이것은 어떤 문제를 놓고 서비스를 어떤 방법으로 받겠다는 결정할 때, 클라이언트의 의사를 존중해 주라는 것을 의미한다.

2) 규칙과 정책 준수

사회복지사는 국가의 정책이나 기관의 규칙을 준수해야 한다. 그러나 기관이 클라이언트의 문제해결을 위해 사익에 우선하거나 하여 국가정책이나 기관의 규칙을 벗어날

때 사회복지사는 많은 갈등 상황에 놓이게 될 것이다. 이때 사회복지사는 국가와 기관의 규칙 준수를 우선순위로 해야 한다.

3) 전문적 동료관계

클라이언트가 문제를 위해 필요로 하는 정보를 제공하거나 클라이언트가 삶의 상황에서 발생하는 어려움을 처리하고 위기를 예견하고 예방하도록 가르치는 현장에 동료 사회복지사와 클라이언트 보호 사이에서 많은 갈등이 일어날 수 있다. 이때 사회복지사는 혼자 일하는 것이 아니기 때문에 동료 사회복지사나 다른 전문가들을 존중해야 한다. 반면 동료 사회복지사가 전문가로서의 권위를 남용하여 클라이언트나 전문직에 해를 끼치는 행동을 했을 때 윤리기준에 우선순위를 두어야 한다.

4) 상호 이익 관계

클라이언트를 위해 일한다 하면서도 사회복지사는 자신의 이익을 위한 행동을 할 때가 있을 수 있다. 이런 상황에서 클라이언트와 자신 사이에서 상호 이익의 갈등에 놓이게 된다. 물론 클라이언트에게 도움을 주는 과정에서 사회복지사는 자신의 이익을 위하는 행동을 해서는 안 된다.

5) 상충되는 의무와 기대

클라이언트는 물론 인접 동료, 상사, 기관, 사회 등으로부터 상충되는 기대를 갖게 되는 사회복지사는 누구를 대상으로 어떤 기대에 맞는 의무를 행사하여야 하는지에 대한 갈등 상황에 놓이게 된다. 사회복지사는 클라이언트에게 최상의 서비스를 제공하기 위해 지식과 기술을 개발하는 데 최선의 노력을 하여 사회복지사로서의 의무를 다하고 클라이언트의 기대에 부응하도록 해야 한다.

6) 자원의 공정한 분배

사회복지사가 활용할 수 있는 공적 자원은 매우 제한적이므로 클라이언트가 원하는 서비스를 위해 공평하게 분배되어야 한다는 것은 상호 모순적일 수 있다. 이때 사회복지사는 형평성의 원리에 입각하여야 한다. 형평성의 기준을 찾는 것은 어려운 과제이다. 그러나 클라이언트의 문제를 확인한 후, 문제를 해결하기 위해 필요한 자원이나 서비스를 개발하고 연계시켜 주며, 이러한 서비스의 목표에 따라 지속적으로 잘 제공되고 있는지를 관리하고 도와주어야 한다.

7) 진실성의 고수와 알 권리

클라이언트를 위해 서비스를 하다 보면 어떤 사람이 클라이언트를 상대로 한 말이나 행동을 비밀로 하고 있을 때, 그 사실을 클라이언트에게 알려 주어야 하는지에 대한 갈등이 있다. 클라이언트의 알 권리와 사회복지사의 진실성 고수라는 면에서 볼 때 당연히 클라이언트에게 진실을 알려 주어야 할 것이다. 그러나 사회복지사는 모든 사실을 알려 준다고 해서 그것이 항상 바람직한 것만은 아니라는 것도 고려해야 한다.

학습하기

01 인권은 다음과 같은 특성이 있다. 알맞지 않은 것은?

① 인권은 모든 사람이 누려야 하는 권리라는 점에서 보편성을 지니고 있다.
② 인권은 태어난 사람이라면 누구나 가지고 있는 권리라는 점에서 고유성을 지니고 있다.
③ 인권은 사람이 일시적으로 누리는 권리가 아니라 항구적으로 누리는 권리라는 점에서 항구성이 있다.
④ 인권은 정부 권력 등 외부로부터 침해를 받아서는 안 된다는 불가침성이 있다.
⑤ 인권은 누구나 가지고 있지만 억지로 자기 편의에 의한 인권까지도 인정해야 한다.

02 사회행동의 특징을 제시하면 다음과 같다. 알맞지 않은 것은?

① 사회행동은 항상 사회 실천에 있어서 변화를 위한 제안과 이 제안에 대한 옹호나 반대를 위한 것이다.
② 사회행동은 사회행동가에 의해서 수용될 수 있는 바람직한 목적을 포함한다.
③ 사회행동은 항상 사회행동가보다는 개인 또는 소수에 의해서 시작된다.
④ 사회행동은 교육, 선전, 설득, 압력, 탄압 등과 같은 방법을 사용한다.
⑤ 사회행동의 목적과 방법은 합법적일 수도 있고 비합법적일 수도 있다.

03 사회복지 실천에서 중요시되는 □에서 (　　)에 해당하는 내용으로 알맞은 것은?

(　　)란 사람들이 중요시하는(바람직하다고 생각하는) 삶의 방식이나 기준, 신념을 말한다. (　　)는 믿음과 같은 것으로 좋고 바람직한 것에 대한 지침이며 적합한 행동의 선택에 대한 지침이다(Lowenberg, 1988).

① 도덕　　② 윤리
③ 사상　　④ 가치
⑤ 이념

해설 가치란 삶의 방식이나 기준, 신념을 말한다. 가치는 믿음과 같은 것으로 좋고 바람직한 것에 대한 지침이다.

04 사회복지 실천 가치 기반이 아닌 것은?

① 책임성　　② 비밀보장
③ 인간의 존엄성　　④ 사회조직결성
⑤ 클라이언트의 자기결정

05 다음은 사회복지 실천에서 윤리적 딜레마에 대처하기 위한 원칙이다. 맞는 것은?

가. 생명 보호의 원칙	나. 최소손실의 원칙
다. 사생활과 비밀보장의 원칙	라. 행정편의의 원칙
마. 삶의 질의 원칙	

① 가 · 나 · 다
② 가 · 다 · 라
③ 나 · 다 · 라
④ 다 · 라 · 마
⑤ 가 · 나 · 다 · 마

06 사회복지사 윤리강령으로 알맞지 않은 것은?

① 사회복지사는 존중과 신뢰로 동료를 대한다.
② 사회복지사는 클라이언트의 권익을 최우선한다.
③ 사회복지사는 슈퍼바이저의 지도력과 조언을 존중한다.
④ 사회복지사는 업무상 어떠한 부당한 압력에도 굴복하지 않는다.
⑤ 사회복지사는 업무상 경제적 이득을 취득할 수 있다.

07 클라이언트와 관련된 사회복지사의 윤리강령에 알맞은 것은?

① 사회복지사는 전문가로서 품위와 자질을 유지한다.
② 사회복지사는 동료 간에 전문적 지위와 인격을 훼손하는 언행을 하지 않는다.
③ 사회복지사는 클라이언트와 성관계를 가져서는 안 된다.
④ 사회복지사는 소속기관의 이익을 위해 활동한다.
⑤ 사회복지사는 단체의 비윤리적 행위에 대해서 공식적으로 대처한다.

08 클라이언트인 세입자가 최근에 집세를 올려 달라고 하는 집주인과 갈등을 빚고 있음을 발견하여 이를 해결하였다. 이때 사회복지사의 역할은 무엇인가?

① 교육자
② 협상가
③ 분석가
④ 중재자
⑤ 촉진자

09 사회복지 실천에서 가치 갈등의 유형이다. 알맞지 않은 것은?

① 가치 상충 ② 직무 상충
③ 클라이언트체계의 다중성 ④ 결과의 모호성
⑤ 힘 또는 권력의 불균형

10 사회복지 실천에 필요한 지식이다. 카두신(Kadushin)의 다섯 가지 지식에 포함되지 않는 것은?

① 사회복지에 관한 전문적 지식(필수과목)
② 특수한 실천 분야에 관한 지식(선택)
③ 특수한 기관에 관한 지식
④ 특수한 클라이언트에 관한 지식
⑤ 특수한 접촉에 관한 지식

해설 ①은 사회복지에 관한 일반적 지식이다.

11 사회복지 실천의 3대 중심축이다. 이에 알맞은 것은?

가. 가치	나. 원칙	다. 지식	라. 서비스	마. 기술

① 가·나·다 ② 가·다·마
③ 나·다·라 ④ 다·라·마
⑤ 가·나·다·라·마

정답

01. ② 02. ④ 03. ④ 04. ④ 05. ⑤ 06. ⑤ 07. ③ 08. ④ 09. ② 10. ① 11. ②

04
Chapter

사회복지사의 전문성과 성찰적 실천

사회복지 전문성과 성찰적 실천은 지금까지 잘 다루지 않았던 영역이다. 사회복지실천은 여러 가지 갈등에서 어떤 것을 선택할 것인지 결정하기 쉽지 않다. 그러나 전문가로서 결정하지 않으면 안 되는 상황에서 현재 안고 있는 상황을 분석하고 해석하여 여러 대안을 선정하고 그 대안 중 최선의 안을 결정하는 과정이다. 이때 지금까지 쌓아온 수많은 지식을 통해 그것에 맞는 이론이나 모델을 선택하고 클라이언트의 심리적 상태를 읽어야 하며 이것들이 사회복지정책의 적용을 결정하고 그것을 실행에 옮기는 데 적절한 행정적 구조를 선택하여 적용시켜 나가는 일련의 과정이다. 이러한 과정의 중심에 선 사회복지 전문가로서의 역할을 판단하고 업무를 다루는 과정에서 자신에 대한 이해와 올바른 사상과 이념, 가치관과 윤리 의식을 가지고 적용하지 않으면 실패할 수 있다.

본 장에서는 이를 위해 사회복지 전문직의 개념, 사회복지실천의 정체성과 성찰적 실천 부분을 기술한다.

제1절 사회복지 전문직의 개념

1. 사회복지 전문직

1) 전문직이란

일반적으로 전문직(專門職)이라 하면 특정 분야에 있어 전문성을 가진 직업 혹은 그 직업에 종사하는 사람들의 집단을 의미하며, 체계화된 학문적 지식과 전문적 기술을 바탕으로 공공에 대해 일정한 전문적 서비스를 제공하고 그에 따른 사회적 권한과 지위를 누린다는 점에서 일반적인 직업들과는 구별되는 특성을 갖는다.

우리나라 『사회복지사전』을 보면 "전문직은 전문조직을 활용하고 공중에 대한 신념, 자기규제, 소명의식, 전문적 자율성, 특수한 능력과 기술, 서비스 개발에 대한 관심, 개인적인 책임을 져야 한다"라고 규정되어 있다.

전문직은 전문성을 필요로 하는 직종이다. 현대에 들어서는 국가 자격을 필요로 하는 직업을 가리키는 경우가 많았지만, 최근에는 고도의 전문 지식이 필요한 직업도 전문직이라고 호칭하는 경우가 많다.

2) 사회복지 전문가

사회복지 전문가라면 학부와 대학원 또는 그 이상의 학문적 능력을 갖출 수 있는 학위나 경력과 자격증을 가지고 있으면서 현장에서 일하고 있는 종사자를 말한다.

모든 사회복지사가 개인, 집단, 지역에 제기되는 사회문제에 공통적으로 활용할 수 있는 일반적인 원리나 개념을 지향하고 있다. 이러한 사회복지 실천은 그 상황에 알맞은 해석과 서비스를 요구하고 있으며 여러 가지 상황 가운데 무엇을 선택할지 결정을 내릴 수 있는 사람이 사회복지 분야의 전문가이다.

사회복지 실천의 전문성을 높여야 한다는 것은 사회복지학계에서 강조되는 중대한 과제임에는 틀림없다. 사회복지 실천의 전문화는 사회복지가 사회에서 인정을 받는 데 중요하고 실천의 질을 높일 수 있기 때문에 매우 중요하다. 그리고 또 하나 강조되고 있는 화두는 사회복지 실천의 정체성의 문제이다.

사회복지 실천에서 전문가는 곧 정책의 방향, 클라이언트의 문제해결을 결정하기 때문에 사상과 이념, 가치와 윤리 의식에 따라 개입 도구와 모델이 다르게 적용된다. 또한, 어떠한 서비스를 선택할 것인가는 사회복지전문가의 사회복지 실천 현장과 밀접한 관계가 있다.

우리 사회에서 사회복지 실천의 전문화가 필요하다는 것에 대해서는 동의되고 있으나, 전문화의 지향점과 내용에 대한 논의는 미흡하다. 우선 사회복지직의 전문성을 설명함에 있어서 전문직에 대한 전통적 모델이 아니라 사회적 할당 모델이 보다 적합하다고 보며, 사회가 우리 직종에게 부여한 사회적 과제인 의존자 관리의 면에서 개인에 대한 치료적 기법 쪽으로 전문화의 방향이 기울어지는 점은 문제라고 본다.

"변화란 국제화 시대의 변화 속도에 대응할 수 있는 유연성을 가지고 경쟁력과 높은 수익성을 겸비한 기업으로 바뀌어 가는 것을 의미한다"라고 한 시바타와 카네다(Shibata & Kaneda, 2001)의 말은 현재 우리 사회복지계에서 이슈(Issue)화되고 있는 복지 시장화, 재조명되고 있는 21세기 사회복지시설의 기능과 역할 재정립 등과 관련해 아주 필요한 지침을 제시해 주고 있다. 그 조직에서 조직을 위해 조직과 함께 지역사회복지사업을 전개해야 할 사회복지사에게 자기 자신을 어떻게 성장시켜 나가야 하는지를 함축적으로 강조하고 있다.

따라서 사회복지 실천의 정체성과 전문성을 재정립하기 위해서는 앞으로 간접적 개입이 심화·확대되어야 할 것이다. 특히 대부분의 사회복지사가 빈곤계층 및 사회적 약자를 위한 기관에 종사하는 우리나라에서는 더욱더 간접적 개입의 중요성 및 실천 방법이 부각되어야 한다.

마지막으로 간접적 업무의 유능성 개발 방안, 즉 간접적 개입의 중요성에 대한 재평가, 업무 수준의 명확화 및 세분화, 개입 실천 기법의 명확화 및 교육훈련의 강화, 효과성 증명에 대한 과학적 방법 개발 등을 제시하였다. 앞으로 간접적 개입에 대한 보다 구체적인 연구가 학계와 실무계에서 활성화되어야 한다.

3) 사회복지 실천 전문직의 역사

전문직의 정체성을 찾으려는 과정이 사회복지 실천의 발달에 미친 영향은 미국의 사회사업(social work) 역사에서 설명된다. 1915년 미국의 플렉스너(Flexner)는 「National Conference of Charities and Correction」에서의 연설에서 전문직의 속성을 6가지로 들면서(속성모델에 의하여), 사회사업이 전문직인지 아닌지를 이 6가지의 속성에 의거하여 분석하였다. 즉, 사회사업은 전문직의 특성을 보이는 면(지적이고, 과학과 학습으로부터 지식을 가져오며, 전문직업적 자기의식이 있고, 이타적이라는 면)도 있지만, 중요한 기준에서 결함이 있으므로 전문직이 아니라고 단언하였다. 플렉스너에 의하면, 이 결함의 근원은 '사회사업의 범위가 너무 넓기 때문에 경계를 정하기가 불가능하다'는 것이다(Austin, 1983: 363에서 재인용).

이후 미국의 사회 사업계는 플렉스너가 지적한 전문직의 속성을 갖추기 위하여 노력하여 왔다. 이러한 지적에 따라 사회 사업계에서는 전문직으로 인정받기 위하여, 사회사업의 초점을 좁히고 교육적으로 소통 가능한 기법을 개발하기 위하여 노력하였다. 이는 개별사회사업, 즉 심리학 지향의 의료모델로 기울어지는 결과를 가져왔다(Austin, 1983: 373). 이러한 경향은 오늘날의 임상 사회사업으로 맥이 이어지며 미국 사회사업의 주류를 형성하고 있다.

사회사업은 특정 시대의 사회적 환경 안에서의 위치에 의해서 규정된다. 미국에서 사회사업은 집권 정당의 정책적 기조와 경제적 환경의 변화에 따라서 강조점이 바뀌어 왔는데, 초창기부터 지금까지 관심사가 이중으로 나누어졌다. 하나의 흐름은 개인, 가족, 집단의 개별적 욕구를 강조하는 것이고, 또 하나의 흐름은 사회개혁과 사회정의, 즉 집합적 선을 강조하는 것이다. 미국 사회는 전반적으로 자유주의에 기반을 두고 있으며, 전문직화에 박차를 가해 왔으므로 개인치료의 강한 전통을 가지고 있다. 그러나

1930년대의 공황 시대, 그리고 1960년대의 대빈곤 전쟁의 큰 사회적 변화 시기에는 사회개혁과 빈곤계층에 대한 헌신을 강조하는 주장이 대두되었으며, 이러한 입장은 오늘날까지도 흐름을 형성하고 있다(Gibelman, 1998: 300).

전 세계적인 신자유주의 흐름과 맞물리면서 미국에서는 사회사업 석사학위 소지자의 50% 이상이 중산층 클라이언트에 대한 유료 서비스에 종사할 정도로 개인 치료적 흐름이 지배적이다. 그러나 이러한 시점에서 다시 사회적 약자와 빈곤계층에 대한 전문직의 헌신이 강조되고 있는데, 이는 사회사업 100주년을 맞이하여 미국 사회 사업계의 대표적 학술지인 「Social Work」의 1998년과 1999년 특집호에 잘 나타나고 있다(Gibelman, 1998). 이러한 입장의 차이는 사회 사업계를 분열시킨 면도 있지만, 다양한 논의를 활성화시키면서 사회사업을 발전시킨다고 볼 수 있다.

우리나라에서는 교육과정에서 미국의 사회사업을 그대로 받아들이는 과정에서 지나치게 심리학적 패러다임을 갖게 되었다. 더욱이 이러한 심리학적 패러다임은 우리 사회의 정치적 보수성과 맞물리면서, 사회복지 실천에서의 사회 개혁적 패러다임은 거의 목소리를 내지 못하고 있다. 따라서 사회복지 실천의 지향점과 목표, 정체성에 대한 논의 자체가 활성화되어 있지 못하다. 그러나 과연 미국식 개인주의 및 자유주의에 입각한 미국식 전문사회사업의 전통, 즉 인간의 문제를 많은 부분 개인의 문제로 개념화하여 사회적응을 목표로 하여 치료를 제공하는 쪽으로 경도된 개입이, 복지제도가 정비되지 못한 우리 사회의 발전 상황에 적합한 것인지에 대하여 우리는 보다 진지한 논의를 해야 할 것이다. 우리나라에서의 사회복지의 전문성과 정체성에 대한 논의는 계속되어야 할 것이다.

4) 전문 직업가로서의 사회복지사 역할

(1) 전문직업적 정체성을 갖춘 사회복지사

사회복지사가 되기를 원하는 사람들은 사회복지사가 되어서 지역사회복지 발전을 위해 전문가로서 제 노력을 다하겠다는 꿈을 실현시키고자 하는 사람들이다. 그리고 그들은 그 꿈을 이루기 위해 지금도 열심히 노력하고 있다.

통상적으로 정체성(Identity)은 사회과학적 의미에서 '나는 누구인가'라는 질문 속에서 대답되어지는 사람들의 자신에 대한 자기다움의 사상을 뜻한다(김경동, 1982; 박용오, 2004; 강호철, 2007 재인용). 사회복지기관·시설의 서비스는 어떠한 인력에 의해서 서비스가 제공되는지, 그 인력의 전문적 능력은 어느 정도인지 등에 의해서 서비스의 질이 크게 좌우된다고 할 수 있다. 왜냐하면, 전문성에 있어서 가장 중요한 요소는 전문지식과 기술인데, 사회복지사는 사회복지에 대한 고도의 지식과 기술을 소유한 사회복지 분야의 핵심적인 전문 인력이기 때문이다(최일섭, 1998; 박용오, 2004; 강호철, 2007 재인용). 이러한 사회복지 전문직업적 정체성(professional identity)에 대해서는 '전문직에 종사하는 사람이 스스로 전문직업인이라고 내리는 주관적 평가'(박종우, 1994), '사회복지 활동 전문가로서 지식, 기술, 자격을 소유한 사회복지사가 자율적으로 윤리강령을 준수하며 사회복지를 실천하는 과정에서 형성, 변화되는 전문직업인으로서의 자긍심'이라고 정의할 수 있다(박용오, 2004).

(2) 지역사회복지실천가인 사회복지사

지역사회복지(Community welfare)는 '지역'과 '사회복지'의 합성어이며, 목적적 측면에서 '지역사회복지의 의미', 방법적 측면에서 '지역사회복지 실천의 의미'를 동시에 포함하고 있는 개념으로서, 지역사회를 바탕으로 이루어지는 모든 사회복지 활동, 지역을 대상으로 하는 사회복지의 한 분야이자 방법론으로서 '바람직한 표준적 생활 수준이라는 기준에서 바람직하지 못한 상태에 있는 지역사회 주민 또는 지역사회에 대하여 그 개선과 향상을 목적으로 생활인·주민 주체의 원칙에서 국가와 지방자치단체 및 주민조직이나 민간 단체가 협력하여 일반 공공 생활시설과 더불어 또는 그에 대체·보충적으로 개별적·종합적·조직적인 원조를 하는 지역(사회) 시책이나 지역사회 활동의 체계'라고 할 수 있다(최원석, 2002).

그러나 우리나라의 사회복지 지방분권화의 경우 지방자치단체가 공공부조와 사회복지서비스에 대해 책임을 전체적으로 부담하고 있다고 말하기 어렵다. 그 이유는 지방자치단체가 독자적으로 지역 차원의 복지계획을 수립하고 이를 집행할 수 있는 능력은 거의 없고, 사회복지서비스도 중앙정부에서 결정된 것을 시행하는 정도에 그치고 있는 형편이기 때문이다(황성철, 1997: 7, 윤찬영, 2007 재인용).

이러한 측면에서 사회복지사들은 지역주민의 표준적 생활 수준의 향상을 목적으로 국가, 지방자치단체 및 주민조직, 민간 단체 등과 협동하여 소득보장정책, 주거환경정책, 보건의료 정책, 교육 · 문화정책, 노동정책, 교통 · 통신 정책 등과 같은 지역복지 정책과 이러한 것들을 대체 또는 보충하여 개별적, 종합적, 조직적으로 원조를 행하는 지역복지 활동을 전개할 수 있는 지역사회조직가, 지역사회개발가, 지역사회사업가 또는 지역사회복지사로서 성장해 나가야 한다.

(3) 지역자원 개발 네트워커인 사회복지사

네트워크란 지역사회 복지조직 운영과 사회복지서비스의 생산 및 전달에 필요한 자원을 교환하고 대상자의 의뢰 및 서비스 연계를 위해 사회복지 조직들 간에 형성된 체계적이고 협력적인 관계망임과 동시에 대상자에게 적절한 서비스를 제공하기 위하여 각 조직 간의 협력적인 관계를 형성 · 유지하는 과정이며, 지역사회 비영리 사회복지서비스 제공 조직에서는 필수적으로 도입되어야 할 개념이다(이도형, 2003; 정은하, 2003).

오늘날 자본주의 체제를 운영하고 있는 나라에서는 빈곤, 실업, 사회적 불평등에 대한 문제가 심각하게 대두되고 있는데 특히, 능력이 없거나 스스로 자립할 수 없는 신체적 · 정신적 장애를 가진 장애인, 노인 등에게는 교통, 비행, 주택, 환경 등의 사회문제가 더욱 심각히 가중되고 있다. 따라서 정부는 이러한 사회문제와 욕구 결핍을 정책적으로 해결해야 할 책임이 있지만 이것을 해결할 수 있는 재원이나 인력 등이 절대 부족하고 이에 대한 전문적 이해도 대단히 미비한 상태이다(이영철, 2004).

(4) 경영 마인드를 갖춘 사회복지사

최근 우리 사회복지 현장은 출산율 감소나 노령 인구의 증가로 대표되는 인구통계학적 변화라든가, 사회의 다양한 문화에 대한 이해의 다양성을 필요로 하는 가치관 및 세계관의 급격한 변화, 공공서비스 분야의 민영화(시장화), 조세제도의 변화, 중앙정부의 책임과 권한이 지방자치단체로의 이전이라는 지방분권화의 급격한 진행 등과 같은 엄청난 환경 변화가 지속적으로 발생하고 있다(김신열, 2007). 이에 공공서비스 분야의 시장화와 관련해서 사회복지 전문가 및 서비스 공급자들은 상당한 거부감을 느끼고 있는 게 현실이다. 그러나 이러한 복지서비스의 시장화는 김대중 정부가 표방한 '생산적 복지'의 개념 그리고 노무현 정부의 '사회투자국가론' 그리고 이명박 정부가 주창한 시장중심주의와 비교 시 정도의 차이는 있지만 그 맥을 같이하고 있다는 점에서 앞으로 정권의 부침과 교체에도 불구하고 계속적으로 추진될 과제가 될 것임이 분명해 보인다(이승기, 2010). 그렇다면 우리 사회복지시설과 같은 비영리조직은 이와 같은 예기치 못한 자원의 부족, 국민들의 새로운 욕구와 기대, 각종 인허가 규제와 철폐, 국가경제의 혼란 등과 같은 불확실한 환경의 변화 속에서 생존하기 위해서 어떻게 사고하고 행동하여야 하는지 알아야 한다.

우리 사회에는 여전히 '사회복지사는 불쌍한 이웃을 도와주는 역할을 하는 사람'이라는 온정주의 인식이 팽배해 있다. 혹, 사회복지사 중에 이 인식에 동조하는 사람도 있을 수 있다.

21세기 우리나라 사회복지 환경의 변화와 불확실성에 대해 확실히 인식하고, 그 변화와 불확실성 속에서 어떻게 하면 전문직업적 정체성을 갖춘 사회복지사로 성장해 나가야 할 것인지에 대한 고민을 그 어느 때보다도 절실히 행해야 할 시점에 와 있고, 단순히 환경 변화를 인식하거나 수동적으로 대응하는 차원을 넘어서 환경의 변화를 미리 예측하고 창조할 수 있는 활동, 즉 사회복지사 자신의 역량을 개발, 추진해야 할 시점에 와 있다고 말할 수 있다.

2. 사회복지 전문직과 실천적 관점

페인(Payne)은 사회복지 실천에서 세 가지 관점을 제시하였다(권구영 외, 2008 재인용).

첫째, 개인, 집단, 지역사회의 성장과 안녕을 위해 지속적인 상호작용이 요구되는 반영적 · 치료적 관점이다.

둘째, 억압당하고 소외당하는 취약 집단이 사회 속에서 주체적인 역할을 회복할 수 있도록 돕기 위한 사회주의 · 집단주의적 관점이다.

셋째, 사회의 변화보다는 사회복지 실천이 사회구성원 개개인에 대한 사회복지 서비스 일환으로 제공되는 개인주의 · 개량주의적 관점이다. 반영적 · 치료적 관점과 개인주의 · 개량주의적 관점은 사회적 변화보다는 개인적 활동에 관련된 변화의 발전에 초점을 두고 있는 점에서 공통점을 갖는다.

그는 사회복지 실천의 전문직에서 모든 실천의 일반적인 기초를 고려하는 통합적인 관점의 필요성을 역설하였다. 즉, 전문직 이전에는 통합적인 것보다는 오히려 구분되는 사고들에 의해 사회복지사들이 영향을 받아 왔다고 보았다. 더구나 '원인과 기능(cause and functioning)', '일반적인 것과 특수한 것(generic and specific)', '인간과 환경', '개인과 지역사회(individual and community)'와 같은 사고들이 반드시 상반되는 개념으로 파악되어야 하는 것이 아니라 두 요인의 상호작용에 초점을 두어야 한다고 주장하였다. 그러므로 사회복지 실천에서 개인의 변화와 사회 환경의 변화에 있어서 지금까지 양 극단적인 접근이 있었다면, 이들 두 변수들은 서로 통합되어 바라보아야 하며 인간과 환경 사이의 상호작용의 본질에 주목할 필요성을 역설하였다.

김인숙(2004)은 사회복지 전문직의 정체성은 사회복지 실천의 가치를 토대로 사회정의와 무관하지 않으며 이러한 사회정의의 입장에서 기술 중심의 서비스 제공을 강조하는 사회복지 전문직화는 재구조화되어야 한다고 주장하였다.

박귀영(2014)은 사회복지 전문직의 정체성은 사회복지 실천의 사상과 이념, 가치와 윤리적인 측면에서 아직도 학문적 체계가 부족하다. 그리고 사회개혁의 참여 없이 복지에서의 사회정의를 논하는 것이 아직도 미흡하므로 이 기회를 통해 학술전문가와 실천 전문가들과의 접촉을 통해 구체적인 방안을 제안하는 것이 합당하다고 주장한다.

이러한 논의 중 지금까지 기술 지향성의 임상적 실천을 강조하고 국내의 정치적 현실 속에서 사회개혁의 정의 실현에 미비했던 점을 반성하고 임상 사회복지 실천이 사회정의의 가치를 구현할 수 있는 재구조화를 통해 진정한 사회복지의 전문직화가 이루어질 수 있다고 보았다.

사회복지 실천에 관한 이러한 다양한 논의 속에서 국내에서 그동안 사회복지 실천의 전문성은, 환경 속의 인간이라는 개인과 사회 환경의 이중적 초점에서 일반적인 사회복지 실천을 지향해 왔던 통합적 접근이 전문적 기술 지향에 머물러 있었던 것은 사실이다.

3. 기능에 따른 사회복지사 역할

1) 직접 서비스 제공하기

사회복지사는 클라이언트와 직접 대면하여 서비스를 제공한다. 이와 관련된 것으로는 개인 상담, 혹은 부부, 가족치료를 들 수 있고, 집단사회복지 실천을 행하기도 한다. 즉, 지지집단이나 치료집단 등을 운영하여 사회복지 실천을 수행한다. 또한 정보를 제공하거나 교육시키는 일을 한다.

2) 체계와 연결하기

클라이언트는 종종 기존의 사회복지기관이 제공하지 못하는 자원을 필요로 하고, 유용한 자원에 대한 정보가 부족하거나 그것을 이용할 능력이 부족하다. 그래서 사회복지사는 사람들을 다른 자원과 연결시키는 역할을 수행한다.

(1) 중개자(broker)

클라이언트와 자원 및 서비스를 연결하는 역할로서 사례관리의 핵심적 기능을 수행한다. 클라이언트에게 긴급하게 식량이나 주거, 법률적 도움이나 다른 필요한 자원을 얻을 수 있도록 도와주며, 지역사회의 다양한 부분들이 상호 이익을 증진하기 위해 교류하도록 돕는다. 또 사람들을 자원과 연결시키기 위해 사회복지사는 지역사회에 있는 자원에 대해 철저하게 파악하고 있어서 적절하게 의뢰할 수 있어야 한다.

(2) 사례관리자/조정자(case manager/coordinator)

클라이언트가 다른 체계에 의뢰될 때 능력, 기술, 지식, 혹은 자원이 부족한 경우에 사회복지사는 사례관리자의 역할을 담당하게 된다. 클라이언트의 욕구를 사정하고, 다른 자원에 의해 제공된 필수 재화와 서비스의 전달을 조정하고, 클라이언트가 시기적절하게 서비스와 재화를 제공받도록 보장한다.

(3) 중재자(mediator)

미시, 중 범위, 거시체계 사이의 논쟁이나 갈등을 해결하는 역할을 담당한다. 견해가 다른 개인이나 집단 사이의 의사소통을 향상하고 타협하도록 돕는 중재자는 중립을 유지하고 논쟁에서 어느 한쪽 편도 들지 않으며, 양측이 서로의 입장을 이해하고 있는지 확인해야 한다. 중재자는 자신의 위치를 분명히 하고, 의사를 잘못 전달하는지 인식하며, 관련 당사자가 입장을 명확히 밝히도록 도와준다. 정확하고 완전한 정보를 가졌다고 확신할 때까지는 어느 쪽에도 치우치지 않는 것이 중요하다.

(4) 옹호자(advocate)

옹호란 사회정의를 지키고 유지하려는 목적으로 개인, 집단, 지역사회의 입장에서 직접적으로 대변, 보호, 개입, 지지하는 행동을 포함한다. 클라이언트를 자원과 연결시킨다는 점에서 볼 때, 옹호는 클라이언트를 대신하여 자원과 서비스를 획득하는 활동 과정이다. 옹호자의 역할은 클라이언트를 위하여 진행하고 대변하는 것으로, 특히 클라이언트가 필요한 것을 얻을 힘이 거의 없을 때에 적절하다.

3) 체계 유지 및 강화하기

체계 유지 및 강화란 사회복지서비스 기관의 직원으로서 사회복지사는 서비스를 전달할 때 효율성을 떨어뜨리는 기관 내의 구조, 정책, 기능적 관계를 평가할 책임이 있다. 이런 책임을 수행하는 것과 관련된 역할은 다음과 같다.

(1) 조직분석가(organizational analyst)

기관의 구조, 정책, 절차 내에서 서비스 전달에 부정적인 영향을 미치는 요인을 정확하게 지적하는 것이다. 조직이론과 행정이론에 관한 지식은 이 역할을 효과적으로 수행하는 데 필수적이다.

(2) 촉진자(facilitator)

서비스 전달을 방해하는 요인을 정확하게 지적한 후에 사회복지사는 서비스 전달체계를 강화하는 방법을 계획하고 실행할 책임이 있다. 기관 행정가들에게 관련된 정보 데이터를 제공하고, 문제를 표현하는 임원 회의를 추진하며, 다른 직원들과 합동으로 작업하고, 필수적인 내부 서비스 교육에 참가하는 등의 활동을 포함한다.

(3) 팀 성원

여러 기관 및 공공 기관에서 사회복지사는 클라이언트의 문제와 전달체계를 사정할 때 협동하는 치료 팀의 일원으로서 기능한다.

(4) 자문가(consultant)

자문은 사회복지사나 서비스 제공자가 전문가로서 클라이언트에 대한 지식, 기술, 문제를 존중하는 태도를 증가시키고, 발전시키고, 수정함으로써 클라이언트에게 더 효과적으로 서비스를 전달할 수 있게 하는 과정이다. 사회복지사도 수준 높은 사회복지전문가 등으로부터 자문을 받아야 한다.

4) 연구 및 조사 활용하기

사회복지사는 평가 가능한 개입 방법을 선택하여 그들의 개입 방법에 대한 효과성을 평가하고, 체계적으로 클라이언트의 발전을 모니터링하기 위해 공·사적 세팅 모두에서 평가할 책임이 있다. 이러한 과정을 위해 사회복지사는 연구를 수행하고 또한 연구들을 활용해야 한다.

5) 체계 개발하기

사회복지사는 기관의 서비스를 확대하거나 개선하기 위해 체계 발전과 관련된 역할들을 담당한다.

(1) 프로그램 개발자

사회복지사는 도시의 클라이언트의 욕구 발생에 대응하여 서비스를 개발할 기회가 있다. 교육적인 프로그램, 지지집단, 기술 개발 프로그램이 포함될 수 있다.

(2) 기획가

사회복지사는 도시의 지역사회 기획가에 대한 접근성이 떨어지는 작은 지역사회, 시골지역, 신흥도시에서 보통 지역사회 지도자와 함께 기획하는 역할을 맡을 필요가 있다.

(3) 정책과 절차 개발자

정책과 절차들을 제정하는 과정에 사회복지사가 참여하는 것은 직접적으로 클라이언트에게 서비스를 제공하는 기관에 제한된다. 사회복지사는 클라이언트의 욕구를 평가하고 어떤 정책과 절차들이 클라이언트의 관심에 부합하는지 평가하는 전략적 위치에 놓여 있다. 사회복지사가 적극적으로 정책과 관련된 의사결정과정에 참여하려는 것이 중요하다.

4. 개입 수준에 따른 사회복지사의 역할 분류

마일리(Miley) 등의 분류로 사회복지사가 만나는 클라이언트의 크기에 따른 분류라고 할 수 있다. 사회복지사가 개입하는 수준 혹은 차원(level)에 따라 미시(개인과 가족에 대한 개입), 중 범위(조직이나 집단에 대한 개입), 거시(지역사회나 사회에 대한 개입), 전문가 차원으로 구분하였다.

1) 미시 차원(개인·가족)에서의 사회복지사 역할

(1) 조력자(enabler)

개인, 가족, 소집단 등을 대상으로 클라이언트를 임파워먼트한다. 클라이언트의 욕구를 확인하고 문제를 규정하며 문제를 효과적으로 다룰 수 있는 능력을 개발시킨다. 클라이언트의 위기 상황에서 다양한 스트레스에 대처하도록 돕는 역할을 한다. 조력자의 역할에 필요한 기술은 희망을 전하고, 저항이나 양가감정을 줄여 주는 것이다. 그리고 감정을 관리하며, 개인의 강점이나 사회적 자원을 발굴하고 지지해 주는 동시에 전문적 관계 형성에 필요한 능력과 기술 등이다.

(2) 중개자(broker)

클라이언트 차원에서의 직접적 개입이나 의뢰를 통해 클라이언트가 필요로 하는 자원과 서비스를 연결하는 역할을 한다. 중개자는 사례관리의 핵심적 기능을 수행한다. 자원을 파악하고 서비스가 적절히 제공되는가를 점검해야 하므로 자원에 대한 정보와 자원을 클라이언트와 연결하는 데 필요한 지식과 구체적인 기술들을 갖추어야 한다.

(3) 옹호자(advocate)

필요한 자원이나 서비스를 찾거나, 자원이나 서비스 확보에 어려움을 겪는 클라이언트를 위해 클라이언트 개인이나 가족의 권리를 옹호하고 정책변화를 모색하기 위한 활동을 수행한다. 클라이언트의 욕구에 서비스 기관이 반응하지 않거나 서비스 제공을 거절당하는 경우 클라이언트가 서비스를 받을 수 있고 권리를 획득할 수 있도록 기관 내 프로그램이나 정책을 변화시키기 위한 활동을 한다.

(4) 교사(teacher)

교사 혹은 교육자로서의 역할은 클라이언트의 사회적 기능이나 문제해결 능력이 향상될 수 있도록 교육적인 프로그램이나 정보를 제공하는 것이다. 정보를 제공하는 것뿐만 아니라 적응 기술을 익히도록 클라이언트를 가르치기도 한다. 사회복지사는 전문적 지식과 정확한 정보를 알아야 하며, 클라이언트에게 정보를 명확히 전달하고 이해시키기 위해 의사소통 기술을 갖추어야 한다.

2) 중 범위 차원(조직·공식적 집단)에서의 사회복지사 역할

(1) 촉진자(facilitator)

기관이나 조직 차원에서 조직의 기능이나 상호작용, 직원들 간의 협조나 지지, 정보교환을 촉진시킨다. 조직 간의 네트워크를 강화시키고, 조직의 기능이나 상호작용, 정보교환 등을 촉진한다. 기관의 업무가 효과적으로 이루어질 수 있도록 기관업무를 기획하고 실행하는 역할이 필요하다.

(2) 중재자(mediator)

기관이나 조직 차원에서 기관 간 혹은 기관 내의 의사소통의 갈등이나 의견 차이를 조정하는 역할을 수행한다. 견해가 다른 개인이나 집단 사이의 의사소통을 향상시키고 타협하도록 돕는 중재자는 중립을 유지하며, 논쟁에서 어느 한쪽 편도 들지 않으며, 양측이 서로의 입장을 이해하고 있는지를 확인해야 한다.

(3) 훈련가(trainer)

기관이나 조직 차원에서 직원들의 전문가적인 능력을 개발시키기 위해서 직원 세미나 혹은 워크숍, 슈퍼비전 등에 참여하여 직원 교육이나 훈련을 실시한다.

3) 거시 차원(지역사회)에서의 사회복지사 역할

(1) 계획가(planner)

정책적 차원 혹은 거시적인 수준에서 지역사회 주민이 원하는 것이 무엇인지 파악하여 서비스 개선에 필요한 정책이나 서비스 또는 프로그램을 개발해야 한다.

(2) 행동가(activist)

지역사회나 거시적 수준에서 클라이언트의 이익이나 권리를 침해당하는 사회적 조건(사회적 불평등, 차별 등) 등을 인식하여 클라이언트가 인권을 보호받고 행사할 수 있는 사회를 만들기 위한 활동에 참여한다. 사회정의와 평등에 관심을 갖고 소외된 집단들을 위해 지역사회의 욕구를 조사하고, 분석하며, 자원 활성화 등을 위해 노력한다.

(3) 현장 개입가(outreach worker)

지역사회나 거시적 수준에서 서비스 욕구가 드러나지 않는 클라이언트나 지역주민들을 파악하고, 이들이 적절한 서비스를 받을 수 있도록 지역사회에 들어가서 활동한다. 서비스 욕구가 드러나지 않은 잠재적인 클라이언트를 대상으로 사회문제를 예방하기 위한 교육을 실시하거나 이들이 사회문제의 심각성을 인식할 수 있도록 교육을 실시한다.

4) 전문가 집단(사회복지전문가 집단) 차원에서의 사회복지사 역할

(1) 동료(colleague)

전문가로서의 윤리적 행동을 준수하고, 전문가 조직의 참여를 통해 동료 간 상호 지지를 제공한다.

(2) 촉매자(catalyst)

전문가 차원에서 사회복지서비스 전달체계가 효과적으로 기능할 수 있도록 활동하는 역할을 수행한다. 효과적인 서비스 전달을 위해서 또는 올바른 정책변화를 위하여 국제적 상호 원조를 맺고 때로는 타 전문직과 협조하기도 한다.

(3) 연구자(researcher)

이론적 또는 실천적인 전문직으로 발전시키는 활동을 수행한다. 지식개발을 위해 조사 · 연구 등을 수행하고, 실증적 조사들을 수행하며 동료들과 그 결과를 공유한다.

제2절 사회복지 실천의 정체성과 성찰적 실천

1. 사회복지 전문직의 정체성

1) 새로운 사회복지 욕구 출현

1980년대 후반은 정치적 민주화의 열망과 함께 사회 전반에 걸쳐 복지서비스 수요가 창출되었다. 1990년대 말은 경제적 대위기 경험 후 사회적 안전망에 대한 절실한 필요성 인식으로 다양한 유형의 사회보험과 공공부조의 내용이 현실적으로 발전되었다. 민간 서비스 영역이 확대되고 서비스와 개입프로그램의 질적 발전을 촉진하게 되었다. 21세기가 되면서 저출산고령화 사회의 인구 유동화적 변화로 보육과 여성노동의 문제가 부각되었고 노인 수발(care) 문제가 복지의 중요 주제로 확인되었다. 또 이혼율의 급격한 상승과 다양한 가족구조의 출현으로 가족복지 영역의 정체성과 비전에 도전적인 이슈가 심화되는 양극화와 청년실업의 확대로 빈곤에 대한 새로운 초점과 방법이 요구되었다. 소수집단에 대한 인권의 강조와 복지에 대한 새로운 문제 제기(군 사회복지 및 상담, 학교사회복지사 제도, 산업복지, 다문화 관련 복지 등)가 이루어졌다.

2) 사회복지사의 전문적 지식

(1) 사회복지사에게 필요한 전문지식

① 인간 행동과 사회 환경에 관한 지식

개인이 생활하는 사회체계(가족, 집단, 조직, 지역사회) 영역에 있어서 인간의 상태에 대한 지식을 가지고 있어야 한다.

② 심리 · 사회적 발달에 대한 지식

발달 시기와 관련된 욕구와 자원에 대한 지식(인간의 문제에 접근하기 위해)을 가지고 있어야 한다.

③ 사회복지 실천방법에 관한 지식

클라이언트의 사회기능을 향상시키는 지식과 실천 기술을 가지고 전문직 신념과 목표성취를 위해 사회복지사가 관여하는 클라이언트체계 수준에 따른 실천 방법과 기술들을 가지고 있어야 한다.

④ 조사 및 연구에 관한 지식

실천 지식의 형성 및 실천 지식의 모든 영역에서의 서비스 전달을 평가하기 위해 과학적 · 분석적 접근 시 이해와 설명을 제공하여야 한다. 조사연구에서 얻은 정보를 실천에 활용할 때 조사 설계 지식과 경험적 자료에 기반을 둔 결론과 검증되지 않은 다른 결론들을 구별하는 능력이 필요하다.

(2) 클라이언트 체계 수준에 따른 개입

① 미시 수준의 실천

개인, 부부, 가족을 포함하는 다양한 클라이언트 체계를 대상으로 클라이언트와의 일대일 접촉에 따른 직접 서비스를 전달한다. 가족은 그 문제에 따라 미시 수준이 되기도 하고 중간 수준이 되기도 한다.

② 중간 수준의 실천

클라이언트에게 직접적 영향을 미치는 가족, 또래 집단, 학급과 같은 체계를 변화시키고 가족 집단이나 치료 집단의 구성원 관계를 포함한 학교나 직장, 이웃에서의 동료 간의 관계에도 개입한다.

③ 거시 수준의 실천

전체 사회, 지역사회, 국가의 복지체계 등을 대상으로 하는 사회복지 실천 활동이고, 지역사회 행동 체계를 원조하는 전문적인 변화 매개자로서의 역할을 하며, 행정, 자금모금, 정책분석, 집단옹호, 사회적 자원개발, 발의된 법률의 검증 활동 등을 한다.

(3) 사회복지사 지식 기반

① 광범위한 인문학적 지식

사회과학 분야의 지식은 인간사회 및 인간 본질에 대한 이해를 위해 심리학, 사회학, 인류학, 정치학, 경제학과 같은 사회과학 분야의 지식을 필요로 한다.

자연과학 분야의 지식은 과학적인 사고와 인간의 육체적 측면의 이해를 위해 필요하다.

② 인간, 인간의 상호작용, 사회 상황에 대한 기초 지식

정신적 · 인지적 · 행동적 · 발달적 측면에서 인간을 이해하기 위한 지식이 필요하며, 인간의 다양성과 상호작용에 대한 지식이 요구된다.

③ 사회복지 실천 방법에 관한 지식

원조 관계에서의 상호작용, 원조 과정, 다양한 상황 및 체계에 적합한 개입 전략에 초점을 둔 실천 이론에 관한 지식이 필요하다.

2. 사회복지사의 전문적 지식

1) 실천 지식의 차원

추상적 간접활동	패러다임(paradigm)	• 추상적 수준의 개념적 틀 • 세계관과 현실에 대한 인식의 방향을 결정 • 진단주의, 구조주의, 생태체계, 개입조사모델
	관점/시각(perspective)	• 개념적 준거 틀 • 관심 영역과 가치, 대상들을 규정하는 사고체계 • 개인과 사회에 관한 기본적인 생각과 가치의 차이 반영 • 목표 간에 균형을 유지하는 것이 중요
	이론(theory)	• 특정 현상을 설명하기 위한 가설이나 개념, 의미의 집합체
구체적 직접활동	모델(model)	• 일관된 실천 활동의 원칙과 방식을 구조화시킨 것 • 실천 과정에 직접적으로 필요한 기술적 적용 방법 제시 • 모델의 종류 • 관점과 이론을 배경으로 기술적 과정을 도출한 것 • 절충주의적 성격으로 단일한 이론적 배경을 갖지 않는 모델
	실천적 지혜(생활지혜)/직관 및 암묵적 지식	• 실천 현장에서 귀납적으로 만들어진 지식의 종류 • 의식적으로 표현하거나 구체적으로 명시할 수 없는 지식 • 개인의 가치체계와 경험으로부터 얻어짐

2) 실천 지식의 종류(Siporin, 1975)

사정에 필요한 지식	• 개인의 욕구와 문제, 상황 등을 이해하기 위한 지식 • 개입 이전에 클라이언트의 심리적 · 사회적 · 문화적 특성을 이해하고 문제가 발생하는 상황적 맥락을 분석하는 데 필요
개입에 필요한 지식	• 개인, 집단, 지역사회를 돕기 위한 실천 과정에서 활용되는 실천 이론과 개입 방법에 관한 지식을 포함

3. 사회복지사의 성찰적 실천

1) 사회복지사의 성찰적 실천 개념

사회복지사가 성찰적 사고 수준이 높을수록 슈퍼바이저가 지지적으로 행동한다고 인식할수록 사례관리 업무 지침이 명확할 때 사회복지사의 사례관리 역할 수행 능력 수준이 높은 것으로 나타났다.

성찰적 사고는 과거에 이미 일어났거나 혹은 현재 일어나고 있는 문제를 인식하고 그것에 대해 끊임없이 분석하고 사고함으로써 문제 상황을 이해하게 되고 더 나은 지식과 결론을 얻을 수 있도록 도와 준다.

아울러 이러한 과정을 통해 앞으로의 실천 행위의 방향을 결정하게 되는 과정을 성찰적 사고라고 할 수 있다.

사회복지 실천 현장에서 다양하고 독특한 특성을 가진 이용자를 만나는 사례관리자는 기존의 지식체계를 클라이언트에게 동일한 방법으로 적용하기 어렵다.

더욱이 실질적인 사례관리의 교육 · 훈련 부재, 사례관리의 과도한 업무량, 사례관리 업무의 인식 부족, 명확한 지침의 부재 등으로 인해 실천 현장에서 사례관리자로서의 역할 수행을 하는 데 어려움을 겪고 있다.

실천 현장이 갖는 이러한 불확실성은 사회복지사가 자신의 실천 과정에서 무엇이 최선의 실천인지 끊임없이 되돌아보고 자신이 수행하는 실천의 정당성을 확보할 필요가 있다.

성찰적 사고는 과거의 경험에 기반하여 현재 상황에서 가장 적절한 방안을 찾아 그것을 행동으로 옮김으로써 실질적인 지식을 획득하는 하나의 과정이다.

성찰하는 과정에서 사고는 행동에 직접적인 영향을 미치고 행동 또한 사고를 명료하게 하도록 만든다. 성찰적 사고를 습득하기 위해서는 성찰적 사고에 대한 지식이나 기술을 배우는 것이 아니라, 성찰적 사고를 하는 습관을 기르도록 하는 것이 중요하다고 강조하였다.

성찰적 사고는 과거에 이미 일어났거나 혹은 현재 일어나고 있는 문제를 인식하고 그것에 대해 끊임없이 분석하고 사고함으로써 문제 상황을 이해하게 되고 더 나은 지식과 결론을 얻을 수 있도록 도와준다.

아울러 이러한 과정을 통해 앞으로의 실천 행위의 방향을 결정하게 되는 과정을 성찰적 사고라고 할 수 있다.

성찰적 사고는 실천 현장의 특수성을 깊이 있게 이해하고, 전문적인 실천가로 성장하기 위해 필요한 지식과 기술을 체득할 수 있는 유용한 방법이 될 수 있다.

사회복지사의 성찰적 사고가 사례관리 역할 수행 능력에 미치는 영향을 살펴본 결과, 슈퍼바이저의 지지적 행동, 업무 지침, 성찰적 사고가 사례관리 역할 수행 능력에 영향을 미치는 것으로 나타났다.

사회복지 교육과정과 양성과정에서 사회복지사의 성찰적 사고를 함양 할 수 있는 다양한 기회의 장을 마련할 필요가 있다.

이에 대한 구체적인 방안으로 먼저 인간과 관련된 근원적인 문제나 사상 등을 다루는 인문학 교육을 제안할 수 있겠다.

인문학은 인간의 생각을 확장하고 깊이 있게 성찰할 수 있는 좋은 통로로서 사회복지사에게 반드시 필요한 영역이다.

따라서 사회복지 교육과정과 훈련과정에서 인문학 강좌가 다양하게 개설되어야 할 것이다.

다음으로 성찰일지 작성이다.

성찰일지는 자신의 삶 속에서 겪는 다양한 문제에 대한 깊이 있는 성찰과 이해를 위해 내면의 생각과 느낌을 글로 표현하는 것이다.

성찰일지 작성은 작성자가 자신의 행위를 돌아보고 반성하게 됨으로써 더 나은 방향으로 나아가기 위한 탐색적 도구가 된다.

이렇듯 사회복지사의 성찰일지 작성은 실천 과정에서 자신과 실천 과정을 돌아봄으로써 자신의 성장뿐만 아니라 클라이언트를 더욱 이해하는 전문가로서의 성장을 경험하게 될 것이다.

또한 동료 사회복지사와 자신의 실천 과정을 나누고 피드백할 수 있는 자조 모임과 실천 현장의 사례나 책을 통해 서로 토론하며 이야기를 나눌 수 있는 학습모임을 제안할 수 있겠다.

2) 사회복지사의 자기 인식

(1) 자기 인식(Knowledge of Self)의 중요성

자신의 개인적 문제와 취약한 영역, 욕구, 감정, 생각, 행동에 대한 자기 인식을 발전시켜야만 객관성을 가지고 반응할 수 있다.

(2) 자기 인식 증진시키기

① 슈퍼비전 받기로 안정적인 분위기에서 적극적인 경청 기술을 사용하여 경청하는 훈련을 하여야 한다.

② 인간 발달, 행동에 대해 학습으로 자기 인식을 증진시키는 동안 자신의 불완전성을 수용, 자기의 가치를 인정해야 한다.

③ 자신을 이해하기 위해 감정·사고·행동 체계 이해하기와 개인적 요구 이해하기 위해 호감을 얻으려는 요구, 지위 또는 명성에 대한 요구, 통제에 대한 요구, 완벽주의, 충족되지 않는 사회적 요구를 받아들여야 한다.

④ 클라이언트에 대한 영향과 개인적 가치와 문화적 가치를 인정해야 한다.

(3) 자기 인식 증진시키는 연습

① 재스트로(Zastrow, 2007)의 자기 인식 증진 연습

- 나는 자신에 대해 어떻게 느끼고 생각하고 있는가?
- 나는 나의 기본 욕구를 어떻게 해결하는가?
- 나의 가치체계는 무엇이며 그것이 어떻게 나의 행동과 다른 사람과의 대인관계에 영향을 주는가?
- 내가 생활하며 일하는 조직에서 나는 어떻게 관계를 맺고 있는가?
- 나의 생활양식은 무엇인가?
- 나의 기본 철학은 무엇인가?

② 존슨과 얀카(Johnson & Yanca, 2007)

- 나의 생활 스타일과 인생철학에 대한 이해
- 나의 가치체계 이해
- 나의 가족 배경 및 문화 배경 이해
- 나의 인생 경험 이해
- 개인적 욕구

학습하기

01 다음은 전문 직업가로서의 사회복지사이다. 해당하지 않는 것은?

① 전문직업적 정체성을 갖춘 사회복지사
② 학식적 정체성을 갖춘 사회복지사
③ 지역사회복지실천가인 사회복지사
④ 지역자원 개발 네트워커인 사회복지사
⑤ 경영 마인드를 갖춘 사회복지사

02 □ 안의 내용 중 (　) 안에 알맞은 내용들로 구성된 것들로 짝지어진 것은?

> 우리나라 『사회복지사전』을 보면 "전문직은 전문조직을 활용하고 공중에 대한 신념, (　), 소명 의식, 전문적 (　), 특수한 능력과 기술, 서비스 개발에 대한 관심, 개인적인 책임을 져야 한다"고 규정되어 있다.

① 자기 규제, 능률성
② 자기 통제, 자율성
③ 자기 의지, 도덕성
④ 자기 의무, 윤리성
⑤ 자기 규제, 자율성

해설 전문성이란 우리나라 『사회복지사전』을 보면 "전문직은 전문조직을 활용하고 공중에 대한 신념, 자기 규제, 소명 의식, 전문적 자율성, 특수한 능력과 기술, 서비스 개발에 대한 관심, 개인적인 책임을 져야 한다"고 규정되어 있다.

03 사회복지사에게 필요한 전문지식이다. 알맞지 않은 것은?

① 인간 행동과 사회 환경에 관한 지식
② 심리 · 사회적 발달에 대한 지식
③ 사회복지 실천 기술에 관한 지식
④ 조사 및 연구에 관한 지식
⑤ 사회복지 실천 방법에 관한 지식

해설 사회복지사에게 필요한 지식은
① 인간 행동과 사회 환경에 관한 지식
② 심리 · 사회적 발달에 대한 지식
③ 사회복지 실천 방법에 관한 지식
④ 조사 및 연구에 관한 지식 등이 있다.

04 플렉스너는 사회복지는 전문직으로서 갖추어야 할 특성들이 결여되어 있다고 주장하였다. 그 내용이 알맞지 않은 것은?

① 사회복지는 과학적 기초가 결여되어 있다.
② 사회복지는 독자적이고 명확한 지식체계 및 전수할 만한 전문기술이 결여되어 있다.
③ 사회복지는 정부의 책임 아래 실시되는 교육 및 전문적 자격제도가 없다.
④ 사회복지는 전문적 조직체가 없다.
⑤ 사회복지는 전문적 실천에 대한 강령이 없다.

05 사회복지전문직의 윤리(Loewenberg & Dolgoff의 사정표)를 기술하시오.

06 사회복지실천의 정체성과 사회복지사의 전문적 지식 기반이다. 알맞은 것은?

가. 광범위한 인문학적 지식
나. 미국 사회복지실천에 역량강화관점 도입
다. 미국에 자선조직협회가 설립
라. 인간, 인간의 상호작용, 사회상황에 대한 기초지식
마. 사회복지 실천 방법에 관한 지식

① 가 · 나 · 다
② 나 · 다 · 라
③ 나 · 다 · 라
④ 가 · 라 · 마
⑤ 다 · 라 · 마

해설 사회복지실 천의 전문적 지식 기반은 ① 광범위한 인문학적 지식, ② 인간, 인간의 상호작용, 사회 상황에 대한 기초지식, ③ 사회복지 실천 방법에 관한 지식이다.

07 다음에서 설명하는 사회복지사의 역할은?

구청에서 아동 폭력 프로그램을 진행하고자 하는데 A복지관의 사회복지사에게 의뢰하여 전문적인 자문을 구했다. 이에 A복지관 사회복지사는 조언 및 프로그램 개발에 도움을 주었다.

① 중개자
② 조정자
③ 전문가
④ 옹호자
⑤ 분석가

08 이주노 동자의 임금 체불 문제를 제기하고 해결하려는 사회복지사의 역할은?

> (　　　　)는 실천 현장의 특수성을 깊이 있게 이해하고, 전문적인 실천가로 성장하기 위해 필요한 지식과 기술을 체득할 수 있는 유용한 방법이 될 수 있다.

① 촉진자　② 중재자
③ 중개자　④ 옹호자
⑤ 교육자

09 다음 중 사회복지사의 역할에 관한 설명이 아닌 것은?

① 케이스에 있어서 관계되는 필요한 자원을 중개해 주는 역할을 한다.
② 문제해결이 있게 되는 상황에 있어서 감독, 지시의 역할을 한다.
③ 필요한 서비스의 상호 매개 역할을 한다.
④ 권리를 옹호하며 변호와 대변의 역할을 한다.
⑤ 필요한 상담자로서의 역할을 한다.

10 기능에 따른사회복지사 역할 분류에 해당하지 않는 것은?

① 직접서비스 제공하기　② 체계와 연결하기
③ 체계유지 및 강화　④ 체계 옹호자
⑤ 연구조사 및 활용하기

해설 체계옹호자가 아니라 체계개발하기이다.

11 다음 (　　) 안에 들어갈 알맞은 것은?

① 슈퍼바이저　② 사회복지사
③ 성찰적 사고　④ 실천적 사고
⑤ 체계옹호자

해설 성찰적 실천에 대한 이해를 돕기 위한 것이다.

정답

01. ② 02. ⑤ 03. ③ 04. ① 05. ① 윤리원칙 1. 생명보존의 원칙 ② 윤리원칙 2. 평등과 불평등의 원칙 ③ 윤리원칙 3. 자율성과 자유의 원칙 ④ 윤리원칙 4. 최소한의 불이익의 원칙 ⑤ 윤리원칙 5. 삶의 질의 원칙 ⑥ 윤리원칙 6. 사생활과 비밀보장의 원칙 ⑦ 윤리원칙 7. 진실성과 개방의 원칙 06. ④ 07. ③ 08. ④ 09. ② 10. ④ 11. ③

PART 2

사회복지 실천의 접근 방법

05

Chapter

사회복지 실천의 관점

사회복지 실천의 관점은 전문직 실천에 선행된다. 사회복지 실천의 목적은 개인과 개인 간에 서로 유익한 상호작용을 촉진하거나 회복시켜 모든 사람의 삶의 질(Quality of life)을 향상시키는 것이다. 즉, 사회복지사는 클라이언트 개인과 환경 간의 상호작용 증진을 통하여 클라이언트뿐만 아니라 사회구성원 모두의 삶의 질을 향상시킬 필요성이 있다. 사회복지 실천은 해석과 행동을 요구화하며 여러 가지 입장 가운데 무엇을 취할지 결정을 내리는 과정이다. 사회복지의 이론과 지식은 사회학, 심리학, 사회정책 및 조직이론을 포괄하고 있으며 사회적 맥락 속에서 이해해야 한다.

여기서 관점은 현상을 바라보는 위치, 위치의 환경, 바라보는 자의 여력 등을 의미하는데, 이러한 관점의 수준에 따라 그 현상을 이해하는 능력이 달라질 수 있다(최옥채, 2017).

본 장에서는 사회복지 실천의 관점을 환경 속의 인간 관점, 일반체계이론 관점, 생태체계적 관점, 사이버네틱스 이론 관점 등에 대해서 기술한다.

제1절 환경 속의 인간 관점

환경 속의 인간 관점(person-in-environment perspective)은 사회사업가와 다른 전문가들 가운데 클라이언트를 환경 체계의 일부로 간주하는 관점을 말한다. 이 관점은 개개인, 관련된 타인, 물리적 환경 및 사회적 환경 간의 호혜적 관계와 기타의 영향들을 포함한다.

일반적으로 개체를 둘러싸고 있는 외계를 환경이라 하는데, 단지 인간의 주위에 있다는 것만으로 환경이라 할 수는 없다. 외계 중에서 인간의 의식 · 행동과 관련을 가지는 것, 즉 인간의 의식 · 행동에 어떠한 영향을 주는 것만이 심리학적 입장에서의 환경이 된다.

이러한 환경에는 여러 가지 것이 포함되는데, 물적(物的)인 환경을 '자연적인 환경'이라 하고, 인적(人的)인 환경을 '인적 또는 정신적 환경'이라 한다. 또한 자연적 환경 · 인적 환경 및 문화적 환경의 세 가지로 나누어 문화적 환경 속에 언어 · 예술 등의 문화적인 것을 포함한다.

1. 환경 속의 인간의 관점

사회복지 실천의 목적은 개인과 환경 간의 상호작용의 증진을 통해서 사회 구성원 모두의 삶의 질을 향상시키는 것이다. 이러한 목적 달성을 위한 노력이 사회복지 실천인데, 그렇다면 이 실천의 초점은 개인에게 맞추어져야 할 것인가? 아니면 환경에 맞추어져야 할 것인가? 실천의 초점을 개인에게 맞춘다는 것은 개인 · 환경 간의 상호작용 증진의 책임을 개인에게 둔다는 것을 의미하고, 실천의 초점을 환경에 맞춘다는 것은 개인 · 환경 간 상호작용 증진을 위해 환경을 변화시킴을 의미한다. '환경 속의 인간(PIE: Person-in-Environment:)'이란 개념은 개인 · 환경 간 상호작용 증진의 책임을 개인과 환경 모두에게 있는 것을 의미한다. 인간은 일정한 환경 속에서 생활함으로써 그 영향을 받는데, 인간의 의식 · 행동의 방식을 정하는 또 하나의 중요한 조건은 소질(素質)이다. 사람은 일정한 소질을 어버이 및 어머니 이전 세대(世代)로부터 이어받고 있는데, 그 소질은 환경과 접촉함으로써 현실적인 의식 · 행동이 된다. 어떠한 소질이 있어도 환경의 자극을 받지 않으면 표면에 나타나지 않는다. 소질은 하나의 가능성이므로, 환경에 의하여 자극됨으로써 현실적인 의식 · 행동 · 인격이라고 하는 것은 소질과 환경의 두 가지가 서로 협합(協合)함으로써 발달한다고 한다(협합설).

인간의 성장 발달은 이렇게 하여 환경과 밀접한 관련을 가지고 있는데, 환경과 인간이 관계되는 방식에는 두 가지 양식이 있다. 그중 하나는 환경이 인간에게 어떤 영향을 미치는 약식으로 이것을 환경 영향(環境 影響)이라 한다. 이러한 환경과 인간의 관계 양식과 인간의 성장 발달과의 관계를 보면, 유아기(乳兒期)라는 발달이 낮은 단계, 특히 가장 낮은 신생아 단계에 있어서는 인간은 환경 영향만을 받는다. 따라서 이 단계에서는 나쁜 영향으로부터 지켜 좋은 환경 영향 밑에 놓이도록 보호할 필요가 있다.

그리고 점차 발달함에 따라 인간은 환경 체험 영역이 증대해 간다. 유아기 · 아동기 · 청년기로 발달함에 따라 환경의 양상을 의식하여 이것에 반응하고, 더 나아가서 자기에게 편리하도록 환경을 조정 개변(改變)할 수 있는 방향으로 나아간다. 완전한 성숙단계에 이르면, 환경 관계는 환경 체험만이 된다고 생각되고 있다.

따라서 환경 영향이 강한 낮은 발달단계에서는 영향을 조절하고, 발달함에 따라 환경에 적극적으로 작용하는 환경 체험을 지도하는 것이 환경 속의 인간관점이다.

2. 환경 속의 인간 개념

환경 속의 인간 개념은 그동안 사회복지 실천에 있어서 가장 오랫동안 추구하였던 개념이다. 환경 속의 인간이란 개념은 개인과 환경의 상호작용을 강조한다. 사회의 변화 속에서 보수주의적 시대에는 개인의 심리적 역동에 초점을 두고 진보와 개혁의 시대

에는 개인의 심리적 역동에 초점을 두고 진보와 개혁의 시대에는 사회 환경의 변화에 초점을 두는 경향이 있으나 대체로 인간과 환경의 상호작용에 대한 관점은 리치몬드(Richmond) 이래로 지속되어 온 가장 기본적인 개념이다. 즉, 인간이 경험하는 각종 사회복지적 문제의 원인을 개인 또는 환경 중 어느 한쪽의 결함으로 보기보다는 개인적 요소와 환경적 요소의 상호작용에 따라 결론지어진다는 것이다.

환경 속의 인간(PIE: Person-in-Environment) 개념은 개인과 환경 간의 상호작용으로 개인에 대한 이해와 환경에 대한 이해를 바탕으로 이들의 교류에 대해 이해를 돕는 것이다. 즉, 인간을 이해하기 위해서는 인간의 심리 내적인 특성만을 고려하는 것이 아니라 환경 또는 상황까지 모두 고려해서 개인과 환경 모두에게 초점을 두어야 한다는 관점을 의미한다(김향선 외, 2015).

사회복지 실천은 이에 따라 개인, 가족 또는 집단체계의 사회적 기능을 향상시키며 관련된 사회체계가 어떻게 영향을 미치며 상호작용하는가에 관심을 둔다. 그러므로 문제의 해결을 위한 사정과 개입은 개인의 변화뿐만 아니라 역기능적인 사회 환경의 변화에서도 찾아야 한다.

따라서 개인의 수행 기능이 원만하고 개인의 주변 사회 환경 또한 비교적 양호하지만 개인과 환경 사이의 상호작용이 원만하지 못함으로써 문제가 발생한다는 점을 고려해야 한다(권구영 외, 2008).

리치몬드는 '사회진단'을 통해 개인과 환경의 상호작용을 중요하게 다루었다. 1920년대의 정신역동의 조류 속에서 개인에 초점을 두기도 하였으나 1950년대 이후부터 개인과 환경의 상호작용에 대한 개입은 사회복지 실천의 기초를 이루며 콤튼과 갤러웨이(Compton & Galaway), 핀커스와 미나한(Pincus & Minahan) 등에 의해서 지속적으로 강조되어 왔다.

저매인과 기터만(Germain & Gitterman, 1980)도 개인과 개인에게 영향을 주는 사회 · 물리적 환경 간의 역기능적 교환을 개념화하려고 노력하였으며 사회복지사는 개인과 환경 사이의 역기능적 교환에 개입해야 한다고 주장하였다.

저매인과 기터만은 개인과 개인에게 영향을 주는 사회적 · 물리적 환경 간의 역기능적 교환을 개입해야 한다고 강조하였다.

핀커스와 미나한에 의하면 사회복지 실천은 사람들이 생활 과업을 성취하고, 고통을 덜며, 소망과 가치를 실현할 수 있는 능력에 영향을 주는 인간관 사회 환경 간의 상호작용에 관심을 두었다.

우리가 더욱 행복한 삶을 영위하기 위해서는 인간에 대한 이해를 바탕으로 전체 사회의 사회적 기능 향상과 삶의 질 개선을 도모할 수 있도록 인간적이면서 효과적으로 접근해야 한다. 이를 위해 사회복지는 환경 속의 인간 관점에 초점을 두고 접근해야 할 것이다. 특히 신체적, 정신적, 사회적으로 가장 급격한 변화를 보이는 청소년의 경우에는 더욱 그러하다. 인간과 환경의 관계 특성으로 인하여 사회복지에서는 하나의 통합된 총체로 이해하는 환경 속의 인간이라는 관점을 유지하고 있다. 즉, 인간은 본래 환경과 분리되어서 존재할 수 없으며 지속적 상호작용을 통해 발달한다. 환경 속의 인간이라는 인간 이해의 도식은 사회복지에서 없어서는 안 될 필수요소라고 할 수 있다. 인간은 환경적 조건에 자신을 맞추어 가며 역동적으로 변화하는 존재이지만 환경을 자신에게 맞게 변화시키거나 수정시키는 삶의 능동적 주체이다. 이러한 특성으로 인하여 사회복지는 환경 속의 인간이라는 관점을 유지하고 인간과 환경을 분리된 실체가 아닌 하나의 통합적 총체로 이해하고 인간과 환경 사이의 상호작용에 초점을 두고 있다.

3. 주요 내용

1) 환경 속의 인간에서 '인간'과 '환경'

(1) 환경 속의 인간에서 '인간(개인)'에 대한 관점

사회복지사가 개인적 특성에 관여할 경우 개인의 한 부분만을 볼 것이 아니라 다차원적인 시각에서 상호 연관된 다양한 측면을 보아야 한다. 개인은 생물학적 또는 신체적 특성, 지적 특성, 정서적 특성, 사회적 특성, 영적 특성, 경제 상황, 가족 상황, 문화 배경 등의 특성이 혼합되어 하나의 전체적인 인간으로 표출되기 때문이다(Brill, 1985), '환경 속의 인간'이라는 의미 속에 포함되어 있는 '인간'이라는 개념은 개인의 '성격'과는 다른 의미라는 사실을 명심해야 한다. 성격은 전체 인간의 한 구성 부분에 불과하다. 사회복지 실천 과정에서 '환경 속의 인간' 중 인간(개인)의 의미를 개인의 성격으로 국한하려 할 경우, 사회복지 실천의 활동은 사회복지 영역보다는 오히려 심리학의 영역으로 치우칠 수 있다. 이러한 전체로서의 인간에 대한 관심은 사회복지 전문직이 관여해야 할 업무의 폭을 결정하게 된다. 예를 들어, 음식, 주거, 위생 및 건강 유지 등의 기초 욕구를 충족시키는 데 어려움을 겪고 있는 사람의 경우, 그 사람의 결핍된 욕구 충족을 돕기 위해 사회복지사는 그 사람의 신체기능 상태, 지식 및 기술의 수준, 정서적 안정상태, 영적 상태, 자신 또는 타인을 지각하는 상태, 삶에 대한 동기 수준, 삶의 목적이나 야망의 유무와 그 내용 등을 살펴본 후 그 결과에 따라 다양한 활동을 여러 차원에서 전개할 수 있다.

(2) 환경 속의 인간에서 '환경'에 대한 관점

환경은 개인의 주위를 둘러싸고 있는 조건들을 의미한다. 인간과 모든 살아 있는 생명체에 영향을 미치는 주변의 물리 · 사회적 구조, 물리 · 사회적 세력, 이들의 운동 과정 등이 환경에 포함된다. 사회복지 실천 현장에서 일하는 사회복지사에게 특히 관심의 대상이 되는 환경은 개인의 일상적 생활에 직접적인 영향을 미치는 근접 환경이다. 여기에는 개인의 가족, 친한 친구, 이웃, 직장의 동료, 일상적인 생활을 해 나가면서 접하게 되는 서비스 및 프로그램들이 해당된다. 티어와 세퍼(Teare & Sheafor, 1995)는 간접 환경을 변화시키는 상대적으로 어렵고 간접 환경의 영향은 비교적 덜 분명하게 나타나기 때문으로 보았다. 클라이언트의 주변 환경은 흔히 미시환경, 중간 환경, 거시환경 등으로 나뉜다.

2) 환경 속의 인간존재 개념

사회복지를 배우면서 가장 기본적인 관점으로 배운 것이 환경 속의 인간이라는 것이다. 그 환경은 가장 밀접하게 자주 접촉하는 가족이나 친구와 같은 미시체계, 그 바깥쪽의 생활에 영향을 미치는 지역사회 정도의 중시체계, 더 넓은 국가 제도나 자연생태 등 거시체계로 구분된다. 이 모든 것은 유기체와 같이 서로 긴밀하게 얽혀 있어서 어느 하나 떼어낼 수 없이 얽혀(네트워크, 유기체) 있고 매 순간 영향을 주고받으면서 변화(갈등, 조정) 중이고, 계속해서 항상성 또는 평형, 안정을 추구한다([그림 5-1] 참조).

학생을 중심으로 보면 학생 개인은 다양한 미시, 중시, 거시 환경체계의 영향 속에 놓여 있으면서 동시에 그가 이런 환경체계에 영향력을 미친다. 그래서 사회복지사는 학생을 온전히 이해하고 또 변화를 추구하기 위해서 학생 개인뿐만 아니라 환경체계에도 관심을 갖는다. 그래서 이를 이중 초점(dual focus)이라고 한다. 이는 철학이나 사회학에서 오래전부터 들어온 내부요인과 외부요인 같은 관점들과 크게 다르지 않다. 또 교육학이나 인간발달학에서 오랜 논쟁 중인 유전-환경 논쟁의 관점도 맥이 닿아 있다.

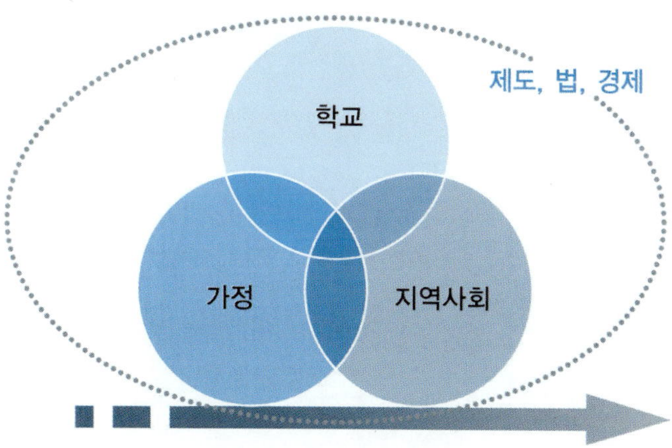

[그림 5-1] 개인과 환경

그런데 요즘 사회복지사나 사회복지 전공 학생들을 보면 대다수가 미시체계에 고착되어 있는 것 같다. 심리상담전문가나 정신과 전문의들처럼 전문적 깊이도 부족하면서 사회사업학의 전문성인 '사회학(sociology)' 접근도 제대로 인식하지 못하고 있는 것 같다. 진정한 사회사업가는 개인과 환경을 둘 다 봐야 한다. 나무도 보고 숲도 봐야 한다. 물론 쉬운 일이 아니다. 어떤 이는 나무에 좀 더 현미경을 들이댈 수 있고, 어떤 이는 좀 더 멀리 떨어져서 숲 전체의 그림을 보고 싶어 할 것이다. 그래도 그 둘의 균형을 포기해서는 안 될 것이다([그림 5-2] 참조).

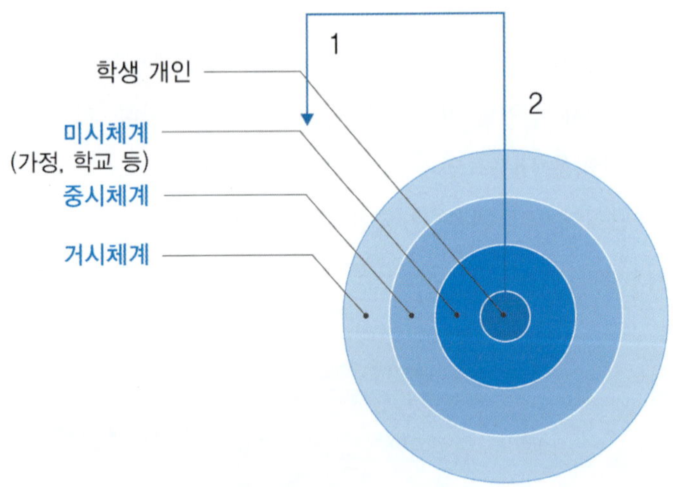

[그림 5-2] 개인과 개체

제2절 일반체계이론 관점

1. 일반체계이론 관점

일반체계이론(General system theory)은 '전체는 단순한 부분의 총합 이상이다.'라는 말로 지칭되는 상호작용의 복합적 상황을 분석하려는 학문을 의미한다. 즉, 유기체와 환경 간의 체계적인 상호작용, 상호 관련성에 대해서 전체성, 상호성, 개방성의 개념으로 설명하고 분석하려는 이론이다(김향선 외, 2015).

이러한 이론은 1937년 오스트리아 출신의 생물학자 버틀란피(Ludwig von Bertalanffy)에 의해서 처음으로 제기되었으며, 1950년 논문 발표를 계기로 체계론적 사고가 과학적 학문으로 정립되었다. 여기서 체계(System)는 상호연관성이 있고 상호의존적으로 서로 영향을 주고받는 부분들로 구성된 전체를 의미하거나 부분들 간에 관계를 맺고 있는 일련의 단위로 정의된다(Bertalanffy, 1968).

이러한 체계는 끊임없이 변화하는데 변화 과정은 체계가 추구하는 목적에 따라 다르게 나타날 수 있다. 그리고 체계의 부분들은 변화를 위해 어느 일정 시점에서 볼 때 비교적 안정된 구조 내에서 정형화된 행동 방법으로 서로 영향을 주고받으며 항상성(Homeostasis)을 유지하려 한다(엄명용 외, 2013).

따라서 사회복지 실천의 목적에 부합되도록 클라이언트에 대한 문제 파악 및 실천의 초점을 개인 또는 사회 환경의 어느 한 곳에 두는 것이 아니라 상호작용하며 서로에게 영향을 주고받는 전체에 맞추는 것이 중요하다.

2. 일반체계이론의 인간관

인간을 통합된 하나의 체계로 간주하는 전체적 인간관을 가지고 있으며, 인간은 신체, 심리, 사회적 부분으로부터 부여된 존재가 아닌 통합된 전체로 기능하는 존재로 본다. 일반체계이론은 인간은 외부체계와 끊임없이 상호작용하고 상호의존하는 존재이며 인간 행동은 집단, 가족, 사회적 단위를 포함하는 전체적인 사회적 상황의 결과로 본다.

체계의 구성단위들은 상호작용적이며 상호 영향으로 주고받기 때문에 체계의 어느 한 부분의 변화는 전체로서의 체계, 그 자체를 구성하는 요소들에 영향을 준다.

이 체계이론이 기본 가정은 체계의 구성단위들은 상호의존적이며 상호 영향으로 주고받기 때문에 체계의 어느 한 부분의 변화는 전체로서의 체계, 그 자체를 구성하는 요소들에 영향을 준다.

첫째, 전체는 각 부분들의 합보다 크다.

둘째, 체계는 한 단위 혹은 전체를 형성하는 상호 관련이 있는 성원들로 구성된다.

셋째, 체계조직의 범위는 임의로 혹은 이미 확정된 경계와 성원들이 결정한다.

넷째, 체계의 환경은 체계경계선 외부의 것을 규정한다.

다섯째, 모든 체계는 다른 체계의 하위체계이면서 동시에 상위체계일 수 있다.

여섯째, 체계에서 한 성원의 변화는 전체에 영향을 미치는 상호의존과 상호작용이 일어난다.

일곱째, 체계 내외부의 변화로 체계가 구조적으로 불균형해질 경우, 체계는 균형상태를 회복하려고 시도한다.

3. 주요 내용

1) 체계의 구조

(1) 경계

경계(Boundary)는 체계 내부와 외부, 한 체계와 다른 체계를 구분할 수 있는 기준을 의미하는 것으로 모든 체계는 경계를 가지고 있다.

예를 들어, 가족과 관련해서 대가족, 핵가족, 부부, 부모, 형제자매 체계 등은 관념적 경계가 된다. 이러한 경계를 형성하는 요인은 에너지나 정보 교류의 양, 상호작용, 규칙 등이 있을 수 있으며 명확성(Clarity), 투과성(Permeability), 융통성(Flexibility) 등의 속성이 있다.

(2) 개방체계와 폐쇄체계

개방체계(Open system)는 먼저 개방체계는 체계에 투과성이 있어 경계 내·외부 간에 에너지나 정보 교류가 상호보완적으로 이루어지는 체계이다. 이러한 체계는 외부 환경으로부터 성장이나 발달에 필요한 에너지나 정보를 자유롭게 받아들여 전환시키고 산출을 생산하여 환경으로 다시 보내거나 체계 자체의 기능을 유지·발전시킬 수 있다.

폐쇄체계는 몇몇 객체의 작동을 인위적으로 제약하거나 허용한 상태를 말한다. 과학자가 특정한 기제만 작동하도록 실험을 구성했다면 폐쇄체계를 만들었다고 할 수 있다. 사실 세계에서 우리가 완전히 통제할 수 있는 상황, 다시 말해 완벽한 폐쇄체계를 만들 수는 없다. 하지만 실험 상황에서 특정한 객체의 작동과 그 결과를 알아보기에 충분할 정도의 폐쇄는 만들 수 있다.

(3) 위계

위계(Hierarchy)는 상위체계와 하위체계 사이의 서열 관계를 의미한다. 모든 체계의 기본단위들이 활동하면서 에너지원을 위해 상위체계에 의존하며 또한 하위체계에 방향을 제시해 준다. 이러한 상위체계와 하위체계 사이의 서열 관계를 위계라 한다.

(4) 항상성

항상성(Homeostasis)는 체계가 균형을 유지하거나 안정된 상태로 돌아가려는 것을 의미한다. 이러한 항상성은 고정된 것이 아니라 지속적으로 변화하는 것으로 환경 속에서 변화 상황을 고려하여 상호 교환을 통해 항상성을 유지해야 한다.

가족 체계도 가족 구성들 간에 체계의 항상성을 유지하면서 자기 본연의 역할에 충실해야 기능적 가정이 될 수 있다.

2) 체계의 과정

체계 내의 활동(투입 → 전환 → 산출 → 환류)에 대한 과정은([그림 5-3] 참고) 다음과 같다.

(1) 투입

투입(Input)은 체계의 목적 달성을 위해 에너지, 정보, 의사소통을 다른 체계에서 유입하는 과정이다. 과업적 투입은 그 사회체계가 관심을 갖는 욕구, 문제 혹은 기회로 인해 발생한다. 유지 관련 투입은 지각된 욕구를 충족시키거나, 문제를 다루거나, 기회를 모색하거나, 이용하는 데 필요한 자원들이다. 사회복지기관의 예를 보면, 클라이언트는 과업적 투입이고, 사회복지사 및 기타 자원들을 유지적 투입이 된다.

(2) 전환

전환(Conversion operation)은 체계의 투입이 산출이 되는 과정에서 나타나는 일종의 순서이다. 체계의 특성에 따라 투입된 에너지를 효율적으로 조직하는 과정이다. 구조와 상호작용으로 구성되며, 체계가 전환과정을 시작하면 적극적으로 외부 환경에 반응하게 된다. 구조에 포함되는 것은 역할, 공식적인 행정직 준비, 가치, 시간, 예산, 계획안, 공간, 다른 체계들과의 유대 등이다.

(3) 산출

산출(Output)은 체계 내에서 재구성된 에너지가 외부 환경으로 나가는 과정이다. 즉, 체계의 경계를 통해 에너지가 환경에 영향을 미치는 효과나 결과이다. 과업적 투입은 유지적 투입으로 가동되는 전환과정을 통해 산출을 낳는다. 산출은 과업산출(클라이언트의 문제해결), 유지산출(기관 접촉에서 얻은 대인관계 지식과 기술), 소모(사회복지사의 탈진)로 분류된다.

(4) 환류(피드백)

환류(Feed back)는 체계를 유지, 변화시키기 위한 반응으로 새로운 에너지의 투입과 산출 과정에서 수정하도록 그 행동의 결과를 새로운 정보를 포함시키는 것을 말한다. 환류는 정보의 투입에 대한 반응으로 행동하며 연속적인 행동을 수정하도록 그 행동의 결과를 새로운 정보로 포함시키는 과정을 뜻한다. 이상에서 투입으로부터 산출까지 에너지의 환류 과정은 다음 [그림 5-3]과 같다.

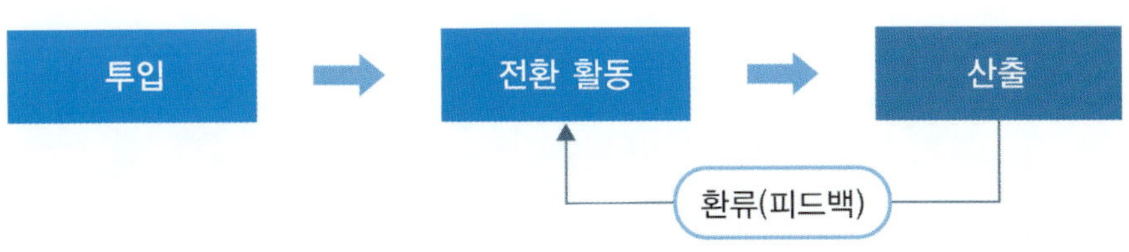

[그림 5-3] 에너지의 환류 과정

3) 균형, 항상성, 안정상태

균형, 항상성, 안정상태는 경계의 개방성에서 상이한 정도를 반영하는 개념이다.

(1) **균형**(Equilibrium)

폐쇄체계의 고정된 구조로 주위 환경과 수직적 상호작용을 하지 않으며 수평적 상호작용을 할 때 폐쇄체계에 내부 균형이 나타난다.

(2) **항상성**(Homeostasis)

개방된 체계를 전제로 한다. 항상성은 환경과 지속적 상호 교환을 하는 체계에 존재하며, 그 결과 안정적이지만 정적인 균형이 아니라 역동적인 균형이 나타난다. 이같이 균형을 유지하려는 자동적인 경향이 항상성이다.

(3) **안정상태**(Stable Status)

부분들 간의 관계를 유지시키고 쇠퇴해서 붕괴하지 않도록 에너지가 계속적으로 사용되는 상태를 뜻한다. 안정상태는 환경과의 교환뿐만 아니라 변화하는 여건에 적응하기 위해 구조를 변화시킬 수 있는 개방체계에 존재한다. 이는 모든 살아 있는 체계의 기본적인 속성이다. 건전한 개방체계는 현상 유지만 지향하거나 욕구 완화에만 집착하지 않고 긴장이나 갈등을 성장의 전체 조건인 건전한 자극으로 간주한다.

제3절 생태체계적 관점

생태체계(eco-system)라는 개념은 일반체계이론과 생태학적 관점을 결합시킨 것이다.

생태체계이론은 생태체계론, 생태적 체계론, 생태적 관점 등과 호환되어 사용되는 용어로, 일반체계이론과 생태학 이론에서 제시되는 주요 관점들을 통합한 것이라고 할 수 있다.

즉, 인간의 발달은 환경과의 관계를 연구하는 생물학적 개념에 초점을 두는 생태학 이론과 가족 · 이웃 · 지역사회 · 국가라는 여러 체계 속에서 발달한다는 일반체계이론이 결합한 것이다.

생태학 이론을 인간 행동에 적용할 경우 인간과 인간의 주변 환경 간의 상호작용, 상호의존성, 상호 역동적 교류와 적응에 초점을 둔다. 또한 일반체계이론 관점은 다양한 체계(부부체계, 부모-자녀체계, 형제자매 체계)에서 상위, 하위에 따른 순서가 있으며 서로 관련되어 기능적 전체를 형성하는 것으로 체계 간의 복잡한 상호작용을 이해해야만 한다는 것이다.

생태체계이론은 개인, 가족 또는 집단체계의 사회적 기능을 향상시키기 위해서 이러한 체계들이 그들 주변에 다른 사람들 그리고 그들의 생활에 영향을 미치는 사회체계들과 어떻게 상호작용하는가를 통해 자세히 살펴볼 수 있다. 즉, 문제의 원인을 사정하고 문제해결을 시도하려 할 때 문제해결 방안을 개인의 변화에서만 찾는 것이 아니라 그 개인의 문제 또는 역기능에 영향을 미치는 주변 사회 환경의 변화 또는 개선에서 찾는 것이다. 그리고 개인의 일반적 기능수행이 비교적 원만하고 개인의 주변 사회 환경 또는 비교적 건전하더라도 개인과 환경 사이의 상호작용이 원만치 못함으로써 문제가 파생될 수도 있다. 이는 사회복지 실천 분야에서 환경 속의 인간이 제시하는 개념적 틀이며, 이를 실천적 의미로 구체화한 것이 바로 생태체계적 관점이라 할 수 있다.

이러한 관점에서 브론펜브레너(Bronfenbrenner)는 1979년 「인간 발달 생태학(The ecology of human development)」이라는 저서를 통해 인간은 태어나면서 다양한 수준의 주위 환경에 영향을 받기 때문에 복잡한 체계 속에서 발달하는 존재라고 보고 생태학 체계(Ecological system)라는 용어를 사용하였다.

또한 그는 인간 발달을 사회문화적 관점에서 이해하는 이론으로 가족 · 이웃 · 학교 · 지역사회 · 국가 · 문화 등 여러 가지 환경 속에서 인간과 환경 간의 상호작용을 통해 발달한다고 보았으며 생태환경을 좀 더 구조화하였다.

이후 저메인과 기터만(Germain & Gitterman)은 생활모델(Life model)이라는 사회복지 실천 모델을 제시하는 가운데 생태학적 체계 모델(Eco-system mldel)을 도입하면서 사회복지 실천의 준거 틀로 도입되었다(German & Gitterman, 1980; 김혜영 외, 2012).

생태체계적 관점은 환경의 변화 과정과 인간 발달 영역, 인간의 다양성, 그리고 사회체계이론을 포함한다. 인간의 반응과 환경 사이에 불균형이 발생할 때 욕구는 충족되지 않는다. 인간이 이용할 수 있는 자원이 불충분하거나 또는 환경과 부적합한 생태가 되는 것은 사람과 환경 사이에 동의와 조화가 결여되기 때문이다.

생태체계적 관점은 사회복지 실천에서 사정을 위한 모델로서 통합된 관점으로 환경이 인간에 영향을 미치는 방식들을 보는 준거 틀을 제공한다.

1. 생태체계적 관점의 인간관

생태학 이론(ecological theory)은 유기체와 환경 간의 관계를 연구하는 생물과학으로 유기체와 환경이 역동적인 평형상태를 유지하면서 성장하는 과정에 관심을 두고 있는 이론이다. 이러한 생태학에서 유기체와 환경은 서로 분리할 수 없으며 상호작용하는 것으로 양자 간의 상호작용에 초점을 둔다. 생태체계적 관점을 지역사회에 적용할 경우 생태체계적 인간관, 지역사회와 지역사회의 주변 환경 간의 상호교류, 상호의존성, 상호역동적 교류와 적응에 초점을 둔다.

1) 생태체계적 인간관

생태체계(eco-system)적 관점은 인간을 사고, 감정 및 관찰 가능한 행동들을 가진 생물학적, 심리적, 정신적, 사회적 및 문화적 존재로 본다. 인간은 환경에 반응할 뿐만 아니라 스스로의 환경을 창조해 내는 주인이기도 하다.

이 관점은 인간을 의식적이고 의도적으로 반응할 뿐만 아니라 무의식적이고 자동적으로 반응하는 존재로 본다. 또한 인간을 전적으로 힘이 있는 존재로 간주하지 않을 뿐만 아니라 전적으로 무력한 존재로도 보지 않는 대신에 삶을 형성하는 사건들을 창조하는 데 있어 적극적인 역할, 즉 환경적인 힘과 상황들에 의해 조절된 역할을 수행한다고 보는 것이다.

2) 상호교류

인간과 환경은 서로 간의 지속적인 적응과 반응을 하는 가운데 발전한다. 즉 인간이 지속적으로 그들의 환경을 형성하고 기간이 지남에 따라 환경에 의해 인간이 형성된다. '인간:환경'은 상호관계를 상징한다. 여기서 콜론(:)은 인간의 사회적, 물리적 환경과의 교류에 있어서 그들의 역동성과 상호 관련성을 말한다.

체계와 환경 간의 상호작용은 요구와 자원의 역동적 상호 교환이다. 인간이 그들의 환경에 영향을 주는 것과 같이 사회적 · 물리적 환경 역시 인간에게 영향을 준다. 교류의 개념은 사회적 기능수행에 대한 사회복지의 초첨을 재인식시켜 주었다. 사회적 기능수행은 인간이 사회 환경의 요구와 인간의 대처 노력 간의 균형이나 생활 상황을 다루는 것이다.

3) 진화적 변화

생태체계적 관점은 인간 발달 과정을 진화론적인 것으로 본다. 이것은 개인과 다른 인간체계들이 내 · 외부적 힘들에 반응해서 어떻게 변화하고 안정을 유지하게 되는가를 설명한다. 인간이 신체적, 정신적 및 지적으로 성장함에 따라 그들의 행동은 이러한 내적 변화에 반응해서 나타난다. 그러나 체계 내에서의 변화는 인간 행동을 결정지을 수 있는 유일한 요인이 되지 못한다. 반면, 이러한 재적 경험들 그 자체는 인간을 둘러싸고 있는 환경적 사건과 영향을 주고받는다.

2. 생태체계적 이론의 개념

생태학적 체계이론 관점에서 체계와 생태학은 개인을 하나의 체계로, 개인과 환경을 하나의 체계로 생각하면서 생태학적으로 인간과 환경 간의 적응과 상호작용에 초점을 둔 개념과 사회현상을 생태학 이론을 적용하는 개념으로 구분하였다.

1) 생태학적으로 인간과 환경 간의 적용하는 개념

주요 개념은 생활환경, 적응, 개인과 환경의 적합성, 공생, 수용 능력, 경쟁 등이 있는데, 각각에 대해서 알아본다(김혜영 외, 2012; 김향선 외, 2015).

(1) 생활환경

생물체가 살고 있는 장소나 환경을 의미하는데, 생물체는 적소(Niche)를 찾게 된다. 여기서 적소는 특정한 종이 가장 효과적으로 기능할 수 있는 특정한 장소나 환경을 의미한다.

(2) 적응(Adaptation)

개인과 환경 간의 상호작용을 포함한 주변 환경조건에 맞추어 적합하게 결합하는 것을 의미한다. 여기서 적합은 개인의 욕구와 사회적 요구 사이의 조화와 균형 정도를 의미한다.

(3) 개인과 환경의 적합성(Goodness of fit)

개인의 적응 욕구와 환경의 속성이 서로 조화되는 정도를 의미한다. 적응하지 못하면 개인의 발달과 건강에 악영향을 미치며 잘 적응하면 성장이나 발달에 긍정적이며 적합성은 높아진다.

(4) 공생(Symbiosis)

하나 또는 둘 모두가 유익을 얻을 수 있는 두 종 간의 상호작용을 의미한다. 이러한 공생에는 세 가지 유형이 있는데, 상리공생(Mutualism)은 벌(먹이)과 꽃(수정)의 관계처럼 두 종 모두에게 이득이 되는 상호작용이며, 편리공생(Commensalism)은 한 종에는 유익하나 다른 종에게는 유익이나 해를 끼치지 않는 것이고, 기생(Parasitism)은 한쪽에는 해가 되나 기생하는 쪽에는 이익이 되는 것을 의미한다.

(5) 수용 능력(Capacity)

특정 생태체계 안에서 살아갈 수 있는 종의 최대 숫자를 의미한다. 수용 능력이 초과되면 질병, 약탈 등 악영향이 미칠 수 있다.

(6) 경쟁(Competition)

생태학적 공동체를 형성하는 주요 과정으로 생태체계에서 자원이 제한된 경우 생존을 위해 경쟁하는 것을 의미한다.

2) 사회현상에 생태학 이론을 적용하는 개념

사회현상에 생태학 이론을 적용하여 분석하고 설명하려는 개념에는 다음과 같은 것이 있다(전해황 외, 2018).

(1) 중심화(Centralization)

지역의 기능, 인구, 사회시설, 그리고 서비스 등이 교통 중심으로 지역에 몰리는 것을 의미한다. 대부분의 사회는 행정기관을 중심으로 기능 및 인구가 집중되는 현상을 보인다.

(2) 분리(Segregation)

여러 집단 및 기관들이 그 도시 안에 분리되어 있고 특정 지역에 위치하는 경우를 의미한다. 도시의 어떤 지역은 상류층 주택이 밀집하고 특정 지역은 산업단지로 분리된다.

(3) 분산(Decentralization)

인구 및 산업 등이 중심으로부터 밀도가 더 낮은 외곽으로 빠져나가는 것을 의미한다.

(4) 침입(Invasion)

사회의 한 집단이 완전히 분리되어 다른 집단이 거주하는 지역으로 들어가는 것을 의미한다.

(5) 계승(상속, Succession)

침입이 완결된 상태로 어떤 지역의 용도가 완전히 전환된 것을 의미한다. 이전에 주거지역이던 곳이 완전한 상업지역으로 전환되거나 부유층만 살았던 지역이 빈민층만 살게 될 때이다. 이러한 계층은 지역적 현상일뿐만 아니라 오래 지속되는 시간적 현상까지도 포함한다.

3. 주요 내용

1) 적합성과 적응

(1) 적합성(Compatibility)

적합성은 개인의 적응적 욕구와 환경의 질이 어느 정도 부합되는가 하는 것이다. 적합성은 일생을 통해 인간과 환경 사이의 상호교류를 통해 성취된다. 상호교류는 적응적일 수도 있고, 부적응적일 수도 있다. 개인과 환경 사이의 상호교류가 성공적이고 적응적일 때, 즉 주요 타인, 사회적 조직, 정치 경제적 구조와 정책, 물리적 환경이 개인의 성장, 발달, 물질적 및 정서적 안녕을 지지할 때, 적합성이 이루어지게 된다.

(2) 적응(adaptation)

적응은 개인과 환경 사이의 활발한 상호 교환을 포함한 개인-환경이라는 하나의 단위 내에서 이루어지는 과정이다. 생태 체계적 관점에서는 개인과 환경이 상호 영향을 미치고 최적합 상태를 성취하기 위해서 상호 간에 영향을 미치고 반응한다고 본다.

2) 스트레스와 대처

(1) 스트레스(stress)

스트레스는 개인이 지각한 요구와 이러한 요구를 충족시킬 수 있는 자원을 활용할 수 있는 능력 사이에 불균형이 일어난 것이다. 스트레스는 개인과 환경 사이의 상호교류에서 나타나는 불균형에 의해 야기된 생리, 심리, 사회적 현상이라고 할 수 있다.

(2) 대처(coping)

대처는 생태체계이론에서는 사람들이 생활 문제를 완화할 수 있도록 원조할 수 있는 적응적 전략을 제공한다. 스트레스를 경험함으로써 자연적으로 발생하게 되는 대처 기술은 정서적 고통을 통제하기 위해 개인이 수행하는 행동이다. 대처 능력을 갖추기 위해서는 내적 자원과 외적 자원이 필요하다.

3) 관계, 역할, 유능성

(1) 관계(relatedness)

생태체계이론에서 관계는 핵심적 개념이다. 관계는 인간관계를 형성하거나 타인과 연결될 수 있는 능력을 말한다. 가족과 같은 친밀한 1차 집단 내에서, 그리고 시민집단과 같은 개인적 교류가 많지 않은 집단 내에서 일어나는 일은 인간 발달에 매우 중요하다.

(2) 역할(role)

생태체계이론에서 역할이론의 개념을 원용하여, 문화적 영향과 환경적 영향에 따라 개인적 및 대인 관계적 과정이 어떻게 달라지는가를 설명하고 있다. 역할이론은 발달의 사회적 영역을 이해할 수 있게 해준다.

(3) 유능성(competence)

생태체계이론에서는 유능성의 발달이 인간 발달에 필수적인 요소라고 본다. 생태체계이론은 자아 심리이론과 상징적 상호작용 이론을 원용하여 유능성을 개념화하고 있다. 자아 심리이론은 유능성을 개인이 환경과 효과적으로 상호작용할 수 있는 능력이라고 보았다.

4) 인간 발달에 대한 이해

생태체계이론은 진화적 시간에 따른 유전적 변화뿐만 아니라 성숙 및 선택 과정에 의해 인간이 형성된다는 발달관을 가지고 있다. 이러한 관점에서는 인간은 환경과의 상호 교류를 지지 또는 방해하는 유전적 잠재력을 가지고 태어난다고 보고 있다. 생태체계이론에서는 인간 행동이 성장하는 개인과 환경 사이의 상호작용의 산물이라고 보고 있다. 단 개인의 특성이 고립되어 존재하는 것이 아니라, 전체적인 개인의 특성이 환경과의 상호작용을 통해 의미를 갖게 되고 표현되게 된다.

제4절 사이버네틱스 이론 관점

1. 사이버네틱스 이론 관점

사이버네틱스(Cybernetics, 인공 두뇌학) 이론 관점은 생물 및 기계를 포함한 체계에서 제어와 통신 문제를 종합적으로 연구하는 학문을 의미한다. 어떤 체계에 포함되는 두 종류의 변량이 있는데, 그 하나는 우리가 직접 제어할 수 있는 것이고, 나머지 하나는 우리가 제어할 수 없는 것으로 한다. 이때 제어할 수 없는 변량은 과거로부터 현재에 이르기까지 값을 바탕으로 하여 제어할 수 있는 변량의 값을 적당히 정해서 이 체계를 가장 바람직스러운 상태로 도달시키려는 목적을 달성하기 위한 값이다.

사이버네틱스는 기계와 살아 있는 유기체의 작동 원리에 차이를 발견하고 이를 이해하기 위한 인식론으로, 동물, 인간, 기계 조직체 등의 통제와 대화를 이해하는데 사용되었다. 인간 및 조직체의 통제와 대화는 환경과의 피드백에 의해 이루어지며, 이 피드백은 유입과 분출을 통해 이루어진다.

사이버네틱스는 기계 및 살아 있는 유기체의 통제와 자기 조절 과정을 이해하기 위한 인식론을 발전시키는 계기가 되었으며, 또한 기계와 살아 있는 유기체의 동작 원리에 차이가 있다는 것이 알려지게 된 학문이다. 즉, 기계는 원인과 결과, 자극과 반응, 투입과 산출의 연결이라는 선형적 인간과의 관계에 의해 동작되지만, 살아 있는 유기체는 인과적으로 연결된 구성요소의 순환적인 배열이라는 환류 고리(Feedback loop)에 의해 움직인다는 점에서 차이가 있다는 시각을 발전시키게 되었다.

이러한 사이버네틱스 학문은 생물체계와 사회체계에 있어서 순환적 인과 관계와 환류 기제(일이 이미 처리되어 끝난 것)에 관한 과학으로 발전하게 되었는데, 수학자인 위너(Wiener, 1948)가 처음으로 사용하였다(NCS 학습 모듈, 2019).

사이버네틱스는 '생물체계와 사회체계에 있어서 순환적 관계와 피드백 기제에 관한 과학'으로 발전하였다. 이러한 공학적 개념을 행동과학의 용어로 환원하고 가족치료에 적용하는 데 주도적 역할을 한 사람은 베이트슨이다. 사이버네틱스의 원리에 기초하여 '마음'의 개념을 수립하였고 마음을 '살아 있는 것의 본질'로서 기계와 살아 있는 유기체를 구분하는 기준이 된다고 강조한다.

2. 사이버네틱스 이론 개념

사이버네틱스의 핵심에는 환류 고리가 있는데, 이것은 체계가 안정을 유지하기 위하여 필요한 정보를 얻는 과정이다. 환류 고리는 체계 내 부분들 사이의 관계뿐만 아니라 외부 환경과 관련된 체계의 실행에 관한 정보를 포함하고 있다. 이러한 환류 고리는 긍정적일 수도 있고 부정적일 수도 있는데, 긍정적인 것과 부정적인 것의 구분은 체계 내의 항상성(Homeostasis, 같은 상태를 유지하려는 경향) 상태를 벗어나게 하려는 영향력을 언급하는 것이지, 체계에 이익이나 해를 주는지에 대한 개념은 아니다.

긍정적 환류는 체계가 흘러가야 하는 방향을 확인하고 강화하는 정보이고, 부정적 환류는 체계가 기준이 되는 곳으로부터 얼마나 이탈했는지, 그리고 다시 돌아오기 위해 어떤 교정이 필요한지 알려주는 정보이다. 예를 들어, 집 안의 온도를 일정한 상태로 유지하는 자동온도조절장치를 생각해 보면, 25도를 기준으로 하였을 때, 실내 온도가 25도가 넘으면 꺼지고 25도보다 낮으면 자동적으로 켜지는데, 이러한 과정에서 항상성이 나타난다.

1) 1차 사이버네틱스

사이버네틱스 개념은 그리스어로 '조종'이나 '통제'을 의미하는 'kybernetes'에서 유래하였다. 이 개념은 체계를 객관적으로 관찰하고 중립적으로 조절하는 것이 가능하다는 것을 바탕으로 한다.

체계가 어떤 패턴을 가지고 움직이는지를 기술한 단어이며, 일정한 피드백을 해 주었을 때 어떤 규칙성을 보이는지 그 규칙성이 체계를 어떤 방식으로 움직이는지를 이해하도록 하는 개념이다.

예를 들어, 클라이언트 가족에게 사회복지사가 지속해서 칭찬했다고 하면, 칭찬받는 클라이언트 가족이 지속해서 상호작용이 증가하면서 칭찬을 통한 상호작용의 증가라는 유입이 가족에게는 증가한 상호작용이라는 패턴을 갖게 하며, 이러한 패턴을 이용하여 체계를 효과적으로 조절할 수 있도록 한다.

1948년 사람의 신경 작용을 신호로 나타내는 새로운 과학을 개발하여 "사이버네틱스"라는 이름을 붙였다.

사이버네틱스(cybernetics)라는 용어는 배의 조타수를 의미하는 그리스어인 'kybernetes'에서 유래된 '피드백'이라고 주장하는 이도 있다.

이러한 피드백시스템을 모델링하고 분석하여, 자동제어시스템 및 인공지능 분야 등 다양한 분야에서 의용된다. 사이버네틱스는 또한 인간의 신경계와 유사한 인공신경망 구조 개발에도 기여하였다.

인간은 이러한 유입과 분출을 통해 자신을 통제하며 환경과 대화를 계속한다. 마찬가지로 클라이언트들은 사회체계를 유지하기 위해 사회를 둘러싸고 있는 여러 체계와 지속해서 유입과 분출을 통해 피드백하게 된다. 여기서 긍정적 피드백은 피드백의 결정을 체계가 어떻게 반응하는가의 개념이다. 피드백으로 인해 정보나 활동의 양이 줄어들면 부정 피드백이고 정보나 활동이 많아지면 긍정피드백이라고 한다.

2) 2차(차세대) 사이버네틱스

2차 사이버네틱스 개념은 자신이 하나의 체계를 형성하고 있음을 인식하도록 함으로써 객관적인 현실이 존재하지 않고 다양한 체계에 의한 현실이 존재한다는 것을 강조한다.

1970년대 등장한 2차(차세대) 사이버네틱스의 주된 흐름 중 하나는 이러한 문제의식에서 출발하는 뇌 신경계의 인지 과정에 대한 전격적인 재고찰이었다. 여기서 2차 사이버네틱스의 개척자들의 결론("인식 활동이 세계를 산출한다")은 조지 버클리(George Berkeley) 또는 장 피아제(Jean Piaget)의 인식론에 근접하게 되는데 이를 넓은 의미에서의 구성주의(constructivism) 혹은 급진적 구성주의로 부를 수 있다.

이는 사이버네틱스의 이론이 포스트모더니즘의 개념과 유사함을 나타내며, 가족 상담 분야에서 후기 가족치료의 탄생에 이어지는 중요한 개념이다.

3. 주요 내용

1) 개별화

개별화(individualization)는 모든 내담자(클라이언트) 개개인을 그들만의 고유의 특성을 가진, 개별적이고 주체적인 존재로 인식하는 것이다. 이는 내담자가 속해 있는 집단적 특성을 탐색하는 과정을 포함한다. 사회복지를 학습하면 많은 심리이론이나 성격이론을 접하는데, 어느 순간에는 자연스럽게 어떤 유형이라면서 사람들을 같은 카테고리로 묶는 오류에 빠지기도 한다. 비슷한 사람이 있을 수 있지만, 그 어떤 이론도 개개인의 모든 특성을 대변할 수 없고, "그 사람은 이러이러한 사람이니, 이렇게 행동하고 생각할 거야." 등과 같이 단정할 수 없다는 것을 기억해야 한다. 자기와 비슷한 사람은 있을 수 있지만, 나라는 사람은 세상에 단 하나뿐인 존재이다. 마찬가지로 누구나 개별화된 존재로 존중받고 싶어 한다.

개별 클라이언트를 원조하는 내용, 방법, 과정이 개별적으로 고려되어야 한다.

2) 의도적인 감정표현

의도적인 감정표현(purposive expression of feeling)은 내담자가 자신의 감정을 자유롭게 표현할 수 있도록 하는 것이다. 이는 감정을 표현하고 싶은 클라이언트의 욕구에 기반한 것이다.

누구나 이야기를 하다 보면, 내가 하는 표현에 대해서 이 사람이 어떻게 반응할지 두려워, 표현에 저항이 생기게 되는 경험을 해본 적 있었을 것이다. 이는 전문적인 원조관계에 있어 방해 요소로 작용한다.

사회복지사는 내담자가 어떻게 느끼고 생각하는지를 자유롭게 표출할 수 있도록 편안한 분위기 조성하고, 심리적 지지를 표현한다. 그리고 자유로운 감정표현만으로도 감정정화를 겪게 되기 때문에 상담 또는 사회복지 실천에 있어 클라이언트가 솔직하고 자유롭게 감정을 표출할 수 있도록 돕는 것은 치료적인 효과가 수반된다. 신뢰 관계를 형성하는 것이 필요하고, 동시에 환경적인 요소도 고려해야 한다.

3) 통제된 정서적 관여

통제된 정서적 관여(controlled emotional response)는 여기서 말하는 'response'는 '반응'을 뜻한다. 사회복지사가 내담자의 반응에 대해 민감하게 알아채고, 적절하게 정서적으로 반응하는 것이다. 통제된 정서적 관여를 제외하면 상담학 기초에서 등장하는 전문적 관계의 6가지 원칙과 동일하다.

누군가와 상담을 하거나 이야기를 나누다 보면, 내가 하는 반응에 따라 상대방의 태도가 달라지는 것을 경험하게 된다. 가령 클라이언트가 사회 통념상 잘 받아들여지지 않는 생각이나 행동을 취하거나, 또는 개인적인 취향에 대해서 사회복지사가 부정적인 '반응'을 보인다면, 클라이언트는 위축될 것이고 자신의 생각과 감정을 표현하는 데 있어 소극적이게 된다.

따라서 적절하게 '통제가 된' 정서적 '반응'을 해야 하며, 정서적 공감과 지지가 필요한 클라이언트에게 위로와 격려를 해주는 등 정서적 '반응'을 해 줄 수 있다.

4) 수용

수용(acceptance)은 클라이언트를 '있는 그대로 받아들이는 것'이다. 그런데 여기에서 중요한 것은 선한 것만 받아들이거나, 바람직하지 않은 것에 대해서 동조하는 것이 아니다. 누군가가 상담을 요청하거나 사회복지사에게 도움을 요청할 때, 자신의 약점을 드러내는 것 때문에 방어적인 태도를 보이게 되는데, 여기에 경청과 관심, 그리고 귀 기울이는 태도가 필요하다. '그랬구나' 혹은 '그럴 수도 있지'처럼 받아들이는 것이다.

5) 무비판적 태도

무비판적 태도(nonjudgemental attitudes)는 해석에 따라서는 '비 심판적인 태도'라고도 한다. 클라이언트에게 문제 책임에 대해서 판단하지 않는 것인데, 개인적으로 잘못을 짚어주는 일도 굉장히 중요하다고 생각하지만, 워커는 변화를 이끌어내야 하는 전문가이지, 심판하는 전문가가 아님을 잊지 말아야 한다. 또한 클라이언트에 대한 편견이나 선입견을 가지지 않는 태도를 포함한다.

6) 클라리언트의 자기결정

클라이언트의 자기결정(client's self-determination)은 모든 사람은 자신의 문제에 대해서 스스로 결정할 권리를 갖고 있다는 인식이다. 이는 클라이언트가 문제해결을 위해 도움을 받기만 하는 의존적인 대상이 아니라, 스스로가 자신의 문제와 행동에 대한 결정권과 이에 따른 책임이 있는 주체적인 존재로 인식하는 것이다.

일방적인 상담이나 도움을 주다 보면, 어느 순간 클라이언트는 사회복지사에게 의존적이게 된다. 사회복지사는 여러 선택지를 제공하거나, 선택에 있어서 조언을 제공할 뿐 결정은 본인 스스로가 결정해야 한다. 또 동시에 자신이 한 결정이기 때문에 스스로가 그에 따른 책임을 지는 것이다. 그러나 클라이언트의 선택이 생명과 직결되거나, 문제를 악화시킨다는 전문가적 판단이 따를 때, 사회복지사가 결정을 내려야만 하는 순간이 있다.

7) 비밀보호

비밀보호(confidentiality)는 클라이언트의 비밀을 누설하지 않는 것이다. 가장 기본적인 원칙임과 동시에 비밀이 누설되었을 때, 그 책임에 대해서 문제가 발생할 수 있는 사안이며, 클라이언트가 원조를 요청할 때 가장 기본적으로 지켜져야 할 '권리'이다. 상담을 진행하다 보면, 당연히 클라이언트의 개인적인 이야기를 듣게 된다. 인적 사항을 포함해서 개인적인 사생활에 이르기까지 원조를 받기 위해 어렵게 이야기한 자신의 이야기가 노출된다면, 누가 그것을 감수하고 원조를 받으려고 하겠는가? 전문가로서의 신뢰에도 문제가 발생한다. 때문에 절대 조심해야 한다. 필요시에는 클라이언트의 동의를 사전에 구해야 한다. 다만, 이것이 예외인 경우가 있는데, 범죄 및 생명과 직결될 경우이다. 윤리적 판단이 따르지만, 클라이언트를 옹호하고 보호해야 하는 사회복지사는 클라이언트의 생명에 지장이 있는 사안에 대해서는 관계자들에게 협조를 구하고, 알려야 하는 경우가 있다. 비밀보호의 원칙은 일상적인 관계에서도 굉장히 중요한데, 누군가 당신에게 해준 이야기는 당신이기 때문에(신뢰 관계가 형성되어 있어서) 한 것이지, 타인에게 한 이야기가 아니라는 점을 명심하자. 관계를 망치는 지름길이 될 수 있다.

학습하기

01 다음은 체계의 구성단위들은 상호작용적이며 상호 영향으로 주고 받기 때문에 체계의 어느 한 부분의 변화는 전체로서의 체계, 그 자체를 구성하는 요소들에 영향을 준다. 그 구성하는 요소에 포함되지 <u>않은</u> 것은?

① 전체는 각 부분들의 합보다 작다.

② 체계는 한 단위 혹은 전체를 형성하는 상호 관련이 있는 성원들로 구성된다.

③ 체계조직의 범위는 임의로 혹은 이미 확정된 경계와 성원들이 결정한다.

④ 체계의 환경은 체계의 하위체계이면서 동시에 상위체계일 수 있다.

⑤ 모든 체계는 다른 체계의 하위체계이면서 동시에 상위체계일 수 있다.

해설 전체는 각 부분들의 합보다 크다.

02 다음은 개개인의 행동 및 변화, 개인과 환경 간의 상호작용 등 인간의 기능에 대한 생태학적 체계 관점의 특성이 <u>아닌</u> 것은?

① 상황 속에서 인간의 다양한 변화 가능성을 제시한다.

② 한 인간으로 클라이언트의 강점을 강조한다.

③ 병리적 상태가 반영된 것이 문제라고 보고 있다.

④ 역기능을 상황 속에서 적응적이거나 합리적인 것으로 개념화한다.

⑤ 현재 행동을 상황 속에서 개인의 안정적인 적합성으로 설명한다.

해설 생태학적 체계 관점의 특성을 숙지하여야 한다.

03 다음 중 사회현상을 생태학이론에 적용하여 분석하고 설명하려는 개념은 무엇인가?

① 중심화　② 분산　③ 분리
④ 침입　⑤ 계승

해설 침입은 사회의 한 집단이 완전히 분리되어 다른 집단이 거주하는 지역으로 들어가는 것을 의미한다.

04 다음 중 생태학적으로 인간과 환경 간의 적용하는 개념이다. 해당하지 <u>않은</u> 것은?

① 생활환경　② 적응　③ 공생
④ 개인 능력　⑤ 경쟁

해설 주요 개념은 생활환경, 적응, 개인과 환경의 적합성, 공생, 수용 능력, 경쟁대상별 분야이다.

05 브론펜브레너의 인간이 성장 발달에 영향을 주는 생태체계의 구성은 다음과 같다. 이에 해당하지 않은 것은?

① 미시체계
② 중간체계
③ 외부체계
④ 거시체계
⑤ 내부체계

해설 시간 체계는 전 생애에 걸쳐 일어나는 변화와 사회 역사적인 환경을 의미한다.

06 다음은 사이버네틱스 관점의 주요 개념이다. 해당하지 않은 것은?

① 개별화
② 의도적 감정표현
③ 수용
④ 비밀보호
⑤ 비판적 태도

07 사이버네틱스(Cybernetics, 인공 두뇌학) 이론이란(기술형)?

정답

01. ① 02. ③ 03. ③ 04. ④ 05. ⑤ 06. ⑤ 07. 생물 및 기계를 포함한 체계에서 제어와 통신 문제를 종합적으로 연구하는 학문을 의미한다. 어떤 체계에 포함되는 두 종류의 변량이 있는데, 그 하나는 우리가 직접 제어할 수 있는 것이고, 나머지 하나는 우리가 제어할 수 없는 것으로 한다. 이때 제어할 수 없는 변량은 과거로부터 현재에 이르기까지 값을 바탕으로 하여 제어할 수 있는 변량의 값을 적당히 정해서 이 체계를 가장 바람직스러운 상태로 도달시키려는 목적을 달성하기 위한 값이다.

06

Chapter

사회복지 실천의 통합적 접근

통합적 방법은 사회복지 실천의 목적을 달성하기 위한 접근 방법으로, 제1차 세계대전(1939.09.01.~1945.08.15. 6년간)을 거치면서 전쟁으로 인한 많은 사람들이 개인별 다양한 욕구로 도움이 필요한 클라이언트가 발생하면서 그들의 욕구에 부응하기 위하여 3대 방법론(개별사회사업, 집단사회사업, 지역사회조직사업) 간의 공통적 요소를 찾으려고 노력하는 과정에서 등장하였다(김현호 외, 2020).

사회복지 실천의 목적은 개인과 개인, 집단과 지역사회 속에서 서로 유익한 상호작용을 촉진시키거나 회복 또는 재활을 통해 모든 사람들의 삶의 질(Quality of Life)을 향상시키고자 한다. 사회복지 실천은 해석과 행동을 요구하며 여러 가지 입장 가운데 무엇을 취할지 결정을 내리는 과정이다. 사회복지의 이론과 지식은 사회학, 심리학, 사회정책 및 조직이론을 모두 포괄하고 있으며 사회적 맥락 속에서 이해해야 한다.

사회복지 실천은 곧 정책의 방향, 클라이언트 문제해결의 접근 방향을 결정하기 때문에 어떠한 관점인가에 따라 각기 다른 문제해결 방안인 정책이나 제도, 개입 도구와 모델이 다르게 된다. 또한 어떠한 사회복지 실천 방법론을 선택할 것인가는 사회복지사가 실천하는 현장과 밀접한 관계가 있다. 즉, 사회복지사는 클라이언트 개인과 집단, 지역사회의 환경에서 상호작용을 통해서 클라이언트뿐만 아니라 사회구성원 모두의 삶의 질을 향상시킬 필요성이 있는 것이다. 이러한 관점에서 사회복지사는 사회복지 실천 방법을 선택하게 되는 데 있어 통합적 관점을 가지고 현장에 접근하여야 한다.

본 장에서는 이러한 사회복지 실천의 통합적 방법을 크게 통합적 방법의 개념 및 특징, 통합적 방법의 등장 배경, 통합적 방법의 이론적 기반, 통합적 방법의 실천 모델로 기술한다.

제1절 통합적 방법의 개념과 특징

1. 통합적 방법의 개념

사회복지 실천에서 통합적 방법(integrated or unitary, generalist approach)이란 사회복지사가 사회복지 실천의 목적을 달성하기 위하여 개인, 집단, 지역사회에서 제기되는 사회문제에 활용할 수 있는 공통된 하나의 원리나 개념을 제공하는 '방법의 통합화'를 의미한다(김융일 외, 1995: 122).

또한 마일리(Miley) 등은 통합적 방법이란 사회복지 실천의 목적을 달성하기 위한 현대적 접근방법이며, 이러한 관점은 개별적 접근의 한계를 넘어 다양한 인간체계에 대한 개입으로 사회복지 실천의 확장이라고 하였다(Miley et al., 1995).

사회복지가 초기에는 개인이나 개인의 성격적 변화에 초점을 두었지만 사회복지 실천에 대해서 최초의 정의는 메리 리치몬드가 사회복지 실천에 대해 사회복지 실천은 개인 대 개인 및 인간과 사회 환경에 따라서 적응하면서 능력을 갖도록 성격을 발달시키는 것이라고 주장한 것이다. 리치몬드의 정의에서 확인할 수 있듯이 개인을 둘러싸고 있는 사회 환경과의 관계를 중요하게 여기고 개인과 사회 환경 간의 부조화를 통해 의도적으로 조정을 한다는 것이다.

이에 대해 플랜저(Flanzer, 1973)는 개인, 집단, 가족치료의 동시 통합(concurrent integration)을 안전 통합(conintegration)이라 명명하며, 한 명의 클라이언트가 동일한 사회복지사 혹은 협력관계에 있는 사회복지사들이 사용하는 적어도 2가지 이상의 다른 치료 방법에 의하여 지속적, 동시적으로 서비스를 받는 방법이다.

전통적 방법은 인간의 병리적 측면에 초점을 두거나 과거 경험을 강조하였고, 단선적 인과관계이론을 강조하여 공통적 지식 기반을 토대를 이루어진 것이었다. 그렇다 보니 클라이언트 전체 생활상의 문제에 개입하기보다 사회복지사가 개입 가능한 문제에만 선별적으로 대응해 왔다. 문명이 발달되면서 사회복지사의 역할이 세분화되어 다양한 서비스를 필요로 하는 클라이언트를 상대하기에 기존 방법의 한계를 느끼게 되어 새로운 실천 방법을 찾게 되었다.

브라이어(Briar)는 전통적 사회복지 실천 방법의 한계를 다음과 같이 구분하였다(김융일 외, 2005). ① 주로 제한된 특정 문제 중심의 개입으로 복잡한 문제 상황에 적절히 개입하기 어려움, ② 지나친 분화와 전문화로 서비스의 파편화 현상을 초래하여 다양한 서비스를 필요로 하는 클라이언트가 여러 기관과 사회복지사를 찾아 다녀야 함, ③ 전문화 중심 교육훈련은 사회복지사의 분야별 직장 이동의 어려움 초래, ④ 공통 기반을 전제하지 않는 분화와 전문화로 사회복지전문직 정체성 확립에 장애가 되었다.

따라서 통합적 방법은 기존의 전통적 방법을 부인하는 것이 아니라 이들 안에서 발견할 수 있는 사회복지 실천의 공통점을 묶어 내고, 생태 체계적 관점에 근거하여 클라이언트와 환경의 상호작용에 관련된 다양한 체계에 대한 사정과 개입을 통하여 궁극적으로 클라이언트의 삶의 질 향상을 돕고자 하는 사회복지 실천의 기본 틀이라고 할 수 있다.

2. 통합적 접근방법의 특징

통합적 접근방법의 특징은 3대 방법론에서 벗어나 서로 공통적 요소를 찾아 개인, 가족, 집단, 지역사회를 구분하지 않고 3대 방법을 통합하여 개입할 수 있는 실천 방법을 의미한다.

통합적 방법은 다음과 같은 특징을 갖는다(김융일 외, 1995).

① 통합적 방법은 사회복지 실천에 본질적인 개념, 활동, 기술, 과업 등에 공통적인 기반이 있음을 전제한다.

② 통합적 방법의 가치는 클라이언트의 잠재성을 인정하며, 이들 잠재성이 개발될 수 있다고 보고, 미래 지향적인 접근을 강조한다.

③ 사회복지의 지식은 과거의 심리 내적인 정신 역동적 측면으로부터 환경 속의 인간을 이해하고자 하는 일반체계까지 확대된 개념을 사용한다.

④ 과거 사회복지의 개입은 주로 인간관계에 초점을 두거나 환경에 초점을 두는 2궤도 접근으로 이루어져 왔다.

통합적 방법은 이 양면적 상호작용에 초점을 둠으로써 인간과 환경의 공유영역, 즉 사회적 기능 수행 영역에 사회복지사가 개입해야 함을 강조한다.

마지막으로 클라이언트의 존엄성을 인정하고, 클라이언트의 참여와 자기결정 및 개별화를 극대화할 것을 강조하며 사회복지 실천 과정의 계속적인 평가를 주장한다.

통합적 방법의 관점에서 핀커스와 미나한(Pincus & Minahan)은 다음과 같은 준거 틀을 제시하였다(Pincus & Minahan, 1973; 이영실 외, 2014).

① 생태학적 체계 관점을 토대로 한다.

② 문제에 대해 광범위하고 포괄적으로 접근한다.

③ 개인, 가족, 집단, 지역사회 등 다양한 수준에서 접근한다.

④ 체계와 체계를 둘러싼 환경 간의 관계를 중요시한다.

⑤ 특정 이론에 얽매이지 않고 다양한 이론과 모델을 개방적으로 선택하여 개입에 활용한다.

⑥ 사회복지 실천 과정을 점진적 문제해결 과정으로 본다는 것이다.

이러한 준거 틀을 토대로 통합적 방법의 특징은 다음과 같다(김혜영 외, 2010: 김향선 외, 2015).

① 일반체계이론, 생태학 이론, 생태학적 체계이론 등 체계이론을 바탕으로 한 절충주의적 지식기반을 가지고 있다.

② 다차원적으로 접근한다. 즉, 미시(개인, 가족, 소집단), 중시(조직체, 공식적 집단), 거시(지역사회, 사회체계) 등 다양한 체계에 개입하고 이를 위해 광범위한 기술을 적용한다.

③ 다차원적 개입에 따라 다양한 사회복지사의 역할(상담자, 교육자, 중개자, 중재자, 옹호자, 사례관리자 등)을 수행한다.

④ 사회복지 실천의 본질적인 개념, 활동, 기술, 과업 등에 공통적인 기반이 있음을 전제로 한다.

⑤ 클라이언트의 잠재성을 인정하며 계속적인 성장을 통하여 그의 잠재성이 개발될 수 있다고 보고 미래지향적인 접근을 강조한다.

⑥ 인간과 환경의 상호작용에 초점을 둠으로써 인간과 환경 간의 중요성과 균형을 강조한다.

맥마흔(McMahon, 1996)은 통합적 방법을 지향하는 일반사회복지 실천(generalist social welfare practice)을 특징짓는 주요 요소를 다음과 같이 제시한다(장인협, 1999: 1-21 재인용).

① **생태체계적 관점 유지:** 일반사회복지 실천의 이론적 관점은 일반체계, 사회체계, 생태학적 이론을 결합하고 있다. 이에 대해 커츠-아쉬만과 헐(Kirst-Ashman & Hull, 1993)은 체계이론과 생태학적 관점의 용어와 개념들을 일반사회복지 실천을 위한 유용한 틀을 제공한다고 말하고 있다.

② **문제 초점**: 일반사회복지 실천에서 문제란 매우 광범위하고 포괄적인 개념으로 활용된다. 핀커스와 미나한(Pincus & Minahan, 1973)은 사회복지 실천의 초점이 개인과 체계 간의 연계 및 상호작용, 개인과 체계 양자의 기능 수행에서 직면하게 되는 문제에 있다고 본다.

③ **다양한 수준에서의 접근**: 일반사회복지 실천의 또 다른 특징은 상이한 크기의 체계에 대해 다양하게 접근할 수 있다는 것이다. 여기에서 클라이언트 체계는 개인, 가족, 집단, 지역사회일 수도 있고, 이 중 하나가 표적체계나 행동체계가 될 수도 있다.

④ **이론과 개입의 개방적 선택**: 이론과 개입의 개방적 선택은 사회복지사가 어느 하나의 이론적 접근에 국한하지 않고 클라이언트의 문제에 따라 다양한 이론과 개입 방법을 선택적으로 활용할 수 있어야 한다.

⑤ **문제해결 과정**: 사회복지 실천 과정은 상이한 용어로 진술되고 있긴 하지만 이들 사이에 유사성과 중복성이 함께 있다. 통합적 방법론의 제 모델들을 살펴보면, 사회복지 실천 과정은 상이하나 공통적으로 문제해결을 위한 목표 달성을 향해 나아가는 점진적인 단계로 이루어져 있다는 것을 알 수 있다.

제2절 통합적 방법의 등장 배경

사회사업 방법을 묘사하고 범주화하는 것은 쉽지 않은 일이다. 모든 방법들이 그렇듯 사회복지는 모든 사회문제에 대하여 다양한 접근방법으로 도움을 제공하였다. 이러한 접근 방법들을 상이한 개념, 기술, 과업 및 활동을 가진 기술론적이고 구체적인 방법들로 전환되어 오고 있다. 1920년대는 케이스워크와 집단지도, 1930년대는 지역사회조직사업이 제3의 방법으로 수용되었다. 1950년대는 사회복지행정과 사회사업 조사가 실시되었다. 이러한 방법론을 흔히 전통적 접근방법(separate methods approach)이라 칭한다(전재일, 1981). 이후 개인, 가족, 집단에 대한 사회치료를 한 범주로 묶어 명명하는 임상사회사업 혹은 직접적 실천 방법이라는 용어와 계획, 행정, 지역사회조직을 한 범주로 묶은 간접적 실천 혹은 거시적 실천이라는 용어가 등장하였다(이윤로, 1999). 1960년대에 그런 공통적인 요소를 찾으려는 노력을 하고 있을 때 문제해결(problem solving)은 케이스워크, 집단지도, 지역사회조직사업에서 공통적으로 발견되는 개념 중의 하나였고, 통합적이고 일반적 실천 이론을 개발하는 데 중요한 개념이 되었다.

사회복지 실천의 발달 과정에서 개별사회사업의 이론과 실천의 발달은 사회복지 전문직을 정립하는 계기가 되었으나 개인의 심리 문제에 지나치게 집착함으로써 결과적으로 사회복지 내에 과도하게 분화된 전문화를 야기하였다. 또한 하나의 기술이나 실천 영역을 강조하는 사회복지 전문직 내의 동향은 다양한 요인이 복합적으로 작용하는 실천 영역에 대해서는 효과적으로 대처하지 못하는 한계를 낳게 되었다(양옥경 외, 2005: 107-109).

이에 대해 스팀프(Stumpf, 1970)는 전통적 방법이 문제를 전체로 보지 않고 단편화시켜 클라이언트의 생활상의 문제에 전체적으로 개입하기보다는 사회복지사의 입장에서 적절히 처리할 수 있는 문제만을 부분적으로 잘라 내어 돕는 형식을 취해 왔다고 주장한다(전재일, 1981: 161 재인용). 이러한 전통적 방법의 한계를 정리하면 다음과 같다.

첫째, 전통적 방법은 주로 제한된 특정 문제 중심의 개입을 하고 있어 최근의 복잡한 문제 상황에 대해 적절히 개입하기 어려운 상황이 발생한다. 따라서 전통적 접근방법은 이러한 외부적 환경에 의해서 자체적인 한계점에 도달해 있다.

둘째, 전통적 방법은 지나친 분화, 전문화로 서비스의 파편화 현상을 초래함으로써 다양한 문제와 욕구를 가지고 있는 클라이언트가 여러 기관이나 사회복지사를 찾아다녀야 하는 부담감을 야기한다.

셋째, 전문화 중심의 교육훈련은 사회복지사의 분야별 직장 이동에 도움을 주지 못한다.

넷째, 공통 기반을 전제하지 않는 분화 및 전문화는 각각 별개의 사고와 언어 및 과정을 보여 줌으로써 사회복지 전문직의 정체성 확립에 장애가 된다.

이러한 전통적 방법의 한계를 보완하고자 분화 및 전문화되어 있는 사회복지 실천 방법을 통합하려는 시도가 나타나기 시작하였는데, 1958년 미국사회복지사협회(NASW)가 제출한 "사회사업 실천의 작업 정의"라는 보고서가 그것이다. 이후 사회복지 실천에서 통합적 방법에 관한 논의는 바틀넷(Bartlett)이 그의 저서 『사회사업 실천의 공통 기반』(The Common Base of Social Work Practice)에서 사회복지 방법의 지식과 가치가 다양한 방법을 규정하고 있음을 강조하면서 그 공통된 기초를 묶어 내었다(Brtlett, 1970). 이후 골드스타인(Goldstein), 핀커스와 미나한, 플랜저(Flanzer), 시포린(Siporin), 콤튼과 갤러웨이(Compton & Galaway), 메이어(Meyer), 무리로(Murillo) 등에 의해 통합적 방법에 관한 이론 구축을 위한 노력이 전개되었다(전재일, 1981 재인용). 이 학자들의 전통적 방법에 대응한 통합적 접근방법을 구축하는 기본 가정은 사회복지 실천에서 행해지는 여러 형태의 전문화된 방법과 관계없이 사회복지 실천의 기본적인 개념, 기술, 과업 및 활동에 공통적인 핵심이 있다는 것이다(Pincus & Minahan, 1973: 15; Cohen, 1958: 12).

제3절 통합적 방법의 이론적 기반

전통적 실천 방법을 통합하고자 하는 시도가 많은 학자에 의해 이루어지는 가운데 그중 통합적 방법의 대표적인 이론적 기반은 체계이론과 생태학 이론이다(Anderson & Carter, 1984; Martin & O'connor, 1989). 이들은 일반체계이론, 사회체계론적 관점, 사회체계이론, 체계이론, 체계론적 시각, 생태체계이론, 생태학적 관점, 생태학 이론 등 다양한 용어로 사용되고 있다(양옥경 외, 2005). 두 이론은 공통적으로 인간 행동에 대한 환경의 영향을 강조한다. 또한 개인 혹은 환경의 어느 하나에 초점을 두는 것이 아니라 인간과 환경을 하나의 체계로 보고, 인간, 환경이라는 각 체계뿐만 아니라 이들의 상호작용에 함께 관심을 가지는 공통점이 있다. 그러나 체계이론, 특히 체계의 개념을 개인, 집단 등의 사회체계에 적용하는 사회체계이론이 인간을 둘러싸고 있는 다양한 사회체계를 규명하고 개인과의 상호 관련성 및 의존성에 관심을 갖고 있다면, 더 나아가 생태학 이론은 인간-환경을 하나의 단일체계로 보고, 개인과 환경체계에 대한 개입뿐만 아니라 인간과 환경의 상호 교류(transaction)에 대해 각 체계와 유사한 수준에서 개입해야 함을 제시하고 있다. 따라서 체계이론이 통합적 방법론으로 하여금 환경의 중요성을 이해하고 사회복지 실천의 사정 및 개입의 중요한 영역으로 포함시키는 기능을 했다면, 생태학 이론은 체계이론의 PIE(person-in-environment) 관점을 공고히 하며, 인간과 환경의 상호 교류에 대한 이론적 틀 및 실천적 함의를 제시하는 특성이 있다. 이에 대해 시포린(Siporin, 1980)은 체계이론은 그 인기를 잃어 가고 있으며, 생태학적 이론에 의해 대치되어 가는 중이라는 비판적 견해를 제시하기도 하였다. 그러나 콤튼과 갤러웨이(Compton & Galaway, 1989)는 환경 속의 클라이언트를 이해하기 위해서는 체계이론이 통합적 방법론의 중요한 이론적 기반이 됨을 제시하고 있다(김동배 외, 2005 재인용).

1. 체계이론

체계이론(Systems theory)은 체계(system)에 대한 학제 간 연구이다. 체계란 서로 의존작용을 하는 부분 단위들이 통일적으로 구성되어 이루어져 있는 실체(實體)라고 말할 수 있다. 하나의 체계 속의 각 부분들은 외부환경과의 경계 안에서 존재하며 서로 영향을 주고 받으며 연결되어 있다. 체계이론은 1930년대에 시작된 과학 발전으로 본격적으로 태동했다. 생물학의 발전은 생명이 유기체의 물리적 및 화학적 과정으로 환원되지 않고 개별 현상에서 체계로 패러다임의 전환을 낳았다.

체계이론은 버틀란피(L. von Bertalanffy)가 창시한 이론으로서 인간과 환경의 상호작용을 중시하는 다양한 학문 분야에 중요한 영향을 미쳤다.

체계이론은 전체성(wholeness), 즉 각 요소의 상호작용과 원칙을 강조하는 과학적 접근방법이다(Goldenberg & Goldenberg, 1985).

체계이론은 1940년대 말부터 1950년대 초 생물학자, 수학자, 물리학자, 기술자의 생각을 기반으로 하여, 체계는 외부환경과 상호작용하면서 자신을 유지한다고 주장하는 생물학적 이론이다. 이때 하나의 체계는 부분들의 합 이상이라거나, 한 부분의 변화는 다른 부분에 영향을 준다거나 하는 생각들을 하게 되었다. 이들은 정보처리, 변화된 환경에의 적응, 자기조직, 자기 유지 등 체계의 기능적 규칙이나 구조적 규칙을 발견하는데 관심이 있었다.

와이너(Winer, 1948)는 체계가 작동하는데 의사소통과 의사소통을 통한 자기 규제(self-regulation)에 관심을 가졌다. 자기 규제는 한 체계의 과거 수행 결과에 관한 정보가 체계에 다시 입력되어서 미래의 행동에 영향을 준다는 의미다. 이 과정은 현재 자기교정적 피드백(self-corrective feed-back)이라고 불린다.

또한 와이너는 이 과정에 대한 과학적 연구를 사이버네틱스(Cybernetics)라고 불렀다(Gurman & Kniskern, 1991).

베이트슨(Bateson)은 일반의사소통 과정과 가족의 의사소통 과정을 조사하기 위해 팔로알토(PaloAlto) 그룹을 결성하였다. 이들은 가족을 서로 연결된 체계로서뿐만 아니라 스스로를 피드백을 통해 다스리는 사이버네틱스 체계로 설명하게 되었다.

또한 이 연구 결과로 베이트슨과 팔로알토 그룹은 조현병의 원인에 대한 가설로서 이중 구속 이론을 발표하면서 가족을 하나의 전체로 인식하는 것이 얼마나 중요한지를 강조하였다.

체계이론은 개인과 개인이 드러내는 문제에 대한 관점의 변화에 기여하였다. 전통적인 심리 치료적 접근은 아동기의 부모-자녀 관계가 성인이 된 후 개인에게 미치는 영향에 관심을 두었기 때문에 어린 시절의 경험과 충격, 상처로 다시 돌아가 봄으로써 현재의 갈등을 해결하고자 하였다.

이러한 접근에서 상담사의 초점은 주도적으로 내담자를 안내하여 어린 시절의 갈등이 현재의 대인관계에 어떻게 재현되고 있는지 깨닫게 하고, 또한 어떻게 개인적인 변화를 가져올 수 있는지에 있었다. 반면 가족치료는 치료와 변화의 단위가 가족이고 가족

체계의 상호작용을 향상시키기 위한 치료 방법을 제시한다는 점에서 다르다.

체계론적 관점에서는 사건들이 그것들이 일어난 맥락 내에서 이해되고, 개인적 특성보다는 상호 연결성과 관계에 더 초점을 둔다. 이는 어떠한 체계도 요소들로 분해되어서는 충분히 설명될 수 없으며, 어떠한 요소도 따로 떼어져서는 설명될 수 없음을 의미한다. 상호 연결성은 체계의 한 부분이 변화하면 그 변화가 다른 부분들과 상호작용하여 다른 부분에 변화를 가져오는 것을 의미한다.

가족치료에서는 한 가족 구성원의 문제행동은 그가 속한 가족 체계 내의 평형을 유지하기 위한 가족 구성원들의 피드백의 결과로 드러난다고 본다.

보웬(Bowen), 사티어(Satir), 미누친(Munuchin)과 같이 체계적 입장을 지지하는 치료자들은 정신장애나 심리적 문제를 증상이나 문제를 가진 개인이 지닌 병리적 문제보다는 그들이 관계하는 가족 성원의 관계 또는 보다 넓은 환경적인 맥락에 많은 관심을 가졌다. 또한 이들은 내담자의 문제를 그를 둘러싼 가족이라는 맥락 속에서 이해하며, 치료적 접근도 개인과 가족 전체 사이에 반복되어 고정화된 상호작용의 양상, 즉 악순환 고리를 끊고 가족 자체가 가진 회복력에 의해 가족과 개인의 기능을 회복하는 것이라고 주장하였다.

그러나, 1980년대에 들어서면 초기 체계론 관점의 가족 치료자가 자신들의 이론을 세분화하지 못하는 한계를 나타내자, 이들 접근에 대한 비판이 일기 시작하였다(Nichols & Schwartz, 2004).

가장 큰 쟁점은 치료관계에서 내담자와 치료자의 차이, 특히 사회계층의 차이를 어떻게 고려할 것인가의 문제였다. 기존의 치료자는 치료자와 치료 대상인 가족의 사회계층이나 인종의 차이를 고려하지 않은 채, 가족에 관한 자신들의 견해를 지나치게 강조했던 것이다.

이러한 전통적인 가족치료에 대한 회의는 절대적인 진리는 과연 존재하는가, 특정한 사실을 보편적인 원리에 근거해서 객관적으로 파악할 수 있는가라는 회의적 시각과 맞물려 그와 같은 논의는 더욱 증폭되었다.

2. 생태체계이론

생태체계(eco-system)이론은 인간의 발달과 행동을 이해하는 데 있어 개인과 환경의 상호 연결성을 강조하는 심리사회학적 틀이다. 이는 사람들이 개인의 삶에 각자의 영향력이 있는 다양한 체계 안에 내재되어 있으며, 이러한 체계들이 역동적으로 상호작용하여 인간의 경험과 발전을 형성한다고 가정한다. 생태 시스템 관점으로도 알려진 생태체계이론은 브론펜브레너에 의해 개발된 심리학 및 사회학적 틀이다.

이 이론은 개인과 주변 환경 사이의 복잡한 상호작용과 관계에 초점을 맞추고 이러한 상호작용이 인간의 발전과 행동에 어떻게 영향을 미치는지 강조한다. 생태체계이론은 서로 연결된 여러 수준 또는 체계(시스템)로 구성되어 있으며, 각각은 개인의 삶을 형성하는 데 뚜렷한 역할을 한다. 이러한 수준 또는 시스템은 종종 개인을 중심으로 하고 다양한 수준의 영향력이 외부로 확장되는 중첩된 원으로 묘사된다.

브론펜브레너는 저명한 발달 심리학자이자 인간 개발 분야에서 획기적인 업적을 이룬 학자로, 특히 생태체계이론을 개발한 것으로 유명하다. 심리학 분야에 대한 브론펜브레너의 가장 중요한 기여는 생태체계이론이다. 이 이론은 여러 개의 상호 연결된 체계 또는 환경의 맥락에서 인간의 발전을 이해하는 것의 중요성을 강조한다. 개인은 가까운 환경(미시체계), 이러한 환경(중간체계), 더 먼 환경(외체계), 더 넓은 문화 및 사회적 맥락(거시체계), 시간 및 역사적 맥락(시간체계)의 영향을 받는다고 가정한다. 브론펜브레너의 연구는 아동 발달에 대한 우리의 이해에 지대한 영향을 미쳤다. 브론펜브레너의 생태체계이론은 가족, 학교, 지역사회의 중요성뿐만 아니라 어린이의 성장과 발달에 대한 광범위한 문화적 영향을 강조한다.

브론펜브레너의 지속적인 영향력은 인간 발달과 행동을 이해하는 데 기본 역할을 유지하는 그의 생태체계이론을 통해 나타난다. 그의 노력은 심리학, 교육, 사회사업, 정책 수립 등의 영역에 심오하고 지속적인 흔적을 남겼다. 인간 발달을 이해하고 어린이의 복지를 육성하는 데 대한 그의 기여는 이 영역 내에서 계속 연구, 적용 및 정책을 주도하고 있다. 그의 작품은 인간의 성장과 성숙을 이해하는 데 있어 환경의 복잡한 상호작용을 고려해야 한다는 증거입니다.

생태학적 체계이론은 우선, 미시체계는 개인이 직접적으로 관여하는 즉각적인 주변 환경을 나타내는 가장 내부적이고 기초적인 계층을 형성한다. 여기에는 가족, 교육 기관, 동료 그룹, 종교 단체 등이 포함된다. 미시체계는 개인의 성장에 가장 직접적이고 즉각적인 영향을 미친다. 다음으로, 중간체계는 미시체계의 다양한 요소들 사이의 연결과 상호작용을 포함한다. 예를 들어, 자녀의 가족과 학교 사이의 관계는 자녀의 발달을 형성할 수 있으며, 이러한 상호작용은 건설적이거나 상충되는 결과를 초래할 가능성이 있다. 결과적으로 외체계는 개인이 직접적으로 접근할 수는 없지만 개인의 삶에 영향을 미치는 영역이나 주변 환경으로 구성된다. 여기에는 부모의 직업, 지역사회 서비스 또는 지방 정부 정책이 포함될 수 있다. 그런 다음 거시체계는 문화적 가치, 전통, 법률 시스템 및 규범을 포함하여 개인이 거주하는 광범위한 문화적, 사회적, 정치적 배경을 포괄한다. 거시체계는 생태계의 다른 측면에 상당한 영향을 미칠 수 있다. 마지막으로 시간체계는 개인의 삶에 있어서 시간의 영향과 역사적 배경을 인정하는 구조이다. 이는 시간이 지남에 따라 사람들의 삶과 환경이 변화하는 역동성과 이러한 전환이 개발에 미칠 수 있는 지속적인 영향을 인정한다.

따라서 이러한 생태체계이론은 총체적 이해를 통해 개인의 삶을 형성하는 관계와 영향의 복잡한 그물망을 인식함으로써 인간의 발전을 이해하는 총체적 접근법을 제공한다. 또한 인간의 발달과 행동에서 환경의 중요성을 강조하며, 개인의 특성에서 그 특성이 발현되는 맥락으로 초점을 옮긴다. 이 이론은 개인에게 미치는 여러 수준의 영향력을 고려한 개입과 정책을 안내함으로써 교육, 심리학, 사회복지 등 다양한 분야에 정보를 줄 수 있다. 그리고 생태학적 체계이론은 발달이 개인의 환경과 시간에 따른 관계의 변화에 의해 영향을 받는 지속적인 과정이라는 것을 인식한다. 즉, 생태체계이론은 개인의 삶과 그들의 즉각적이고 광범위한 환경의 상호 연관성을 강조한다. 그것은 인간의 발달, 행동, 그리고 안녕을 연구할 때 이러한 환경적 요소들을 고려하는 것의 중요성을 강조한다.

제4절 통합적 방법의 실천 모델

사회복지 실천을 위한 모델들은 처음 개별사회사업을 실천하면서 시대에 따라 다양한(정신 분석, 정신역동, 심리사회, 행동주의, 인지행동, 문제해결, 생활 · 위기 개입, 과제 중심, 클라이언트 중심, 임파워먼트, 해결 중심, 사례관리 등) 모델들이 등장했는데, 실천 모델에 따른 적용 및 사례 등은 사회복지 실천 기술론에서 자세히 다루기로 한다. 여기서는 1970년대 통합적 방법에서 나타난 일부 모델(문제해결, 생활 · 과제 중심, 위기개입, 임파워먼트)에 따른 개념에 대해서만 기술한다(나동석 외, 2013; 김현호 외, 2017).

1. 문제해결 모델

문제해결 모델(Problem-solving model)은 펄만(Perlman, 1957)에 의해서 제안되었고, 콤튼과 갤러웨이(Compton & Galaway, 1984)가 정교화한 모델이다. 이러한 모델은 1920년대 인간의 심리 역동적인 면을 강조한 진단주의와 1930년대 클라이언트의 창조적 자아 능력을 강조한 기능주의를 절충한 방식으로 1950년대 생태체계적 체계이론 관점을 문제해결 과정에 도입하여 통합한 모델이다.

이러한 모델의 특징은 클라이언트의 감정과 논리적인 진단보다 클라이언트의 현재 상황 여기-지금(here and now)을 강조하고 있다. 또한 개인이 문제해결에 실패하는 이유는 개인의 정신적인 결함이나 병리에 원인이 있는 것이 아니라 문제를 해결해 나가는 태도(클라이언트 특성)가 부족하기 때문이라는 문제 원인의 입장을 가진다. 즉, 클라이언트 자신이 문제해결자임을 강조하여 문제에 대처하고자 하는 동기를 갖고, 문제에 대한 대처 능력을 강화하고, 수준이나 방법에 관계 없이 그 문제에 직면하여 그것을 경감시킬 기회를 가져야 한다는 것이다(김현호 외, 2017).

2. 생활모델

생활모델(Life model)은 1970년대 초기에 저매인과 기터만(Germain & Gitterman)이 생태학적 체계이론 관점을 준거 틀로 사회복지 실천 분야에 도입하여 개발된 모델이다. 이러한 모델은 인간과 환경 간의 상호작용에 초점을 두고 개인, 가족, 집단, 지역사회 등 제반 체계에 개입할 수 있는 실천 원칙과 기술을 통합한 모델로 생활 과정 안에서 문제를 해결하려는 것이다. 즉, 생활모델의 개입 목표는 개인의 생활상의 욕구 및 문제를 해결하고 환경에 적응할 수 있는 적응 능력을 지지 및 강화하여 삶의 향상에 기여했다.

또한 생활모델은 욕구 및 문제를 병리적 요인으로 한정하지 않고 생태학적 체계의 요소들 간에 상호작용 부재의 결과로 보았다. 즉, 욕구 및 문제는 성격장애가 아닌 환경 부적응으로 인한 스트레스를 받고 대처 능력이 부족한 생활상의 문제로 정의하였다. 따라서 이러한 모델은 개인의 결함을 교정하는 치료에 초점을 둔 임상적 접근방법과는 다르게 생활 과정에서 개인의 강점 강화, 스트레스 대처방안 모색, 환경과의 상호작용 촉진 등에 역점을 둔다는 것이다(이영실 외, 2014 재인용).

3. 과제 중심 모델

과제 중심 모델(Task-Centered model)은 1970년대 초기에 미국 시카코 대학의 라이드와 웹스타인(Reid & Epstein, 1972)이 Task-Centered Casework를 발표하면서 소개되었다. 이 모델은 단기 치료의 한 형태로 클라이언트가 자신에게 주어진 행동적 과업을 통해서 스스로 문제를 해결할 수 있도록 도와주는 것이다. 즉, 기존의 장기 치료의 비용 문제, 중도 포기 문제, 사회복지사의 업무 부담 등으로 인하여 단기 치료에 대한 관심이 고조되면서 보다 집중적으로 구조화된 개입 형태의 모델이다. 일반적으로 서비스는 2~3개월 내에서 8~12회 정도까지 제공되며 대개 4개월 이내에 종료한다는 특징이 있다(구혜영, 2019).

따라서 사회복지사는 클라이언트가 제한된 기간 내에 가능한 자신의 문제를 완화시킬 수 있는 활동을 할 수 있도록 원조하고 클라이언트와의 관계는 보호가 아닌 협조적인 노력을 강조하며 클라이언트를 광범위하게 참여시켜야 한다. 이러한 모델은 간결성과 단기 접근법으로 인해 그동안 부부갈등, 청소년 비행, 학교 부적응, 재가 노인 문제 등에서 다양하게 적용하고 있다(최경화 외, 2010).

과제 중심 모델의 이론적 관점에 입각한 주요 개념은 다음과 같다(김향선 외, 2015).

1) 표적 문제(Taget problem)

클라이언트가 지신의 문제를 인식하고 이를 경감 또는 해결하기를 원하는 주요 문제를 의미한다. 이러한 문제는 심리적 · 사회적 문제를 포괄하는 넓은 대상이 되는데, 주로 대인관계에서의 갈등, 사회적 관계의 불만, 조직과의 문제, 역할 수행의 어려움, 결정문제, 정서적 스트레스, 자원의 부족, 이외의 심리적 · 행동적 문제 등이 있을 수 있다(나동석 외, 2013 재인용).

2) 과제(Task)

클라이언트가 자신의 문제를 감소시키기 위해서 어떤 일을 수행하는 것을 의미한다. 이러한 과제의 유형은 일반적 과제와 조작적 과제, 단일과제와 복수과제, 개방적 과제와 폐쇄적 과제, 공동과제와 상호과제, 개별과제와 인지과제 등이 있다(Epstein & Brown, 2002; 설진화, 2010; 이영실 외, 2010).

개별적 과제는 혼자서 수행하는 과제이고, 인지과제는 선택과 의사결정에 도움이 될 수 있도록 사고나 감정 등을 명확히 하는 과제이다. 또한 과제 중심 모델의 실천 과정은 〈표 6-1〉과 같이 구분하였다.

〈표 6-1〉 과제 중심 모델의 실천 과정

단계	내용
시작	기관으로부터 클라이언트 의뢰 또는 자발적인 참여
문제규명	클라이언트의 표적문제 확인 및 설정
계약	계약체결(목표, 표적문제, 과제, 치료기간, 치료일정, 참가자 등)
실행	문제해결과정(과제의 수행), 점검 및 모니터링
종결	표적문제와 전체문제 상황에 대한 검토, 남아 있는 문제에 대한 논의

4. 위기 개입 모델

위기 개입 모델(Crisis intervention model)은 1970년대 초기에 래퍼포트(Rapoport, 1970)가 통합적 접근 방법을 추구하면서 개발한 모델이다. 즉, 인간이 신체적 · 정서적 · 환경적 발달과정 중에 일어나는 위기(자연재해 및 갑작스런 생활상의 사건) 상태로 인해 대처할 능력과 자원이 부족하여 문제가 발생하는 사람을 돕기 위한 모델이다. 이러한 모델은 위기 상황에 즉각적으로 개입하여 전문 원조를 제공해서 클라이언트의 균형 상태를 회복하도록 하는 데 목적이 있다. 즉, 위기에 처한 클라이언트에게 동일하거나 더 나은 기능 수준을 회복할 수 있도록 원조하는 것이다. 따라서 위기 개입 모델은 위기로 인한 상태를 회복하기 위하여 일정한 원조 수단을 개인, 가족, 집단, 지역사회 등에 적용하는 단기 치료 과정이다.

위기 개입 모델은 문제해결 모델과 기본 가정이나 시각은 비슷해 보이지만 문제해결 모델이 일상적 상황에서 클라이언트의 문제해결 능력과 기능을 회복시키려는 것인데 비해 위기 개입 모델은 평소의 문제해결 방법으로는 해결하기 어려운 위기적 상황에서 일시적으로 무너진 클라이언트의 균형 상태를 적시에 개입하여 단기간에 최대의 치료적 효과를 내는 것이다(구혜영, 2019 재인용).

위기(Crisis)는 위협적 또는 외상적 위험 사건의 경험으로 스트레스나 외상의 대처가 불가능한 불균형 상태를 의미한다. 위기는 위험 사건으로부터 시작되는데, 위험 사건은 외부적인 스트레스 사건일 수도 있고 내부적인 압력일 수도 있다. 또한 하나의 재앙 사건일 수도 있고 연속적으로 축적된 사건일 수도 있다.

1) 위기의 유형

이러한 위기의 유형은 다음과 같이 4가지로 분류한다(김현호, 2017).

(1) 상황적 위기

사람이 예견하거나 통제할 수 없는 사건으로 나타나는 경우로 교통사고, 갑작스러운 질병, 사별, 이혼, 실업, 자살 등의 사건에서 발생하는 위기이다.

(2) 발달적 위기

인간이 성장하고 발달해 가는 과정에서 자연스럽게 발생하는 사건으로 인해 비정상적인 반응을 일으키는 경우로 청소년의 정체성 위기, 중년의 위기, 노년의 위기 등 개인의 생애주기에 따른 위기로 자녀의 출생이나 결혼 등의 사건도 포함되는 위기이다.

(3) 실존적 위기

목적이나 책임감, 독립성, 자유, 헌신 등 인간적 사건에 동반되는 갈등이나 불안 반응을 일으키는 경우로 개인의 특정 전문성에 따른 딜레마나 조직에서 낙오될 수도 있다는 불안감, 노년기의 허무감이나 상실감, 죄책감 등으로 인한 위기이다.

(4) 환경적 위기

인간(개인, 가족, 집단, 지역사회 등)에게 자연재해나 인재로 인해 나타나는 위기로 자연재해에 해당하는 태풍, 홍수, 지진, 해일, 화산폭발 등이 있을 수 있고, 인재에 해당하는 건물이나 교량 붕괴, 비행기 추락사고, 전쟁, 교통사고 등으로 인한 위기이다.

2) 위기의 원칙

앞에서 살펴보았듯이 위기 개입에는 많은 이론적 준거 틀이 있으나, 이들을 종합해서 카렌과 그래프튼(Karen & Grafton)이 정리한 위기 개입 모델을 활용할 수 있는 원칙은 다음과 같다(Karen & Grafton, 1993: 242-243 재인용).

(1) 클라이언트가 최소한 위기 이전의 기능 수준으로 회복하도록 돕는 데 있다.

위기 개입의 목표가 직접적으로 위기 상황과 관련된 구체적인 문제에 초점을 두고 이를 다루게 된다. 그러므로 위기 개입의 목표는 클라이언트가 위기에 대해 적응하는 능력을 갖도록 하는 데 원칙적인 초점을 두는 현재 지향적이어야 한다.

(2) 위기 개입은 상대적으로 단기적 접근이다.

위기 개입의 의도가 클라이언트로 하여금 위기 이전의 기능 수준으로 회복하도록 돕는 것이기 때문에 위기 개입의 진전은 매우 빠를 수밖에 없다.

캐플란(Caplan, 1964)은 위기의 전체 시간은 적어도 4주에서 6주 정도라고 하였으므로 위기 개입의 기간도 위기가 아닌 상황에 비해 상대적으로 단기가 된다. 핫라인과 같은 위기 개입 서비스는 개입의 기회가 더욱 단기적일 수밖에 없다.

(3) 구체적이고 관찰이 가능한 문제들이 위기 개입의 표적이다.

위기 개입은 위기와 그 위기에 대한 클라이언트의 문제양상에 초점을 둔다. 그러므로 위기 개입은 클라이언트의 과거를 탐색하는 데에는 비중을 두지 않는다. 과거에 대한 정보수집을 한다면 위기와 직접적으로 관계가 된 부분에 한정하는 것이 좋다. 즉각적으로 현재의 위기를 해결하는 것이 중요하기 때문에 이와 관련이 없는 과거로 인해 사건을 낭비하는 것은 불필요하다.

(4) 위기 개입을 할 때에는 가장 적절한 치료 전략을 수립해야 하며, 단순히 차선책으

로 접근해서는 안 된다. 위기 개입은 위기 상황에 대해 최선의 접근이 되도록 잘 계획해야 한다. 위기란 본질적으로 심각하기 때문에 가장 적절한 해결을 모색하는 것 자체가 개입의 최우선순위가 되어야 한다. 클라이언트가 갖고 있는 다른 문제들에 대해서는 위기 개입 이후에 다룰 수 있다.

(5) 위기 개입 사회복지사는 다른 어떤 실천 접근에서보다 그 개입에 있어 보다 적극적이고 직접적인 역할을 수행해야 한다. 물론 가능하면 클라이언트와 협력하여 문제해결 과정에서 클라이언트가 참여하는 것이 중요하다.

그러나 위기 상황에서는 클라이언트나 가족이 당황하여 이러한 생각이나 대안을 찾아내기 어려운 행동 불가능 상태에 있으므로 사회복지사가 해결의 대안을 제시해 주고 이끌어 갈 필요가 있다.

5. 임파워먼트 모델

임파워먼트(empowerment)에 대한 정의는 '개인의 역량 강화 또는 기 살리기를 이르는 말로 능력과 의욕을 분리하지 않고, 두 가지를 한꺼번에 높여 주는 것을 이른다. 어떤 부류의 사람이 자신의 의식과 능력을 높여 정치적 · 경제적 · 사회적 · 문화적 역량의 발휘하는 것으로 의사결정의 참여, 실권의 획득, 지위 향상 따위를 목표로 하는 것'이라고 한다. 심리적 임파워먼트라면 종업원 자신의 직무 환경, 역량, 직무에 대한 의미부여 및 지각된 자율성 등에 대한 신념의 수준이라 할 수 있다.

사회복지 실천 현장에서 임파워먼트란 클라이언트의 잠재 역량 및 자원을 인정하고 클라이언트의 내 · 외에 회복력이 있음을 전제로 하여 자신이 방향을 결정할 수 있도록 권한이나 힘을 부여하는 실천을 의미한다.

지역사회복지 실천 현장에서 클라이언트를 대할 때 개인 및 조직의 내 · 외적 변화뿐만 아니라 집단경험을 통한 지역사회의 소속감 및 관심 증대, 정의롭고 균등한 사회를 구축하기 위한 지역사회 변화 및 정책변화, 균등 분배와 정책 결정 등의 분야에서 참여를 통한 지역사회를 형성하는 것을 의미한다.

임파워먼트는 서비스 주체가 되는 대상자의 삶의 질이나 능력을 향상시키는 데 있어서 억압 요소나 방해 요소를 제거하기 위한 과정이며, 대상자의 잠재적 능력과 권한을 강화시켜 주는 과정이다. 이러한 임파워먼트 모델은 1970년 일반체계이론과 생태학적 체계이론이 사회복지의 주요 이론 틀로 활용되면서 생태학적 체계이론 관점에 근거한 강점 지향 또는 해결 중심 접근의 중요성이 대두되면서 언급되기 시작하였다(김현호 외, 2020).

따라서 사회복지사는 도움이 필요한 클라이언트 자신의 고유한 강점을 파악하고 활용할 수 있도록 클라이언트를 돕고, 욕구 및 문제해결 방법을 가르치며, 힘없는 사람들의 이익을 위하여 옹호해 주는 파트너십을 기반으로 개입하게 된다(김향선 외, 2015 재인용). 밀리(Miley) 등은 임파워먼트를 실천하는 과정을 대화 단계, 발견 단계, 발전 단계로 3단계로 구분해서 각각의 단계에서 행해져야 할 구체적인 세부 사항들을 〈표 6-2〉와 같이 구분하였다(Miley et al., 1995; 김현호 외, 2020).

〈표 6-2〉 밀리 등의 임파워먼트 실천 과정

실천과정		세부사항
대화 단계	공조체제 준비	대상자와 사회복지사의 원조체계에 영향을 미치는 준거기준 마련
	파트너십 형성	대상자와 사회복지사 간 파트너십 관계 창출
	위험요소의 명료화	대상자 관점에서 도전적인 요소 탐색
	강점 발견	변화를 위한 강점 파악
	방향 설정	업무 관계를 위한 사전목표의 명료화 및 즉각적인 개입이 필요한 위기 상황에 대한 조사
발견 단계	지원체계 탐색	개인, 가족, 집단, 기관, 지역사회, 사회 · 경제적 체계 내 잠재적 자원 사정
	자원가능성 분석	수집된 정보의 의미와 효과적 변화를 위한 자원체계의 잠재력 평가
	해결방법 구조화	결과의 확인, 가능한 해결 계획의 구조화 작업

실천과정		세부사항
발전 단계	자원 동원	개인, 가족, 이웃관계, 지역사회, 제도적 차원의 자원 동원
	기회 확대	기회를 확대함으로써 새로운 자원 창출
	성공 확인	산출결과의 성공여부 측정 및 과정의 효과성 평가
	결과 통합화	과정 종결

임파워먼트 모델의 이론적 관점에 입각한 주요 개념은 다음과 같다(김현호 외, 2020).

1) 임파워먼트

임파워먼트는 힘을 주거나 권력을 주는 것, 능력을 주는 것, 가능성을 열어 두는 것, 허용하는 것, 힘을 받을 수 있는 것 등을 의미한다(임은희, 2006). 즉, 개인적인 욕구를 충족시킬 수 있도록 힘을 기르고 발휘하는 것이다. 따라서 임파워먼트는 어느 개인 자신이 창조적으로 삶의 여러 상황에 적절히 활용할 수 있는 힘을 기르고 향상시키는 것이다(Browne, 1995). 따라서 사회복지사는 클라이언트에게 임파워먼트를 부여하여 스스로 변화할 수 있도록 원조해야 한다.

2) 협력과 파트너십

사회복지사와 클라이언트는 경험과 역량을 서로 상호작용하는 원조 과정의 파트너이다. 클라이언트를 파트너로 본다는 것은 클라이언트가 자신이 처한 환경과 능력을 가장 잘 알고 있는 사람이라고 간주하는 것이다. 이러한 파트너십 관계에서 클라이언트는 개입의 주체로 보기 때문에 자기 결정권을 강조하고, 기존의 수혜자, 도움을 받는 사람이라는 입장에서 '소비자'라는 개념으로 시각을 변화시킨다는 것이다.

3) 강점 관점

강점 관점이란 클라이언트를 독특한 존재로서 다양성을 인정하고 존중하면서 클라이언트의 결점보다는 강점에 초점을 두고 가능한 모든 자원을 활용하여 클라이언트의 역량을 실현해 나가도록 돕는 것이다.

문제에 대한 관심보다 문제해결에 초점을 두어 클라이언트의 강점을 발견하여 역량을 강화하는 것이다(김현호 외, 2020).

학습하기

01 다음은 맥마흔(McMahon)이 지향하는 일반사회복지실천을 특징짓는 요소이다. 해당하지 않는 것은?

① 생태 체계적 관점 유지
② 문제 초점
③ 다양한 수준에서의 접근
④ 이론과 개입의 개방적 선택
⑤ 문제해결 결과

02 다음 □ 안의 내용은 무엇에 대한 설명을 하고 있는가?

> 환경과 인간은 일반적으로 개체를 둘러싸고 있는 외계를 환경이라 하는데, 단지 인간의 주위에 있다는 것만으로 환경이라 할 수는 없다. 외계 중에서 인간의 의식 · 행동과 관련을 가지는 것, 즉 인간의 의식 · 행동에 어떠한 영향을 주는 것만이 심리학적 입장에서의 환경이 된다. 이러한 환경에는 여러 가지 것이 포함되는데, 물적(物的)인 환경을 '자연적 환경'이라 하고, 인적(人的)인 환경을 '인적 또는 정신적 환경'이라 한다.

① 환경 속의 인간존재
② 환경 속의 인간개념
③ 환경과 소진
④ 환경 속의 인간 관점
⑤ 환경과 교육

해설 환경 속의 인간존재는 환경과 인간은 일반적으로 개체를 둘러싸고 있는 외계를 환경이라 하는데, 단지 인간의 주위에 있다는 것만으로 환경이라 할 수는 없다.

03 과제 중심 모델의 실천 과정이다. 단계에 해당하지 않는 것은?

① 시작
② 목표
③ 계약
④ 실행
⑤ 종결

해설 과제 중심 모델의 실천 과정은 ① 시작, ② 문제규명, ③ 계약, ④ 실행, ⑤ 종결

04 생태체계적 관점에서 환경 속의 인간에게 실천하는 사회복지 실천 원칙이다. 이에 알맞지 않은 것은?

① 클라이언트의 문제 상황 속에서 인간의 다양한 변화 가능성을 믿고 치료에 임한다.
② 클라이언트 체계의 강점을 활용하여 치료적으로 접근한다.
③ 클라이언트의 역기능적 측면을 상황 속에서 적응적이거나 합리적인 것으로 개념화한다.
④ 클라이언트의 문제 상황 속에서 인간의 변화 가능성을 믿고 서비스에 임한다.
⑤ 개인, 개인의 사회집단 및 사회적 · 물리적 환경 안에서 변화를 위한 여러 가지 대안을 탐색한다.

05 위기 개입모델에서 위기의 유형이다. 관계가 먼 것은?

① 상황적 위기
② 발달적 위기
③ 개인적 위기
④ 실존적 위기
⑤ 환경적 위기

정답

01. ⑤ 02. ① 03. ② 04. ④ 05. ③

07

Chapter

사회복지 실천의 관계와 의사소통

일반적으로 관계(關係)란 한국어 위키백과 사전에 '둘 또는 여러 대상이 서로 연결되어 얽혀 있음'이라고 표현되어 있다. 사회복지 실천에서의 관계론은 사회 현장에서의 클라이언트와 사회복지사와의 관계를 말한 것으로 여러 대상들이 서로 연결되는 구체적인 양상을 보이는 관계를 통해 보다 더 나은 관계로 변화시키기 위해 노력하는 특별한 관계라고 한다.

사회복지 실천에서 관계는 클라이언트와 사회복지사의 태도 · 감정의 역동적 상호작용을 말하는 것으로서 여기서의 관계는 상호 간의 정서적 교환 및 태도를 말하며, 본질적으로 문제점에 대한 지적이라기보다는 정서적인 유대관계를 통해 역동적인 상호 관계를 갖는 측면이 강하다.

사회복지 실천에서 전문직인 사회복지사는 클라이언트를 비롯하여 참여자들과 의사소통을 통해 관계를 맺고 실천 과정을 이끌어간다. 또한 클라이언트에게 자신의 의사를 정확히 전달하고, 클라이언트의 의사를 정확히 이해하기 위한 노력을 기울여야 한다.

이 장에서 우리가 관심을 두고 학습을 하고자 하는 것은 클라이언트와 사회복지사의 관계와 클라이언트에 도움을 주고자 하는 데는 먼저 의사소통을 통해서 이루어진다. 클라이언트와 사회복지사가 서로에게 성공적인 관계와 의사소통이 바로 직결된다. 그러므로 사회복지 실천에서의 클라이언트와의 관계와 의사소통에 대해 기술한다.

제1절 사회복지 실천을 위한 관계

1. 관계의 개념

사회복지 실천과 관계론에서는 클라이언트와 사회복지사 사이의 전문적 관계를 다룬다. 여기에서 관계란 공통의 이해관계를 지닌 두 사람 간에 장기적 또는 일시적으로 감정의 상호작용이 일어나는 조건이다(Perlman, 1957). 즉, 사회복지사와 클라이언트 간에 한정하여 클라이언트가 도움을 요청하고 사회복지사가 도움을 제공하는 통제적 관계를 말한다.

사회복지 실천에서의 관계는 클라이언트와 사회복지사 간의 태도 및 감정의 역동적 상호작용을 말한다. 사회복지 실천에서의 관계는 클라이언트와 사회복지사 간의 정서적 교감을 기초로 이루어지는 관계로서 전문성, 의도적인 목적성, 시간 제한성, 권위성 등의 특징이 포함된다(Biestek, 1957).

리치몬드는 사회복지 관계에 대해 여러 편의 저서를 남기고 있으며 개별사회사업, 즉 케이스워크란 '사회적 관계의 사용 및 집중적인 연구'를 의미하는 것으로 단언하고 있다. 이 외에도 많은 실천가들이 '관계'에 대해 개념적 정의를 내리고자 하였으며, 바람직한 관계를 제시하고자 노력을 기울여 왔다(Richmond, 1971).

핀커스와 미나한은 '관계란 사회복지사와 그가 관계하는 다른 체계들 간의 정서적인 유대로 볼 수 있으며, 이들 관계에는 협력, 협상 또는 갈등의 분위기가 포함될 수 있다'고 주장했다(Pincus & Minahan, 1973).

'관계란 하나의 촉매로서, 문제해결과 도움을 향한 인간의 에너지와 동기를 지지하고 양성하며 자유롭게 하는 원동력이다'라고 정의하였으며, 관계를 정서적인 유대 및 인간적인 도움을 위한 수단으로 간주하고 '좋은 관계'란 자극과 영양이 되고, 타인의 개성을 존중하고 키워 주며 안전한 느낌과 일치성을 제공하는 것이라고 기술하고 있다(Johnson, 1999: 167).

이와 같이 사회복지 실천 현장에서 클라이언트와 사회복지사의 관계가 실천 결과에 영향을 미치는 하나의 중요한 요소로 여겨져 왔다는 점을 간과해서는 안 된다. 앞으로도 계속적인 발전이 요구되고 있으며 지금보다 더 나은 연구를 통해 좋은 학문의 체계가 형성되어야 한다.

2. 사회복지 실천을 위한 전문적 관계

1) 사회복지 실천을 위한 관계의 목적

사회복지 실천에서 사회복지사가 아무리 훌륭한 이론적 지식과 효과적인 개입모델이나 방법을 알고 있어도 클라이언트와의 전문적 관계나 라포 및 의사소통이 형성되어 있지 못하면 원조 과정에서 어려움에 직면하게 된다. 사회복지 실천에서 사회복지사와 클라이언트가 관계를 형성하는 목적은 클라이언트가 환경에 좀 더 잘 적응할 수 있도록 돕는 것이다.

2) 사회복지 실천을 위한 전문적 관계의 특성

사회복지사와 클라이언트 관계에서 가장 큰 특징은 클라이언트는 도움을 요청하고 사회복지사는 전문적 도움을 제공하는 전문적 관계이다. 전문적 관계는 언제나 클라이언트의 입장에서 출발해야 하며 사회복지사는 관계의 전반적인 과정에 전문적 책임을 지게 된다. 사회복지 실천의 전문적 관계는 다음과 같다.

(1) 의도적인 목적성

클라이언트와 사회복지사가 서로 합의한 목적이 있다. 목적이란 클라이언트의 좀 더 나은 적응 및 문제해결을 위한 원조이다.

(2) 시간 제한적

클라이언트와 구체적으로 한정된 기간을 갖고 관계를 맺는다. 목적이 달성되었거나 달성될 수 없다고 생각될 때 관계는 종결된다. 사회복지 실천 과정은 시작 단계, 중간 단계, 종결 단계에 이르는 시작과 종결이 요구되는 과정이기에 관계에서도 시간적인 제한이 필요하다. 목표가 달성되면 특별한 관계는 끝을 맺게 된다. 관계의 활용이 원만히 이루어져야 시간 제한성도 명확해진다.

(3) 클라이언트에 헌신

사회복지사는 자신의 이익보다 클라이언트의 이익을 위해 자신을 헌신한다. 따라서 사회복지사는 타인의 욕구에 민감할 수 있도록 객관성과 자기 인식에 기초한 관계를 형성한다.

(4) 권위성

사회복지사는 특화된 지식 및 기술, 그리고 전문직 윤리강령에서 비롯되는 권위를 지닌다.

(5) 통제적 관계

객관성을 유지하고 자기 자신의 감정, 반응, 충동을 자각하고 그 책임을 진다는 의미에서 통제적 관계이다.

3. 관계 형성의 구성과 태도

1) 전문적 관계 형성의 구성

(1) 타인에 대한 관심과 원조

클라이언트에게 일어난 일에 대해 진실한 관심을 가지며, 클라이언트가 느끼는 감정에 대해 교류할 수 있어야 함을 말한다. 클라이언트에 대한 관심이란 책임감, 타인에 대한 이해 등을 포함하고 클라이언트의 삶과 욕구에 대한 조건 없는 긍정적 인정을 의미한다. 클라이언트를 도우려는 원조 의지는 원조 관계에서 필수적인 자질인데, 클라이언트가 자신의 삶을 스스로 선택하고 통제할 수 있는 능력을 향상시킬 수 있도록 원조하는 자세나 태도이다(권구영 외, 2008: 112).

(2) 헌신과 의무

헌신과 의무는 원조 과정에서 책임감을 의미하는 것으로 일관성을 포함하는 개념이다. 전문적 관계에서 관계의 목적을 달성하기 위해서는 사회복지사뿐만 아니라 클라이언트도 관계에 대한 헌신과 의무를 가져야 한다. 사회복지사와 클라이언트가 함께 관계의 목적과 조건을 위해, 그리고 상호의존적인 교류 관계를 위해 헌신을 다할 때 클라이언트는 안전하다는 느낌을 갖게 된다.

원조 관계에서 헌신적인 사회복지사의 헌신적인 자세가 일정한 '의무'와 함께 요구되고 있다.

(3) 권위와 권한

권위란 사회복지사가 전문적 지식과 경험을 갖추고 지위를 얻음으로써 클라이언트에게 영향력을 행사하는 것을 말한다. 권위(authority)는 클라이언트와 기관에 의해 사회복지사에게 위임된 권한(power)으로 사회복지사는 전문적 지식과 경험을 보유함으로써, 또한 일정한 지위에 있음으로써 영향을 미칠 수 있는 권한을 가진다.

(4) 진실성과 일치성

진실성이란 클라이언트와의 관계 속에서 실제적이고 순수해질 수 있는 능력을 의미하는 것으로서 사실적으로 가슴으로부터 말을 하는 것이다. 일치성은 사회복지사가 클라이언트와 관계 형성 시 일관성 있고 정직한 개방성을 유지하며, 대화의 내용과 행동이 항상 일치하면서도 전문가로서의 자아와 가치체계에 부합하여야 함을 의미한다. 전문적 관계에서 진실성과 일치성을 가진 사회복지사는 자기 자신이 어떤 사람인지 알고 있으며, 자신의 내면에서 발견되는 모습에 대해 두려워하지 않는다.

(5) 감정이입

관계의 본질은 지적이라기보다는 정서적이다. 즉, 관계란 일차적으로 사회복지사와 클라이언트가 태도나 감정을 주고받는 가운데 발생하며 이러한 정서적 관계에서 생각을 나누고 결정을 하게 된다. 관계 형성 초기에는 언어보다는 비언어적 · 정서적 상호작용이 가장 빈번하게 일어나기 때문에 정서가 중요하다. 감정이입은 다른 대상이 가진 어떤 측면을 받아들이는 능력이다.

사회복지사는 클라이언트에게 감정이입을 하면서도 문제 자체와 그 해결 가능성을 객관적으로 분석하고 이성적으로 행동해야 한다. 사회복지사는 감정이입을 하기 위해서는 적극적 경청과 지속적으로 주의를 기울이며 비언어적 표현에 대한 민감성이 필요하다.

(6) 전문가로서의 사회복지사의 자질

사회복지사와 클라이언트와의 관계에서 사회복지사는 클라이언트에게 긍정적 변화를 일으키고 자긍심을 높일 수 있다. 그러나 사회복지사가 가지고 있는 개인적 · 전문적 지식의 오용으로 인해 클라이언트를 비하하거나 공감하지 못하는 경우 클라이언트는 좌절감을 느낄 수 있다.

2) 관계 형성을 위해 필요한 태도

(1) 수용

사회복지사의 목표는 클라이언트를 이해하는 것이지 클라이언트의 잘못을 평가하는 것은 아니다. 수용의 대상은 잘하거나 잘못한 것이 아니라 바로 사실 그 자체를 있는 그대로의 개인으로 받아들여야 한다. 클라이언트가 사회복지사와 나누고 싶어 하는 느낌, 자세, 혹은 행동에 대한 중립적인 책임을 내포한다. 클라이언트를 무 비판적으로 수용한다는 것에 대해 확신을 갖게 하는 것은 거절에 대한 불안을 줄일 수 있다.

(2) 비밀보장

클라이언트의 비밀을 당사자의 직접적인 허락 없이 폭로하지 않는 것을 말한다. 이러한 비밀보장은 절대적인 것은 아니며, 다른 사람들에게 피해를 주지 않는 선에서 그 내용을 나누어야 할 법적인 책임이 있음을 명확히 해야 한다. 일반적으로 공공의 위험이 있을 경우 비밀보장은 이루어지지 않는다.

(3) 자기 결정권

클라이언트가 결정에 있어서 통제력을 갖는 것이며, 자신의 삶을 결정할 권리와 능력을 갖고 있음을 말한다. 면접의 상호성, 클라이언트의 독립성과 자발성의 존중에 초점을 둔다. 클라이언트의 자기 결정권에 대한 확신은 문제해결에 있어서 자신의 통제력과 자발성을 상실할 수 있다는 불안을 줄이게 된다.

(4) 감정이입

자신의 감정이나 정신을 불어 넣거나 대상으로부터 직접 느낌을 받아들여 대상과 자신이 서로 통한다고 느끼는 일이다. 어떤 사람을 위한다는 동정과 달리, 어떤 이와 '더불어' 느낀다는 점을 내포한다. 감정 이입할 때 면접인은 클라이언트의 느낌을 나누고, 결과적으로 클라이언트의 느낌과 마음의 상태를 더 잘 이해할 수 있는 위치에 있게 된다.

(5) 진솔한 자세

면접인의 진실하고 진솔한 태도는 클라이언트로 하여금 겉치레가 아닌 진지하고 정직하며, 개방적이고 좀 더 직설적인 태도를 보이게 한다. 이때 클라이언트는 면접자가 말하는 것을 믿을 수 있고, 개인적인 정보를 고백할 수 있다.

4. 관계 형성의 실천 원칙

사회복지 실천에서 관계란 클라이언트와 사회복지사와의 전문적 관계를 의미한다. 이 두 사람 간의 좋은 관계를 발전시키는 것이 원조 관계의 필수적인 부분이다. 비에스텍은 사회복지 실천에서 관계를 사회복지사와 클라이언트 간의 감정과 태도의 역동적인 상호작용이라고 정의하였다(Biestek, 1957). 그는 관계의 목적을 심리 · 사회적인 욕구와 문제를 가진 클라이언트를 원조하는 것에 있다고 보았다. 따라서 이러한 기본적 감정이나 태도에 대한 관계론의 7대 원칙은 〈표 7-1〉과 같다.

이에 대해서 사회복지사는 민감하면서도 적절한 반응을 함으로써 클라이언트와의 역동적 상호작용을 통하여 문제해결과 사회적응을 돕는 원조 과정이 성공적으로 이루어진다고 보았다.

〈표 7-1〉 **관계론의 7대 원칙**

<table>
<tr><th rowspan="2">7대 원칙</th><th>제1방향</th><th>제2방향</th><th>제3방향</th></tr>
<tr><th>클라이언트의 욕구</th><th>사회복지사의 반응</th><th>클라이언트의 자각</th></tr>
<tr><td>1. 개별화</td><td>개인으로서 처우 받고 싶은 욕구</td><td rowspan="7">사회복지사는 이러한 욕구를 이해하며 민감하고 적절히 반응해야 한다.</td><td rowspan="7">클라이언트는 사회복지사의 민감성과 이해와 반응을 자각한다.</td></tr>
<tr><td>2. 의도적 감정표현</td><td>감정을 표명하고 싶은 욕구</td></tr>
<tr><td>3. 통제된 정서적 관여</td><td>문제에 대해 공감적 반응을 얻고 싶은 욕구</td></tr>
<tr><td>4. 수용</td><td>가치 있는 인간으로서 인정받고 싶은 욕구</td></tr>
<tr><td>5. 비 심판적 태도</td><td>심판받지 않으려는 욕구</td></tr>
<tr><td>6. 클라이언트의 자기결정</td><td>스스로 선택하고 결정을 내리고 싶은 욕구</td></tr>
<tr><td>7. 비밀보장</td><td>자신의 비밀을 지켜 주기를 바라는 욕구</td></tr>
</table>

출처: 권구영 외(2008: 116).

1) 개별화

(1) 개념

인간은 각자 개성을 가지고 있으며, 개별적으로 취급받기를 원하고 있다. 인간은 모두 다른 경험과 외적 · 내적 동기를 가진 존재로 구별되고자 한다. 클라이언트가 자신이 독특한 욕구와 권리를 가진 인간으로서 인정받고 있다고 느끼게 되면 원조 관계에서 한 걸음 더 발전적으로 나아가게 해준다.

개별화(individualization)는 사회복지사가 클라이언트 개개인의 독특한 자질을 알고 이해하는 것이다. 인간은 모두 독립적인 개체이며, 불특정한 인간이 아니라 개별적 차이를 지닌 특정한 인간으로 처우되어야 한다.

(2) 클라이언트의 욕구와 사회복지사의 역할

개별화에서 클라이언트의 욕구는, 모든 클라이언트가 각각 독특한 개인으로 대해지는 것을 원하는 것이다. 이에 대해서 사회복지사는 개별 클라이언트의 특별한 욕구를 충족하고 클라이언트가 문제해결을 위해 자신의 능력과 자원을 사용할 수 있도록 각기 다른 원칙과 방법을 활용한다. 그 결과 클라이언트는 자신이 특정한 범주나 유형으로 구분되는 것이 아니라 특별한 개인으로서 이해되었다고 느낄 때 원조 관계에 본격적으로 몰입할 수 있다.

(3) 개별화를 위한 수단

개별화를 위한 수단으로, 첫째, 클라이언트의 성별이나 직업, 나이에 따라 면접 시간을 조정하며, 약속 시간을 준수한다.

둘째, 면접을 위한 사전 준비를 철저히 하여 클라이언트를 위한 개별 환경 등 비밀이 존중된다는 안도감과 신뢰감을 심어 준다.

2) 의도적인 감정표현

의도적인 감정표현(purposive expression of feeling)은 사회복지사가 클라이언트의 감정을 표현하고 싶은 욕구를 인식하여 자신의 감정을 자유롭게 표현하도록 도와주는 것을 의미한다.

여기에서 클라이언트는 자신의 감정, 특히 부정적인 감정을 자유롭게 표현하고자 하는 욕구가 있다. 따라서 사회복지사는 클라이언트가 자신의 감정, 특히 부정적인 감정을 자유롭게 표현하고자 하는 욕구가 있음을 인식하고 이를 위해 클라이언트를 격려하고 촉진시킨다. 그 결과 클라이언트는 스트레스나 긴장이 완화되어 문제를 분명하고 객관적으로 보게 된다.

의도적인 감정표현에서는 클라이언트를 스트레스나 긴장에서 완화시켜 주며, 문제를 분명하고 객관적으로 보게 한다. 사회복지사가 클라이언트의 감정표현을 진지하게 경청하는 것 자체가 클라이언트에게 심리적 지지가 된다.

3) 통제된 정서적 관여

통제된 정서적 관여(controlled emotional response)란 클라이언트의 감정에 민감성을 가지며, 그 의미에 대해 이해하고, 클라이언트 감정에 대한 의도적이고 적절한 반응을 하는 것이다. 클라이언트의 감정에 대한 사회복지사의 민감성, 이에 대한 감정이입적 이해, 적절한 반응으로 이루어지며, 원조 목적에 맞게 통제 · 조정되어야 한다.

여기에서 클라이언트의 욕구는 문제에 대한 공감적 반응을 얻고 싶어 하는 것이다. 이에 대한 사회복지사의 반응은 클라이언트의 표현된 감정에 반응을 보임으로써 정서적으로 관여한다. 그 결과 클라이언트는 수용된다는 느낌, 자신의 문제가 이해되는 느낌으로 심리적 안정을 찾는다.

4) 수용

수용(acceptance)이란 클라이언트의 장점과 약점, 혹은 단점 등을 포함하여 있는 그대로의 모습을 이해하고 다루어 나가는 행동의 특징을 말한다. 클라이언트가 불평하고 부당한 요청을 하는 등 자신을 어떠한 모양으로 표현하더라도 그것을 비판하지 않는 것이다. 이는 사회복지사의 인내심, 경청하려는 의지 등을 통해서 나타난다. 수용의 대상은 좋은 것(good)이 아니라 있는 그대로의 것(real)이며, 수용의 목적은 치료적인 것에 있다.

수용의 대상과 판단은 선한 것(the good)이 아니라 있는 그대로의 것(the real)이다. 클라이언트의 일탈 태도나 행동을 허용한다는 것을 의미하지는 않으며, 그것에 대해 좋다, 나쁘다 등을 비판하지 않고, 일단 아무런 판단도 하지 않는다는 정도이다.

5) 비 심판적 태도

비 심판적 태도(non-judgemental attitude)는 문제의 원인이 클라이언트의 잘못인지 아닌지, 혹은 클라이언트에게 책임이 있는지 등을 심판하지 않고, 클라이언트의 특성 및 가치관을 비난하지 않는다는 원칙이다.

이때 클라이언트의 욕구는 심판받지 않으려는 인간의 욕구에 기반한다. 그 결과 치료적 관계의 성립을 도와주며, 클라이언트는 방어 없이 편안하게 자신의 문제와 욕구에 대해 논의할 수 있게 되며, 문제해결도 원활해진다.

사회복지사의 비 심판적 태도는 클라이언트의 억압된 감정을 풀어 주어 클라이언트는 자신에게 충실해지며 분열된 자아를 재통합하려는 건설적 힘이 강화된다. 사회복지사는 클라이언트의 행동, 태도, 가치표준 등을 객관적으로 평가해야 하는데, 이는 그를 판단하기 위한 것이 아니라 이해하기 위함이다.

6) 클라이언트의 자기결정

사회복지 실천 과정에서 클라이언트의 자기 선택과 결정을 내릴 수 있는 권리와 욕구를 실제로 인식하여 클라이언트가 모든 의사결정과정에 참여하여 스스로 선택하고 결정하는 자유를 누리게 하는 것이다. 클라이언트 스스로 자기가 나아갈 방향을 결정하려는 것을 존중하며, 그 욕구를 결정하는 잠재적 힘을 자극하여 활동하게 할 수 있도록 도와준다. 클라이언트의 자기 결정권은 적극적 · 건설적 결정을 내릴 수 있는 클라이언트의 능력 및 법률이나 도덕의 테두리 또는 사회기관의 테두리에 따라 제한받는다.

7) 비밀보장

사회복지 실천 관계에서 비밀보장(confidentiality)은 클라이언트가 전문적 관계에서 노출한 정보를 사회복지사가 전문적 치료 목적 외에 타인에게 알려서는 안 된다는 원칙이다.

비밀보장에서 클라이언트의 욕구는 자신에 대한 비밀을 보장받고 싶어 하는 것이다. 사회복지사의 반응은 전문적 관계에서 나타나는 클라이언트에 대한 정보를 보호하며, 사회복지사가 전문적 치료 목적 외에 타인에게 알려서는 안 된다. 비밀보장은 클라이언트에게 원조 관계, 과정에 대해 신뢰감을 갖게 하여 적극적인 참여를 유도할 수 있다. 클라이언트가 자기방어 기제를 사용하여 자신을 왜곡하는 현상을 줄일 수 있으며, 사회복지사와 클라이언트 간의 상호작용이 촉진된다.

5. 관계 형성의 장애요인

1) 사회복지사에 대한 클라이언트의 불신

(1) 불신의 원인

사회복지사에 대해 클라이언트가 불신하는 것은 대부분 과거에 경험한 다른 관계에서 비롯된다. 사회복지사의 온정, 관심, 공감하는 좋은 의도에도 불구하고, 어떤 클라이언트는 수 주 내지는 수개월 동안 사회복지사를 시험하며 방어를 철회하지 않는 경우가 있다.

(2) 사회복지사의 대처

사회복지사를 신뢰하지 않는 클라이언트를 만나면 사회복지사는 인내하고 참아야 한다. 신뢰와 긍정적 관계를 성립하기 전에 자기를 드러내게 하는 것은 클라이언트를 소원하게 하거나, 사회복지사를 시험하는 기간을 더 길게 하거나, 클라이언트가 관계 중단을 재촉하는 결과를 가져온다.

2) 전이

(1) 개념

사회복지사에 대한 비현실적인 인식과 반응을 전이(transference)라고 한다. 클라이언트가 다른 사람(대개 부모, 부모를 대신하는 사람, 형제자매)과 과거의 경험에서 비롯된 소망, 두려움, 그리고 다른 감정을 사회복지사에게 보이는 것이다.

공공부조, 아동복지, 교정 세팅에서 많은 클라이언트가 정서적으로 박탈당한 배경이 있거나, 이전에 불신과 두려움을 주는 사회복지사를 만났거나, 클라이언트에게 모욕감과 분노로 대하였던 사회복지사를 경험한 적이 있거나, 클라이언트를 무기력한 존재로 간주한 사회복지기관에 대한 경험으로 인해 사회복지기관을 찾는 데에 양가감정을 느낄 수 있다.

(2) 전이 반응 다루기

클라이언트의 반응이 비현실적임을 지적하고 사회복지사에 대한 현실적인 관점을 갖도록 도와야 한다. 사회복지사에 대한 감정을 과거에 다른 사람에게도 느낀 적이 있는지 알아보고 그 근원에 대해 클라이언트가 깨닫도록 도와준다. 클라이언트가 어린 시절, 신체적 또는 성적 학대 등 외상성 스트레스를 경험했다면, 과거 경험을 차분하게 설명하게 하고 탐색하는 것이 중요하다. 과거에 지나치게 초점을 두는 것은 역효과를 일으키며, 현재의 문제해결 노력을 다른 데로 돌리도록 하며 불필요하게 치료를 연장하게 만든다.

3) 역전이

(1) 개념

사회복지사가 클라이언트를 마치 자신의 과거 어떤 시점의 인물이나 관계로 느끼고 무의식적으로 그렇게 반응하는 것이다. 사회복지사가 과거에 경험한 관계에서 파생된 감정, 소망, 무의식적 방어유형과 관련이 있는 것으로, 사회복지사의 객관적 인식을 방해하고 클라이언트와의 긍정적인 상호작용을 차단한다.

역전이(countertransference)는 왜곡된 인식과 감추어진 부분, 소망과 치료를 방해하는 감정반응과 행동을 만들어 내면서 관계를 악화시킨다(예: 부모에게 거부당한 감정을 해결하지 못한 사회복지사는 무관심하고 냉담한 클라이언트와 따뜻하게 관계를 맺는 데 어려움을 느낄 수도 있다).

(2) 역전이 다루기

사회복지사는 자신의 감정의 기원에 관심을 갖고 클라이언트와의 현실적인 관계에 관심을 갖도록 노력해야 한다. 역전이로 인해 관계를 지속할 수 없을 경우에는 클라이언트에게 사회복지사 자신의 문제로 인해 관계를 지속할 수 없음을 알리고 다른 사회복지사에게 의뢰해야 한다.

4) 저항

(1) 개념

사회복지사가 원하는 방향과 반대되는 클라이언트의 행동으로 사회복지사와 클라이언트의 관계에서 변화를 방해하는 힘을 저항(resistance)이라고 한다. 저항은 마음을 터놓고 논의하지 않고, 고의적이든 아니든 변화 노력을 방해하는 것, 주저하는 것, 중지하는 것, 또는 치료적 작업 과정을 방해하는 행동이나 태도 등이 해당된다. 저항은 갈등 → 방어 → 해결 → 통합 순으로 진행된다.

(2) 저항의 유형

저항은 개입 목표와는 반대되는 클라이언트의 행동을 말하는데 클라이언트가 이런 행동을 인식하고 있는 경우도 있지만, 의식하지 못하고 사회복지사의 눈에만 보이는 경우도 많다.

(3) 저항 다루기

저항이 변화로의 진전을 심각하게 방해할 경우에만 다루는 것이 바람직하다. 저항의 저변에 있는 현재의 감정에 초점을 둔다. 클라이언트가 익숙하지 못한 상황에 직면하거나 압도될 때 경험하는 염려와 두려움 등에 대해서 클라이언트의 두려움을 탐색하고 시범과 역할극을 통해 상황에 익숙해지도록 돕는다.

서비스와 개입의 절차를 클라이언트가 잘못 이해하는 것에서 비롯된 저항은 서비스와 기관의 특성을 명확히 설명해 주고 서로의 역할을 분명히 하며, 클라이언트의 자기결정을 옹호하는 것이 필요하다. 저항을 부정적인 것으로만 받아들이지 않고 변화의 자연스러운 과정으로 생각하는 것도 중요하다.

5) 양가감정

(1) 개념

사회의 모든 체계들은 자신이 가지고 있는 속성을 그대로 유지하고 싶어 하기 때문에 변화에 대해서 저항하게 되며 양가감정을 느끼게 된다. 양가감정은 저항과 밀접하게 관련되는데 변화를 원하는 것과 원하지 않는 마음이 동시에 공존하는 것이다. 서비스 개입에 대한 오해와 선입견과 사회복지사에 대한 부정적 감정을 들 수 있다.

(2) 양가감정 다루기

사회복지사는 클라이언트에게 양가감정은 자연스러운 것임을 알려주어 클라이언트가 양가감정을 수용하고 자유롭게 표현할 수 있도록 돕는다. 양가감정을 수용하고 표현하면 저항이 줄어들게 된다. 이러한 경우 서비스와 기관이 특성을 제대로 설명해 주고 필요한 것이 무엇인지 그리고 선택의 여지가 있는지 살펴보아야 하며, 클라이언트의 역할을 명확히 하고 클라이언트가 자유롭게 진행 여부를 선택할 수 있도록 돕는다.

제2절 사회복지 실천을 위한 의사소통

사람과 사람의 관계는 반드시 의사소통을 통해서 이루어진다. 사회복지 실천에서 전문직인 사회복지사는 클라이언트들과 의사소통을 통해 관계를 맺고 실천 과정을 이끌어간다. 또한 클라이언트에게 자신의 의사를 정확히 전달하고, 클라이언트의 의사를 정확히 파악하고 이해하기 위한 노력을 기울여야 한다. 여기서는 의사소통의 개념, 원리, 의사소통의 유형, 의사소통의 종류, 유형 검사, 기초적 의사소통, 의사소통을 방해하는 요소 및 언어적 반응 등에 대해서 알아본다.

1. 의사소통의 개념

의사소통(意思疏通)은 사람들이 가지고 있는 생각이나 뜻이 서로 통함이다.

클라이언트인 그녀는 사춘기인 딸과 지속적으로 의사소통을 시도하려 했지만 잘되지 않았다. 또는 낯선 나라를 여행할 때 가장 힘이 드는 점은 그 나라 언어를 모르고는 의사소통이 불가능하다는 것이다. 이렇듯 의사소통은 둘 또는 그 이상의 사람들 사이에서 사실, 생각, 의견 또는 감정의 교환을 통하여 공통적 이해를 이룩하는 상호작용이다(엄명용 외, 2013).

의사소통에는 송신자(말하는 사람), 메시지, 수신자(듣는 사람) 3대 요소가 있는데, 송신자가 메시지를 기호화(Encoding)해서 송신(Transmitting)하면 수신자는 메시지를 수신(Receiving)하여 해독(Decoding)한 다음 피드백 메시지를 기호화하여 이를 다시 송신자에게 송신하는 과정이 반복되는 것이다.

커스트 애쉬만과 헐(Kirst-Ashman & Hull, 1993)은 면접은 사회적 상호작용인 의사소통 과정이며 인지, 정서, 행동상의 변화를 목적으로 한 언어적 행동으로서 문제해결을 위한 개입이라고 정의하였다.

이러한 의사소통의 핵심적 요소를 3가지로 정리하면 다음과 같다.

1) 의사소통의 표면 관계와 이면 관계

의사소통에서 송신자와 수신자 간에는 표면 관계와 이면 관계에서 언어적 표현과 비언어적 표현으로 구분한다.

송신자	언어적 표현	수신자
지각한 현실	⇒	지각한 현실
의 도	비언어적 표현	의 도
기 분	번역, 해석	기 분

2) 기분 혹은 느낌 알아차리기

(1) 느낌은 인간 행동을 좌우하는 원동력이다.
(2) 느낌을 무시하고 살아가면 답답한 사람이 되고 느낌대로 살아가면 위험해진다.
(3) 느낌은 좋고 니쁘고, 옳고 그른 것이 없다.
(4) 우리가 느끼는 느낌들을 무시하거나 억압하거나 외면하거나 잘못 인식하게 되면 다른 사람들에게 내 마음을 제대로 전달하지 못하게 된다.
(5) 느낌은 크고 강한 것도 중요하지만 작고 미묘한 느낌도 역시 매우 소중하다.
(6) 대인관계에서 이야기하려면 내가 째째한 사람처럼 보일까 두렵고, 이야기하지 않으려면 어쩐지 께름칙한 그런 사소한 느낌들이 큰 문제가 되는 경우가 많다.
(7) 우리 느낌 속에는 천사도 있지만 악마도 함께 들어 있을 수 있다. 느낌 그 자체를 문제 삼지 말고 모든 느낌들을 직면하고 그런 느낌들을 어떻게 창조적으로 활용할 것인가를 문제시하여야 한다.
(8) 다른 사람에게 느끼는 부정적인 느낌들을 솔직하게 표현하기에는 어떻게 창조적

으로 활용할 것인가를 문제시하여야 한다.

(9) 남들 앞에서 표현하면 거절당하거나, 무시당하거나, 이해하기 힘들 것 같은 느낌들을 서슴없이 표현할 수 있어야 스스로에게서 자유스러울 수 있다.

(10) 느낌에는 우리의 삶을 살찌게 하는 진정한 의미의 힘이 있다. 마음속을 되돌아보고 지금 이 순간에 느끼는 나의 느낌들을 직면하고 말로 표현해서 항상 편안함, 시원함, 자유스러움을 느껴 본다.

3) 잘 듣기

(1) 목적

상대로 하여금 나에게 깊은 관심이 있구나, 내 이야기를 중요하게 생각하고 있구나, 내 입장에 서서 내 심정을 알아주려고 하는구나 라는 생각이 들 수 있게 한다.

(2) 방법

상대의 말을 귀담아 듣고, 도중에 차단하지 말고, 평가 · 판단하지 말며, 언어적 · 비언어적 방법으로 반응을 보여서 상대가 편안한 마음으로 이야기할 수 있게 한다.

(3) 들어야 하는 내용

말하는 사람이 이야기하고자 하는 지각한 현실, 의도, 기분, 성격, 숨은 뜻과 숨은 기분, 숨은 성격을 알아들을 수 있어야 한다.

2. 의사소통의 유형

사람의 감정은 목소리의 특성, 얼굴 표정, 몸짓, 신체적 자세, 음조, 호흡 등의 비언어적 의사소통으로 표현되며, 사람마다 각기 비언어적인 의사소통이 다르듯이 자라온 환경과 후천적 교육 등에 따라 의사소통 유형이 변할 수 있다.

이러한 관점에서 사티어(Satir, 1916~1988)는 심리분석의 근거로 자기 가치와 자기 존중, 신념 및 철학에 따라 변할 수 있는 의사소통의 유형을 회유형, 비난형, 초 이성형, 산만형, 일치형 등 5가지로 구분하였다(김현호 외, 2017).

1) 회유형

의사소통의 세 가지 구성요소인 자신, 상대방, 상황 중에서 자기 자신을 무시한다. 이 유형의 가장 큰 특징은 자기 가치와 자기 존중감의 결여이다. 이들은 자기 자신을 가치 없고 무력한 존재로 여기며 상대방의 어떤 비판도 무조건 수용하며 소극적으로 지낸다. 이 회유형의 의사소통은 다른 사람을 회유하여 화를 내지 못하고 상대방의 비위를 맞춘다. 이들은 무조건 참으며 자기 자신을 희생하고 어떠한 경우에도 반대하지 않는다.

2) 비난형

항상 상대보다 우월감을 가지고 있으며 상대의 단점을 잘 발견하고 보스로 군림하려 한다. 이 유형은 목소리가 크고 상대방을 얕잡아보고 깎아내리려 하며 '너만 아니었으면 만사가 잘 되었을 텐데.'라는 식의 책임전가 형태를 지니고 있다. 비난하는 사람은 어떤 것에 대해서 진정으로 발견하기보다는 자신을 주위 사람들에게 부각시키는 데 더 관심이 있다. 비난형이 자주 사용하는 행동과 언어가 있다.

3) 초 이성형

아주 정확하고 이상적이며 쉽게 감정을 드러내지 않는다. 이 유형은 차분하고 냉정하며 침착해 보이고 의사소통의 세 가지 구성요인 중 자신과 타인을 배제시키고 오직 상황만 중시해 객관성을 찾는다. 이들은 지나치게 합리적이고 이기적이어서 융통성과 사교성이 결여되어 있다. 초 이성형은 대인관계에서 무미건조하며 고립감을 느끼고 긴장과 위축을 느낀다.

4) 산만형

의사소통의 세 가지 구성요소인 자신, 상대방, 상황 세 가지 구성요소가 모두 배제되어 있어 주위를 혼란시키고 그가 하는 행동이나 말은 다른 사람이 말하고 행동하는 것과 무관하다. 상대방으로부터 오는 자극에 적절하게 반응을 보이지 못하고, 빗나가기 쉬우며 상대의 말이나 현재 진행되고 있는 과정에 초점을 맞추지 못하고, 주의를 집중하지 못하기 때문에 산만하다. 또한 의사소통을 할 때 입과 몸과 다리를 계속 움직인다. 이들은 요점 없는 말을 하며 상대방의 질문을 무시하고 흔히 상대의 질문에 자기 나름대로의 질문으로 반응해 주제로부터 빗나가 있다.

5) 일치형

순기능적 의사소통의 유형인 일치형은 사티어가 말하는 가장 이상적인 의사소통 유형이다. 사티어가 분류한 5가지 의사소통 유형 중 일치형 의사소통만이 부부 문제를 치료 또는 해결할 수 있으며, 부부간의 성장과 성숙을 촉진할 수 있다고 하였다. 일치형 의사소통을 수평적 또는 유동적 반응이라 하는데, 이는 메시지의 모든 부분이 같은 방향으로, 즉 자신, 상대방, 상황이라는 3가지 요소가 모두 관련을 맺고 언어적 · 비언어적 모든 메시지가 일치를 이룬다.

3. 언어적 · 비언어적 의사소통

1) 언어적 의사소통

사회복지 실천에서 언어적 의사소통은 클라이언트의 욕구를 파악하고 문제를 해결하기 위한 과정에서 핵심이다. 따라서 사회복지사와 클라이언트 간의 의사소통 증진을 위한 언어적 기법은 다음과 같다(Kirst-Ashman & Hull, 1993; 최경화 외, 2010).

(1) 클라이언트에 대한 지지적 언어 반응

클라이언트가 말을 할 때는 긍정적인 언어 반응으로 예를 들어, '아, 그랬군요., 알겠어요., 음음, 예' 등의 반응적 언어를 사용함으로써 클라이언트로 하여금 사회복지사가 자신에게 관심을 갖고 경청하고 있음을 인식하게 한다.

(2) 클라이언트 언어의 재구성

클라이언트의 말을 다른 언어로 재구성하는 방법은 클라이언트의 의도를 정확히 파악하기 위해, 클라이언트에게 자신의 말을 다시 한번 생각해 볼 여유를 주기 위해, 클라이언트의 말을 제대로 이해하고 있는지를 알아보기 위해, 클라이언트의 말을 경청하고 있다는 것을 보여주기 위한 목적으로 사용한다.

(3) 클라이언트의 감정에 대한 반영

반영은 클라이언트의 말과 행동에서 표현된 감정과 생각 및 태도를 사회복지사가 참신한 언어로 부연해 주는 것이다. 클라이언트가 자신의 감정을 자제하지 못하거나 표현력 부족 등으로 자신의 감정을 표현하려다가 중단하는 경우, 사회복지사가 클라이언트의 감정을 읽어서 언어로 표현해 줌으로써 클라이언트와의 감정이입 대화를 가능하게 할 수 있는 방법이다.

(4) 클라이언트 인식의 명료화

명료화는 클라이언트의 말 속에 내포되어 있는 것을 사회복지사나 대화하는 상대방에게 의사를 명확하게 전달하는 것으로 클라이언트가 말하는 내용을 확실히 이해하기 위해 사용되는 방법이다.

(5) 클라이언트 말의 해석 및 요약

해석은 클라이언트가 대화 중 미처 생각하지 못하고 있는 내용에 사회복지사가 의미와 관련성을 부여해서 언급하는 것이다.

요약은 지금까지 클라이언트가 말한 내용과 그 속에 담겨 전해진 감정들을 전체적으로 묶어 정리하는 것이다. 요약을 통해 대화하는 동안 진전된 사항을 파악할 수 있고, 중요 내용이나 요점을 다시 한번 생각할 수 있는 기회를 가질 수 있다.

(6) 클라이언트의 간접적 표현에 대한 직접적 언어화

사회적 약자로 인식되는 클라이언트는 심리적으로나 정신적으로 위축되어 있다. 또한 원조와 변화에 대한 두려움으로 자기 자신에 대한 의사 표현을 정확히 하지 못하고 은유와 비유를 사용하여 간접적으로 표현하는 수가 있다.

(7) 클라이언트에게 조언 및 정보 제공

사회복지 실천에서 많이 있을 수 있는 조언은 받는 사람의 입장을 고려해야 하며, 그 효과도 생각해 보아야 한다. 조언은 꼭 필요한 경우가 아니거나 클라이언트가 원하는 경우가 아니면 하지 않는 것이 좋다.

(8) 클라이언트의 장점 강조

대부분의 클라이언트는 많은 문제를 지니고 있기 때문에 자신의 삶에 대해서 비관적이고 의기소침해 있는 경우가 많다. 하지만 클라이언트 스스로가 자신의 능력과 잠재력을 믿지 않는 한 개입의 효과를 기대하기 어렵다.

(9) 사회복지사의 자기 개방

사회복지사의 적절한 자기 개방은 진실된 분위기를 조성하면서 의사소통을 원활하게 이끌 수 있다. 그러나 지나치게 자신에 대해 이야기하면 클라이언트와 신뢰감을 갖지 못할 수 있으므로 부적절한 자기 개방이 되지 않도록 주의해야 한다.

2) 비언어적 의사소통

사람의 의사소통에서 인지적 측면이 있는 언어적 의사소통은 1/3을 차지하고, 비언어적 표현이 2/3를 차지하고 있다(Brill, 1997; 엄명용 외, 2015). 특히, 비언어적인 의사소통은 클라이언트가 언어적 표현이 제한되어 있을 때 매우 중요한 의사소통의 수단이 된다. 비언어적인 의사소통은 인지적인 차원보다 주로 감정적인 차원에서 더 많이 표현된다. 비언어적인 의사소통의 구체적 방법은 다음과 같다(Kirst-Ashman & Hull, 1993; 이영호, 2008; 김현호 외, 2017).

(1) 눈 맞춤

의사소통에서 중요한 수단으로 의사소통에 참여 여부를 알리는 표시를 나타내고 공감을 내포하는 표시이기도 하다. 눈을 맞추지 않고 대화를 할 경우, 진실성이나 흥미가 없는 것으로 해석될 수도 있고 무시한다고 생각될 수도 있다.

따라서 사회복지사는 클라이언트와 의사소통을 할 때 적절한 눈 맞춤으로 서로 공감하면서 흥미나 신뢰성 있는 대화를 할 수 있도록 노력해야 한다.

(2) 목소리의 억양

대화에서 주로 감정을 나타내는데, 크고 힘이 있는 억양은 공격성, 통제력, 강함 등을 나타내고, 약하고 잘 들리지 않는 억양은 움츠림, 두려움, 위축감, 약함 등을 나타낸다.

또한 높게 들떠 있는 목소리는 감정이 고조되어 있거나 흥분된 상태를 나타내고, 낮게 가라앉아 있는 목소리는 자신감이 없거나 우울한 느낌을 나타낸다. 사람마다 타고난 목소리는 바꿀 수 없지만 말의 속도, 간격, 크기 등을 바꿈으로써 긍정적인 효과를 얻을 수 있다.

(3) 얼굴 표정

대화를 나누기 전이나 대화를 나누면서 나타나는 얼굴 표정으로 상대방의 감정을 읽을 수 있다. 찌푸린 얼굴 표정은 상대방과 대화하고 싶은 생각이 없거나 지루해 하고 있는 상태이다.

따라서 사회복지사는 클라이언트와 의사소통을 할 때 가능한 한 환한 미소를 짓는 표정으로 대화할 수 있도록 노력해야 한다.

(4) 손과 팔 등의 몸동작

말을 통해 전달하려는 내용에 따라 손과 팔 등의 몸동작도 달라진다. 듣기 싫을 때 무의식적으로 손으로 귀를 막는 경우가 있고, 턱을 받치는 동작으로 대화의 지루함을 표현하거나 다리를 꼬거나 팔장을 끼면서 방어적인 태도로 어떤 상황을 피하려 하기도 한다.

(5) 신체적 자세

대화 도중 상황에 따라 취하는 여러 가지 신체 자세는 의도를 나타내고 있다. 일반적으로 사회복지사와 클라이언트가 대화를 할 경우, 신체적 자세는 어깨가 상대방의 어깨와 90° 각도로 L자 모형으로 마주보고 앉는 것이 좋은데, 이러한 자세는 서로 간에 개방성과 안정감을 준다.

학습하기

01 다음 중 비에스텍이 제시한 원조 관계가 아닌 것은?

① 개별화 ② 기획 ③ 수용
④ 비밀보장 ⑤ 통제된 정서적 관여

02 클라이언트의 감정에 대해서 사회복지사가 민감하게 인지하고 적절하게 반응하는 것과 관련이 있는 것은?

① 의도적인 감정표현 ② 민감성 ③ 통제된 정서적 관여
④ 수용 ⑤ 비심판적인 태도

03 저항의 진행 단계는 다음 순으로 이어진다.

갈등 → 방어 → (　　　) → 통합

04 사회복지사와 클라이언트의 관계를 가장 적절하게 표현한 것은?

① 사회적 관계 ② 지적 관계 ③ 통제적 관계
④ 친밀관계 ⑤ 인간적 관계

05 클라이언트와 사회복지사의 관계 형성을 저지하는 문제는?

가. 양가감정	나. 전이	다. 저항	라. 수용

① 가·나·다 ② 가·다 ③ 나·라
④ 라 ⑤ 가·나·다·라

06 전형적인 전이 반응에는 다음과 같은 것들이다. 이에 알맞지 않은 것은?

① 약속 시간보다 지나치게 일찍 오거나 또한 자주 늦거나 약속을 변경하는 경우이다.
② 외모에 신경을 쓰고 사무실 외의 장소에서 만나기를 원하는 경우이다.
③ 사회복지사의 사회적인 사항에 관심을 갖고, 알고 싶어 하며 사회복지사의 개인적 취미나 실내장식 등을 칭찬하거나 비난하는 경우이다.
④ 칭찬과 보증을 지나치게 기대하거나 아니면 항상 회피하거나 논쟁을 하려는 경우이다.
⑤ 다른 클라이언트와 달리 특별한 대우와 배려를 원하는 경우이다.

07 다음은 사회복지 실천의 관계 형성에서 클라이언트의 비밀보장을 해야 하는 것은?

① 폭력의 위험
② 자살의 위험
③ 아동학대
④ 전문가의 사례회의
⑤ 클라이언트의 이성 친구의 사귐

08 다음은 저항 유형이다. 이에 알맞지 않은 것은?

① 침묵으로 클라이언트가 갑자기 말을 하지 않거나 할 말이 생각나지 않는다고 하거나 말하고 싶지 않다는 경우를 들 수 있다.
② 주제와 관련이 없는 이야기를 하는 것으로 핵심에서 벗어난 이야기를 하거나 쓸데없는 이야기를 하는 경우가 있다.
③ 비관적이고 무력한 태도를 보이는 것으로 "난 아무것도 못해요", "해 봤자 소용없죠"라는 식의 비관적 감정을 나타내는 경우를 들 수 있다.
④ 문제를 축소하거나 마술적 해법을 기대하는 경우로 "다 잘 되겠죠"라고 말하면서 문제를 직면하지 않고 회피하는 것과 변화에 대한 의지를 보이지 않는 것을 들 수 있다.
⑤ 저항을 행동화하는 것으로 지각하거나 면담에 오지 않는 것과 면담 중 딴 짓을 하면서 산만한 행동을 하는 것 등을 들 수 있다.

09 다음 내용은 무엇에 대한 설명인가?

> 사회복지사가 과거에 경험한 관계에서 파생된 감정, 소망, 무의식적 방어유형과 관련이 있는 것으로, 사회복지사의 객관적 인식을 방해하고 클라이언트와의 긍정적인 상호작용을 차단한다.

① 저항
② 양가감정
③ 전이
④ 역전이
⑤ 감정표현

10 다음은 의사소통의 원리이다. 이에 알맞지 않은 것은?

① 원리 1, 진솔한 마음 전하기
② 원리 2, 상대 모습 받아들이기
③ 원리 3, 상대 마음 들어가기
④ 원리 4, 구체적으로 이해하기
⑤ 원리 5, 인간적 관계 형성하기

11 비 언어적 의사소통 방법이다. 이에 알맞지 않은 것은?

① 눈 맞춤
② 목소리의 억양
③ 입의 표정
④ 손과 팔등의 몸동작
⑤ 신체적 자세

정답

01. ② 02. ② 03. 해결 04. ③ 05. ① 06. ④ 07. ⑤ 08. ③ 09. ④ 10. ⑤ 11. ③

PART 3

사회복지 실천의 과정

08
Chapter

사회복지 실천의 과정과 기록

사회복지 실천 과정은 도움을 필요로 하는 사람, 즉 클라이언트가 도움을 받기 위해 사회복지사를 처음 만나는 초기 단계부터 시작해 그의 욕구 및 문제를 확인하고 진단 및 사정과 계획 단계를 거쳐 구체적인 실행 단계와 최종 평가하고 종결하는 및 종결 단계에 이르는 과정, 이를 기록하여 보관하고 사례에 필요한 요소를 기록하는 기록 과정이다.

이 장에서는 이러한 실천 과정에 대해 학자들의 견해에 따른 실전 과정, 종결 단계까지의 과정과 실천 과정이 끝나면 평가와 종결 내용을 기록에 대해 기술한다.

제1절 사회복지 실천의 과정

1. 사회복지 실천 과정의 이해

사회복지 실천 과정이란 도움이 필요한 개인, 가족, 집단에 대해 전문적 지식과 기술을 갖춘 사회복지사가 계획된 원조를 단계적으로 제공하여 문제해결을 돕는 과정으로 클라이언트와 사회복지사가 문제를 해결하고 공동의 목적을 달성하기 위해 거치는 일련의 단계이다.

사회복지 실천 과정은 클라이언트의 문제해결의 실질적인 도움을 제공하고 대처 능력을 향상한다는 궁극적 목적과 함께 원조 과정의 단계별로 고유의 목표와 이를 수행하기 위한 주요 과업과 기술이 필요하다. 사회복지 실천의 단계는 이론적 기반에 따라 지향점이 다르지만, 사회복지사의 관점에서 효과적인 개입 활동을 할 수 있도록 과업에 초점을 두고 실천 과정을 살펴보면 다음과 같다.

초기 단계는 접수, 자료수집과 사정, 목표설정 및 계약 등을 포함한다. 먼저 접수는 사회복지 기관을 찾아온 사람이 그 기관의 서비스를 받을 자격요건을 갖추었는지 아닌지를 판단하는 과정이다. 이 과정을 통해 해당 기관에서 적절한 서비스를 제공할 수 없다고 판단되면, 필요한 서비스를 받을 수 다른 기관으로 의뢰하게 된다.

이때 접수를 담당하는 사회복지사는 편안한 분위기를 만들어서 클라이언트에게 친절하게 대함으로써 정서적 문제를 다룰 수 있도록 돕는다.

기관에서 서비스를 제공하기로 한 경우에는 그 사람의 상황이나 관련된 문제에 대한 기본적인 자료수집이 이루어진다. 수집해야 할 자료에는 개인의 신상정보와 생육사, 제시된 문제와 관련된 개인의 자원, 현재의 사회적 상황의 자원과 제한점, 기관의 자원과 한계점 등을 파악한다. 이 과정에서 사회복지사의 전문적인 자세와 상대방에게 도움이 되고자 하는 진심 어린 태도가 나타나야 한다.

자료수집이 끝나면 수집된 자료를 해석하고 의미를 부여함으로써 최종적으로 문제를 규정하고 실천 방향을 정하는 사정이 이루어진다. 자료수집이 클라이언트와 그의 문제를 이해하는 데 도움이 될 만한 많은 자료를 수집하는 작업이라면, 사정은 수집된 자료를 분석하고 심사숙고하여 문제를 규정해 내는 작업이다. 사정의 대상 영역에는 클라이언트의 정서 심리상태, 역할 수행상의 문제, 클라이언트의 생활력, 자아 방어 기제, 클라이언트의 강점과 대처 방법, 가족의 구조와 기능, 사회적 지지 등이 있다.

특히 클라이언트와 그의 환경을 사정할 때 약점이나 역기능보다는 장점이나 순기능적인 부분을 중심으로 사정하여 클라이언트의 강점을 강화하거나 개발해야 할 환경체계를 규명하는 것이 중요하다. 클라이언트의 사회 환경과 관련된 정보는 가계도와 생태도를 사용하여 정리할 수 있다.

먼저 가계도는 개인이 속한 가족관계에 대한 정보를 파악하기 위해 활용한다. 즉, 클라이언트의 양육 환경, 특히 가족관계를 간단히 도식화함으로써 가족구조와 가족구성원 간의 관계를 기술하여 가족 상황을 일목요연하게 파악할 수 있다. 다음 생태도는 사회적 맥락에서 개인의 위치를 파악하는 것이다. 즉, 클라이언트를 둘러싸고 있는 환경 속의 체계와 클라이언트의 가족이 어떤 관계를 맺고 있는지를 파악함으로써 가족 내부에 대한 이해와 외부와의 연결 및 적응 정도를 이해하게 된다. 이러한 가계도와 생태도는 클라이언트와의 면접 내용을 근거로 해서 사회복지사와 클라이언트가 공동으로 작성하는 것이 원칙이다.

한편, 계획수립을 위해 사회복지사와 클라이언트가 문제에 대한 이해를 공유하면 문제의 우선순위를 결정하고, 이에 근거하여 문제해결을 위한 개입 목표를 설정하게 된다. 목표는 클라이언트의 능력을 고려하여 구체성, 현실성, 측정 가능성, 성취 가능성, 시기 적절성 등을 고려하여 설정한다. 이러한 표적 문제와 목표가 설정되면 서로의 의무와 과업, 구체적 실천 활동을 상호 약속하는 계약을 맺게 된다.

계약은 사회복지사와 클라이언트가 이해한 내용의 본질을 간략히 재검토하는 것으로서 계약당사자와 관련된 주요 인물의 역할, 문제목록과 목표의 우선순위, 최종목표, 사회복지사와 클라이언트의 과업과 책임, 개입 방법과 개입의 구체적 요인 및 평가 방법 등으로 구성된다.

개입 단계는 초기 단계에서 설정된 목표를 달성하기 위해 클라이언트 또는 클라이언트 주변 환경에 변화를 가져오기 위한 개입 활동이 수행되는 시기이다. 이 과정에서 문제해결을 위해 요구되는 과업의 상당 부분은 클라이언트의 몫이라는 것을 명심해야 한다. 그러므로 클라이언트의 능력으로 충분히 수행할 수 있을 만한 과업은 클라이언트 스스로 책임지도록 해야 하며, 그 능력을 넘어서는 과업에 대해서 사회복지사가 도움을 주어야 한다.

이는 클라이언트가 사회복지사가 무엇이든 해결해 주리라고 믿는 의존심을 갖게 되는 것을 방지하고, 또한 과업의 성취를 통해 클라이언트의 개인적 성장을 도모하도록 해 준다. 이 단계에서 사회복지사의 개입 활동의 핵심은 문제로 해결하려는 클라이언트의 변화 노력을 지원하기 위해 구체적인 변화 전략을 수립하는 것이다.

이러한 개입은 필요에 따라 상담, 지역사회와의 자원 연계, 새로운 자원개발, 사회적 지지집단의 활용, 교육, 역할극 등 다양한 전략으로 구성할 수 있다. 또한 사회복지사는 계획대로 문제해결 과정이 진행되고 있는지를 끊임없이 점검하면서 잘 진행되도록 인도하고 도와주며 지지와 피드백을 제공한다.

사회복지 실천 과정의 최종단계인 종결은 원조 관계의 해체를 위한 체계적 절차를 의미한다. 종결이 어떤 이유에서 이루어져야 하는지, 또 계획된 것인지 계획되지 않은 것인지에 따라 클라이언트와 사회복지사의 반응은 달라지기 때문에 상호계획된 종결을 하는 것이 필요하다. 사회복지사는 종결과 관련해 클라이언트가 어떤 감정을 가지고 어떤 반응을 보이는지를 주의 깊게 파악하여, 클라이언트가 이런 감정을 제대로 표현하고 처리할 수 있도록 도와야 한다. 이와 함께 종결에 대한 사회복지사 자신의 감정에 대해서도 검토해 보아야 한다.

또한 개입 과정을 통해 획득한 효과의 유지와 강화를 위해 클라이언트가 문제해결의 기본원칙을 파악하도록 도와주거나 필요한 경우 사후관리를 통해 클라이언트가 잘 적응하고 있는지를 점검해야 한다.

평가 및 종결 단계에서 평가는 사회복지사와 사회복지기관의 클라이언트와 지지자원

그리고 사회구성원에게 책무성을 증명하기 위해 실시해야 하는 작업이다.

종결 단계에서는 개입 활동 전반에 대한 평가가 병행된다. 평가는 사회복지 실천 과정에서 계속해서 시행되는 활동으로 사회복지 실천의 목적과 목표의 달성 정도를 결정하는 동시에 목적과 목표를 달성하기 위해 사용된 수단의 적합성을 심사하는 것이다. 즉, 완성된 개입 과정을 관찰하고 사용된 특정 수단과 전략이 선택된 이유와 실제로 효과가 있었는지를 확인하는 것이다.

따라서 사회복지사는 목적 달성 정도를 평가하는 효과성 평가, 비용의 결과를 따지는 효율성 평가, 결과를 중심으로 보는 총괄 평가, 그리고 과정의 적절성을 중심으로 보는 형성 평가를 함께 시행해야 한다.

2. 사회복지 실천 과정의 특성

1) 1인의 클라이언트 체계를 중심으로 이루어진다.

개인 대상의 복지 실천은 개별 클라이언트 체계가 갖는 문제에 초점을 두고 클라이언트와 개별화된 원조 과정을 진행하는 특징이 있다. 개인의 존엄성과 자기 결정권을 강조하는 사회복지 실천의 기본적 가치가 개별 클라이언트와의 협력적인 문제해결 과정 속에 반영되어 클라이언트의 선택권을 중요시하며, 개인의 개별적인 욕구와 특성, 상황에 알맞은 방법과 전략을 활용하도록 한다.

2) 클라이언트와 사회복지사와의 전문적 관계를 강조한다.

개인 대상의 실천에서는 사회복지사가 클라이언트와의 일대일의 관계 속에서 관계 형성과 의사소통의 기술을 도구로 활용하여 클라이언트의 문제해결 과정에 개입하는 특징이 있다.

3) 개인의 문제해결을 위해 다양한 개입모델을 활용한다.

개인 대상의 실천 과정에서는 다양한 학문적 배경을 가진 실천 모델 등을 활용하여 개인의 변화 또는 개인과 환경의 상호작용을 변화시키고자 한다.

4) 관계 형성 기술

(1) 개별화는 모든 인간은 각 개인의 고유성을 가진 존재로서 인식될 권리가 있음을 강조한다.

(2) 클라이언트의 자기 결정권이란 선택과 결정에 대한 클라이언트의 자유와 권리를 의미한다.

(3) 수용은 클라이언트의 관점과 가치를 인정하며 클라이언트에 대한 긍정적인 고려를 하는 것이다. 수용적인 사회복지사는 클라이언트의 가치와 존엄성을 인정하며 클라이언트가 가진 고유의 장점과 자원을 인식하며 성장의 가능성을 기대한다.

(4) 비 심판적 태도는 클라이언트를 비난하거나 경솔한 평가를 하지 않으며 클라이언트 스스로가 가치판단을 하도록 돕는 것이다.

(5) 통제된 정서적 관여란 클라이언트의 상황과 자신의 개인적 감정을 분리하는 것이다.

(6) 의도적 감정표현은 클라이언트가 가진 부정적인 감정과 정서 상태를 자유롭게 표현할 수 있도록 격려하는 것이다.

(7) 비밀보장은 모든 클라이언트는 사생활에 대한 권리와 서비스 제공 과정에서 공유된 내용에 대해 전문가와 기관으로부터 비밀을 보장받을 권리가 있음을 의미한다.

5) 대화의 기술

(1) 바꾸어 말하기는 클라이언트의 메시지 내용에 초점을 두고 클라이언트가 말한 바를 재진술하는 것이다.

(2) 감정의 반영이란 클라이언트의 정서적인 내용을 재진술하며 탐색하는 기술로서 클라이언트가 자신의 주변 상황에 대해 어떻게 정서적으로 반응하는가를 이해하는 데 도움을 준다.

(3) 정보 제공은 클라이언트에게 유용한 내용을 전달할 때 사용하는 기술로서, 제공되는 정보는 클라이언트의 현재 문제에 적절한 실질적인 것이어야 한다.

(4) 명료화란 클라이언트의 생각이나 감정, 경험을 명확히 이해하기 위한 것으로, 클라이언트의 메시지가 추상적이거나 혼란스러운 경우보다 구체적으로 표현하도록 클라이언트에게 요청하게 된다.

(5) 요약이란 클라이언트 메시지의 정서와 내용이 문장 안에 잘 축약되도록 하는 것이다.

(6) 해석이란 클라이언트가 표현한 문제에 숨겨진 의미를 발견하고자 하는 것이다.

(7) 직면이란 클라이언트 메시지의 불일치된 이용을 지적할 때 사용하는 기술이다.

6) 준비 단계의 기술

(1) 주어진 정보를 검토하고, 점검한다.

(2) 초기 면접자나 의뢰인, 이전에 사례를 담당했던 직원으로부터 클라이언트와 문제 상황에 관해 알아본다.

(3) 슈퍼바이저나 동료로부터 조언을 구한다.

(4) 면접을 방해하는 요소를 사전에 차단하고 원활한 의사소통이 이루어지도록 구체적인 준비를 한다.

(5) 예상되는 클라이언트의 문제와 상황에 대해 공감적 이해를 한다.

(6) 효과적인 면접을 위해 사회복지사는 클라이언트와 만나기 이전부터 면접에 관한 임시 계획을 세운다.

3. 학자들 견해에 따른 사회복지 실천 과정

사회복지 실천 과정은 클라이언트와 그를 둘러싼 개인, 가족, 집단, 지역사회 등 다양한 환경 내의 체계들을 변화시키기 위해 사회복지사가 그의 전문직 가치와 지식 및 기술을 적용하여 도와주는 전문적 활동 과정이라고 할 수 있다(이영실 외, 2016).

이러한 사회복지 실천 과정은 여러 학자마다 다양한 입장이다. 전개하는 입장에 따라 약간의 차이를 보이고 있다.

외국학자들의 경우, 핀커스와 미나한은 문제의 사정, 자료수집, 초기 접촉, 현상적 계약, 행동체계, 영향력 행사, 변화 노력의 종결 등 7단계로 구분하였다(Pincus & Minahan, 1973).

콤튼과 갤러웨이는 자료수집과 사정, 업무동의, 개입, 평가, 종결 등 5단계로 구분하였다(Compton & Galaway, 1984).

헵워스와 라슨은 탐색과 사정 및 계획, 변화지향, 종결과 평가 등 3단계로 구분하였다(Hepworth & Larsen, 1993).

존슨과 얀카는 초기 과정, 사정 과정, 계획 과정, 변화 과정, 종결 과정으로 사회복지의 실천 과정을 설명하고 있다(Johnson & Yanca, 2001).

노턴은 사정, 계획, 초기, 핵심, 문제해결, 종결, 평가 등 7단계로 구분하였다(Northen, 1995).

쉐퍼 등은 접수와 관계 형성, 자료수집과 사정, 계획과 계약, 개입과 모니터링, 평가와 종결 등 5단계로 구분하였다(Sheafor et al., 1997).

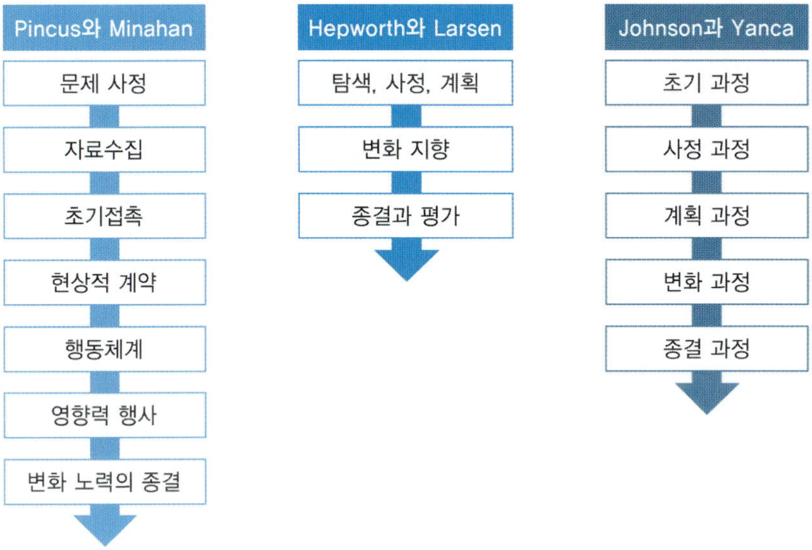

[그림 8-1] **학자별 사회복지 실천의 과정**

또한 국내 학자들의 경우, 김융일 등은 접수 및 참여 유도, 자료수집과 사정 및 계획, 개입, 평가 및 종결 등 4단계로 구분하였다. 장인협은 사정, 계획, 개입, 평가, 종결 등 5단계로 구분하였다.

양옥경 등은 접수, 자료수집 및 사정, 목표설정 및 계약, 개입, 평가 및 종결 등 5단계로 구분하였다.

국내·외 학자들에 따른 사회복지 실천 과정은 3단계 또는 4단계부터 7단계까지 구분되지만 전체적인 과정에 있어서 다루어야 할 내용에는 큰 차이가 없다.

일반적으로 사회복지 실천 과정은 접수, 자료수집 및 사정, 목표설정 및 계약, 개입, 평가 및 종결의 단계로 구성된다고 할 수 있다.

그러나 9장에서 12장까지는 사단법인 한국사회복지교육협의회에서 제시한 사회복지 실천론 교과목 지침서에 따라 ① 초기 단계-접수, 자료수집, ② 사정 및 계획 단계-사정, 목표설정, 계획, ③ 실행 단계(미시적 및 거시적), ④ 종결 단계-평가 및 종결 등 4단계로 구분하였다(한국사회복지교육협의회, 2020.7).

제2절 사회복지 실천의 기록

사회복지 실천 과정에서 기록은 클라이언트와의 의사소통 과정과 결과, 환류(Feedback)를 제공하는 실무도구로서 사회복지사가 윤리적 기준을 가지고 문서화하는 것을 의미한다.

기록에 포함하는 내용은 클라이언트의 초기 단계를 진행하고 등록 접수한 것부터 욕구 및 문제를 확인하여 사정하고, 이를 토대로 수립한 목표와 목표에 따라 진행한 실천 내용, 실천에 따른 평가와 피드백, 종결 내용 등 사회복지 실천의 전 과정이 포함된다. 이러한 기록을 통하여 사회복지사와 클라이언트는 이전 활동에 대한 내용을 기억할 수 있고, 서비스와 서비스 목표가 점검될 수 있으며, 슈퍼바이저와 사회복지사 간에 슈퍼비전을 주고받을 수 있게 된다.

또한 기록은 사회복지사의 실천을 평가하는 데 필요한 자료, 클라이언트에게 서비스가 제공되었다는 것을 증명하는 자료, 사회복지사의 책무성을 위한 자료 등을 제공하게 된다. 그러므로 기록의 목적에 따라 사실에 근거하여 정확하고 명료하게 기록해야 한다.

이 장에서는 사회복지 실천 과정에 대한 기록의 필요성과 중요성 및 목적, 실제 및 용도, 내용과 기술 및 고려 사항, 유형 및 기록물 관리 등에 대해서 알아본다.

1. 실천 과정에 대한 목적과 중요성

1) 실천 과정에 대한 기록의 목적

사회복지 실천 과정에서 기록의 중요한 목적은 사회복지 실천의 책무성, 효율성, 지속성, 만족도 등의 질적 향상을 통한 실천을 증진하는 것이라고 할 수 있다. 이러한 목적은 학자들의 견해에 따라 다를 수 있으나 일반적으로 다음 8가지로 구분할 수 있다(권구영 외, 2009; 구혜영, 2010; 설진화, 2010; 이영실 외, 2010; 최경화 외, 2010).

(1) 사회복지 실천 활동의 문서화

사회복지사는 클라이언트의 욕구 및 문제를 파악하고, 사정하고, 실천하고, 평가 및 종결 과정에 관한 모든 사항을 문서화하게 된다. 이렇게 기록된 문서는 사회복지 실천 활동을 정당화하거나 책임성을 강화하는 데 활용될 수 있다. 즉, 사회복지기관이 약속한 프로그램 및 정책적 지침을 실제로 행하고 있다는 것을 보여줄 뿐만 아니라 프로그램에 대한 재정지원을 정당화할 수 있다. 또한 사회복지사의 전문적 활동을 입증할 수 있는 자료가 될 수 있으며, 사회복지사와 클라이언트 간에 불미스러운 일로 인한 문제가 발생했을 때 참고 자료로 활용될 수 있다.

(2) 효과적인 서비스를 위한 모니터

사회복지사는 클라이언트의 사실에 대한 정보와 변화에 따른 과정을 체계적으로 기록하게 된다. 이렇게 기록한 내용을 토대로 클라이언트에게 제공되는 서비스 목표에 부합되는지, 계획대로 잘 진행되고 있는지 등을 모니터링한다. 모니터링을 통하여 서비스 활동을 검토 및 평가하고, 서비스 전달 방법에 있어서 수정할 사항이 발견되면 수정하고, 서비스의 효과성과 효율성을 평가하는 자료가 될 수 있다.

(3) 서비스의 연속성 및 지속성 유지

사회복지사가 클라이언트에 대한 원조 서비스를 실시할 때 연속적이고 지속적으로 서비스를 유지하는 것이 필요하다. 즉, 기관 내의 부서이동이나 휴가 및 사직 등의 이유로 다른 사회복지사가 일시적 또는 영구적으로 클라이언트를 맡게 되었을 경우나, 클라이언트가 다른 기관으로 의뢰되었을 경우에 기록은 현재까지 진행 과정을 파악할 수 있기 때문에 서비스의 공백 없이 지속적인 서비스를 제공할 수 있게 해준다.

(4) 전문가 간의 공조 체계 및 의사소통 활성화

다양한 욕구 및 문제를 가진 클라이언트를 원조하기 위해 다수의 전문가(의사, 간호사, 임상 전문가, 물리 치료사, 심리 치료사 등)들이 함께 서비스를 제공하는 것이 필요한 경우가 있다. 이러한 경우 사회복지사의 관점으로 얻은 정보와 실천 활동에 대한 기록은 팀으로 활동할 때 전문가 간에 공조 체계 및 의사소통을 활성화할 수 있다.

(5) 슈퍼비전 및 자문 등의 활성화

기록은 슈퍼바이저에게 지도 감독을 받고, 전문가들에게 자문을 받고, 동료들과 클라이언트의 상황과 개입 과정에 대해서 공유할 수 있는 자료로 활용하면서 활성화될 수 있다. 또한 사회복지 면담 실천 과정을 배우는 실습생이나 학생들의 교육자료로 활용할 수 있을 뿐만 아니라 기록한 내용을 토대로 슈퍼바이저에게 피드백을 받을 수 있다.

(6) 행정적 자료로 활용

클라이언트에 대한 정보, 사회복지 실천 서비스에 관한 정보 등은 그들의 욕구 및 문제, 서비스 유형, 직무관리, 직무수행, 자원분배 등에 관한 행정적 의사결정을 내리기 위한 자료로 활용된다.

(7) 조사연구를 위한 자료로 활용

문서화된 기록은 조사연구를 위한 자료나 서비스 비용을 청구하고 프로그램 실시를 위한 재원을 확보하는 데 자료로 활용된다. 클라이언트의 유형이나 사회복지 활동, 정서적 문제 등의 자료를 수집하고 연구하고자 하는 전문연구자들에게 많은 정보를 제공하게 된다. 기록을 활용한 조사연구를 할 때 클라이언트에 대한 신상정보가 노출되지 않도록 비밀보장에 주의를 기울여야 한다.

(8) 클라이언트와의 정보 공유

클라이언트와의 정보 공유 및 제공기록을 통해 클라이언트와 정보를 공유할 수 있고 이로써 원활한 의사소통을 할 수 있다. 기록할 때 클라이언트의 변화 정도를 자신이 스스로 기록하게 할 수도 있고, 사회복지사가 개입의 내용 및 과정을 기록할 수도 있는데, 이러한 기록을 통하여 서로 공감하며 긍정적인 의사소통을 할 수 있다. 또한 기록은 클라이언트와 그 가족, 대리인 등에게 정보를 제공하게 된다. 클라이언트의 알 권리를 존중해 정보를 개방하고 공유하여 치료에 반응할 수 있도록 돕기 위한 치료적 수단이 되기도 한다.

2) 실천 과정에 대한 기록의 중요성

사회복지 실천 과정에서 기록은 전문성과 서비스의 질을 향상시키기 위해 중요한 요소이다. 왜냐하면 기록은 클라이언트의 상황을 확인하기 위해 초기 면접지 작성 단계부터 수집한 정보를 기록하고, 사정과 계약을 위한 기록을 작성하고, 개입 단계에 나타나는 목표 달성과 클라이언트의 변화에 대한 정보를 기록하고, 평가 및 종결 단계에 대한 정보를 기록하는 등 각 단계마다 시간이 경과됨에 따라 지속적으로 문서화되기 때문이다(최경화 외, 2010). 일반적으로 사회복지 실천 과정에서 기록을 할 경우 기록의 내용은 사실적이면서 사회복지사의 관찰을 기초로 하여 작성하고, 애매모호한 단어나 문구의 사용을 피하고, 가능한 한 짧으면서도 중요한 정보를 빼놓지 않도록 작성해야 한다(서혜석 외, 2010).

따라서 이렇게 기록된 문서는 사회복지사와 클라이언트는 이전 활동에 대한 내용을 기억할 수 있고, 개입과 개입목표가 점검될 수 있으며, 슈퍼바이저와 사회복지사 간에 슈퍼비전을 주고받을 수 있게 된다. 또한 이러한 기록은 사회복지사의 실천을 평가하는 데 필요한 자료, 클라이언트에게 서비스가 제공되었다는 것을 증명하는 자료, 사회복지사의 책무성을 위한 자료 등으로 활용되기 때문에 필요하며 중요하다(엄명용 외, 2015).

현장에서 일하는 사회복지 실천가들은 기록의 필요성과 중요성에 대해서 어느 정도

동의하지만, 클라이언트와 직접 대면하는 업무를 더 중요시하거나 업무 시간상의 제약 등을 이유로 기록을 간과하거나 등한시하는 경우가 발생하기도 한다. 그러나 현대 사회에서 사회복지 실천 과정에 대한 책무성이 강조되고 사회복지 관련 업무점검, 평가, 인증 시스템이 강화되면서 그 어느 때보다 기록이 중요해지고 있다. 특히, 클라이언트나 전문가의 인권, 사회복지사의 법적 책임에 대한 논의가 이루어지기 시작하면서 기록의 중요성이 강조되고 있다(NCS 학습 모듈, 2019).

3) 실천 과정에 대한 기록의 실제

대부분의 실천가들은 기록의 필요성과 중요성을 인식하지만 시간이 없다는 이유 등으로 기록 및 관리를 소홀히 하는 경우가 많다. 이러한 경우 실제 상황에 맞춰 기록하면 도움이 될 수 있다. 여기서는 기록할 시간과 자료 확보, 각종 양식과 도구 활용, 클라이언트와 함께 기록하는 방법, 객관성 유지 등을 알아본다(NCS 학습 모듈, 2019).

(1) 기록할 시간 및 자료 확보

기록은 실천 과정 중에 할 수 있다면 해두는 것이 좋다. 왜냐하면 내용을 잊지 않을 수 있으며 기록을 위한 별도의 시간을 할애할 필요가 없기 때문이다. 그러나 대부분의 경우에는 면담 실천 중에 기록을 하기 어렵고 모든 내용을 기록할 수 없기 때문에 실천 과정 중에는 간단한 정도로 메모만 남겨 둔 후 이후에 별도의 시간을 확보하여 기록하게 된다.

기록을 할 때에는 기록해야 할 내용을 간략히 요약하고, 중요한 것, 특히 날짜와 시간, 나이, 급여액 등과 같은 숫자는 별도로 메모를 해둠으로써 이후에 기록할 때 참고 자료로 확보하는 것이 바람직하다.

(2) 각종 양식과 도구 활용

기록을 위해서는 다양한 각종 양식(초기면접 기록지, 과정 기록지, 서비스 계획이나 평가표,

종결 보고서, 사후관리 계획서, 의뢰서 등)과 도구(가계도, 생태도, 생활력 도표, 사회적 관계망 지도, 사회적 관계망 도표, 사회도 등)를 활용하게 된다. 최근에는 컴퓨터나 녹음 및 녹화 도구(캠코더, 보이스리코더 등)를 포함한 다양한 전산기기를 활용하고 있다.

기록을 전산화하는 경우에는 전산 프로그램의 사용 방법에 익숙해져야 하며, 입력해야 할 내용도 숙지하고 있어야 한다.

(3) 클라이언트와 함께 기록

사회복지 실천 과정 중에 클라이언트에 따라서는 사회복지사가 기록하는 것을 불편해 할 수도 있다. 이는 개인의 비밀스럽고 부끄럽게 느껴지는 내면의 이야기가 기록되는 것에 대한 부담 때문이다. 따라서 사회복지사는 실천 과정 전에 클라이언트에게 기록의 이유와 비밀 보장에 대한 설명을 하고 기록에 동의를 구한 후에 중요한 내용만 요약하여 기록하거나 실천 내용을 녹음하여 현장에서의 기록을 최소화할 필요가 있다.

(4) 객관성 유지

클라이언트의 관찰 내용, 정보 인용처, 목표의 수립, 평가의 내용 등에 관한 기록은 객관성을 유지해야 한다. 이는 기록물이 예산을 제공하거나 평가하는 기초자료로 중요하게 활용되기도 하며, 만약의 경우 발생할 수 있는 법적 문제에서 증거자료로 활용되거나 교육 및 연구자료로도 활용될 수 있기 때문이다.

4) 실천 과정에 대한 기록의 용도

사회복지 실천 과정에서 기록의 용도는 다양하지만 일반적으로 다음과 같은 용도를 갖고 있다(이영호, 2008; 서혜석 외, 2010).

① 클라이언트의 욕구 및 문제를 파악하고 개입하기 위한 기초자료로 활용된다.

② 해당 기관에서 서비스 대상 자격을 입증할 자료로 활용된다.

③ 클라이언트와 서비스에 관한 정보가 필요할 때 활용될 수 있다.

④ 서비스를 전달하는 전문가들 간에 공조 체계를 원활히 하기 위해 활용된다.
⑤ 전문가가 교체될 경우 기록을 통해 현재까지의 진행사항을 확인할 수 있어 서비스의 지속성을 유지할 수 있다.
⑥ 사회복지사와 클라이언트 간의 정보 공유를 통하여 긍정적인 의사소통 및 관계 형성을 촉진하기 위해 활용된다.
⑦ 타 전문가의 자문, 슈퍼비전, 동료들의 피드백 등을 받기 위한 자료로 활용될 수 있다.
⑧ 교육훈련 및 연구 조사 자료로 활용될 수 있다.
⑨ 서비스의 효과성, 효율성, 그리고 질을 평가하는 데 활용된다.
⑩ 실무와 행정상의 규정이나 기준을 준수하고 있는지 확인할 때 활용된다.
⑪ 실무와 행정상의 의사결정을 하기 위한 자료로 활용된다.
⑫ 서비스에 대한 비용 청구와 프로그램 실시를 위한 재원확보에 활용될 수 있다.

2. 실천 과정에 대한 기록의 내용과 기술

1) 실천 과정에 대한 기록의 내용

기록의 주된 기능은 사회복지사가 클라이언트에게 서비스를 제공하는 과정에서 취해진 전문적 의사결정 및 내용과 근거를 기록하는 데 있다. 그러므로 기록은 대상자의 상황을 확인하고 평가하면서 서비스 제공 목적과 활동, 서비스 전달과정, 대상자에 대한 서비스 효과 여부를 평가하는 과정 단계마다 이루어져야 하는 중요한 부분이므로 시간의 경과에 따라 지속적으로 문서화되어야 한다.

이와 관련하여 카이글(Kagle)은 사회복지 실천 과정에서 기록에 포함되어야 할 기본 내용으로 클라이언트의 인구학적 특성, 서비스 제공 사유, 사회복지사의 사정 내용과 견해, 서비스 목적과 계획, 클라이언트 및 서비스의 특성, 사회복지 실천 활동의 결과,

서비스 종결 방법과 사유, 사후관리 등을 제시했다(Kagle, 1991; 구혜영, 2010).

또한 클라이언트의 욕구 및 문제를 지나온 과거에 대해 역사적 관점과 생태학적 맥락에서 이해하기 위해 현재와 과거의 정보를 기록하는 사회력에 대한 기록도 요구된다. 각 단계별 기록 내용은 다음과 같다.

(1) 접수 단계의 기록 내용

접수 단계에서는 사회복지사와 클라이언트가 처음으로 만나게 된다. 사회복지사는 클라이언트에 대한 많은 정보를 수집하려고 노력하게 되는데, 다음과 같은 요소를 중심으로 이루어진다.

① 면접 날짜 또는 기록일(년, 월, 일)

② 클라이언트의 인구 사회학적 특성(이름, 주소, 생년월일, 성, 교육 수준, 가족구성, 직업, 수입, 종교, 결혼상태, 경제 수준, 그리고 초기 상호작용과 정서적 상태 등)을 기록하고, 비상 연락을 취할 수 있는 가족의 연락처도 기록하는 것이 좋다.

③ 서비스를 요청하게 된 동기 및 개시하는 이유에 대해서 기록한다. 클라이언트가 직접 서비스를 요청하는 경우와 기관에서 의뢰된 경우가 있을 수 있는데 이러한 내용을 기록한다. 또한 의뢰한 기관의 연락처 및 서비스 참여 동기 등도 기록한다.

④ 클라이언트의 욕구 및 문제해결을 위해 가능한 자원(공식적 · 비공식적 자원)과 제약사항에 대해서 기록한다.

⑤ 클라이언트의 과거와 현재 상황에 대해서 기록한다. 클라이언트의 개인력, 가족력, 사회력 등을 기준으로 과거의 발달 상황과 현재의 상황에 대해서 역사적 · 생태학적 맥락에서 기록한다.

(2) 사정 단계의 기록 내용

사정 단계에서 사회복지사는 접수 단계에서 얻은 정보를 기초로 해서 자신의 전문지식과 클라이언트의 정보에 대해서 분석하고 종합하게 된다. 사정 단계에서 기록해야 할 내용은 다음과 같다(서혜석 외, 2010; 엄명용 외, 2015).

① 클라이언트 욕구 및 문제에 영향을 주고 유지시키는 요인들
② 욕구 및 문제해결에 유용한 클라이언트의 강점, 능력, 자원 등
③ 개입을 위한 문제와 개입 과정에 포함될 수 있는 인적·물적 자원과 체계
④ 변화를 위한 잠재적 대상과 대상이 변화되지 않을 경우 가능한 결과
⑤ 문제 상황의 심각성과 개입 시기, 개입 방법, 전략, 과제, 평가 수단, 개입 기간 등

(3) 계획수립 단계의 기록 내용

계획수립 단계에서는 목표설정과 계약체결이 이루어지는데, 계약의 내용을 문서화해서 보관해야 한다.

콤튼과 갤러웨이(Compton & Galaway)는 계약서에 필수적으로 기록해야 할 내용을 다음과 같이 제시하고 있다(Compton & Galaway, 1984; 서혜석 외, 2010; 엄명용 외, 2015).

① 사회복지사와 클라이언트가 함께 달성하고자 하는 목표를 기록해야 한다. 목표는 구체적이고 실현 가능한 것으로 설정하되 관찰 또는 측정 가능한 용어로 기술한다.
② 계약에 대한 사회복지사와 클라이언트의 책임(권리와 의무)을 구체적으로 기록한다.
③ 목표 달성을 위해 사용될 기법과 방법을 기록한다.
④ 실천을 위한 시간 및 장소 등과 같은 행정적 절차를 기록한다.

(4) 실천 단계의 기록 내용

실천 단계에서는 개입을 위한 계획이 수립되어 구체적인 서비스가 이루어진다. 이 단계에서는 실천 과정에 대한 자세한 내용을 기록해야 하는데, 카글(Kagle)은 포함될 수 있는 내용을 다음과 같이 제시하고 있다(Kagle, 1991; 서혜석 외, 2010; 엄명용 외, 2015).

① 클라이언트의 활동 또는 그의 활동을 대신한 활동을 기록한다. 논의된 주제와 결정 내용뿐만 아니라 날짜, 장소, 참석자 등을 기록한다. 또한 클라이언트의 가족구성원, 사회관계망 속의 구성원, 다른 서비스 제공자들과 논의된 내용도 기록한다.

② 클라이언트의 문제상황에 대한 새로운 정보를 기록한다. 접수 단계에서 누락된 정보, 개입 이후 변화된 정보, 목표의 수정 및 변경에 따른 정보 등을 기록한다.

③ 중요한 사건은 바로 기록하고 동시에 슈퍼바이저나 다른 관리책임자에게 보고한다.

④ 개입 과정에 대한 평가를 기록한다. 사회복지 실천의 효과성을 고려하여 사회복지사는 목표 달성에 대한 구체적인 지표(표준화된 척도, 행동 관찰 등)를 사용하여 클라이언트 변화에 대해서 평가하고 기록한다.

2) 실천 과정에 대한 기록 기술

사회복지 실천 영역에서 기록의 종류와 방법은 다양한데 이는 사회복지 업무의 다양성을 반영하고 있다. 따라서 기록은 각 서비스 유형별로 특성에 맞게 해야 하고 실천 방법이나 조직의 특성에 따라 적합한 유형을 선택해야 한다. 또한 어느 누가 접해도 알아볼 수 있도록 현실에 근거하여 정확하고 이해할 수 있도록 기록하는 기술이 필요하다. 좋은 기록을 작성하는 기술적 지침은 다음과 같다(Kagle, 1991; 이영실 외, 2010).

① 기록의 목적(정확성, 효과성, 책임성, 비밀보장 등)을 충분히 반영해서 기록하는 기술이 필요하다.

② 욕구 및 문제 분석, 사정, 개입, 그리고 평가의 기초가 되는 클라이언트에 대한 정보를 기록한다.

③ 욕구 및 문제, 사정, 개입, 그리고 평가 등의 각 단계마다 목적, 목표, 계획, 개입 과정의 서비스 전달 등에 관한 정보를 기록한다.

④ 사실과 견해를 구분하여 기록하는 기술이 필요하다. 객관적 사실과 사회복지사의 사적 견해가 구분되어 혼돈되지 않게 기록한다.

⑤ 긴 내용은 구조화해서 효과적으로 기록한다. 소제목을 달아놓으면 이후에 손쉽게 찾아내어 활용하기도 좋다.

⑥ 기록의 내용은 사실에 입각해서 기록하고 간결한 문체, 구체적 묘사 등으로 논리적인 표현을 사용해서 기록한다.

⑦ 내용과 절차 또는 과정에 있어서 사회복지사의 윤리를 준수해서 기록한다.

⑧ 어떤 서비스가 제공될 것인지에 대한 결정과 행동을 중심으로 기록한다.

⑨ 기록의 질은 기본적으로 기록자의 기술에 달려 있으므로 체계적으로 준비하고 문장 기술 능력을 향상시켜 기록한다.

위와 같은 사회복지 실천에 대한 기록의 기술적 지침을 적용하여 기록을 하지만 실제로 업무를 진행하면서 정확한 기록을 행하는 것은 쉽지 않다. 그 원인으로는 글을 쓰는 것 자체에 대한 부담일 수도 있고, 업무에 대한 과중한 부담이나 기록을 위한 시간을 내기 어렵기 때문일 수도 있다. 또한 기록하는 방법에 대한 기법이 부족하거나 구체적인 지침이 없기 때문일 수도 있다. 그러나 기술적 지침을 적용한 기록을 통해 클라이언트에게 더 나은 서비스가 제공될 수 있으며, 사회복지사는 기록을 통하여 자신의 성장도구가 될 수 있다. 따라서 사회복지사는 기록을 보다 잘 이해하고 기록에 대한 구체적 기법과 기술적 지침을 알고 있어야 효과적인 기록과 원활한 서비스를 진행할 수 있다(신경림 외, 2011).

3) 실천 과정에 대한 기록 작성 시 주의 사항

사회복지 실천 과정의 기록은 기술적 지침을 적용하여 하지만 일반적인 기록의 주의사항은 다음과 같다(이영실 외, 2010).

① 기록을 하기 전에 클라이언트에게 양해와 동의를 구하고 기록을 하는 목적과 클라이언트에게 어떤 도움이 되는지 간략하게 이야기한다.

② 클라이언트와 면접을 하면서 기록할 경우 메모하는 것은 최소한으로 줄이는 것이 좋다. 너무 기록에 치중할 경우 클라이언트는 자신에게 관심이 없다고 느낄 수 있어 면접에 방해가 될 수 있다. 면접을 진행하면서 간단하게 메모해 두었다가 끝난 후 기록하는 것이 바람직하다.

③ 녹음이나 녹화를 할 경우 클라이언트에게 부담을 주지 않으려고 비밀스럽게 하면 좋지 않다. 먼저 클라이언트에게 양해를 구하고 시작하는 것이 좋고, 중간에 그가 불편해하면 중단하는 것이 좋다.
④ 기록 내용은 사실적 근거에 입각해서 정확하게 기록하며, 다른 사람에게 공개되어서는 안 된다.
⑤ 기록을 슈퍼비전이나 사례회의에 사용할 경우 클라이언트의 사적 정보가 노출되지 않도록 유의한다.

또한 사회복지실천과정에서 기록을 작성할 때는 다음과 같은 5가지 사항을 고려해야 한다(신경림 외, 2011).

① **책무성**: 기록을 통해 사회복지사의 활동과 효과를 입증할 수 있도록 서비스중심의 기록을 해야 한다. 즉 대상자의 상태, 서비스의 과정, 그리고 진행정보 등을 포함해서 기록한다.
② **효율성**: 초점이 분명하고 간결한 기록을 통하여 효율성을 높이고 구조화, 문서화되어 쉽게 알아볼 수 있도록 작성해야 한다.
③ **클라이언트의 사생활 보호**: 기록에서 클라이언트의 비밀보장은 매우 중요하므로 기록 관리를 철저히 해야 한다. 기록 시 클라이언트의 동의를 구하고 기록을 보여달라고 요청하면 보여주어야 한다.
④ **시간성**: 서비스 중심적인 기록은 서비스 진행 과정에 따라 즉시 문서화하여 이를 통해 정확도와 신뢰도를 확보할 수 있어야 한다.
⑤ **객관적 사실**: 기록은 객관적 사실을 토대로 작성해야 한다. 사회복지사의 주관적인 생각과 추리는 작성하지 않는 것이 좋으나 필요한 경우 분리해서 기록한다.

3. 실천 과정에 대한 기록의 유형과 관리

1) 실천 과정에 대한 기록의 유형

대부분의 기록은 객관적인 사실에 입각한 내용을 기술하게 되는데, 행정적인 기록물일 수도 있고, 슈퍼비전을 위한 것일 수도 있고, 책무성을 확인받기 위한 것일 수도 있고, 때로는 법적 책임을 확인하기 위한 것일 수도 있으므로 용도에 따라 다양하게 활용된다.

어떤 기록의 유형을 선택하여 사용할지는 제공되는 서비스의 유형, 활용목적, 기관의 특성 등에 따라 다를 수 있다. 여기서는 과정 기록, 이야기체 기록, 문제중심기록, 요약기록, 녹음 및 녹화기록, 컴퓨터에 의한 표준화 기록 등에 대해서 알아본다(Kagle, 1991; Johnson, 1995; Sheafor et al., 1997; 김향선 외, 2015).

(1) 과정 기록

과정 기록(Process recording)은 사회복지사와 클라이언트가 사회복지 실천 과정에서 이야기한 내용, 대상자의 행동, 사회복지사가 관찰한 것과 판단한 것 등 서로 간의 상호작용을 그대로 기록하는 것이다. 이렇게 자세히 기록하는 것은 원조 과정이나 사회복지사와 클라이언트 간의 상호작용 과정을 상세하게 연구하기 위한 것이다.

과정 기록의 방법은 사회복지 실천 과정 중에 사회복지사와 클라이언트의 상호작용 내용을 그대로 기록할 수도 있고, 간접적으로 풀어서 기록할 수도 있다. 또한 서로 간의 상호작용 과정을 세밀하게 표현하기 위해 실천 내용, 사회복지사의 의견, 슈퍼바이저의 코멘트 등으로 구분하여 기록할 수도 있다.

이렇게 작성되는 기록의 내용은 실천에 참석한 사람, 날짜, 장소, 상담 회기, 진행 시간, 목적, 계획, 상호작용 내용, 사회복지사의 역할과 활동, 클라이언 면담 일지 날짜 등을 기록한다.

(2) 이야기체 기록

이야기체 기록(Narrative recording)은 클라이언트의 상황이나 서비스에 대한 사항을 이야기하듯 서술하고 기록하는 것이다.

이러한 이야기체 기록의 장점은 사례가 장기간 지속될 경우 유용하며 주요 부분은 포괄적으로 기록할 수 있다는 융통성이 있다. 또한 클라이언트의 상황이나 서비스 교류의 특별한 특성을 개별적으로 반영할 수 있기 때문에 임상 실천을 문서화하는 데 특히 적합하다. 반면에 단점은 과정 기록보다 시간은 덜 들지만 기록해야 할 것과 하지 않을 것을 구분하고 조직화해서 재구성하기 때문에 시간이 많이 소요될 수 있다.

또한 면담 실천이 지나치게 단순화되거나 초점이 흐려져 정보를 쉽게 찾지 못할 우려가 있고, 실제로 제공한 서비스의 질보다 사회복지사의 문장 능력이나 재량이 반영되기 때문에 기록자의 관점에 따라 내용이 많이 달라질 수 있다는 단점이 있다. 하지만 이야기체 기록은 일반적으로 널리 사용되고 있기 때문에 원활한 기록을 위해 지침이나 일정한 양식을 만들어 활용하면 좋다(최경화 외, 2010).

(3) 문제 중심 기록

문제 중심 기록(Problem-Oriented recoding)은 실행 단계의 기록 내용에서 언급한 것처럼 병원 또는 정신보건센터 등에서 여러 전문직이 함께 일할 때 광범위하게 사용되는 기록의 형태이다.

이러한 기록은 현재 제시되고 있는 문제를 중심으로 문제영역을 규정하고, 사정하고, 문제해결을 위해 무엇을 할 것인지에 대한 계획을 기록한다.

기록의 방법은 SOAIGP[1] 형식(실행 단계의 기록내용 참조)을 사용한다. 이러한 기록의 장점은 타 전문직과의 의사소통을 촉진하며 여러 분야 간의 공조를 원활하게 해줄 수 있기 때문에 문제해결을 위한 팀 접근의 정보교환과 종합적 사례 논의에 사용된다. 또

1) SOAP에 IG를 추가한 형식으로 기록하는데, S(Subjective Information), O(Objective Information), A(Assessment), P(Plan). +I(Impressions)는 목표 달성 정도에 대한 사회복지사의 평가, 인상, 가설을 요약한 느낌이나 생각을 기록하는 것이고, +G(Goals)는 개입 목표나 수정된 목표를 기록하는 것이다.

한 문제의 초점이 강화될 수 있고 치료계획에 대해서 문서화되기 때문에 추후 점검을 할 때 책무성을 향상시킬 수 있다.

반면에 단점은 클라이언트의 강점이나 자원보다는 문제를 강조함으로써 사회복지 실천의 관심 폭을 한정시킬 수 있다. 또한 개인과 환경의 상호작용보다는 클라이언트의 문제해결에만 집중하다 보면 관련 문제의 복잡성을 단순화시켜 체계적인 쟁점들을 왜곡시킬 우려가 있다(엄명용 외, 2015).

(4) 요약기록

요약기록(Summary recoding)은 시간의 흐름에 따라 변화된 사항, 실천 활동, 필요한 정보 등 실천 내용을 간단하게 요약해서 기록하는 것이다. 날짜와 클라이언트의 기본사항을 기록한 뒤 기록해야 할 중요한 내용을 선택하여 시간의 흐름별로 조직화하여 기록하게 된다.

이러한 기록은 사회복지사가 한 일보다는 클라이언트에게 일어난 변화에 초점을 두어 기록하며, 주로 초기 단계나 타 기관으로 의뢰하는 경우 또는 사례를 종결하는 경우에 사용한다. 특히, 요약하여 기록하더라도 클라이언트에 대한 정보와 실천 내용, 사회복지사의 사정이나 계획, 실천 내용 등이 정확하게 전달되어야 한다.

(5) 녹음 및 녹화기록

녹음 및 녹화기록은 녹음기 및 캠코더 등을 활용하여 실천 과정이나 서비스 과정을 기록하는 것이다. 녹음기 및 캠코더 등을 사용하면 직접 기록하는 것보다 시간적 효과를 얻을 수 있으며 기록 보관의 보충적 역할을 할 수 있다.

이러한 기록의 장점은 교육용으로 활용될 수 있으며 가족치료 및 실천에 대한 과정 지향적 접근법을 지도·감독할 때 유용하다. 반면에 단점은 클라이언트가 녹음이나 녹화를 지나치게 의식하여 집중력이 떨어지거나 긴장할 수도 있다.

따라서 녹음이나 녹화를 할 때는 클라이언트에게 사전에 알리고 동의를 구해야 한다.

(6) 컴퓨터에 의한 표준화 기록

현대사회는 컴퓨터에 의한 사무자동화로 업무의 효율성이 증대되고 있다. 사회복지 실천 분야에서도 컴퓨터를 사용해서 표준화된 문서형식을 통하여 많은 정보들을 기록하고 있다. 최근에는 기관 및 부서의 특성에 따라 환경에 맞는 사무자동화를 추진하여 기록하고 있는 추세이다.

2) 실천 과정에 대한 기록물 관리

클라이언트와 사회복지 실천 과정의 내용을 기록하는 것도 중요하지만 기록된 내용을 영구 보존, 이용자 차트 및 관련 대장 10년 보존, 입소 · 이용자의 명단, 생활 기록, 진료 · 투약, 생활 · 직업훈련 내용에 관한 서류 3년 보존, 집단 프로그램 기록(집단 계획서 및 평가서, 집단 진행 기록 등)을 분류하고, 지침에 따라 보관하고 폐기하는 것도 중요하다.

실천 내용을 기록한 기록물은 실천을 확인하는 자료이며 공적 평가의 기본 자료가 되는 공공기록물이다.

따라서 사회복지사는 공공기록물을 기관의 기록물 관리지침이나 국가의 공공기록물 보관 기준에 따라 분류하고 보관하며 폐기할 수 있어야 한다. 각각의 내용은 다음과 같다.

(1) 기록물의 분류기록물은 기록된 내용에 따라 보관의 편의성과 이후 정보를 검색할 때 기록물의 생성 시기와 중요도, 사례별로 표준화하여 기관의 지침이나 법적 기준에 따라 분류한다. 또한 기록물의 중요도에 따라 보존 연한이 달라질 수도 있으며, 분류번호는 통상적으로 기록물 생성 연도와 기록 내용물의 성격에 따라 이미 정해진 규칙대로 표준화한 연번을 부여하게 된다.

(2) 기록물의 보관기록물은 개인의 사적이고 비밀이 보장되어야 하는 내용을 담고 있으므로 보관에 신중을 기하여 타인이 접근하여 읽거나 기록을 수정하는 일이 없도록

해야 한다.

특히, 작성을 마무리한 문서의 경우 개인의 책상이나 책꽂이에 두지 않고 잠금장치가 있는 파일 박스나 캐비닛에 보관하여 다른 사람이 쉽게 접근하여 문서를 볼 수 없도록 한다. 기록물을 파일링하여 보관할 경우 파일 앞면에는 기록물의 제목과 기록된 연도, 기관명 등을 작성하여 부착하고, 세로 측면에는 관리 번호, 보존기간, 분류 번호 등을 작성하여 부착한다.

또한 기록물은 「공공기록물 관리에 관한 법률」을 준용해서 보존 연한을 정하되 기관 내부의 별도 지침에 따라 보관 연한을 정해서 보관한다. 기록물 보관 연한의 예시는 과 같다(출처: 국가직무능력표준, www.ncs.go.kr).

(3) 기록물의 폐기기록물을 폐기할 경우 관련 지침이나 규정에 의거해 그 내용의 보관 연한을 확인한 후 폐기해야 된다. 폐기할 기록물은 보존 기한이 종료된 문서, 내용의 중요도나 활용도가 낮은 문서, 다른 문서와 중복되는 내용을 담고 있는 문서 등이다. 또한 기록물을 폐기할 때에는 적법한 절차를 득하여야 하며 개인의 사적 정보가 있는 문서의 경우에는 그 내용을 식별할 수 없도록 폐기해야 한다.

(4) 개인정보 보호 클라이언트의 개인정보에 대한 사항은 「개인정보보호법」에 따라 정보(주민등록번호, 주소, 연락처 등)를 수집하고 개인정보 보호에 관한 동의서를 받아 수집한다. 따라서 사회복지사는 클라이언트의 동의를 받아 '개인정보 수집 및 이용 동의서'를 읽어보고 서명하게 한다. 개인정보 수집 및 이용 동의서의 예시는 과 같다(출처: 국가직무능력표준, www.ncs.go.kr).

학습하기

01 다음은 사회복지 실천 과정의 특성이다. (　　)에 들어갈 알맞은 단어는?

> (　　)은 사회복지 실천 과정에서 접수로부터 종결까지의 전 단계에서 분명한 목적을 가지고 계획적으로 이루어지는 과정이고, (　　)은 사회복지 실천 과정에서 클라이언트나 기관의 유형과 관계없이 편파적으로 적용되는 공통적 과정이다.

① 보편성, 목적성
② 목적성, 형평성
③ 보편성, 형평성
④ 형평성, 목적성
⑤ 목적성, 보편성

해설 사회복지 실천 과정의 특성은 크게 목적성과 보편성으로 표현한다.

02 사단법인 한국사회복지교육협의회에서 제시한 사회복지 실천론 교과목 지침서에 따른 사회복지 실천 과정이다. 단계가 맞지 않은 것은?

① 초기 단계
② 사정 및 계획단계
③ 실행 단계
④ 개입 단계
⑤ 종결 단계

03 사회복지 실천 과정에 대한 기록의 목적이다. 이에 알맞지 않은 것은?

① 사회복지 실천 활동의 문서화
② 효과적인 서비스를 위한 모니터
③ 서비스의 연속성 및 지속성 유지
④ 전문가 간의 정보 공유
⑤ 슈퍼비전 및 자문 등의 활성화
⑥ 행정적 자료로 활용
⑦ 조사연구를 위한 자료로 활용
⑧ 클라이언트와의 정보 공유

04 실천가들은 기록의 필요성과 중요성이다. 이에 알맞지 않은 것은?

① 기록할 시간과 자료 확보
② 각종 양식과 도구 활용
③ 공유로 문제해결에 도움
④ 클라이언트와 함께 기록
⑤ 객관성 유지

05 다음은 사회복지 실천 과정에 대한 기록의 유형이다. 이에 알맞지 않은 것은?

① 과정 기록
② 실천 기록
③ 문제 중심 기록
④ 요약기록
⑤ 녹음 및 녹화 기록
⑥ 컴퓨터에 의한 표준화 기록

06 다음 사회복지 실천 과정에서 기록을 작성할 때 고려 사항이다. 이에 알맞지 않은 것은?

① 책임성
② 효율성
③ 클라이언트의 사생활 보호
④ 시간성
⑤ 객관적 사실

정답

01. ⑤ 02. ④ 03. ④ 04. ③ 05. ② 06. ①

09

Chapter

초기 단계(접수와 자료수집)

사회복지 실천 과정 중 첫 단계로 사회복지 실천 과정이 클라이언트와 그들을 둘러싸고 있는 다양한 환경을 변화시키기 위하여 전문직의 가치와 지식에 기초하여 통합적 방법으로 개입하는 과정이라면 접수 단계는 클라이언트와 사회복지사와의 관계에서 클라이언트(보호 대상자)가 사회복지기관에 찾아왔을 때 사회복지사가 클라이언트의 문제와 욕구를 확인하여 그것이 기관의 목적과 서비스에 부합되는지 여부를 판단하는 과정이다.

사회복지 실천 과정 중 초기 단계는 접수와 자료 수집 순으로 기술한다.

제1절 접수

1. 접수의 이해

1) 접수의 개념

접수의 개념은 Intake로 taking in(받아들인다)을 명사화하여 '접수', '개시기'라고 하였다. 즉, 접수(intake)란 문제나 욕구를 가진 사람이 사회복지기관이나 사회복지시설을 방문했을 때 그의 문제와 욕구를 확인하고 기관에서 서비스를 제공할 수 있는지 판단하는 과정으로 접수를 통해 기관에서 서비스를 제공할 수 있다고 판단되면 기관을 찾아온 사람은 클라이언트가 되며 적합한 서비스를 받게 된다.

이와 같은 뜻으로 관계 형성(engagement)이란 의미도 사용하는데, '긍정적인 관계' 없이 변화는 일어나기 어렵다. 따라서 사회복지사와 클라이언트의 전문적 관계 수립(라포 형성)이 형성되어야 한다. 이러한 과정에서 사회복지사의 전문적 관계의 특성은 헌신성, 실천의 윤리성, 온정(온화함), 진실함, 감정이입, 무조건적, 긍정적 존중 등으로 나타난다. 일부 학자들은 최근 '접수'보다는 '관계 형성' 용어를 너 사용하는 경향이 있다.

접수(관계 형성) 과정은 클라이언트의 욕구를 규명하기 시작하는 시점뿐만 아니라, 클라이언트에게 임파워먼트하는 과정이 시작되는 시점으로 부각되고 있다.

임파워먼트 접근의 관계 형성은 사회복지사와 클라이언트 체계가 파트너십을 형성하는 과정이다.

접수(intake)란 문제를 가진 사람이 전문가의 도움을 받고자 사회복지기관에 찾아왔을 때 사회복지사가 그의 문제와 욕구를 확인하여 그것이 기관의 정책과 서비스에 부합되는지의 여부를 판단하는 과정을 뜻한다. 즉, 원조를 요청하는 사람이 기관에 찾아오면 사회복지사는 그 사람의 문제와 욕구를 조사하여 어떤 종류의 도움이 가능한지를 설명한다. 또한 사회복지사는 기관의 정책과 자원에 대하여 설명하고, 도움을 요청하는 사람이 방문한 그 기관에서 적합한 서비스를 줄 수 있다고 판단될 때 비로소 클라이언트가 되는 것이다. 다시 말해서 접수 과정을 통해서 서비스의 적합성이 판단될 때 사회복지사를 찾아온 사람은 클라이언트가 되고 사회복지사와 관계 형성을 이루어 자료수집 및 사정 단계를 거치는 사회복지 실천 과정의 서비스가 시작되는 것이다.

접수는 원조 과정의 최초 단계이며 기관의 서비스 수급 여부를 결정하는 중요한 과정이므로 기관에 따라서는 경험과 지식이 풍부한 접수 담당 사회복지사를 따로 두기도 한다. 이 단계의 주된 목표는 잠재적 클라이언트의 욕구가 기관의 목적과 서비스 내용에 적합한지 아닌지를 판단하여 접수 여부를 결정하고 접수된 사례의 개입 과정에 클라이언트가 최대한 참여하도록 유도하는 것이다.

2) 접수 목적과 과정

(1) 접수 목적

접수는 원조 과정의 가장 초기에 실시되는 것으로 기관이 클라이언트의 역할을 맡을 때까지 돕는 데 목적이 있다. 따라서 접수 시 역할 안내, 원조 관계의 설정 또는 서비스의 계약체결이 이루어지는 시기로 볼 수 있다. 접수 목적은 다음과 같이 구체적으로 제시하고 있다(전재일 외, 2004: 310).

첫째, 욕구 상태에 있는 사람에 대한 서비스를 사정하고 기관에 잠재적 클라이언트를 받아들이기 위해서이다.

둘째, 욕구를 결정하는 데 따르는 신청자의 문제, 성격 및 상황을 이해하고 평가하기 위해서이다.

셋째, 이 욕구를 충족시키는 방법과 장소를 결정하기 위해서이다.

넷째, 기관이나 사회복지사를 통하여 이용할 수 있는 서비스에 대한 본질과 조건을 해석하고 정의하기 위해서이다.

다섯째, 서비스를 위한 적격성을 확인하여, 만약 신청자의 부적격성이 발견된다면 그를 다른 곳에 의뢰하기 위해서이다.

여섯째, 협력적 · 적극적 원조 관계를 수립하기 위해서이다.

일곱째, 신청자, 사회복지사 및 기관 내의 서비스의 계획과 계약을 협의하고 설정하기 위해서이다.

여덟째, 지정된 곳에서 신청자를 클라이언트의 역할로 안내하기 위해서이다.

아홉째, 초기 과정의 상황에 적절한 원조적 중재를 함으로써 클라이언트의 욕구를 충족시키기 위해서이다.

(2) 접수 과정

접수는 원조 과정의 가장 초기에 이루어지며 기관에 따라 접수만을 전문적으로 담당하는 사회복지사를 인테이크 사회복지사(intake worker)라고 한다. 접수 과정은 세 가지의 구체적 활동과 결정을 수반한다.

첫째, 클라이언트의 문제와 욕구를 분명하게 확인해야 하며, 둘째, 문제 확인 후에 클라이언트와 사회복지사는 원조의 목적을 분명히 하고, 셋째, 클라이언트 욕구가 기관의 자원과 정책에 부합되는지의 여부를 판단해야 한다.

이와 같은 활동을 기초로 클라이언트에 대한 서비스를 종결시키든지, 다른 기관으로 의뢰하든지 또는 계속하여 다음 단계의 원조 과정을 시작하든지가 결정된다.

3) 접수 시 고려 사항

클라이언트는 첫 만남에서의 느낌이나 감정으로 다시 올 것인지의 여부를 결정하기 때문에 접수는 앞으로 진행될 전문적 관계의 양상을 결정하는 중요한 만남이다. 따라서 사회복지사는 접수 시 짧은 만남의 시간 동안 클라이언트와 긍정적 관계를 맺어야 하는 어려움이 있다. 이때 사회복지사가 고려할 사항을 알아본다.

(1) 클라이언트가 가지는 두려움, 긴장감 혹은 양가감정을 완화시키고 비자발적 클라이언트가 동기를 가질 수 있도록 도와야 한다.

(2) 클라이언트의 문제가 기관에서 다룰 수 있는 문제인지 판단하여 서비스 제공 여부를 결정해야 한다. 만약 기관에서 다루기 적합하지 않은 문제일 경우에는 타 기관으로 의뢰를 결정해야 한다.

(3) 클라이언트를 한 번에 판단하여 결정하려고 하지 말고, 선입관에 의한 판단되지 않도록 평상심을 가지고 판단하려고 노력해야 한다. 이러한 판단에 참고가 된다면 클라이언트를 가족의 일부로 생각하면 보다 적극적이고 올바른 결정을 하게 될 것이다.

(4) 클라이언트를 유형화해서는 안 된다. 즉, '비행', '부부폭력', '학습 부진' 등의 문제 유형에 따라 '그런 클라이언트는 보통 ~할 것이다'라는 식의 정형화는 안 된다는 것이다. 모든 클라이언트를 개별화해서 본인이 가질 수 있는 양가감정과 두려움을 이해하고 클라이언트가 정서적 안정을 가질 수 있도록 분위기를 조성해 주어야 한다.

2. 접수 시의 과제

1) 문제 확인

문제 확인이란 클라이언트가 놓여 있는 체계에 대한 심층적 분석이 아니라 현재 명백하게 드러나는 문제를 확인하는 것이다. 여기서 문제란 클라이언트가 기관에 찾아와서 호소하는 어려움을 의미한다. 그 사람은 무엇에 상처받고 무엇을 두려워하며 어떠한 욕구불만에 빠져 있는가, 그는 무엇을 변화시키고 싶어 하며 무엇으로부터 도피하고 싶어 하는가, 그의 눈으로 본 문제의 상세한 설명, 현재 문제의 원인과 결과, 문제의 범위, 문제의 명확화를 위한 사회복지사의 질문과 코멘트 등은 클라이언트가 다시금 자신의 문제를 객관적으로 지각하는 데 도움이 된다. 문제 확인의 목적은 닫힌 마음을 여는 일이며, 감정의 표현이나 수용에 의해서 관계의 유대를 확립하는 일 및 주관적 사고로 문제 속에 잠겨 있는 클라이언트와 사회복지사의 지각을 증진시키는 것이다.

2) 의뢰

의뢰(referral)란 클라이언트의 문제와 욕구를 기관에서 해결할 수 없을 경우 혹은 문제해결에 더 적합한 기관이 있을 경우 타 기관으로 클라이언트를 안내하는 것이다. 기관의 인력 부족, 필요한 전문기술을 가진 인력의 부재, 클라이언트의 문제가 기관의 목적과 기능에 부합되지 않을 때, 그 기관보다 다른 기관이 클라이언트의 문제해결에 더욱 적합하다고 판단될 때, 클라이언트의 문제에 우선적 책임을 지는 기관 등이 있을 때 의뢰하게 된다(Epstein, 1980).

의뢰할 경우 클라이언트가 말하는 문제를 재확인하여 치료나 서비스가 부여될 수 있는 다른 기관을 소개해 준다. 이때 클라이언트에게 다음 단계의 수속 절차, 필요한 자료, 약속 시간 및 목적 또는 다른 기관을 찾아가는 데 필요한 준비 등을 쉽게 이해할 수 있도록 도움을 주어야 한다.

적절한 의뢰를 하기 위해서 사회복지사는 자신의 기관 및 다른 기관의 정책과 자원, 지역사회의 제반 자원에 대한 정보를 자세히 알고 있어야 한다. 이를 통해 사회복지사는 클라이언트로 하여금 모든 가능한 서비스를 받을 기회를 제공할 수 있어야 한다. 그리고 사후 의뢰된 기관에서 클라이언트가 서비스를 받고 있는지 확인하는 것도 잊지 말아야 한다.

3) 라포 형성

처음으로 기관에 찾아온 사람에게 그가 원하는 욕구가 무엇인가를 파악하기 위해서 무엇보다도 클라이언트와의 라포(rapport)를 형성하는 것이 우선이다. 즉, 자유롭게 자기 문제를 표현할 수 있는 관계를 조성해야 한다. 사회복지사와 클라이언트 사이에 상호 긍정적인 좋은 관계를 강조하는 것이다. 사회사업사전(The Social Work Dictionary)에 의하면, 라포란 사회사업 면접에서 사회복지사와 클라이언트 사이에 상호 이해와 일하는 관계를 허용하는 조화롭고, 일치하고, 감정이입(empathy)적 상태를 의미한다(Barker, 1995).

라포는 클라이언트가 가지는 두려움을 감소시키고, 클라이언트는 사회복지사를 신뢰하고, 사회복지사는 진정으로 자신을 도우려는 사람임을 클라이언트가 스스로 느낄 때 형성된다. 이러한 관계를 통해 클라이언트는 좀 더 자신의 문제를 드러내 놓고 앞으로의 개입 과정에 참여하고자 하는 동기를 가지게 된다.

그러나 관계는 잘 형성되는 것만은 아니다. 우선 비자발적 클라이언트인 경우, 잘 협조하지 않고 사회복지사를 만나야 하는 상황에 대해 분노하며 처음부터 사회복지사에 대해 부정적 감정을 가지고 있어 라포 형성이 어렵다. 이런 경우 사회복지사는 그들이 자발성을 보일 때까지 인내심을 가지고 기다려야 하며 오기 싫으면서도 상황을 더 악화시키지 않기 위해 억지로 참여한 그들의 노력을 오히려 격려해야 한다.

다시 말해서 사회복지사는 원조적 관계의 특성과 조건인 감정이입, 긍정적 고려, 개인적 온화함, 진실성, 클라이언트의 동기화가 이루어져야 한다(김형태, 2000).

(1) 감정이입

진실성을 갖추어야 클라이언트가 심리적으로 편안하여 사회복지사와 긍정적 관계를 형성하게 되는 것이다.

감정이입(empathy)이란 사회복지사가 클라이언트의 주관적 경험과 감정을 정확하게 인지하는 능력이고, 클라이언트가 이것의 의미를 잘 포착하는 것을 의미한다. 감정이입은 클라이언트의 입장이 되는 것이며 클라이언트처럼 보고 느끼는 것이다. 감정이입을 잘하는 사회복지사는 비록 자신에게는 비슷한 삶의 경험이 없더라도 클라이언트 경험의 의미를 느낄 수 있는 것이다. 또한 감정이입은 주로 클라이언트에게 주의를 집중하고, 비언어적 단서에 민감하게 반응하는 것을 통하여 전달된다. 이와 같은 능동적 과정은 정확한 감정이입을 위해 매 순간 필요한 접촉의 틀을 제공할 뿐만 아니라 클라이언트가 의사소통하는 것에 대한 사회복지사의 인지나 이해에서의 실수를 확인하게 해 준다(Fischer, 1978).

(2) 긍정적 고려

긍정적 고려(positive regard)란 모든 클라이언트는 가치 있는 존재이며 외모나 행동, 환경에 관계 없이 존엄하게 대우받아야 한다는 믿음을 의미한다. 이것은 사회복지사가 클라이언트의 파괴적 행동까지도 받아들이고 승인한다는 것이 아니고, 클라이언트를 내재적 가치를 지닌 존재로 보아야 한다는 뜻이다.

클라이언트의 행동과 동기에 대해 판단하는 것을 중지하고 클라이언트의 사고, 감정, 행동을 비난하거나 용서하는 것을 피하는 능력, 즉 비 심판적 태도를 유지해야만 의사소통이 증진될 수 있다.

(3) 개인적 온화함

개인적 온화함(personal warmth)이란 클라이언트가 편안하고 수용되며, 이해되고 있다는 것을 사회복지사가 느끼도록 해 주는 것이다. 온화함이 없다면 사회복지사의 말은 공허하고 성의 없게 들려서 치료 효과를 얻지 못할 것이다. 온화함은 말로 전달되는 것이 아니라 미소, 부드러운 목소리, 편안하고 관심 있는 자세, 눈의 접촉, 수용, 그리고 개방성을 나타내는 몸짓으로 표현된다.

(4) 진실성

진실성(genuineness)이란 자기 자신이 되는 것이며 가슴으로부터 말을 하는 것이다. 진실성이란 가식이 없고, 방어적이지 않으며, 일치성 있고, 자발적인 것으로 이해하는 것이 바람직하다. 최소한의 진실성이 없는 사람과는 감정이입이 된다거나 온화한 의사소통을 하기가 어렵다. 진실성이란 정직함과 완전 동의어는 아니다.

그러므로 사회복지사는 자신을 모두 드러낼 필요는 없지만 나타나는 부분은 자기 자신의 솔직한 부분이어야지 자기 안에서 나온 것이거나 학습되고 반복된 전문적 반응이어서는 안 된다. 이것은 사회복지사가 부정적이거나 방어적인 반응을 가져서는 안 된다는 것이 아니며, 이러한 반응을 가질 경우에 클라이언트에게 솔직하게 표현하되 비 파괴적으로 표현하는 것이 진실성에서 주의해야 할 점이다.

(5) 클라이언트의 동기화

관계 형성이 어려운 사람들이 있다. 다시 말해서, 비자발적 클라이언트의 경우에는 변화하려는 동기가 약하거나 거의 없으므로 원조 관계에 어려움이 있다. 협조도 하지 않고, 상황에 대해 분노하며 사회복지사에게는 부정적 감정을 가지고 있다.

성공적 원조 활동의 필수요소는 문제 확인이며, 그리고 그 문제를 해결하기 위한 클라이언트의 동기이다. 원조 활동의 성공은 변화에 대한 클라이언트의 동기에 달려 있으므로 클라이언트를 변화 과정에 적극적으로 참여시키기 위하여 클라이언트를 동기화(enhancing motivation)시키는 것이 초기 단계의 주요 과제이다.

비자발적 클라이언트에 대한 원조 서비스를 제공하는 경우에 이들은 사회복지사를 만나는 것을 원하지 않는다. 예를 들면, 아동학대자, 교호 감독을 받는 사람, 성폭행자, 아내 구타 등의 사회적 문제에 관여된 개인이나 가족이다. 이러한 클라이언트에게 변화에 대한 노력을 기대하기 어렵지만 사회복지사와 클라이언트 사이의 상호작용으로 성공적 동기부여가 이루어진 사례가 많다.

다음은 비자발적 클라이언트인 경우에 필요한 사회복지사의 행동 지침이다.

① 비자발적 클라이언트는 그들이 원해서 사회복지사를 찾아온 것이 아니라는 사실을 명심해야 한다. 그들이 원조 관계를 긍정적으로 받아들이게 만들려고 무리하게 노력하기보다는 이 사실을 인정하고 관계를 시작한다.

② 서비스에 대한 저항의 실체를 그대로 이해한다.

③ 클라이언트의 부정적 감정을 표출하도록 유도한다. 예를 들면, “여기에서 나를 만난 것을 무척 싫어하고 있군요. 지금 당신 기분이 어떤지 알고 싶어요”라고 말을 하면 클라이언트에게 자신의 기분을 솔직하게 표현할 좋은 기회를 주는 것이다.

④ 비자발적 클라이언트가 원하는 것을 어느 정도 해결해 줄 수 있는지를 생각해 본다. 클라이언트에게 필요한 구체적 서비스를 해 줌으로써 관계 형성이 시작될 수도 있다.

⑤ 희망을 갖게 하고 용기를 준다. 이것을 위해 사회복지사가 개입함으로써 긍정적 결과에 대해 미리 알려 주는 것도 효과적인 방법이다.

⑥ 비자발적 클라이언트에게서 사회복지사에 대한 신뢰감이 즉시 형성될 것이라는 기대는 무리이다. 점진적 관계 형성을 통해 클라이언트의 신뢰감이 형성되기를 인내로 기다려야 된다.

3. 접수 단계에서 사회복지사의 역할 및 태도

1) 접수 단계에서 사회복지사의 역할

접수 단계에서 사회복지사가 해야 할 일들은 학자에 따른 접수(관계 형성) 단계의 주요 활동이 다르게 구분되어 있다.

김융일 외	커스트 애쉬만과 헐 (Kirst-Ashman & Hull. Jr)	세퍼 등 (Sheafor et al.)
	클라이언트가 이야기하도록 격려하는 방식으로 인사	비위협적인 방식으로 첫인사
클라이언트의 문제와 욕구를 확인	효과적 관여 기술을 보여 줌	클라이언트의 문제 · 상황에 대한 진실한 관심 표명
원조의 목적을 분명히 하고 원조 과정에서 기대하는 바가 무엇인지 명확히 함	기관의 서비스와 클라이언트의 기대 논의	클라이언트의 기관 · 사회복지사에 대한 기대확인과 클라이언트의 두려움, 오해 규명

김융일 외	커스트 애쉬만과 헐 (Kirst-Ashman & Hull, Jr)	세퍼 등 (Sheafor et al.)
	기관과 사회복지사의 서비스 정보를 제공	사회복지사와 기관이 제공할 수 있는 서비스 설명과 서비스 수혜에 따른 자격요건과 절차설명
기관의 자원과 정책에 부합하는지 여부 판단	서비스 수혜 여부 결정	클라이언트의 서비스 수혜에 따른 양가감정을 다루어주고, 클라이언트의 문제를 도와줄 수 있는지 혹은 의뢰할지 결정하며, 긴급서비스가 필요한지 여부를 사정하고 조치함
	클라이언트에게 원조 관계(원조 과정)에 대한 오리엔테이션을 제공	원조 과정 동안 클라이언트와 사회복지사의 책임 설명하고, 클라이언트가 원조 과정을 어느 정도까지 통제할 수 있는지 설명하며 사정, 목적설정 및 개입유형 결정을 위한 클라이언트의 정보 제공 의무 설명하고, 비밀보장 원칙의 설명하며 서비스 기간, 시간, 장소, 빈도에 대한 잠정적 합의
	▪ 관련 서류작성	관련 서식 작성

2) 접수 단계의 주요 활동

(1) 만나기 전에 준비

① 심리적 준비로 내 모습은 단정한가? 내가 지금 정신 있나? 등 잠시 여유를 가진다.

② 물리적 준비로 편안하고 안정된 공간인가? 온도, 원형 배치/옷차림 등을 점검한다.

③ 첫인사와 소개로 자신이 누구인지 소개한다.

④ 클라이언트의 문제 및 상황에 대한 관심 표명으로 클라이언트가 중요시하는 것부터 시작한다. 경청과 개방형 질문 등 효과적인 의사소통 기술/면접 기술 필요하다.

⑤ 기관과 사회복지사에 대한 클라이언트의 기대논의로 서비스에 대한 비현실적인 기대가 있을 경우, 서비스에 대해 현실적인 기대와 이해를 할 수 있도록 도움을 준다.

⑥ 서비스 수혜 여부 결정으로 자발적 클라이언트는 자유의사에 따라 서비스 수혜 여부를 결정하도록 도움을 준다.

⑦ 원조 과정에 대한 오리엔테이션으로 원조 과정에서 사회복지사와 클라이언트의 역할 설명, 원조 과정 동안에 워커와 클라이언트가 갖게 될 책임을 설명, 서비스 수혜에 대한 규칙과 조건 설명, 클라이언트에게 사정과 개입을 위한 정보제공 필요성 설명, 비밀보장 언급 및 한계를 설명한다.

⑧ 서비스와 관련된 세부 사항, 면접 시간, 장소, 빈도, 횟수 등을 클라이언트와 잠정적 협의한다.

⑨ 사회복지기관이나 시설에서 규정되어 있는 접수 관련 서류를 작성하고 다음 계획에 대해서 간략하게 설명한다.

(2) 접수 단계에서 사회복지사의 태도

① **사회복지사가 취해야 될 태도**: 이해, 수용, 경청을 하고, 클라이언트가 자신의 문제를 말하도록 경청하고 권장하며 감정에 대한 변함없는 태도를 취하며, 초기과정 시 사회복지사로서는 친절과 반응적인 태도로 일관하면서 경청하는 태도를 견지해야 한다.

② **삼가야 할 태도**: 우월감, 위협적 태도, 감상적 태도는 삼가야 한다. 왜냐하면 거짓말 유도 혹은 활동 관계 발전에 장애가 될 수 있다.

(3) 관계 형성이 어려운 클라이언트에 대한 대처방안

① 사회복지사의 기본적인 태도

비자발적인 클라이언트 (법원/학교 등 의뢰된 클라이언트)	변화 가능성을 부정하는 클라이언트
자발성을 보일 때까지 인내심 갖고 기다리며, 클라이언트가 조금이라도 노력하면 격려 · 지지해 준다.	그동안 겪은 클라이언트의 고통을 이해하고, 지금까지 견뎌온 의지를 격려하며, 클라이언트 자신의 능력을 스스로 인지하도록 도움을 준다.

② 동기화

동기는 불편함과 희망을 가진다. 따라서 지금 너무 어렵고 힘들다며 불편을 호소하면 이 고통에서 벗어날 수 있다는 희망을 주어야 한다.

"희망은 인간을 성공으로 인도하는 신앙이다. 희망이 없으면 아무것도 이룰 수도 없다." —헬렌 켈러—

③ 저항감 해소와 양가감정의 수용

저항은 양가감정, 도움을 수용하기 꺼리는 마음, 지위나 자원의 상실에 대한 두려움, 변화가 불가능하리라는 생각 등에서 기인하며, 원조 과정에 비협조적인 태도 등으로 표현된다. 양가감정은 '변화를 원하는 마음'과 '변화를 원하지 않는 마음'으로 누구나 양가감정을 가진다.

(4) 초기 면접지(Intake sheet) 양식

접수 내용을 기록하는 양식을 초기 면접지(intake sheet)라 한다. 기관에 따라서는 클라이언트가 주어진 양식에 맞추어 빈칸을 기록하기도 하지만 대부분은 사회복지사가 접수 면접을 한 후 기록한다. 그러므로 클라이언트의 인구학적 배경, 도움을 요청하는 문제 및 문제의 성격, 서비스 수혜 자격과 관련된 경제적 · 사회적 · 가족적 상황, 그리고 타 기관으로부터 받은 서비스가 있었는가에 대한 클라이언트에 대한 정보가 필요하다.

4. 접수 양식

접수의 목적이 클라이언트의 문제가 무엇인지, 그리고 그 문제를 기관에서 도와줄 수 있는지, 타 기관에 의뢰해야 하는지를 결정하기 위한 것이므로 이때 필요한 정보에 따라 〈표 9-1〉과 같이 분류한다.

〈표 9-1〉 초기 면접지 양식

1. 기본정보
클라이언트의 기본정보는 일반적 사항으로 이름, 성별, 나이, 결혼 관계, 주소, 전화번호, 종교, 직업, 월 소득 등이다.

2. 주요 문제
(1) 기관을 오게 된 이유나 기관에 도움을 요청하게 된 문제가 무엇인지를 파악한다.
(2) 문제로 인하여 어떤 점들이 가장 힘들었는가를 파악한다.
(3) 기관에서 도와주어야 할 문제가 무엇인지를 파악한다.
(4) 문제의 발생 및 지속 과정을 파악해야 한다.
(5) 지금까지 문제를 해결하기 위해 타 사회복지기관이나 어떤 서비스를 이용해 보았는지를 체크한다.

3. 기관에 오게 된 동기
누구로부터 기관을 소개받았는지 또는 광고를 보고 왔는지 또는 다른 기관으로부터 의뢰되어 왔는지 등이다. 자발적인가 비 자발적인가 또는 소개와 홍보를 이용했는지를 파악한다.

4. 의뢰 이유
클라이언트가 스스로 왔는지 아니면 가족이나 다른 기관에서 의뢰되어 왔는지 그렇다면 의뢰된 이유는 무엇인지 등을 포함한다. 처음인지, 치료 중에 의뢰되었는지를 파악한다.

5. 이전의 경험
이 기관을 방문하기 전에 사회복지서비스를 받은 경험의 여부이다. 이전에 이 문제나 다른 문제로 사회복지기관을 방문한 경험이 있는지, 만약 있다면 어떤 기관으로부터 어떠한 서비스를 받았는지 등을 포함한다.

6. 가족관계
기본적 가족관계이다. 현재 동거 중인 가족을 중심으로 한 가족구성원의 이름, 나이, 직업, 교육정도, 가족관계 등이다.

제2절 자료수집

1. 자료수집의 이해

1) 자료수집의 개념

자료수집은 클라이언트의 문제를 이해, 분석, 해결하는 데 필요한 자료를 모으는 것이다. 자료수집의 대표적 수단은 면접이다. 자료수집은 면접 외에 관찰, 기록, 부수 정보 등 다양한 출처를 통해 자료를 얻을 수 있다.

이렇게 수집된 자료를 바탕으로 클라이언트의 문제를 사정한다. 그러므로 정확한 사정을 위해 어떤 정보가 필요한지 뿐만 아니라 필요한 자료를 얻기 위해 어떤 질문을 해야 하는지 고려해야 한다.

자료수집은 지속적 과정이며, 대개 자료수집과 사정은 거의 동시에 반복적으로 이루어진다.

자료수집은 클라이언트와 클라이언트의 욕구, 기대, 문제 등을 확인하고, 이해하는 과정이다.

자료수집은 클라이언트의 문제에 대한 자료수집도 중요하지만 클라이언트의 강점 및 잠재적 역량에 대한 자료수집도 중요할 것이다. 클라이언트의 강점과 잠재적 역량중심의 개입은 중요한 사회복지 실천으로 받아들여지고 있다.

2) 자료의 출처

자료 출처는 다양한 방법으로 찾아내는 방법이 있다. 여기서는 재스트로(Zastrow, 1995)의 방법은 다음과 같다.

(1) 클라이언트의 이야기

클라이언의 이야기는 가장 중요한 출처이다. 그러나 직접 관찰하지 않았다는 점에서 2차적인 자료로서의 제한점이 있다. 클라이언트의 기억 오류, 왜곡인지, 편견, 자아인식 부족 등 여러 제한점이 있다. 따라서 무조건적으로 받아들이면 간혹 문제가 발생될 수도 있다. 클라이언트 이야기를 타당한 것으로 인정해야 하지만, 관련된 행동이나 사건에 대한 구체적인 정보를 획득하여 실수를 예방하는 것이 바람직하다.

(2) 클라이언트의 비언어적 행동의 직접 관찰

언어적 표현 못지않게 중요한 정보이다. 구두 표현보다 의식적 통제를 할 수 있는 가능성이 적기 때문에 정서적 상태와 반응(당황, 분노 등)에 대해 주요한 정보를 제공해준다. 비언어적 행동을 통해 클라이언트의 감정과 사고가 더 정확하게 전달될 수 있다. 비언어적 표현을 민감하게 인지하여 감정이입적 반응을 하면, 더욱 가치 있는 정보를 얻을 수 있다. 경험 많은 사회복지사는 비언어적 행동의 의미를 읽는 능력을 갖게 된다.

(3) 상호작용의 관찰

클라이언트가 구두 보고한 내용과 직접 관찰한 바가 현격하게 차이 나는 경우가 있다.

① **클라이언트와 직접 상호작용하면서 느끼는 사회복지사의 감정**: 클라이언트와 사회복지사와 상호작용하는 패턴은 클라이언트가 다른 사람과 어떻게 상호작용하는지 실마리를 제공한다. 수동적, 공격적, 의존적 등 클라이언트가 사회복지사에게 보이는 상호작용 반응을 통해 클라이언트의 문제행동에 대한 중요한 정보를 얻을 수 있다.

② **재현 기법**: 사회복지사가 클라이언트와 클라이언트의 가족 등과의 상호작용을 직접 관찰하기 위한 기법이다. 클라이언트가 갈등 사건을 직접 있는 그대로 재현해 보도록 요청한다. 특히 가족 상담 시 가족 성원들에게 갈등 상황을 그대로 재현해 보도록 하고, 가족에게 잘 재현되었는지 타당성을 확인한다. 이러한 재현 내용은 유익한 정보로 활용될 수 있다.

③ **클라이언트와 다른 중요한 사람과의 상호작용을 직접 관찰:** 가정 방문하여 클라이언트의 삶의 터전에서 클라이언트와 그의 삶에 중요한 사람과의 상호작용을 관찰하고, 클라이언트의 문제에 미친 환경적 영향을 더욱 잘 파악할 수 있다.

(4) 클라이언트가 작성한 양식 및 자기모니터링

① **클라이언트가 직접 작성한 intake sheet 등:** 이것도 중요한 정보원이 될 수 있다.

② **자기 모니터링:** 클라이언트에게 클라이언트의 문제행동 빈도, 기간 등을 스스로 모니터링하도록 과제를 부여한다.

(5) 부수 정보

친척, 친구, 의사, 교사 및 사회 기관, 행정기관 등과 같이 클라이언트와 관련이 있는 주변으로부터 정보수집한다. 문제상황에 직접 관여되지 않았기 때문에 보다 객관적인 입장에서 정보를 제공해 줄 수 있다. 전문적 판단에 따라 필요할 때 정보수집을 한다. 이때 전문가의 윤리에 따라 '클라이언트의 동의를 얻어' 정보를 수집해야 한다.

(6) 심리검사

자료와 행동을 수량화하는 데 유용하므로 필요시 전문적 자문을 얻어 활용한다(우울증 척도, 성격검사, 지능검사, 사회성숙도, 결혼 만족도, 가족관계 친밀도, 자아존중감 등).

2. 자료수집에 사회복지사가 명심해야 할 원칙

1) 현재 상황

클라이언트의 현재 상황과 클라이언트가 기관에 오기 이전까지 어떻게 해 왔으며, 그리고 기관과 사회복지사에게 무엇을 원하는지를 이해하는 것이 중요하다. 이와 같은 사실에 관한 충분한 자료를 얻기 위하여 다음과 같은 내용을 밝히는 것이 중요하다.

(1) 문제의 직접적 요인과 상황을 급격히 악화시킨 요인을 파악한다.
(2) 클라이언트가 과거에는 이 문제에 대해 어떻게 대처하고 있었는가 파악한다.
(3) 문제에 관련되어 있는 중요한 타자에 대한 정보를 파악한다.
(4) 클라이언트가 환경 속에서 어떤 영향을 받거나 주었는지에 관한 것을 파악한다.
(5) 사회적 · 경제적 · 심리적 제 요인이 클라이언트나 가족에 대하여 영향을 주는 사실을 파악한다.

2) 생활력

인간의 생활은 연결이 없는 단편적인 사건으로 이루어진 것이 아니고 연속적 흐름이므로 생활력은 사례를 이해하는 데 매우 중요하다.

(1) 개인력이다. 클라이언트가 살아온 역사로 유아기, 학령기, 청소년기, 성인기, 노인기 등 인간의 주기에 따른 인간관계, 생활사건, 클라이언트의 감정 등이 포함된다.
(2) 가족력으로 가족 상황과 가족관계, 현재의 가족구성, 가족관계 등이다.
(3) 클라이언트의 생활 속에서의 기능이다. 즉, 지적 · 정서적 · 행동적 · 신체적 기능은 어떠한지 또한 대인관계, 업무능력, 문제해결 능력은 어느 정도인지 알아보아야 할 내용이다.
(4) 클라이언트의 자원이다. 생활 속에서 현재 이용하고 있는 서비스는 무엇인지, 그리고 현재 활동 가능한 자원은 무엇인지 조사할 내용이다.
(5) 클라이언트의 한계, 장점, 그리고 동기이다. 문제를 해결하는 데 클라이언트의 한계는 무엇이며, 그의 장점, 그리고 문제를 해결하려는 동기부여는 되어 있는지, 그리고 그를 둘러싼 환경의 한계, 장점, 동기 등도 조사할 내용이다.

3. 자료수집에 필요한 포함될 내용

자료수집의 목적은 문제를 이해, 분석하여 개입을 계획하기 위한 것으로 접수 시 문제를 확인하여 서비스를 제공할 것인지를 결정하기 위한 정보수집과는 다르다. 따라서 필요한 정보의 내용 역시 목적에 따라 다를 수밖에 없다. 사정을 위한 자료수집에는 다음과 같은 내용이 포함된다.

(1) 접수 시 클라이언트에 대한 기본정보이다.
(2) 문제에 대한 깊이 있는 정보이다. 접수 할 때에는 문제가 무엇인가에 초점을 두었다면, 이때는 문제에 영향을 미친 요인과 문제를 지속시키거나 악화시키는 요인에 대한 정보를 개인적 · 환경적 측면에서 찾아본다.
(3) 개인력이다. 클라이언트가 살아온 역사로 여기에는 영유아기, 학령기, 청소년기, 성인기, 노년기 등 인간의 생활주기에 따른 인간관계, 생활사건, 클라이언트의 감정 등이 포함된다.
(4) 가족력이다. 원가족의 가족 상황과 가족관계, 현재의 가족구성, 가족관계 등이 포함된다.
(5) 클라이언트의 기능이다. 지적 기능, 정서적 기능, 신체적 기능, 행동적 기능, 대인관계 기능, 업무능력, 문제해결 능력 등이 포함된다.
(6) 클라이언트의 자원이다. 현재 이용하고 있는 서비스, 활용 가능한 자원 등이 포함된다.
(7) 클라이언트의 한계, 장점, 동기이다. 문제를 해결하는 데 있어 클라이언트 개인 혹은 클라이언트를 둘러싼 환경 속에 있는 한계, 장점, 동기 등에 대한 정보가 포함된다.

4. 자료수집 시 원칙과 우선순위

1) 사회복지사가 명심해야 할 원칙

(1) 이 과정에서 가장 중요한 것은 클라이언트의 참여가 절대적으로 필요하다는 것이다. 원조를 성공적으로 이끌기 위해서는 클라이언트의 문제를 정의하는 것에서부터 우선순위를 결정하기까지 클라이언트의 참여가 중요하다.

(2) 클라이언트의 강점을 평가한다. 자칫하면 클라이언트의 문제에만 관심을 가지기 쉬우므로 사회복지사는 클라이언트의 강점을 확인하여 문제해결 방안을 모색해 보는 것도 중요한 과제가 된다.

(3) 한 가지 문제만 갖고 있는 클라이언트는 거의 없다. 그러므로 사회복지사는 클라이언트의 문제를 다양하게 규정할 줄 알아야 한다. 그리고 문제의 심각도에 따라 우선순위를 정해야 한다.

2) 사회복지사가 접수 시 우선순위

(1) 문제의 존재가 클라이언트가 인정하는 문제여야 한다.

(2) 사회복지사와 클라이언트 모두가 이해할 수 있는 분명한 용어로 정의된 문제여야 한다.

(3) 사회복지사와 클라이언트 모두가 현실적으로 해결 가능한 문제여야 한다.

(4) 문제의 정의가 다양해야 하는 것처럼 개입 방법도 다양하게 설정해야 하며 실현 가능성, 효과의 기준에서 우선순위를 결정해야 한다.

학습하기

01 다음 중 접수(intake) 과정에서 행해지지 않는 것은?

① 클라이언트로 하여금 동기를 유발한다.
② 문제해결의 필요성을 인식시킨다.
③ 의뢰한다.
④ 클라이언트의 저항을 줄인다.
⑤ 개입목표를 결정한다.

해설 접수 과정에서 행해지는 것은 ① 클라이언트로 하여금 동기를 유발한다, ② 문제해결의 필요성을 인식시킨다, ③ 의뢰한다, ④ 클라이언트의 저항을 줄인다.

02 접수 과정에서 할 수 있는 사회복지사의 역할이 아닌 것은?

가. 클라이언트 유형화
나. 비자발적 클라이언트에 대한 동기부여
다. 문제형성
라. 저항감 해소

① 가 · 나 · 다
② 가 · 다
③ 나 · 라
④ 라
⑤ 가 · 나 · 다 · 라

해설 접수 단계의 과업에는 문제 확인, 과제 형성, 의뢰, 클라이언트의 저항과 양가감정 해소, 진행 과정에 대한 기본사항 결정 등이 있다.

03 접수 양식에서 주요 문제이다. 이에 알맞지 않은 것은?

① 기관을 오게 된 이유나 기관에 도움을 요청만 하면 된다.
② 문제로 인하여 어떤 점들이 가장 힘들었는가를 파악한다.
③ 기관에서 도와주어야 할 문제가 무엇인지를 파악한다.
④ 문제의 발생 및 지속 과정을 파악해야 한다.
⑤ 지금까지 문제를 해결하기 위해 타 사회복지기관이나 어떤 서비스를 이용해 보았는지를 체크한다.

04 접수는 원 조과정의 가장 초기에 이루어지며, 접수 과정은 세 가지의 구체적 활동과 결정을 수반한다. 이에 알맞은 것은?

가. 클라이언트의 문제와 욕구를 분명하게 확인하는 것
나. 문제 확인 후에 클라이언트와 사회복지사는 원조의 목적을 분명히 하는 것
다. 클라이언트의 문제를 찾아 확인하는 것
라. 클라이언트 욕구가 기관의 자원과 정책에 부합되는지의 여부를 판단하는 것
마. 클라이언트의 욕구가 사회복지사의 원조 목적과 일치하는 것

① 가 · 나 · 라
② 나 · 다 · 마
③ 다 · 라 · 마
④ 가 · 다 · 마
⑤ 가 · 나 · 다 · 라 · 마

해설 접수 과정은 ① 클라이언트의 문제와 욕구를 분명하게 확인하는 것이며, ② 문제확인 후에 클라이언트와 사회복지사는 원조의 목적을 분명히 하고, ③ 클라이언트 욕구가 기관의 자원과 정책에 부합되는지의 여부를 판단해야 된다는 세 가지의 구체적 활동과 결정을 수반한다.

05 비자발적 클라이언트인 경우에 필요한 사회복지사의 행동지침을 설명하시오.

06 다음 □ 안의 내용에서 (　　　)에 들어갈 알맞은 것은?

> 처음으로 기관에 찾아온 사람에게 그가 원하는 욕구가 무엇인가를 파악하기 위해서 무엇보다도 클라이언트와의 (　　　)를 형성하는 것이 우선이다. 즉, 자유롭게 자기 문제를 표현할 수 있는 관계를 조성해야 한다.

① 동질감　② 관계　③ 라포
④ 동료 의식　⑤ 친구 관계

07 생활력에 대하여 설명하시오.

해설 인간의 생활은 연결이 없는 단편적 사건으로 이루어진 것이 아니고 연속적 흐름이므로 생활력은 사례를 이해하는 데 매우 중요하다.

08 자료의 출처는 다양하다. 이 가운데 헵워스와 라슨, 재스트로(Hepworth, Larsen, & Zastrow)의 자료수집의 출처에 대해 기술하시오.

정답

01. ⑤ 02. ② 03. ① 04. ① 05. ① 비자발적 클라이언트는 그들이 원해서 사회복지사를 찾아온 것이 아니라는 사실을 명심해야 한다. ② 서비스에 대한 저항의 실체를 그대로 이해한다. ③ 클라이언트의 부정적 감정을 표출하도록 유도한다. ④ 비자발적 클라이언트가 원하는 것을 어느 정도 해결해 줄 수 있는지를 생각해 본다. ⑤ 희망을 갖게 하고 용기를 준다. 이것을 위해 사회복지사가 개입함으로써 긍정적 결과에 대해 미리 알려 주는 것도 효과적 방법이다. ⑥ 비자발적 클라이언트에게서 사회복지사에 대한 신뢰감이 즉시 형성될 것이라는 기대는 무리이다. 06. ③ 07. ① 개인력이다. 클라이언트가 살아온 역사로 유아기, 학령기, 청소년기, 성인기, 노인기 등 인간의 주기에 따른 인간관계, 생활사건, 클라이언트의 감정 등이 포함된다. ② 가족력으로 가족상황과 가족관계, 현재의 가족구성, 가족관계 등이다. ③ 클라이언트의 생활 속에서의 기능이다. 즉, 지적 · 정서적 · 행동적 · 신체적 기능은 어떠한지 또한 대인관계, 업무능력, 문제해결능력은 어느 정도인지 알아보아야 할 내용이다. ④ 클라이언트의 자원이다. 생활 속에서 현재 이용하고 있는 서비스는 무엇인지, 그리고 현재 활동 가능한 자원은 무엇인지가 조사할 내용이다. ⑤ 클라이언트의 한계, 장점, 그리고 동기이다. 문제를 해결하는 데 클라이언트의 한계는 무엇이며, 그의 장점, 그리고 문제를 해결하려는 동기부여는 되어 있는지, 그리고 그를 둘러싼 환경의 한계, 장점, 동기 등도 조사할 내용이다. 08. ① 클라이언트의 자신에게서 얻는 자료이다. ② 클라이언트가 작성한 양식이다. ③ 부수적 정보이다. ④ 심리검사이다. ⑤ 중요한 타자와의 상호작용 및 가정방문이다. ⑥ 클라이언트에 대한 사회복지사의 개인적 경험이다. ⑦ 클라이언트의 비언어적 행동이다.

10

Chapter

사정 및 계획 단계(사정, 계획)

사정 및 계획 단계에서는 사정이란 사회복지사의 지적 활동으로 그의 실무경험, 가치, 이론적 경향 등 전문적 지식에 근거하여 이루어진다. 즉, 사정이란 클라이언트의 문제와 상황을 이해하여 이로 인하여 개입을 위한 계획에 연결시키는 것으로, 클라이언트의 문제가 무엇인지 이해하고 문제의 원인을 규명하여 이것을 해결하거나 감소시킬 수 있는 방법에 대해 전문적으로 판단하는 것이다(Kirst-Ashman & Hull, 1993).

본 장에서는 사정, 목표설정, 계획 등을 기술한다.

제1절 사정

사정(assessment)은 클라이언트와 그가 직면하고 있는 문제 상황을 확인하고 이해하기 위하여 자료를 수집하고 분석함과 동시에 문제해결을 위한 계획을 수립하는 과정이다. 사정은 조사 과정과 분리할 수 없는 계속적인 과정이며 치료 과정으로 이어지는 것이다. 인테이크와 구체적인 조사 결과에서 수집된 자료와 정보를 분석 · 검토하여 문제의 성질과 내용 및 원인에 관하여 종합적인 해석을 내리고 문제해결을 위한 치료계획을 세우는 일련의 과정으로 진단 및 평가라고도 한다. 문제해결 작업은 다음과 같다. 첫째, 개인, 문제, 기관에 관한 사실들을 열거하는 것, 둘째, 개인 수준의 사회복지 실천의 특수한 상황에서 이러한 사실들을 분석하고 조직하는 것, 셋째, 이 사실들을 곰곰이 생각하고 그가 무엇을 하며, 어떻게 할 것인가에 대한 사실의 의미에 관한 어떤 판단에 도달하는 것 등이다.

사정이란 클라이언트의 관심과 상황을 이해하고 이것을 기반으로 활동 계획을 개발하기 위한 활동이다. 즉, 클라이언트의 문제가 무엇인지, 어떤 원인으로 발생했는지, 그 문제를 해결하거나 감소시키기 위하여 무엇이 변화되어야 하는지에 대한 방법을 알아가는 과정이다.

사회복지 실천 초기에는 사정(assessment) 대신 진단(diagnosis)이라는 용어를 사용하였다. 진단이라는 용어는 리치몬드가 1917년 개별사회사업에서 처음 사용하였으나 의학적 색채가 강하다는 비판을 받고 있는 가운데 1970년 바틀렛(Bartlett)에 의해 사정이라는 용어가 사용되었다(NASW, 1995).

사회복지 실천 과정에서는 '무엇이 잘못 되었는가'에 초점을 두는 것이 아니라 그들의 자원, 동기, 장점, 능력들을 모두 보기 때문에 '진단'보다는 '사정'이라는 용어를 더 많이 사용하고 이에 많은 학자와 실무자들이 동의하고 있다(Zastrow, 1999).

1. 사정의 목적과 특성

1) 사정의 목적

사정의 목적은 사회복지사가 클라이언트의 효과적인 치료를 위하여 사례가 가진 중요한 의미를 발견하는 데 있다. 다시 말하면, 사정의 목적은 사회복지사가 취급하고 있는 상황을 이해하고, 개별화하여, 특수한 상황 속에 관련된 요인들을 확인하고 분석하는 데 도움을 받고자 하는 것이다. 사정의 목적을 계획하고 수행하는 데 필요하다고 생각되는 질문에는 다음과 같은 것들이 있다. 첫째, 문제가 무엇인가?, 둘째, 문제가 얼마나 심각한가?, 셋째, 문제의 역동성은 무엇인가?, 넷째, 치료에 관한 클라이언트의 기대는 무엇인가?, 다섯째, 무엇이 변화될 수 있는가?, 여섯째, 무엇이 변화되어야 할 것인가? 등이다.

2) 사정의 특성

사정은 자료를 수집하여 분석하고 종합하는 과정으로 개입 과정 전체의 가장 핵심적인 부분이라고 할 수 있다. 여기서는 주어진 자료들을 연결하여 무엇이 문제인지 판단하여 그에 대한 개입계획을 세운다. 사회복지사는 사정을 통해 2단계인 목표설정과 계약을 맺게 되는 것이다.

존슨(Johnson, 1989)은 사정의 특징을 다음과 같이 열 가지로 보았다.

(1) 사정은 지속적 과정이다. 사정은 원조 과정 전체를 통해 계속되는 활동이다. 클라이언트와의 초기 접촉에서 가장 많은 정보가 발견되기도 하지만 돕는 과정 내내 새로운 정보가 발견되기도 하여, 정보에 대한 이해가 심화되는 사정은 계속 진행되는 작업이다.

(2) 사정은 이중초점을 가진다. 클라이언트를 사회 · 환경적 맥락에서 이해하는 데 강조점을 두는 사회복지의 독특한 기여의 하나다. 이중적 관점은 이 개념을 활성화시킨 것이다.

(3) 사정은 클라이언트와 사회복지사의 상호과정이다. 사정을 하기 위해서는 자료수집을 해야 한다. 자료수집은 클라이언트와 사회복지사와의 상호작용 과정에서 이루어진다.

(4) 사정에는 사고 전개 과정이 있다. 사정은 원조 과정 전체를 통해 필요한 정보를 수집하고, 그 정보를 근거로 클라이언트의 상황을 이해하며, 이것을 전체적 과정에서 통합하여 사고하는 전개 과정이 있다.

(5) 수직적 · 수평적 탐색 모두가 중요하다. 초기 과정에서는 현재의 관계, 능력, 기능 등의 수평적 정보를 중심으로 클라이언트의 욕구를 발견하고, 원조 과정이 진행됨에 따라 수직적 탐색으로 문제해결에 필요한 정보를 수집한다. 사회복지사는 상황과 필요에 따라 수평적 · 수직적 탐색을 적절히 사용하는 기술을 갖추고 있어야 한다.

(6) 클라이언트를 이해하는 데 지식적 근거가 필요하다. 사정을 위한 클라이언트의 상황을 이해하기 위해서는 전문지식이 필요하다. 인간 행동에 대한 이해, 인간의 다양성, 가족관계, 집단 및 지역사회, 정책 등 사례에 따른 개별적 지식이 필요하다.

(7) 사정은 생활 상황 가운데서 욕구를 발견하고 문제를 정의하며 그 의미와 유형을 설명한다. 즉, 사정은 욕구를 발견하고 욕구 만족을 방해하는 것이 무엇인지를 생활 상황과 관련시켜 명확히 하는 과정이다.

(8) 사정은 개별적이다. 인간의 상황이 같다는 것은 불가능하다. 그러므로 사정은 각 클라이언트의 독특한 상황과 관련되어 있으므로 개별적이다.

(9) 판단이 중요하다. 사정은 여러 가지를 결정해야 한다. 어떤 문제에 어떤 가설을 세워야 하는지, 어떤 부분을 고려해야 되는지, 어떻게 문제를 정의할 것인지 등의 결정을 해야 한다. 이런 결정들은 사정의 내용과 해석에 많은 영향을 미친다.

(10) 클라이언트를 완전히 이해한다는 것은 불가능하다. 어떤 사정도 완전할 수 없다. 어떤 상황에 대한 완전한 이해도 불가능하다. 또한 완전한 이해란 바람직하지 않으므로 클라이언트를 완전히 이해하는 데는 한계가 있다.

2. 사정의 과업

1) 욕구와 문제의 발견

욕구와 문제를 발견하는 것은 기초적 단계이다. 클라이언트와의 최초의 접촉에서 클라이언트가 제시한 문제(presenting problem)가 문제이다. 그 문제는 클라이언트가 가장 시급하게 느끼고 있는 문제이며 이것으로 인해 원조를 요청했기 때문이다. 또한 제시된 문제는 사회복지사가 좀 더 깊이 탐색해야 할 영역이 무엇인지를 알려주기도 한다. 문제를 발견하는 세 단계를 다음과 같이 제시하였다(김융일 외, 1995: 224).

(1) 사회복지사는 해결되지 않은 클라이언트의 욕구가 무엇인지 확인해야 한다.
(2) 욕구를 충족시키는 데 장애가 되는 요인을 파악해야 한다. 즉, 클라이언트의 욕구 충족을 방해하는 장애물을 클라이언트 내부 혹은 그를 둘러싸고 있는 환경에서 찾아보는 것이다.
(3) 문제해결 계획이나 개입 방향이 드러나도록 문제를 규명하는 것이다.

2) 정보의 발견

브라운과 레빗(Brown & Levitt, 1979)은 사정이 정보를 수집하는 유용한 지침으로 다음의 질문을 제시하였다.

(1) 문제체계에 관여된 사람은 누구인가에 대한 질문이다.

'문제체계에 관련된 사람이 누구인가?'라는 질문의 답은 클라이언트가 제시한 문제에서 찾을 수 있다. 예를 들어, 청소년이 가장 친한 친구와의 갈등 때문에 학교에 가지 않는다고 하는 문제에 관련된 사람은 친한 친구이다. 그러나 자세히 탐색해 보면 그 친구와의 갈등이 선생님의 편애와 또 다른 친구로 확대된다.

(2) 참여자들이 어떻게 관여하고 있는가에 대한 질문이다.

참여자들의 관여에 대한 질문은 문제체계에 관련된 사람들이 어떻게 상호작용하며 문제가 발생했는가 하는 것에 관한 것이다. 다시 말해서 문제행동의 발생 전, 발생되는 동안, 발생 후에 관련된 참여자들이 각각 어떻게 행동하였고, 이것이 서로에게 어떤 영향을 주어 문제행동이 발생하였는가 하는 것이다.

(3) 클라이언트가 문제에 어떤 의미를 부여하고 있는가에 대한 질문이다.

문제에 대한 클라이언트의 지각과 개념이 행동을 동기화한다. 예를 들면, 알코올중독자인 남편은 기분이 안 좋을 때마다 술을 마신다. 그가 술을 마시는 이유는 과음을 하면 잠을 잘 수 있기 때문이라고 한다. 이 사람은 알코올중독을 가정의 평화를 위한 것이라고 의미를 부여한다.

(4) 문제행동이 어디서 일어나는가에 대한 질문이다.

문제행동의 원인에 대한 질문은 문제행동을 야기한 상황적 요인을 발견하는 데 도움이 된다. 학교에서 과잉행동을 보이는 아이가 집에서는 이런 행동이 보이지 않는다면 집과 환경적 차이에서 과잉행동을 유발하는 요인을 발견할 수 있는 것이다. 즉, 집에서는 부모의 관심하에 있지만 학교에서는 선생님의 관심이 분산되어 있으므로 선생님의 관심을 끌기 위한 행동일 수 있다.

(5) 문제행동이 언제 일어나는가에 대한 질문이다.

문제행동이 일어나는 시간에 따라서 문제행동을 촉발시키는 요인을 발견할 수 있다. 공포반응이 있는 청소년이 엄마와 함께 있을 때 더욱 심각한 공포반응이 일어난다. 문제행동이 일어나는 시기와 줄어드는 시기와의 차이를 통해 문제행동의 촉진 요인을 발견할 수 있다.

(6) 문제행동의 빈도는 어느 정도인가에 대한 질문이다.

문제행동이 일어나는 빈도를 알아내는 것은 문제행동이 클라이언트의 생활에 얼마나 많은 영향을 미치는지에 관한 이해를 도와준다. 어떤 사람은 종종 분노와 적개심이 일어나 고통을 받고 있는데, 어떤 클라이언트는 거의 매일 분노와 적개심이 일어나 가까이에 있는 가족이나 친지들과의 언쟁 및 폭력 사태에 시달린다.

(7) 문제행동이 시작된 시점의 질문이다.

문제행동이 시작된 시점을 안다는 것은 그 문제행동의 역사를 알아보는 것이다. 즉, 처음으로 문제행동이 발생한 시기는 언제이며, 어떤 과정을 거쳐 현재까지 진행되었는가를 알게 되는 것이다.

(8) 문제와 관련하여 불만족한 욕구는 무엇인가에 대한 질문이다.

여기에 대한 질문은 사회복지사의 공감과 직관력으로 발견해야 된다. 클라이언트는 자신의 통찰의 결여로 피상적으로 이야기하게 된다.

(9) 문제에 대한 클라이언트의 정서적 반응에 관한 질문이다.

클라이언트가 문제에 대하여 정서적으로 어떤 반응을 하고 있는가에 대한 질문은 클라이언트의 감정 정도에 따라 문제가 악화되기도 하고 이러한 감정이 문제행동을 일으키는 요인이 되어 문제행동 뒤에 가려지기도 하므로 중요하다.

(10) 클라이언트가 이전에 문제에 어떻게 대처해 왔으며, 이것을 해결하기 위해 어떤 기술을 사용해 왔는지에 관한 질문이다.

이와 같은 질문은 지금까지 클라이언트가 스트레스에 대처했던 수준과 그의 문제해결 및 대처 기술 방법을 파악하는 데 도움이 된다. 그리고 과거에 이와 유사한 어려움에는 어떻게 대처해 왔으며, 지금은 무엇 때문에 이전과 같이 대처하지 못했는가에 대한 실마리를 제공해 준다.

(11) 클라이언트의 장점과 기술에 관한 질문이다.

이 질문은 클라이언트의 문제를 해결하는 데 활용 가능한 자원이 무엇인지를 알게 해주고 클라이언트의 장점과 잠재력을 최대한 발휘하여 클라이언트가 문제를 해결하기 위한 에너지를 얻고, 자기 자신에 대한 부정적 평가에서 벗어나도록 도와준다(박미은, 1996).

(12) 필요한 외적 자원이 무엇인가에 대한 질문이다.

사회복지사는 클라이언트에게 필요한 외적 자원을 알아내어, 클라이언트가 필요한 자원을 얻을 수 있는 자격과 과정에 대한 정보를 제공하며 이를 통해 자원과 클라이언트를 연결해 주는 중재자, 사례관리자, 조정자 또는 옹호자의 역할을 할 수 있다.

3) 문제 형성

문제 형성(formulation of problem)이란 이제까지 얻은 정보를 분석하여 사회복지사가 전문적 시각에서 문제를 판단하는 것이다. 즉, 클라이언트가 호소하는 문제와 욕구, 그리고 욕구 충족을 방해하는 요인들이 무엇인가를 탐색하여 문제의 정의를 내리는 것이다. 이와 같은 과정을 통해 목표 달성과 개입계획을 세우게 되는 것이다. 문제 형성을 하기 위해서는 무엇보다도 충족되지 못한 욕구가 어떤 것인가를 발견해야 하고, 어떤 요인들이 클라이언트의 욕구 충족을 방해하였는지를 고려해야 한다.

충족되지 못한 욕구를 구체적으로 밝혀내는 것이 문제 형성에서 가장 중요하다. 다시 말해서 클라이언트가 제시한 문제를 충족되지 않은 욕구와 결핍으로 바꾸어 재진술해야 클라이언트를 도와주기가 쉽다(Hepworth & Larsen, 1997).

욕구의 의미는 인간이나 사회체계가 현존하는 상황에서 합리적 기대에 맞게 기능하는 데 필요한 것이며, 이것들에는 기본적 자원, 심리 사회적 발달 욕구, 인간 관계상의 욕구, 적절한 역할 수행상의 욕구들이 포함된다.

3. 사정 기술

1) 클라이언트의 자원에 대한 사정

클라이언트의 자원에 대한 사정은 그의 문제해결 능력, 필요한 자원과 한계, 성격 등의 측면에서 이루어지며, 특히 강조되는 것은 클라이언트가 보유하고 있는 자원에 대한 사정이다. 클라이언트의 자원에 대해서는 다음과 같이 분류하고 있다(김융일 외, 1995: 227-228).

(1) 교육 정도와 취업 경험

클라이언트의 문제가 실업이거나 경제적 문제인 경우에는 특히 이 부분에 대한 사정이 중요하다. 취업에 필요한 교육 배경, 기술, 경력 등에 대한 사정이 주요 내용이다.

(2) 문제해결 능력과 의사결정능력

클라이언트가 과거에 어려운 문제를 해결해 본 경험, 현재의 문제와 유사한 문제해결에 동원되었던 방법, 이 방법의 재적용의 가능성 타진 등에 대한 사정은 현재의 문제를 해결하는 데 더 중요한 단서를 제공한다.

(3) 개인적 자질과 성격

클라이언트의 대인관계, 긍정적 자질과 성격, 신체적 측면, 지적 능력, 상담에 임하는 태도, 약속 시간 지키기 등은 매우 중요한 정보가 된다. 클라이언트의 자원이라고 할 때 이 부분이 차지하는 비중이 가장 크다.

(4) 물리적 · 재정적 자원 소유

주택, 자동차, 저축 등에 대한 조사는 클라이언트의 문제해결에 긴요한 자원으로서 반드시 평가되어야 한다.

(5) 문제해결에 대한 동기와 의지

문제해결에 대한 클라이언트의 의지와 동기, 변화에 대한 긍정적이며 적극적인 자세 등은 원조 과정에 의미가 큰 자원이다.

2) 환경적 측면에 대한 사정

클라이언트의 문제에 영향을 미치는 환경에 대한 사정은 주요한 사정 과정 중의 하나로서 개인에 대한 환경의 적절함과 부적합, 긍정적 측면과 취약함 등이 사정의 내용이 된다. 이러한 환경에는 부부관계와 가족은 물론 친구, 친척, 이웃 등을 포함하는 사회자원체계들이 속하고 그 외 탁아, 건강서비스, 취업구조, 행정조직 등도 포함된다(김융일 외, 1995: 228).

3) 클라이언트의 정서, 심리상태에 대한 사정

클라이언트의 심리상태는 지능, 동기화, 대처 행동의 유형, 자기개념, 불안이나 우울의 정도, 일반적 인성의 통합 등을 표준화된 심리검사를 통해 파악할 수 있다. 예를 들어, MMPI(The Minnesota Multiphasic Personality Inventory)는 가장 많이 사용되는 객관적 성격검사라 할 수 있는데, '예, 아니요, 모르겠다'로 응답하는 567개의 자기 기술적 문장으로 구성되어 있다. 이 외에도 아동과 성인의 지능검사, 인지적 지체 검사 등이 사용된다.

그러나 이러한 검사를 사회복지사가 다 완벽하게 알아야 하는 것은 아니다. 심리상태에 대한 검사가 필요하다는 사실을 인지한다면 심리학자에게 의뢰할 수 있기 때문이다. 클라이언트의 정신장애와 관련해서도 마찬가지다. 사회복지사가 정신장애가 있는 클라이언트를 만나게 되면 그를 정신과적 치료에 신속히 의뢰하는 것이 중요하다. 그러기 위해서는 정신질환의 증상을 인식할 수 있어야 하는데, 정신적 상태를 사정하는 데 고려해야 할 범주로 일반적 외모와 태도, 행동, 시간과 공간의 지향, 기억, 감각, 지적 기능수행, 기분과 정서, 지각의 왜곡, 사고 내용, 통찰, 판단의 11가지를 지적하고 있다(Sheafor et al., 1997).

사회복지사는 대화 중에 자연스럽게 "당신은 몇 년에 태어났습니까?", "지금은 몇 년입니까?", "지금 우리나라 대통령 이름은 무엇입니까?" 등의 질문을 끼워 넣어 클라이언트의 정신상태를 점검할 수 있다. 또는 DSM-IV(Diagnostic and Statistical Manual)와 같은 정신질환 진단 도구가 사용될 수 있다(엄명용 외, 2006: 276-277). DSM-IV는 미국 정신의학협회가 200가지가 넘는 정신장애를 17개의 넓은 범주로 분류하고 각각의 장애에 대하여 주요 증상과 주변적 특성, 질환의 진전경로, 발병 시기, 관련된 신체질환, 사회적 기능손상, 발병 관련 인자, 진단기준 등에 대해 자세히 수록하고 있다.

DSM-IV을 전문직 활동에 활용하는 것에 대해 클라이언트의 장점보다는 병리적 부분에만 치우친다는 견해도 있으나 윌리엄스(Williams)는 이 진단 분류체계를 적극적으로 활용할 것을 권장하는 이유를 다음과 같이 들고 있다(김융일 외, 1995: 231 재인용).

첫째, 클라이언트의 정신, 정서, 행동상의 문제에 대해 정신과 의사, 심리사, 혹은 간호사와 같은 다른 전문직과 원활한 의사소통을 가능하게 하고, 둘째, 이 진단 분류체계가 정신질환의 원인적 측면보다 증상이나 행동에 대해 상세히 다룸으로써 사회복지 실천의 개입에 필요한 문제를 규명하는 데 도움이 되고, 셋째, 정신질환에 대한 사회복지사의 이해를 높여 준다는 것이다.

4) 클라이언트의 역할 수행의 문제에 대한 사정

역할 수행과 관련되어 파생하는 문제는 자신이 수행하는 역할과 외부에서 기대하는 역할 간의 심각한 괴리로 인해 발생하며 역할상의 문제는 역할이론(role theory)을 적용하여 평가할 수 있다. 역할과 관련된 문제를 설명하는 개념을 보면 다음과 같다(김융일 외, 1995: 232-234).

(1) 역할 갈등

역할 갈등(role conflict)이란 역할을 수행하면서 겪는 어려움을 의미하는 것으로 역할 내 갈등(intra role conflict), 역할 간 갈등(inter role conflict)의 두 가지 형태의 문제가 있다.

역할 내 갈등이란 하나의 지위(position)에 기대되는 역할(role)들에 대한 합의가 결여될 때 개인이 겪는 어려움이다.

(2) 역할모호성

역할모호성(role ambiguity)은 어떤 지위에 대한 역할이 분명히 규정되지 않았을 때 발생하는 문제를 역할모호성이라 한다.

(3) 역할 과정

역할 과정(role overload)은 한 개인이 자신에게 기대되는 역할들을 부담되고 힘들게 느껴서 문제가 발생할 경우 역할 과증이라 한다.

(4) 역할 단절

역할 단절(role discontinuity)은 삶의 주기에 따라 기대되는 역할이 변화되는데, 변화되는 역할 간에 유사성이 부족할 때 파생되는 문제가 역할 단절이다.

5) 자아 방어기제에 대한 사정

클라이언트에 대한 사정에서 그가 사용하는 자아 방어기제(self defense mechanism)를 분석해 보는 것은 원조 과정에서의 갈등 상황과 개입 전략에 대해 클라이언트가 보이게 될 반응을 예견할 수 있는 좋은 평가 방법이다.

방어기제란 정신 분석 이론에 근거를 둔 것으로서 현실적으로 다룰 수 없는 불안이나 죄의식으로부터 자신을 보호하기 위해 고안된 무의식적 전략이다(장인협 감역 · 김인숙 외 공역, 1992: 105).

자아 방어기제의 사용은 개인의 현실 인식능력과 대인관계능력을 손상시키고 현실적 문제해결에 장애가 되므로 높은 수준의 자아 방어와 현실 왜곡은 문제가 있는 성격이다(김융일 외, 1995: 236).

클라이언트의 방어기제를 평가하고 이에 대한 반응을 할 때 사회복지사가 지켜야 할 지침은 다음과 같다(김융일 외, 1995: 238).

첫째, 방어기제의 다양한 용어는 문제의 행동을 간결하게 기술하고자 사용하는 것이지 그것 자체가 클라이언트의 행동을 설명해 주는 것은 아니다. 그러므로 사회복지사는 클라이언트의 욕구불만, 개인적 고통 등을 방어기제에 의존할 수밖에 없었던 행동의 이면을 이해해야 한다.

둘째, 방어기제도 학습되는 것이어서 클라이언트는 과거에 의존했던 기제에 자주 의존하는 경향이 있다. 따라서 사회복지사는 클라이언트가 과거에 사용했던 방어기제의 평가를 통해 그가 사용할 방어기제를 예측해 볼 수 있다.

셋째, 두려움과 불안이 크면 사람들은 더욱 강하게 방어기제에 의존하는 경향이 있다.

6) 가족에 대한 사정

가족은 개인의 심리 정서적 안녕에 큰 영향을 미치기 때문에 가족의 여러 측면을 평가해야 한다(김융일 외, 1995: 245).

첫째, 가족의 의사소통, 즉 가족구성원 사이에 이루어지는 감정과 생각의 상호 교환에 대해 평가한다.

둘째, 가족구조에 대한 평가로 가족구성원 간의 경계, 하위체계를 포함한 체계로서 가족의 기능, 구성원의 행동을 규제하는 가족 규범, 구성원의 역할, 가족 내 권력의 균형, 가족 내력이 현재의 가족에 미치는 영향 등이다.

셋째, 출산, 죽음, 결혼 등의 가족주기에 따른 전환이 어떻게 적응했는지에 대한 평가이다.

넷째, 가족 불화, 부모-자녀 간의 관계 문제, 구성원 개인의 문제 등 가족 갈등의 주요 문제를 평가한다.

4. 사정의 도구

사정에 유용한 도구로는 가계도(genogram), 생태도(eco-map), 소시오그램(socio-gram)이 있다.

1) 가계도

가계도는 2~3세대의 가족관계를 도표로 작성하여 현재 제시된 문제의 원인을 규명하는 것으로 사회복지사와 클라이언트가 함께 작성하는 것이다(Zastrow, 1995: 227). 가계도는 각 가족구성원의 한 세대에서 다음 세대까지 생물학적 · 법적 · 정서적 관련성을 도표로 묘사하는 것으로 가족 스스로 세대 간 반복되는 관계유형을 찾고, 이에 대한 통찰을 하는 데 매우 중요한 도구이다(McGoldrick & Gerson, 1992: 129).

가계도는 종이와 필기도구를 사용하는 평가도구로서 상징적 기호들로 구성되며 가족에 관한 정보는 짧게 기술되는 것이 기본이다. 사회복지사는 가계도를 작성하고 해석하기 위해서 여러 가지 기호들을 익숙하게 활용하고 해석할 수 있는 기술이 있어야 한다(김융일 외, 1995: 246).

일반적으로 사용되고 있는 가계도는 [그림 10－1]과 같다.

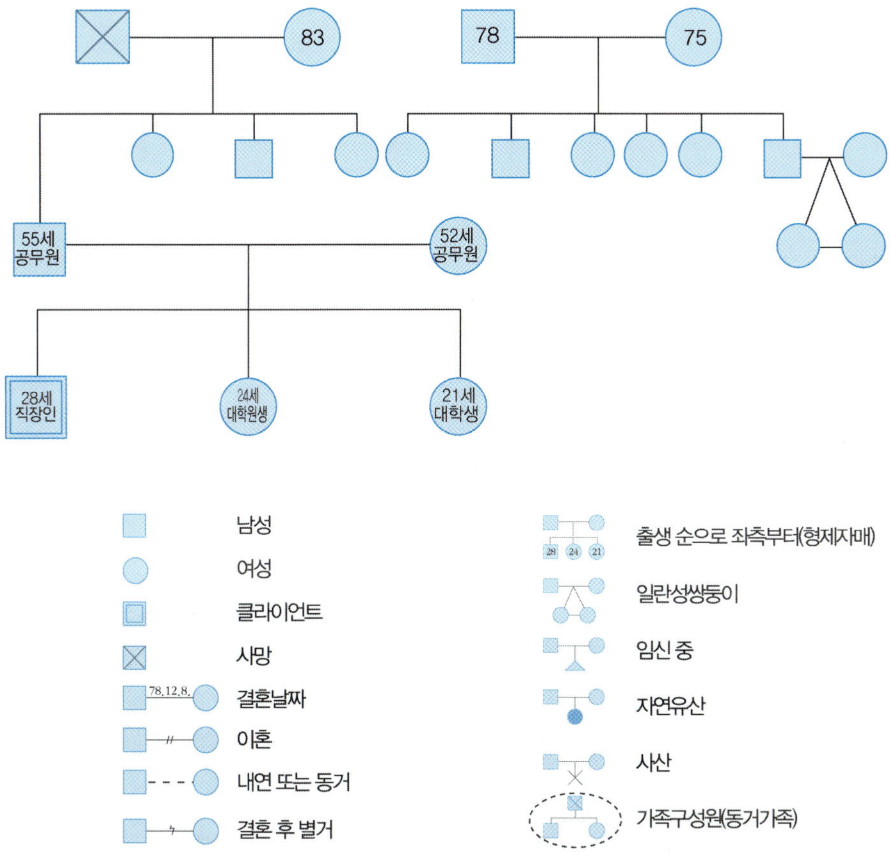

[그림 10-1] 가계도

2) 생태도

생태도(ecomap)는 클라이언트의 상황에서 의미 있는 관계와 체계들을 그림으로 나타내어 특정 문제와 이에 대한 개입을 계획하는 데 중요한 도구로, 가계도와 마찬가지로 사회복지사와 클라이언트가 함께 그리는 것이다(Zastrow, 1999). 생태도는 가족과 다른 체계들과의 관계를 선으로 표시한 것으로 클라이언트를 생태학적 관점에서 이해하는 데 도움을 준다. 일반적으로 사용되고 있는 생태도는 [그림 10-2]와 같다.

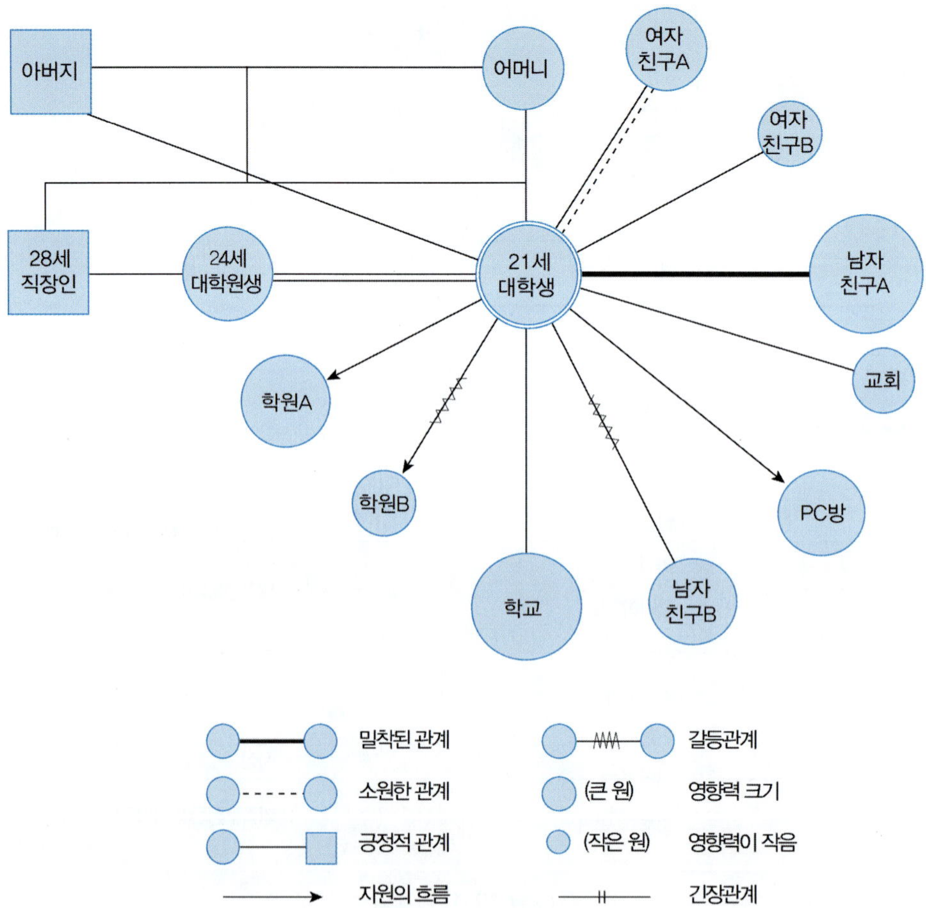

[그림 10-2] 생태도

3) 소시오그램

소시오그램(socio-gram)이란 집단과 일하는 사회복지사가 집단 내의 소외자, 하위집단, 연합 등을 파악할 수 있는 유용한 도구이다(Toseland & Rivas, 1995). 소시오그램은 클라이언트의 주변에 생활하고 있는 호의적, 무관심, 적대적 관계들을 찾아서 그 문제점을 알아 치료하고자 하는 데 사용되는 그림이다. 일반적으로 사용되고 있는 소시오그램은 [그림 10-3]과 같다.

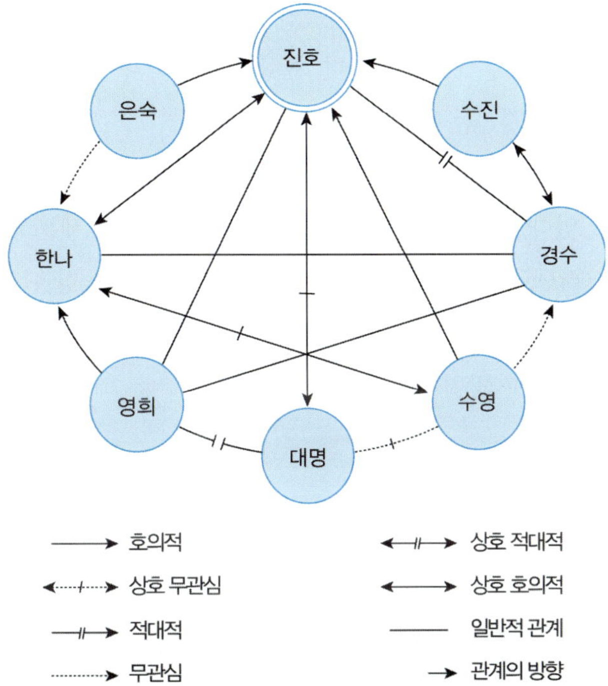

[그림 10-3] **소시오그램**

제2절 계획단계

이 과정은 접수 단계와 자료수집과 사정이 끝난 다음 사정 단계에서 파악된 클라이언트의 변화를 위해 우선순위로 결정된 욕구 및 문제에 대해 구체적인 목표설정하며, 목표를 달성하기 위한 구체적인 계획을 수립하는 단계이다.

이 단계에서도 사회복지사와 클라이언트와의 공동노력이 강조된다.

목적은 개입의 노력을 통해 얻고자 하는 장기적이고 궁극적인 결과이다. 효과적 개입을 하기 위해서는 목표가 분명하여야 한다. 목표가 분명하지 않다면 원조과정은 방향을 잃을 것이고 바람직한 결과는 결코 얻지 못할 것이다.

대부분 목적(goal)과 목표(objective)를 비슷한 개념으로 사용하지만 두 개념은 서로 다른 의미를 가지고 있다. 목적은 추상적 개념인데 반해 목표는 세분화되고 구체적이며 추정 가능하다. 그러므로 목적에 도달하기 위한 많은 측정 가능한 단계들 중의 하나를 목표로 보면 될 것이다.

따라서 목표설정, 계획 방법을 기술한다.

1. 목표설정

목표설정은 문제해결을 위해 목표를 달성하려는 전문적 활동이다. 목표는 계획을 통한 바람직한 변화 또는 문제가 해결된 상태를 의미한다. 어떤 상태로의 변화가 가장 바람직한지가 목표이며 사회복지사와 클라이언트는 반드시 합의된 목표를 창출하여야 한다. 목표가 불 일치한 상태에서의 사회복지 실천 과정은 사회복지사와 클라이언트 모두에게 만족스럽지 못한 결과가 된다.

목표(Objective)는 목적(Goal)을 세분화한 것으로 단기적이며 구체적이다. 사회복지 실천 과정에서 목표는 클라이언트와 사회복지사가 협의한 클라이언트의 욕구 및 문제를 해결하기 위한 실천 과정에서 바람직한 결과 또는 기대를 의미한다. 또한 목적은 장기적이며 궁극적으로 추구하는 것으로 세분화한 목표들을 달성하는 것이라고 할 수 있다.

1) 목표와 기준 설정과 이유 및 원칙

클라이언트의 기능을 회복시키고 개선시키는 것이 목표가 되며 이 단계의 목표는 다음과 같다(엄명용 외, 2006: 286).

(1) 목표

① 문제해결을 위한 구체적 변화 전략을 수립한다.

② 개입, 원조, 교육, 동기유발, 자원연결, 행동 변화 등을 통한 변화를 창출한다.

③ 지속적 점검(monitoring)을 통한 변화 정도를 평가한다.

(2) 개입 목표 설정하기

개입 목표 설정 시 우선순위를 정하는 것은 개입 시 목표의 중요성을 상기시키고 어떤 것이 더 시급한 것인지를 인식하여 정확한 개입 방법을 설정할 수 있도록 한다.

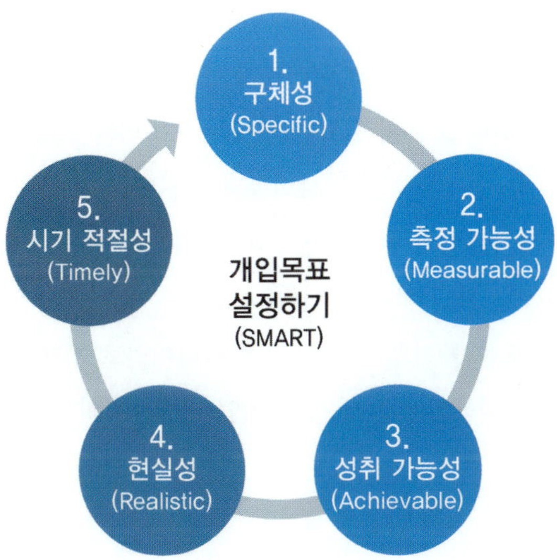

[그림 10-4] 개입 목표 설정하기(SMART)

2) 목표설정 이유 및 원칙

(1) 목표설정 이유

① 클라이언트가 개입 목표를 사회복지사와 함께 설정하면 변화에 대한 의지가 강해지며, 원조 과정에 적극적으로 참여하게 된다.

② 개입의 방향을 명확하게 제시하여 불필요한 혼란을 방지한다.

③ 클라이언트의 변화 정도를 파악할 수 있다.

④ 적절한 개입 전략과 개입 방법의 선택을 용이하게 한다.

⑤ 사례 종결 후 사용된 개입 방법과 개입 과정의 효과성을 평가하는 기준을 제공한다.

(2) 목표설정을 위해 사회복지사의 활동 원칙

① **경제성의 원칙**: 선택된 활동은 사회복지사와 클라이언트의 시간과 비용을 최소화할 수 있는 것이어야 한다. 클라이언트가 스스로 할 수 있는 일은 사회복지사가 관여하지 말아야 하며 도움이 필요한 일에는 요구되는 도움만을 제공하고, 클라이언트가 혼자서 할 수 없는 일만 사회복지사가 한다.

② **클라이언트의 자기결정의 원칙**: 개입의 전 과정을 통해 가능하면 클라이언트가 스스로 의사결정을 하도록 해야 한다.

③ **개별화의 원칙**: 도움을 필요로 하는 특징 클라이언트 세계의 특성과 욕구에 맞도록 개입 활동을 조정해야 하는데, 클라이언트의 능력과 상황에 맞는 접근이 필요하다.

④ **적합의 원칙**: 개입의 전체 방향은 클라이언트 체계의 단계에 적합한 것이어야 한다.

⑤ **상호 의존성의 원칙**: 사회복지사 활동의 일부는 클라이언트의 활동에 달려 있다. 클라이언트의 활동과 클라이언트의 변화능력을 고려한 후 개입이 출발되어야 한다. 사회복지사와 클라이언트의 활동은 서로에게 의존하고 있으므로 양측의 활동은 상호 보완적이어야 한다.

⑥ **서비스 목표에 초점의 원칙**: 사회복지사와 클라이언트의 모든 활동은 어떤 식으로든 두 사람이 합의한 계획의 목표에 부합되어야 한다.

3) 목표설정 지침

목표는 목적을 달성하기 위해 세분화한 것으로 단기적이며 구체적이라는 점에서 구별된다.

사회복지 실천 과정의 목표 영역을 관계 유지, 구체적 행동 변화, 관계 변화, 방향 변화로 나누기도 하고 또는 필요한 자원을 얻는 것, 주요 결정을 하는 것, 환경변화로 설명하기도 한다. 원조 과정에서 사회복지사가 목표들을 설정할 때 그들의 능숙함을 더해 줄 지침은 다음과 같다(Hepworth & Larsen, 1997).

(1) 목표는 클라이언트가 추구하는 바람직한 결과와 관련

클라이언트가 동기화되기 위하여 달성되어야 할 선택된 목표가 그의 문제를 해결하여 그의 생활 상황이 향상될 것이라는 믿음이 있어야만 한다.

(2) 목표는 명백하고 측정 가능한 용어로 정의

원조 과정에서 방향을 제시하기 위하여 목표가 바람직한 결과로 정의되어야만 모든 참여자들이 문제체계 내에서 달성되어야 할 변화를 명백하게 인식한다. 바꿔 말하면 각자(actor)가 변화될 환경적 요소가 무엇이고 각자가 다르게 해야 할 것이 무엇인지를 상세히 알아야만 한다.

(3) 목표는 실행 가능한 것

달성하지 못할 목표설정은 클라이언트에게 용기를 잃게 하고, 패배감과 환멸을 느끼게 한다. 그러므로 목표를 설정할 때에 사회복지사는 목표를 달성할 수 있는 클라이언트의 능력과 목표 달성에 영향을 미치는 환경적 압력을 고려해야 한다.

(4) 목표는 사회복지사의 기술과 지식에 상응

설정된 클라이언트의 목표는 사회복지사의 기술과 지식 내에서 달성된다는 것을 모든 사회복지사는 인식하고 있다.

(5) 목표는 가능할 때마다 성장을 강조하는 긍정적 용어로 진술

목표 달성은 클라이언트가 목표성취의 결과로서 그의 생활에 일어날 유익한 변화나 이득에 중점을 둔 성장을 강조하고, 할 수 있다는 긍정적 용어로 진술하는 방법으로 해야 한다.

(6) 중요한 조건에 관한 동의는 피함

예를 들면, 때때로 어떤 목표를 달성하기 위하여 유리한 조건을 걸고 동의를 요구할 때 동의하는 것은 윤리적이지도 현명하지도 않을 것이다.

(7) 목표는 기관의 기능과 일치

문제의 탐색과 클라이언트의 결핍(wants)은 때로는 기관의 기능과 부합되지 않은 변화 목표일 때도 있다. 그러나 목표는 기관의 기능에 일치하는 목표로 되어야 한다.

4) 변화유형과 목표 우선순위

(1) 변화유형

사회복지 실천 과정의 목표, 즉 개입을 통해 일어나기를 바라는 변화유형으로 존슨(Johnson, 1982)은 관계 유지, 구체적 행동의 변화, 관계의 변화 등을 들었고, 재스트로(Zastrow, 1999)는 자원획득, 주요 결정, 환경변화 등을 들었다.

(2) 목표 우선순위

앞서 제시한 지침대로 목표설정이 잘되었을 경우에도 목표가 다양한 경우가 발생한다. 이러한 때는 목표에 우선순위를 정하여 사용하는 것이 바람직하다.

개입목표가 많은 경우 이러한 기준을 가지고 클라이언트와 의논하여 목표를 2~3개로 줄인 뒤 이것을 다시 우선순위대로 나열하여 우선되는 것부터 초점을 두어 개입한다.

그러므로 목표들 중 우선순위를 두고 정하는 것은 개입 시 목표의 중요성을 상기시키고 어느 것이 더 시급한 것인지를 인식하여 정확한 개입 방향을 설정하기 위한 것이다.

(3) 목표의 기준

목표를 선정 시 목표 달성 여부를 명확하고 구체적으로 평가할 수 있도록 제시해야 하고, 목표를 명확하고 정확하게 기술하며, 목표는 성취 방법에 대한 정보를 제공할 수 있도록 높은 완성도를 그 기준으로 한다.

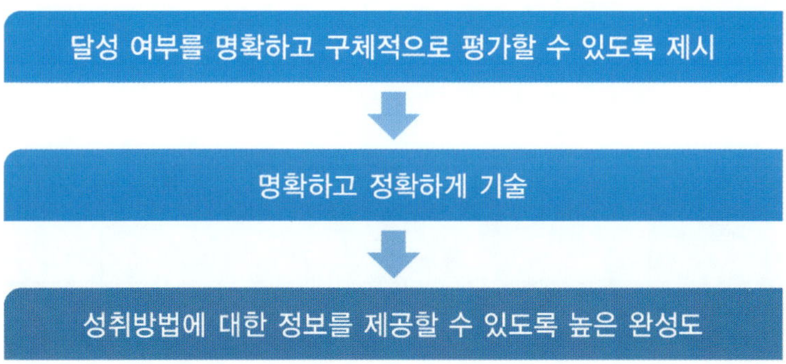

2. 계획

목표를 설정하고, 그 이후 실제로 실행을 어떻게 수행할지를 수립하는 단계이다. 이때 다음과 같은 고려 사항이 중요하다. 개입 방법의 선택과 일정 및 자원관리를 어떻게 할 것인가를 계획한다.

첫째, 개입 방법 선택은 집단의 특성과 문제에 따라 개입 방법을 선택한다. 예를 들어, 그룹 토론, 교육 프로그램, 상담 세션 등을 고려할 수 있다.

둘째, 일정 및 자원관리로 개입 활동의 일정과 필요한 자원을 계획한다. 예산, 장소, 기간 등을 계획한다.

여기서는 계획과정의 이해와 계획과정 표적 문제 등을 기술한다.

1) 계획과정 이해

계획과정이란 사회복지 실천 과정에서 초기단계 다음에 이루어지는 단계에서 사정 및 계획 단계에 해당하며 이 계획이 잘 어우러져야 다음 실행 단계와 평가와 종결 단계가 되어 종료하게 된다. 그리고 그 사정과 계획 단계에서 다시 사정 단계 다음으로 이루어지는 계획과정은 목표설정과 계약으로 이루어진다.

이해를 돕기 위한 그림은 [그림 10-5]와 같다.

<table>
<tr><td rowspan="2">초기단계
(접수,
자료수집)</td><td colspan="2">사정 및 계획 단계</td><td rowspan="2">실행</td><td rowspan="2">평가와 종결</td></tr>
<tr><td>사정</td><td>계획 단계
1. 목표설정
2. 계약</td></tr>
</table>

[그림 10-5] **계획과정**

2) 계획과정(7단계)

계획과정은 커스트 애쉬만과 헐(Kirst-Ashman & Hull)의 7단계는 〈표 10-1〉과 같다.

〈표 10-1〉 **계획과정(7단계)**

단계		내용
1단계	클라이언트와 함께 작업하기	계획과정에서 클라이언트를 참여시킴으로써 동기화를 부여함
2단계	문제의 우선순위 정함	사회복지사와 클라이언트는 어떤 문제에서부터 접근할지 우선순위를 정하고, 최우선적으로 해결할 문제에 합의하도록 함
3단계	문제를 욕구로 전환	문제를 욕구 개념으로 전환하면 문제해결을 위해 무엇을 해야 하는지 구체화시킬 수 있다.

4단계	실행 수준 평가 –전략의 선택	문제는 미시, 중 범위, 거시 실천 방법으로 접근될 수 있음. 문제해결 전략 수립 시 클라이언트의 감정을 이용하고 각 전략에 대한 찬반양론을 검토하여 효율적·효과적 전략을 선택함
5단계	목적설정	목적은 왜 개입하는지를 명료화시켜줌. 분명하게 진술된 목적은 개입의 성공 여부를 평가할 수 있도록 함
6단계	목표 구체화	목적을 성취하려면 이를 세분화하여 구체화된 목표를 설정하여야 함. 목표의 구체화에는 누가 무엇을 언제까지 수행할 것이며 이는 어떻게 측정될 것인지를 포함시키도록 함
7단계	클라이언트와 계약 공식화하기	계약은 사회복지사와 클라이언트 간에 실행 과정에 무엇이 일어날지에 관한 합의사항. 목적, 목표, 실행기간, 역할 등이 포함됨

3) 표적 문제(목표설정의 전략)

(1) 목표 설정

사정 과정에서 드러난 복잡한 여러 가지 문제 중에서 가장 중요하고 시급히 해결해야 할 문제를 최우선 목표로 설정하게 된다(클라이언트의 문제는 여러 가지 요소가 얽혀 있는 복합적인 형태를 띠므로 여러 문제 중에서 가장 중요하고 시급히 해결해야 할 문제를 선정해야 한다).

(2) 표적 문제 선정의 지침

① 클라이언트가 중요하게 생각하고 시급히 해결되기를 원하며 문제상황을 대표하며 해결 가능성이 비교적 뚜렷한 문제로 선정한다.

② 2~3가지 정도 선정한다.

③ 클라이언트와 사회복지사 간의 협의가 중요하다(양자 모두 문제라고 여기며 해결하기를 바라는 합의된 문제를 표적 문제로 선정한다).

3. 계약

계약(contract)이란 목표설정이 끝나면 문제의 정의, 목표, 클라이언트의 역할과 사회복지사의 역할, 미팅 시간, 장소, 비용, 개입기법, 평가 방법 등에 대해 사회복지사와 클라이언트가 동의하는 계획의 과정이다.

헵워스와 라슨은 계약의 요소로 달성될 목표, 참여자 역할, 사용될 개입기법, 세션(session)의 길이, 빈도, 그리고 시간, 진행에 대한 평가 방법, 계약의 재협상에 대한 계약 조항, 시작 날짜, 세션 취소 및 변경, 비용 등을 제시하고 있다(Hepworth & Larsen, 1997).

계약서를 작성할 때는 목표가 설정되면 설정된 목표를 구체적으로 달성하기 위해서는 추후 진행해야 할 실천의 범위 및 방법 등을 결정하는 계획을 세워야 한다. 클라이언트의 설정된 목표와 관련된 사람, 기관 등 지지체계와 실천에 참여하여야 할 사람이나 기관의 규정 등에 따라 실천 범위를 결정할 수 있는데, 사회복지사와 기관이 실질적으로 실천 가능한 현실적인 수준에서 실천 범위를 결정하는 것이 클라이언트에게 도움이 된다.

또한 클라이언트의 특성에 따라 시간, 횟수, 내용, 평가 방법 등의 실천 방법을 결정하여 추후 진행해야 할 실천이 순조롭게 진행될 수 있도록 계약을 체결하게 된다.

사회복지 실천 과정에서 계약은 사회복지사와 클라이언트가 목표를 설정하고 목표 달성을 위해 실천 과정에서 각자 어떤 역할을 수행할지를 구체적으로 기술하고 이에 합의하는 것을 의미한다(김향선 외, 2015).

즉, 계약체결 과정에서 클라이언트의 참여는 필수적이며 계약 내용에는 클라이언트와 사회복지사 각각의 역할과 책임을 명확히 하여 가능한 한 클라이언트의 참여를 높여야 한다.

계획수립이 완료되면 계약서를 작성한다. 계획서 작성은 클라이언트와 사회복지사 상호 간에 기대하는 내용과 수행해야 하는 과업 내용을 문서화하고 사인한다. 계약서에는 문제의 정의, 목표, 클라이언트와 사회복지사의 역할을 기록하고 만남의 시간, 장소, 만남의 주기, 비용 같은 자세한 내용도 기록하게 된다. 이와 같은 작성 이유는 서로 간에 무엇을 동의했고 동의하지 않았는지 명확히 할 수 있기 때문이다. 어떤 의미에서는 법적 의미도 지닌다. 그러나 사회복지 실천에서는 계약이라는 단어는 법에서의 개념과 유사하게 사용됨에도 불구하고 법률적 '속박'의 의미를 뜻하지는 않는다.

개입에 들어가기 전에 통상적으로 클라이언트에게 치료에 대한 합당한 설명을 하고 동의를 구해야 한다는 윤리적 지침을 어기게 되는 경우가 많은데, 이러한 과오를 방지하기 위해서도 계약서 작성은 꼭 필요하다.

계약은 사회복지사와 클라이언트가 이해한 내용의 본질을 간략하게 재검토하는 것으로서 대개 계약당사자 및 관련된 주요 인물의 역할, 문제 리스트와 목표의 우선순위, 최종목표, 사회복지사와 클라이언트의 과업과 책임, 개입 방법과 개입의 몇 가지 구조적 요인(장소, 시간) 및 평가 방법으로 구성된다. 계약서에 포함할 내용은 〈표 10-2〉와 같다(엄명용 외, 2006: 284).

〈표 10-2〉 **계약서에 포함될 내용**

포함 사항	구체적 내용
1. 구조적 요인	• 사례 번호 • 참석자 • 날짜/시간 • 장소
2. 문제	• 클라이언트가 규정한 문제 • 사회복지사가 규정한 문제 • 개입 활동을 위한 합의된 문제 개요 • 최종목표
3. 최종목표	• 명확하고도 구체적으로 목표 달성 정도가 측정될 수 있도록 기술
4. 계획	• 접근방법 • 클라이언트의 과제 • 사회복지사의 과제 • 세션 내의 과제 • 평가계획(목표와 과정에 대한 평가)
5. 비용	• 합의된 목표를 달성하기 위하여 사용될 비용
6. 서명날인	• 사회복지사 서명날인 • 클라이언트 서명날인

학습하기

01 하비츠(Hurvith, 1975)는 변화를 방해하는 전형적 의미 부여 형태를 아홉 가지로 보았다. 각각의 형태에 대하여 설명하시오.

02 가계도에서 일반적으로 사용되고 있는 범례들은 다음과 같다. 쌍둥이에 알맞는 것은?

① ◉　② ○○　③ ▲
④ ▣　⑤ △

03 다음 □ 안의 내용은 자기방어 기제에 대한 사정이다. (　　) 안에 들어갈 알맞은 말에 해당하는 것은?

> (　　)는 고통스러운 감정과 충동을 누르기 위해 그것들을 직접 경험하는 대신 그것들에 대해 생각을 많이 하는 것을 말한다. 즉, 용납할 수 없는 정서와 충동을 직접 경험하지 않고 지성적으로 사고함으로써 피하는 것이다. (　　)를 사용하는 사람들은 대단히 지적으로 보이는데, 설명하고 있는 감정이나 상황을 느끼지 않고도 감정적 의미를 가진 주제에 관해 충분히 말할 수 있다.

① 내면화　② 합리화　③ 동일시
④ 지성화　⑤ 자기로의 전향

04 다음 중 사정의 특성에 대해 잘못 설명한 것은?

① 사정 과정은 서비스의 최종 국면까지 계속된다.
② 복합적 수준에서 개인적 · 환경적 강점을 사정한다.
③ 사정은 클라이언트와 사회복지사와의 상호작용이다.
④ 사정은 개별적이다.
⑤ 상황에 대한 완벽한 이해는 가능하다.

해설 사정의 특성은 계속적 과정, 이중초점, 클라이언트와 사회복지사와의 상호과정, 사고의 전개과정 존재, 수평적 · 수직적 탐색이 모두 중요, 클라이언트를 이해하는 지식적 근거 필요, 개별적 과정, 판단이 중요, 클라이언트를 완전히 이해하는 것에 대한 한계 존재 등이다.

05 개인에 대한 사정에서 문제의 사정에 속하는 것은?

가. 문제의 설정	나. 생태학적 요인의 명료화
다. 발달적 욕구의 필요	라. 생애전환기에 관련된 스트레스

① 가 · 나 · 다
② 가 · 다
③ 나 · 라
④ 라
⑤ 가 · 나 · 다 · 라

06 클라이언트의 자원에 대한 사정이다. 알맞지 않은 것은?

① 교육 정도 학력
② 문제해결능력과 의사결정능력
③ 개인적 자질과 성격
④ 물리적 · 재정적 자원 소유
⑤ 문제해결에 대한 동기와 의지

07 목표의 우선순위를 결정할 때 사용하는 기준으로 알맞지 않은 것은?

① 클라이언트에게 가장 시급한 문제이다.
② 사회복지사가 목표 달성에 가능한 문제이다.
③ 가장 단기간에 성취하여 만족감을 느낄 수 있는 것이어야 한다.
④ 클라이언트가 목표 달성에 전력을 다할 동기를 가지고 있는 것이다.
⑤ 기관의 기능에 적합하고 사회복지사의 능력에 준해서 달성 가능한 것이다.

해설 ②를 제외한 내용이 우선순위이다.

08 원조 과정에서 사회복지사들이 목표를 설정할 때 그들의 능숙함을 더해 줄 헵워스와 라슨(Hepworth & Larsen)의 일곱 가지 지침을 기술하시오.

09 공통적으로 지적된 변화유형에 우리나라 임상에서 볼 수 있는 몇 가지 유형을 추가한 것으로 알맞지 않은 것은?

① 다른 사람과의 관계를 변화시키거나 그 사람에 대한 자신의 인식을 변화시키는 것이다.
② 중대한 결정을 내리는 것이다.
③ 자신과 타인에게 혹은 환경에 부정적 행동(증상 포함)을 변화시키는 것이다(예: 장애인을 위해 주거환경을 변화시키는 것).
④ 필요한 자원이나 정보를 구하는 것이다.
⑤ 기능적인 개인적 역할수행에 필요한 기술을 익히는 것이다.

10 사회복지사가 시간제한 서비스를 채택했을 때의 장점으로 알맞지 않은 것은?

① 시간제한 서비스는 비용면에서 효과적이다.
② 시간제한 서비스 형태하에서는 많은 클라이언트가 서비스를 받을 수 있다.
③ 시간제한 서비스 형태는 사회복지사가 단기간 내에 향상될 것이라는 확신을 보여 줄 때 클라이언트를 안심시켜 낙관적으로 만든다.
④ 시간제한 서비스는 적절한 때 시간제한을 알려 줌으로써 종결 과정을 쉽게 만든다.
⑤ 시간제한 서비스는 문제해결 과정을 초기, 중기, 종결 단계로 구별하게 만든다.

해설 시간제한 서비스는 초기 계약 단계에서 시간제한을 알려 줌으로써 종결 과정을 쉽게 만든다.

11 계약서에 포함될 내용 중 문제의 구체적 내용에 알맞지 않은 것은?

① 클라이언트가 규정한 문제
② 사회복지사가 규정한 문제
③ 개입 활동을 위한 합의된 문제 개요
④ 내담자가 규정한 문제
⑤ 최종목표

정답

01. ① 사이비 과학적 설명: '요즘 바이오리듬상 우리가 서로 맞지 않는 것 같다', '그 행동은 유전인 것 같다' 등 ② 심리적 낙인: '우리 어머니가 편집증이므로 별 수 없이 거짓말을 할 수밖에 없다', '그녀는 과잉행동을 보이는 것이다' 등 ③ 다른 사람에게 변화의 능력이나 동기가 없다는 믿음: '그녀가 변할 리 없다', '그는 내가 이혼을 요구하게끔 자꾸 나를 자극하는 것이다' 등 ④ 변화될 수 없는 외적 요인: '어머니만 살아계셨다면……' 등 ⑤ 변화될 수 없는 내적 속성의 잘못된 믿음: '나는 원래 성적 욕구가 없는 사람이다', '난 원래 재수 없는 사람이다' 등 ⑥ 무력함에 대한 비현실적 감정: '난 아무리 해도 그녀를 따라갈 수 없어', '난 아무것도 할 수 없어. 그냥 그의 처분만을 기다릴 뿐이야' 등 ⑦ 고정된 철학적·종교적 원칙: '낙태는 죄악이기 때문에 어쩔 수 없이 낳을 수밖에 없어' 등 ⑧ 인간본질에 대한 가정을 주장: '그 나이의 아이들은 다 그래', '여자의 행복이란 시집을 잘 가는 데 있어' 등 ⑨ 문제에 관련된 다른 사람의 한계점을 주장: '그 사람은 너무 둔해서 내 감정을 이해하지 못한다', '그녀가 너무 멍청한 것 같다' 등 02. ② 03. ④ 04. ⑤ 05. ⑤ 06. ① 07. ② 08. ① 목표는 클라이언트가 추구하는 바람직한 결과와 관련되어야만 한다. ② 목표는 명백하고 측정 가능한 용어로 정의되어야만 한다. ③ 목표는 실행 가능한 것이어야 한다. ④ 목표는 사회복지사의 기술과 지식에 상응해야만 한다. ⑤ 목표는 가능할 때마다 성장을 강조하는 긍정적 용어로 진술해야만 한다. ⑥ 중요한 조건에 관한 동의는 피하여야 한다. ⑦ 목표는 기관의 기능과 일치하여야 한다. 09. ⑤ 10. ④ 11. ④

11

Chapter

실행 단계(미시적)

사회복지 실천 과정에서 실천 단계는 사회복지사와 클라이언트가 합의하여 결정한 욕구 및 문제를 해결하기 위한 계획 단계(목표설정, 계약체결)를 실천하는 단계를 의미한다.

일반적으로 사회복지실천은 클라이언트 체계(크기)에 따라 직접적(미시적), 간접적(거시적) 활동으로 이루어진다.

직접적 활동은 개인, 가족, 집단 등을 포함하는 체계를 대상으로 사회복지사와 클라이언트가 일대일로 접촉하여 직접 서비스를 실천하는 것이다.

반면 간접적 활동은 클라이언트 외의 개인, 소집단, 조직, 지역사회, 국가 등 클라이언트의 삶에 영향을 미치는 체계를 대상으로 사회복지사가 클라이언트를 직접 만나기보다는 특성 대상을 간접적으로 실천하는 것이다.

이 장에서는 개인 대상 실천의 이해, 개인 대상 실천 과정, 개인의 내적 변화를 위한 실천, 대인 관계적 변화를 위한 실천 등을 기술한다.

제1절 개인 대상 실천의 이해

1. 개인 대상 실천의 개념

1) 1인의 클라이언트 체계 중심

개인 대상의 사회복지 실천은 개인 클라이언트 체계가 갖는 문제에 초점을 두고 클라이언트와 개별화된 원조 과정을 진행하는 특징이 있다. 개별 클라이언트의 개인적 성향이나 사회환경적 특성, 문화적 배경을 파악하면서 개인의 변화를 이끌어 내는 데 필요한 실천 방법과 전략을 활용하는 것이 중요하다.

2) 클라이언트와 사회복지사의 전문적 관계 강조

개인 대상의 실천에서는 관계 형성과 의사소통의 기술이 중요한 도구로 활용된다. 사회복지사는 클라이언트와의 문제해결 과정을 촉진하기 위해 클라이언트와 라포를 형성하며 전문적 원조 관계를 형성하게 된다. 일대일 관계 속에서 클라이언트와 긍정적인 전문적 관계를 형성하기 위해서는 개인의 존엄성과 자기 결정권을 강조하는 사회복지 실천의 기본적 가치를 반영하고 개인의 개별적인 요구와 문제 상황에 대한 민감성을 키우는 것이 필요하다.

3) 개인의 문제해결을 위한 다양한 개입모델과 기법 활용

개인 대상의 실천에서 만나는 클라이언트는 아동, 청소년, 성인, 노인 등 생애 주기별로 다양하며, 행동 발달, 정신 건강, 신체적 질환이나 장애, 중독과 같은 문제부터 빈곤, 고용, 주거, 교육, 등 다양한 영역의 문제를 가진다. 클라이언트 문제에 대한 접근방법과 개입 기술은 여러 학문적 배경을 가진 실천 모델(전통적인 심리사회모델을 비롯한 인지모델, 행동주의 모델, 단기 개입, 위기 개입, 과정 중심 모델 등)에 따라 다르기 때문에 개인과 변화 또는 개인과 환경 간의 상호작용을 변화시키기 위한 개입의 목적에 따라 그에 적합한 모델의 선택과 적용이 중요하다.

2. 개인 체계와 실천

개인 대상 사회복지 실천의 목표는 사회복지사와 개인의 일대일 만남을 통하여 클라이언트의 개인적, 사회적 문제를 해결하도록 돕는 것이다. 개인 대상 사회복지의 활동 영역은 매우 광범위하다.

1) 개인 대상 사회복지 실천

(1) 케이스워크

개인을 일대일 방식으로 도움으로써 개인문제와 사회문제를 해결하는 것을 목표로 한다. 케이스워크는 개인의 환경에 적응하도록 돕고 혹은 그들에게 불리한 사회 경제적 압박을 변화시키도록 돕는다.

케이스워크는 광범위한 활동이 포함되는데, 가령 다루기 힘든 청소년의 상담, 실업자에게 훈련이나 고용을 도와주기, 자살 충동이 있는 사람의 상담, 가정이 없는 아동의 입양 또는 위탁가정 소개, 학대 아동과 그 가족에게 보호 서비스 제공하기, 알코올 중독자 돕기, 한부모 서비스 제공 등이 있다.

(2) 사례관리

사례관리의 과업은 케이스워크의 과업과 유사하다. 사례관리자의 과업은 서비스 영역에 따라 다양하게 변한다. 가령, 미성년 보호관찰 세팅에서는 클라이언트를 지도하는 데 깊게 관련되어 있으며 상담을 제공하고 클라이언트를 모니터하고 클라이언트와 가족이 필요로 하는 서비스에 연결해 주는 등의 일을 한다.

한편 사례관리자는 작업자 쉼터에서 클라이언트에게 작업훈련을 제공하고 카운슬링하며, 클라이언트의 수용할 수 없는 행동을 훈련시키며, 클라이언트의 옹호자로서 활동한다.

① 사례관리자는 복합적인 문제를 가지고 있는 클라이언트에게 필요로 하는 서비스를 빠짐없이 중복 없이 가장 시급한 서비스부터 차례로 지지적, 비용 효과적, 효율적인 방법으로 제공받도록 보장하기 위한 서비스망 내에서 논리적 절차인 동시에 다양한 서비스 제공기관 간의 상호작용이다.

② 사례관리자는 클라이언트를 위하여 서비스를 조정하고 옹호한다. 클라이언트를 위한 자원을 통제하고 서비스를 구매한다. 사례관리는 클라이언트의 진보를 모니터하는 것을 포함한다. 클라이언트의 욕구는 많은 전문가와 기관의 서비스, 대인서비스 프로그램을 요구한다.

③ 사례관리자는 서비스의 전달을 조정, 통합하며 그 상품과 서비스가 적절한 시기에 제공되도록 클라이언트와 직접적으로 활동한다. 사례관리자는 다른 서비스 제공자와도 밀접한 관계를 유지함으로써 서비스 전달이 적소에 이루어지며 계획된 대로 지속적으로 전달되어야 한다.

2) 상담

개인을 대상으로 하는 사회복지사의 핵심기술은 상담이다. 성공적인 상담은 사회복지사는 물론 친구, 이웃, 친지, 정신과 의사, 심리학자 등에 의해 수행될 수 있다. 전문가는 훈련과 경험에 의해 더욱 효과적일 수 있는 가능성이 있다.

상담의 세 단계는 관계 수립, 문제를 심도 있게 탐구, 대안 탐색이다.

(1) 관계 수립

① 클라이언트가 편안함을 느끼도록 위협적이지 않는 분위기를 조성한다.

② 최초의 계약에서 사회복지사는 자신이 클라이언트를 도울 수 있는 전문가이고 이해심 있는 사람으로 드러낼 필요가 있다.

③ 클라이언트가 문제에 관하여 마음을 열 때 웃거나 충격을 표현해서는 안 된다.

④ 일반적으로 판단하거나 도덕적이 되어선 안 된다. 클라이언트의 가치를 존중해야 하며 사회복지사의 가치를 선전하려고 하면 안 된다.

⑤ 클라이언트를 평등한 관계로 본다.

⑥ 클라이언트를 이해할 수 있고 공격적이지 않은 어휘를 사용한다.

⑦ 공감하고 있으며 클라이언트의 감정을 배려한다는 메시지를 전달할 수 있는 어조를 사용한다.

⑧ 클라이언트의 비밀을 지켜준다.

(2) 문제를 심도 있게 탐구하기

① 사회복지사와 클라이언트는 문제의 영역과 지속 기간, 원인, 그 문제에 대한 사회복지사의 느낌, 거기에 대처할 클라이언트의 역량에 대하여 함께 검토한다.

② 문제의 영역이 규명될 때 그 하위문제들을 탐구한다.

③ 복잡한 상황일 때 어떤 문제를 먼저 다루어야 할지는 클라이언트에게 물어본다.

④ 동정심이 아닌 공감을 전달한다. 공감이란 사회복지사가 클라이언트의 느낌을 알고 있고 사회복지사도 다소 그것을 느낄 수 있다는 것을 보여주는 능력을 말한다.

⑤ 상담자로서 사회복지사의 가장 중요한 도구는 자신의 느낌과 이해이다. 클라이언트의 입장에 처하려는 지속적인 노력이 필요하다.

⑥ 클라이언트가 중요한 관심사를 지적하고 있다고 생각할 때 사회복지사는 다양한 같은 방식으로 대화를 격려할 수 있다.

⑦ 사회적으로 수용할 수 없는 문제는 재치 있게 접근한다. 질문을 할 때 응답자가

난처한 입장에 처할 수 있는 질문은 하지 않는다.

⑧ 클라이언트의 한계점을 지적할 때에는 그의 장점도 꼭 언급하고 칭찬한다.

⑨ 비언어적 신호에 주의를 기울인다.

⑩ 클라이언트가 말하는 것을 주의 깊게 경청한다.

(3) 대안 탐색

① 대안에 대해서 클라이언트에게 먼저 물어본다(예: 이 문제를 해결할 방법에 대해 생각해 보셨나요?).

② 클라이언트가 생각한 방법이 있으면 그것의 장점과 단점, 결과를 신중히 검토한다. 클라이언트에게 대안이 없을 경우, 사회복지사가 자신의 대안을 언급하고 그것의 장점과 단점, 결과를 신중히 검토한다.

③ 대개 클라이언트는 자기 결정권을 갖는다. 즉, 가능한 한 여러 대안 중 행동 방식을 선택할 수 있다. 사회복지사의 역할은 클라이언트로 하여금 각 대안의 결과를 확인하고 이해할 수 있도록 돕는 것이다.

④ 클라이언트의 자기 결정권이 박탈당할 경우가 있는데, 선택된 행동 방식이 타인이나 클라이언트 자신을 심각하게 다치게 할 개연성이 높을 때이다.

⑤ 클라이언트의 상황이 개선될 것인지를 결정하는 가장 큰 요인은 핵심적 과제를 수행할 동기일 수 있다. 냉담한 클라이언트에게 동기를 부여하도록 노력해야 한다. 그리고 동기를 증진시키는 방법으로 클라이언트가 의무를 다할 때 획득하게 될 성과를 명확히 밝혀주는 것이다.

⑥ 클라이언트가 수행할 자신이나 경험이 없을 때, 과제에 대한 "역할 놀이(role-play)"가 도움이 된다. 즉, 클라이언트와 사회복지사가 역할을 바꾸어 연기함으로써 클라이언트 스스로 과제를 해결하도록 한다.

제2절 개인 대상 실천 과정

1. 준비 단계

클라이언트와의 첫 만남을 위한 준비는 전통적인 문제해결 과정에서는 상대적으로 소홀히 다루어졌던 측면이 있으나, 앞으로 진행될 원조 과정의 지속 여부와 방향을 결정짓는 중요한 과정이다. 사회복지사는 다음과 같은 준비 단계의 실천 기술을 활용하여 초기부터 서비스의 효과적인 전달이 이루어지도록 해야 한다.

1) 사전 분석하기

기관이나 사회복지사에게 주어진 정보를 초기 접촉 이전에 검토하고 점검한다. 기초 정보를 사전에 파악함으로써 이미 제공된 정보에 대해 클라이언트에게 반복적으로 요구하지 않게 되며, 클라이언트에 따라서는 사전에 면접에 필요한 물리적 조건이나 장비 등을 준비하는 것이 가능하다. 그러나 사전에 불안전한 정보로 인해 클라이언트에 대한 선입견을 가질 가능성도 크기 때문에 기초적인 자료로 제출해야 한다.

2) 정보 수집하기

초기 면접자나 의뢰인, 이전에 사례를 담당했던 직원들로부터 클라이언트(이름, 연령, 연락처, 주소, 기타 인적 사항 등)와 문제 상황(문제의 특성, 심각성, 위급성, 활용 가용자원 등)에 관해 알아본다. 그러나 타인으로부터 얻은 정보는 클라이언트의 견해와는 다를 수 있으므로 객관적인 정보이기보다는 의견으로 참고하고 섣불리 선입견이나 가정을 하지 않도록 주의할 필요가 있다.

3) 자문 구하기

클라이언트와의 첫 만남이 이루어지기 전에 슈퍼바이저의 자문이나 동료로부터 조언을 구하는 기술이 필요하다. 잠정적으로 면접의 목적을 설정하고 관련된 실무적 사항들에 관해 논의를 하는 것은 면접의 효과를 높인다.

4) 환경 조성하기

면접을 방해하는 요소를 사전에 차단하고 의사소통이 원활하게 이루어지도록 구체적인 준비의 기술이 필요하다. 사회복지사는 약속 시간과 장소를 확인하고, 면접 장소의 분위기나 가구 배치뿐만 아니라 자신의 외모 등도 점검해야 한다. 기관 외부에서 면접이 이루어지는 경우 소음이나 분위기 등 장소의 적절성을 확인하며, 클라이언트의 가정을 방문하는 경우도 사전에 물리적 환경 등을 파악해 둔다.

5) 공감적 이해하기

예상되는 클라이언트의 문제와 상황에 대해 이해해야 한다. 직접적인 대면 접촉이 일어나기 전에 서비스를 찾게 되는 배경이나 클라이언트의 동기, 초기에 느낄 수 있는 클라이언트의 생각이나 감정 등에 대해 클라이언트의 입장에서 생각하는 기술이 필요하다. 사전 공감은 직접적인 만남 이전에 이루어지기 때문에 잠정적이며 클라이언트와의 직접적인 의사소통에 의해 바뀔 수 있다.

6) 사적 계획하기

사회복지사는 클라이언트와 만나기 이전부터 면접에 관한 임시 계획을 세우고, 면접의 목적이나 동기, 방향성, 예상되는 결과, 전문가의 역할, 질문의 내용, 과정 등에 관한 잠정적인 계획은 클라이언트와 함께 실제 계획을 세우고 면접을 일관되게 이끄는 데 도움이 된다.

2. 실천 과정

1) 초기 단계

클라이언트와의 첫 만남으로부터 시작되는 초기 단계에는 면접의 목적이나 방향을 설정하고, 클라이언트의 기대를 확인하고, 기관의 정책이나 규정에 대한 검토와 서비스에 대한 합의를 돕는 다양한 실천 기술이 활용된다.

(1) 신뢰 관계 형성하기

클라이언트가 불편함이나 거리감을 느끼게 되며 마음의 문을 닫으면 이후의 과정을 진행하기 어렵다.

따라서 클라이언트의 인식과 태도, 행동에 민감성을 갖고 클라이언트의 입장에서 상황과 문제를 인식하며, 클라이언트가 사회복지사와의 만남이 긍정적이며 생산적이라는 신뢰감을 갖도록 노력하여야 한다. 이때 서비스가 제공되는 역할을 클라이언트가 이해하고 참여할 수 있도록 안내하고 상호 간에 신뢰감을 쌓을 수 있도록 대화의 기술과 관계 형성의 기술을 충분히 활용해야 한다.

(2) 서비스 적격성 확인하기

사회복지사는 클라이언트의 서비스 적격성 평가와 함께 클라이언트에게 기관의 서비스, 필요조건, 제한 등과 같은 정보를 제공한다. 이를 통해 사회복지사와 클라이언트는 서비스에 대한 합의점을 도출한다.

2) 탐색 단계

클라이언트의 문제와 욕구, 상황을 이해하고 개입의 방향을 설정하는 초기 단계에 필요한 기술로 클라이언트의 인식이나 판단을 탐색하고, 클라이언트의 문제 상황에 대한 이해를 높이기 위한 다양한 정보를 얻는 데 필요하다.

(1) 격려하기

초기 단계와 연결되는 탐색 단계에서는 클라이언트의 사고나 감정, 주요 관심사나 상황 등을 공유하도록 클라이언트를 격려하는 기술이 필요하다.

(2) 정보 수집하기

탐색 단계에서는 클라이언트 · 문제 · 상황에 관한 많은 정보를 수집하는 기술이 필요하다. 클라이언트와 관련이 있는 다양한 정보를 수집하여 사례에 대한 판단의 근거를 마련하도록 한다. 일차적인 정보 수집을 위한 접수 양식에는 성명, 성별, 년령, 가족사항 및 동거 여부, 혼인상태 등과 같은 일반적인 인구학적 정보 등이 포함된다.

3) 사정 단계

탐색 단계를 통해 많은 양의 정보를 얻은 후 사정 단계에서는 수집된 자료를 통해 클라이언트 개개인의 다양한 측면들을 인식하면서 클라이언트와 문제, 상황의 연관성에 대한 이해를 높인다. 사정 단계에서 필요한 기본적인 실천 기술은 다음과 같다.

(1) 기술적 정보 정리하기

사회복지사는 클라이언트의 직접적 기술이나 가족, 친구와 같은 사회적 관계망 구성원이나 제공한 정보, 클라이언트 환경에 대한 직접적 관찰, 이전 서비스 제공자로부터 얻은 정보, 서비스 기관의 기록 등을 종합적으로 분석하고 이를 통해 상황에 대한 인식과 클라이언트에 대한 전체적인 이해를 높이도록 한다.

(2) 임시적 사정 틀 구성하기

사정을 통해 사회복지사와 클라이언트는 문제 상황에 영향을 주는 요소들에 대해 이해하게 된다. 주요하게 파악되는 내용으로는 클라이언트의 욕구, 클라이언트의 능력, 공식적 지역사회 자원체계, 비공식적 사회적 관계망 및 사회적 지지 등이 있다.

(3) 전략 짜기

실제 계획을 수립하기에 앞서, 문제를 정의하고, 주요 클라이언트 체계를 결정하고, 개입 과정에 참여하게 되는 체계들을 명확히 하고, 변화 목표를 설정하고, 변화 결과를 예측해 본다. 특히 변화 과정에 발생할 수 있는 위험 요소나 장애요인, 자원이나 강점을 찾아보고 문제해결에 활용할 수 있는 전략을 살펴본다. 아울러 사정 단계에 필요한 과제들을 체계적으로 기술하기 위한 다양한 약식들을 기관이나 사례의 성격에 알맞게 선택하여 활용하는 기술도 필요하다.

4) 계약 단계

(1) 계획하기

클라이언트에 관한 사정 자료를 기초로 문제를 구체화하고 세부 목표를 설정하며, 효과적인 접근 방법을 개발하여, 단계적 행동 방법을 구상하고, 실행 및 평가 계획을 세우는 실천 기술이 필요하다.

서비스 계획을 수립하는 일과 함께 사회복지사는 클라이언트와 관련된 서비스 자원에 관한 정보를 획득하고 접근이 용이하도록 자료를 조직화해서 자원목록을 작성하는 업무도 병행한다. 서비스의 잠재적 장애물과 장애물에 대한 해결책도 사전에 고려하고, 활동에 소요되는 자원과 시간, 비용 등에 대해서도 계획한다.

(2) 합의하기

사회복지사는 클라이언트와의 공동 작업을 통해 목표를 확인하고 목표를 달성하기 위한 활동을 함께 진행하면서 클라이언트의 참여를 이끌어 내는 실천 기술과 태도를 갖추어야 한다. 서비스의 분야별 우선순위를 정하고 핵심적인 변화 목표와 목표 달성을 위한 활동 계획을 세우는 데 있어서 클라이언트와 사회복지사 간에 상이한 목표와 견해가 존재할 수 있으며, 갈등적인 상황이 발행하는 경우에는 상호 이해와 합의를 이끌어 내는 실천 기술이 중요하게 활용될 수 있다.

5) 실행 단계

개입 단계에서는 사회복지사가 개별 클라이언트를 비롯하여, 클라이언트의 사회적 관계망 그리고 관련된 서비스 제공자나 기관 등을 변화시키기 위해 관여하게 된다. 직접적인 개입부터 간접적 개입에 이르기까지 문제해결 과정에 가장 다양한 실천 기술이 활용되는 단계이다.

(1) 개인의 역량 기르기

개인을 대상으로 하는 사회복지 실천에서 사회복지사는 클라이언트의 기술과 능력을 향상하거나 문제를 경감하기 위한 직접적인 활동을 수행한다. 기본적으로 사회복지사는 클라이언트가 처한 문제를 잘 극복할 수 있도록 상담 등을 통해 클라이언트의 문제해결 역량을 기르고 서비스나 자원을 제공하도록 돕는다. 또한 필요한 정보를 전달하거나 구체적인 방법을 알려주고, 클라이언트의 특정 행동을 변화시키기 위한 개입 기술을 활용하기도 한다.

(2) 환경적 변화 촉진하기

사회복지사는 클라이언트의 변화를 위해 직접적으로 개입하는 것 이외에 클라이언트와 관련을 맺고 있는 주변 체계나 클라이언트의 변화를 이끌어내는 데 관여하는 행동체계나 변화 체계 등과 함께 일한다.

6) 평가 단계

평가 단계의 기술은 계획에 따른 개입과 성과를 평가하고 클라이언트의 변화나 문제해결에 효과적인 개입 활동을 파악하는 데 필요한 실천 기술이다.

(1) 모니터링 및 평가하기

평가 목적 달성을 위해 진행해 온 실천의 전반적인 개입 과정이 적절히 수행되었는가를 정기적으로 모니터링하고 클라이언트의 긍정적인 변화를 평가하기 위한 사회복지사의 실천 기술과 역량을 뜻한다.

과정과 성과를 측정하기 위해서는 개입 이전과 이후의 클라이언트의 상황과 욕구의 변화 등에 관한 객관적 자료의 수집과 기록의 기술, 서비스의 효과와 개입성과 등을 평가하기 위한 질적·양적 도구의 활용 등 다양한 평가 기술이 필요하다.

(2) 환류하기

사회복지사가 제공한 서비스나 원조 활동의 성과를 평가한 이후에는 이전의 사정이나 계획, 개입 단계에 대해 확인하는 단계가 이루어져야 한다. 만일 평가를 통해 변화가 없거나 부정적인 결과가 나타난 경우에는 욕구의 재확인이나 서비스 계획의 재수립, 개입 전략의 수정이나 추가 등의 환류 과정을 거치는 것이 필요하다.

7) 종결 단계

종결 단계는 클라이언트의 문제해결이나 상황의 변화로 인해 사회복지 실천 과정을 마치는 단계이다. 이 단계에서는 공식적 관계를 종료하기에 앞서 실천 과정을 통해 얻은 클라이언트의 변화와 전문적 관계를 통해 얻은 경험을 공유하는 것이 중요하다.

(1) 성과의 의미 확인하기

종결 단계에서 사회복지사는 클라이언트와 함께 실천 과정을 돌아보며 과업과 성과를 검토하고, 최종 평가를 통해 앞으로의 방향에 대해 논의를 하게 된다. 클라이언트 스스로 변화를 주도하고 성과를 지속하기 위한 방법에 대해서도 인내하고 격려하는 실천 기술이 필요하다.

(2) 강점 공유하기

종결 단계에서는 원조 관계가 끝나는 데 대한 종결 소감을 클라이언트와 공유하고 클라이언트 스스로가 주도적 변화를 이끌어 낼 수 있도록 격려하고 지지하는 실천 기술의 역할이 중요하다.

제3절 개인의 내적 변화를 위한 실천

미시적 체계인 개인 체계의 사회복지 실천은 클라이언트의 욕구 및 문제에 대하여 사회복지사가 일대일 관계 기반으로 그의 사회적응 능력을 향상시켜 잘 적응할 수 있도록 돕는 것과 그의 욕구에 따라 사회적 서비스를 받을 수 있도록 지원하는 것이다.

개인 대상의 내적 변화는 개인의 사고, 정서, 인지, 행동 등의 변화를 의미하는 것으로, 이러한 변화는 클라이언트가 자신의 태도나 행동에 대한 의미, 경험을 통한 사고 과정, 자존감 및 자긍심, 과거 외상에 대한 수용과 성공을 위한 자기 자신의 능력 개발까지 포함하게 된다.

즉, 클라이언트는 사회복지사의 도움으로 분노, 슬픔 등 다양한 감정을 이끌어 낼 수 있고 혼란, 양가감정 등을 해소하게 된다. 또한 사회복지사와 클라이언트가 강한 신뢰감과 공감을 느낄 때 클라이언트의 사고와 의미를 분명히 알 수 있으며 사고, 정서, 인지, 행동 간의 상호관계를 더욱 명확히 알 수 있다(김향선 외, 2015).

여기서는 정서적 안정과 자신감 회복, 인지 및 행동 변화를 위한 실천에 대해서 기술한다.

1. 정서적 안정과 자신감 회복

단기 실천에서는 정서적인 부분을 충분히 다루기 어렵다고 생각하여 인지적, 행동적 접근에만 주의를 기울이는 경우가 많다. 그러나 단기 실천인 경우에 정서는 반드시 다루어야 하는 부분으로 정서를 다룬 이후에 인지 변화와 행동 변화도 더 효과적으로 나타날 수 있다. 또한 반대로 사회복지사는 클라이언트의 눈물이나 격한 감정적 표현을 성공적인 실천의 징표로 오해할 수도 있다.

클라이언트의 감정 분출이나 표현은 치료적 효과가 있기는 하지만 표출을 넘어서 정서적인 패턴을 볼 수 있게 도와주고 통찰력이 생길 수 있도록 한다면 실천이 더욱 유익할 수 있다.

여기서는 사회복지 실천의 기본이 되는 진실성·성실성, 무조건적인 존중, 정확한 공감적 이해를 강조하는 인간중심의 상담과 신체감각의 자각을 통해 감정을 탐색하고 표현하게 도와주는 게슈탈트 상담, 정서적 안정과 자신감 회복을 위한 의사소통 방법 등에 대해서 기술한다.

1) 인간중심 상담

인본주의 학자 로저스(Rogers, 1902~1987)는 인간의 내적 경험과 자아실현을 강조하면서 '모든 유기체는 그 수준에 차이가 있지만 내적 가능성을 성취하기 위해 부단히 노력하는 존재이다.'라고 가정하고 자아실현을 위해 노력하는 과정에서 개인의 성장이 이루어진다고 주장하였다.

또한 자아를 행위자로서의 나, 대상물로서의 나, 나와 다른 사람, 나와 다른 세계와의 관계에 대해 일관성 있고 조직된 지각, 태도, 가치의 실체로 정의하였다. 이러한 이론적 관점에서 인간은 본래 자유로우며, 자신의 행동에 책임을 지고, 합리적인 방향으로 지속적으로 성장해 나가는 미래 지향적인 존재라고 보았다.

로저스는 인간에게 많은 욕구와 동기가 있지만 그런 욕구들은 기본 욕구의 일부분에 지나지 않는다고 하면서, 기본 욕구는 자기를 유지하고 증진하며 실현하려는 욕구라고 하였다. 이러한 기본 욕구는 하나의 용어로 규정할 수 없지만 자기 유지, 자기 향상, 자기실현 등이 모두 포함되는 것으로 이해해야 한다는 것이다.

로저스는 모든 인간이 자신을 유지하려는 경향과 성장 잠재력을 선천적으로 가지고 태어난다고 보았으며, 성장과 자기 향상을 위하여 끊임없이 노력하며 그 노력의 와중에서 부딪히게 되는 고통이나 성장 방해 요인에 직면해 극복할 수 있는 성장 지향적 존재라고 하였다.

그래서 인간중심 상담은 내담자 중심의 면담, 학생 중심의 학교, 환자 중심의 병원, 직원 중심의 회사 등 도움을 요청하는 내담자의 욕구 및 문제를 있는 그대로 인정하면서 완전한 기능을 하는 사람으로 다시 태어날 수 있도록 진실성과 무조건적인 긍정적 관심을 갖고 공감하며 인간중심의 상담이 이루어져야 한다는 것이다(NCS 학습 모듈, 2019).

2) 게슈탈트 상담

게슈탈트 상담은 독일의 정신과 의사인 프리츠 펄스(Fritz Perls)에 의해 시작된 심리상담으로 1960년대 이후 널리 알려졌다. 펄스는 골드슈타인의 유기체 이론과 생태학 이론을 토대로 유기체와 환경을 전체적인 통합체로 보았다. 여기서 게슈탈트(Gestalt)란 전체, 형태, 모습 등의 뜻을 지닌 독일어로, 유기체는 어떤 자극에 노출되면 그것을 각각의 부분으로 보지 않고 하나의 의미 있는 전체로 만들어 지각하는 경향을 의미한다.

유기체가 게슈탈트를 형성하는 이유는 사람의 욕구나 감정을 하나의 유의미한 행동으로 만들어서 실행하고 완결 짓기 위해서이다. 즉, 자신이 처한 상황과 환경을 고려하여 그 상황에서 실현 가능한 행동 동기를 지각한 것이 게슈탈트이다. 어떤 대상을 인식할 때 관심 있는 부분은 선명하게 인식되지만, 다른 부분은 배경으로 처리되어 초점이 가지 않는다는 것이다. 예를 들어, 자녀가 군대에 간 엄마는 군인 복장을 한 사람이 모두 아들 같아 보이고 안쓰러움을 느끼지만, 아들이 제대를 하고 나면 그렇지 않다. 이 경우,

아들이 군대에 갔을 때에는 군인이 선명하게 인식되는 전경이지만, 제대 후에는 군인이 배경이 되어 초점이 가지 않게 되기 때문이다.

또한 유기체가 선명한 전경으로 떠올렸던 게슈탈트가 해소되면 자연스럽게 배경으로 사라진다. 그러한 해소를 방해받았을 때에는 배경으로 사라지지 못하고 전경과 배경의 중간층에 남게 된다. 이를 미해결 게슈탈트 또는 미해결 과제라고 한다.

미해결 과제는 끊임없이 전경으로 떠오르려 하기 때문에 이를 회피하지 않고 알아차리는 것이 중요하다. 게슈탈트 상담의 목표는 체험 확장과 더 나은 삶을 위해 성장을 위한 지지를 하며, 실존적(실제로 존재하는) 삶을 추구하도록 돕는 것이다(NCS 학습 모듈, 2019).

3) 의사소통 방법

일반적으로 클라이언트 개인의 내적 변화를 위한 실천 방법에는 언어적 의사소통 방법을 많이 사용한다. 클라이언트에 대한 지지적 언어 반응, 클라이언트 언어의 재구성, 클라이언트의 감정에 대한 반영, 클라이언트 인식의 명료화, 클라이언트 말의 해석 및 요약, 클라이언트의 간접적 표현에 대한 직접적 언어화, 클라이언트에게 조언 및 정보제공, 클라이언트의 장점 강조 방법 등이 사용된다.

앞서 언급되지 않은 방법에 대해서 알아보면 격려, 일반화, 환기법, 재보증, 초점화 등이 있다(김현호 외, 2017).

(1) 격려

격려(Encouragement)는 클라이언트의 행동, 태도, 감정 등을 칭찬하거나 인정해 주는 언어적 표현 방법으로 문제해결 능력과 자질을 갖고 있는 클라이언트에게 자신의 문제해결 능력과 동기를 최대화시키는 방법이다. 격려는 어려운 문제에 놓여 있거나, 자존감이 낮거나, 무력감과 절망감을 경험하거나 또는 불안한 상황에 있는 클라이언트에게 유용하다. 격려를 할 때에는 격려 내용이 클라이언트의 행동이나 태도와 직접적으로 관련되어야 하며 그 의미가 구체적이고 분명하게 전달되어야 한다.

(2) 일반화

일반화(Generalization)는 클라이언트의 생각, 감정, 행동 등이 비슷한 상황에 놓인 다른 사람들과 유사하다고 말해줌으로써 클라이언트가 자신이 느끼고 행동하는 방식이 이상하거나 비정상적이라는 생각을 해소하는 방법이다. 즉, 클라이언트 자신만이 이런 문제로 괴로워하는 것에 대해서 일반사람들도 비슷한 경험을 할 수 있다든지, 또는 자신만이 가지고 있다고 생각하는 특별한 사고, 감정, 행동에 대해 보통 사람들이 공통적으로 겪는 것임을 전달해 줌으로써 클라이언트 자신만의 특별한 문제가 아님을 알려주는 것이다(이영실 외, 2016). 예를 들어, 클라이언트가 '왜 나만 이런 고통을 당해야 하는지 모르겠어요.'라고 생각하는 경우, 사회복지사는 "나는 당신과 같은 경험을 한 많은 사람들을 알고 있어요. 그들도 당신이 표현하고 있는 똑같은 감정을 이야기했습니다."라고 일반화할 수 있다(김경남 외, 2008).

(3) 환기법

환기법(Ventilation)은 클라이언트에게 문제가 되는 감정과 태도를 자유롭게 표출할 수 있도록 분위기를 제공해 주는 방법이다. 즉, 클라이언트의 억압되거나 부정적인 감정, 분노, 증오, 슬픔, 죄의식, 불안 등이 문제해결을 방해하거나 감정 자체가 문제가 되는 경우 이를 공감해 주어 자유롭게 표출할 수 있도록 돕는 것이다. 예를 들어, 아버지의 학대로 면담하는 동안 울음을 참지 못하고 터뜨린다거나 분노를 표출할 때 충분히 표출할 수 있도록 지지해 준다. 이때 사회복지사는 그만하라고 하거나 울지 말라고 달래는 것은 옳지 않다.

(4) 재보증

재보증(Reassurance)은 클라이언트가 고심하고 있는 상황에 대해서 해결책이 있다는 사실을 확신시켜 주는 방법이다. 이러한 방법은 클라이언트가 실제로 합리적이고 현실적인 것에 자신의 결정이나 행동을 망설이거나 확신이 없을 때 사용한다(김향선 외, 2015). 예를 들어, 시험을 앞두고 불안해서 공부를 포기하려고 하는 수험생에게 "넌 충분히 잘할 수 있어." "이번에는 정말 열심히 노력했으니 마음을 가다듬고 침착하게 하면 잘할 수 있어. 나는 네가 잘 하리라고 믿어."라고 능력을 인정해 주는 것처럼 재보증 방법을 사용하는 것이다.

(5) 초점화

초점화(Focus)는 클라이언트가 자기 문제를 언어로 표현할 때 혼란스러워하거나 산만한 경우에 점검해주고 말 속에 숨겨진 선입견, 편견, 혼란 등을 표출하여 자신의 사고과정을 명확히 볼 수 있도록 해주는 방법이다. 이러한 방법은 제한된 시간 내에 최대한의 효과를 추구해야 하는 전문적 관계에서 불필요한 시간낭비를 막아주는 효과가 있다.

2. 인지 및 행동 변화

사회복지 실천 과정에서 클라이언트의 인지 변화와 행동 변화는 중요하게 다루고 있다. 인지 변화는 클라이언트의 왜곡이나 부정적인 인지구조를 변화시켜 자신과 상황을 좀 더 현실적으로 인식하도록 돕는 것을 의미한다. 또한 행동 변화는 클라이언트의 문제행동을 수정하거나 새로운 행동 학습이 목표로 설정되었을 때 행동을 변화시키려고 돕는 것을 의미한다.

인지와 행동의 변화는 서로 불가분의 상호작용 관계이므로 인지행동의 통합적 접근이 필요하다. 인지행동적 접근은 단일 이론이라기보다는 인간을 바라보는 관점이 비슷한 여러 이론들이 모여서 이루어진 이론이라고 볼 수 있다.

현재는 단기적으로 눈에 보이는 효과를 증명할 수 있으므로 인지행동적 접근이 많이 활용되고 있으며, 인간의 인지, 정서, 행동 중 인지가 가장 중요하다고 여기며 접근하고 있다.

여기서는 사람을 바라보는 인지행동적 관점, 대표적 이론인 엘리스(Elles)의 합리적 정서치료와 아론 벡(Aaron Beck)의 인지치료, 행동치료 등에 대해서 기술한다(NCS 학습 모듈, 2019).

1) 사건을 바라보는 인지행동적 관점

어떤 사건이 일어났을 때 사람마다 대처하는 것이 다르다. 예를 들어, 두 가장이 경제 불황으로 실직을 하여 노숙자가 되었다고 가정하자. 한 가장은 절망에 휩싸여 일할 의욕도 갖지 못하고 술을 마시며 전전하고 있다. 직장을 구하려는 한두 번의 시도 후에는 낙담을 하고 자포자기해 버렸다.

반면 다른 한 가장은 전자와 동일하게 낙담을 하고 좌절도 하였지만, 다시 재기하기 위해서 고용노동부의 프로그램을 이용하여 상담도 받고 학원을 다니면서 그 상황을 극복하려 노력하였다.

실직이라는 동일한 상황에서 두 사람의 대처가 왜 이렇게 달랐을까? 그것은 사건을 사람들이 어떻게 생각하느냐에 따라 그에 대한 감정이나 행동도 달라진다는 것을 단적으로 보여 주는 것이다. 전자는 실직이라는 상황을 극복하기 어려운 파국적인 상황이라고 생각하였고, 후자는 힘들기는 해도 인생의 여러 사건 중의 하나로 극복 가능하다고 여겼기 때문에 다른 노력을 할 수 있었던 것이다.

따라서 상황에 대처할 수 있도록 교육하고, 연습 및 훈련함으로써 편하게 대처할 수 있고, 불안도 관리할 수 있다고 보았다. 문제해결 접근은 인지적 재구성과 대처 기술 훈련을 함께 사용하여 문제 상황에서 보다 적절하게 대처할 수 있도록 가르치고 훈련하는 것이다(NCS 학습 모듈, 2019).

2) 엘리스의 합리적 정서 치료

어떤 사람의 믿음, 생각, 자신에게 하는 말 등이 이성적이고 합리적인 경우에는 어떤 현상에 대해 순기능적인 감정이나 행동을 보이게 되고, 반대로 혼란스럽거나 비 이성적인 경우에는 역기능적인 감정이나 행동을 표출하게 된다(Ellis, 1962; 김향선 외, 2015). 즉, 합리적 정서 치료 이론은 비합리적인 신념에서 비롯되며 행동이나 정서적 결과는 실제 사건이 아니라 상황을 바라보는 신념 체계에 따라 영향을 받는다는 것이다.

따라서 합리적 정서 치료는 잘못된 지각이나 사고의 신념 체계를 변화시키거나 치료하는 것을 의미한다. 여기서 잘못된 지각은 융통성이 결여된 생각이나 현실적 불가능성을 인정하지 않는 비합리적인 신념에서 나타날 수 있다. 융통성이 결여된 생각은 "모든, 항상, 당연히, 반드시, 결코, 꼭, ...해야 한다. 나 ...이어야 한다." 등과 같은 단어를 포함한 생각이나 신념이다. 또한 현실적 불가능성을 인정하지 않는다는 것은 비합리적인 신념이다.

3) 아론 벡의 인지치료

아론 벡(Aaron Beck)의 인지치료 이론에 의하면, 사람이 기분을 상하게 하는 데 있어서 중심적 역할을 하는 것은 어떤 사건 자체라기보다는 사건에 대해 개인이 갖고 있는 생각이나 오해로 보았다. 아론 벡은 우울증 환자를 상담하면서 그들에게 나타나는 부정적 생각이나 왜곡된 생각, 인지적 오류에 중점을 두고 연구하였는데, 클라이언트가 가지고 있는 특정 믿음이나 신념은 그의 자신에 대한 생각뿐만 아니라 미래를 보는 관점에 더 큰 영향을 미친다는 것을 알게 되었다. 즉, 정신장애는 생활사건에 대한 왜곡된 생각 및 비현실적인 인지 평가의 결과로 이해될 수 있다는 것을 알게 되었다(구혜영, 2010).

4) 행동치료

인간의 잘못된 행동이나 사고를 변화시키기 위해서 체계적이고 구조적인 다양한 방법들이 활용된다. 행동치료는 반두라(Bandura)의 인지적 사회학습이론을 기초로 1970년대 이후 인지행동치료로 발전해 왔다. 행동주의 이론에서는 자극과 반응에 따른 강화와 처벌로 학습이 일어나고 행동이 강화된다고 보았고, 인지적 사회학습 이론에서는 개인의 행동과 환경의 상호작용이 매우 중요하다고 보았다. 즉, 학습이 일어나는 것은 수동적이고 일방적인 것이 아니라 보다 자율적이고 자기 주도적으로 학습이 일어난다는 것이다.

행동치료의 목표 달성을 위한 방법은 클라이언트가 새로운 행동을 학습하거나 기존의 행동을 수정하도록 돕는 방법으로 과잉행동, 공격성, 비행, 부도덕적 행동, 방임 등 다양한 문제행동에 사용된다.

행동치료 이론은 인간의 행동이 그 행동을 발생하게 하는 선행조건(Antecedents)과 행동(Behavior), 행동의 결과(Consequence)라는 A-B-C 관계로 분석할 수 있는데, 특정한 사건에서 행동은 그 행동의 결과에 영향을 받는다고 보기 때문에 선행조건과 결과에 조작을 가함으로써 표적 행동(과잉 행동, 공격성, 비행, 부 도덕적 행동 등)을 변화시킬 수 있다는 가정에서 언급된다(김경남 외, 2008).

제4절 대인 관계적 변화를 위한 실천

클라이언트는 일상생활을 하면서 다양한 문제에 직면할 수 있다. 이러한 문제를 해결하기 위해서는 결정 능력, 의사소통 방법, 갈등 해결, 자기관리 등의 방법이 요구된다. 특히, 대인 관계적 변화는 배우자, 가족구성원, 친구, 친척, 동료, 고용주 등과의 중요한 관계에서의 변화를 의미한다.

클라이언트는 문제를 해결하기 위해 자신이 가지고 있는 지식, 기술, 대인관계 능력을 사용하면서 스스로 해결하기가 어렵다고 생각될 때에는 전문가의 도움을 요청하게 된다. 반면 의존적인 클라이언트는 사회복지사가 문제를 다 해결해 줄 것이라는 기대를 가지고 오기도 한다.

따라서 사회복지사는 클라이언트를 대할 때 관계의 원칙을 준수하면서 비심판적이고 그의 자기 결정권을 존중하면서 실천하는 것이 중요하다. 여기서는 문제해결 능력향상을 위한 실천과 자기표현(주장) 능력향상을 위한 실천 등에 대해서 기술한다(NCS 학습 모듈, 2019).

1. 문제해결 능력향상

문제해결 능력을 향상시키기 위해 사용되는 방법은 어떤 이론에 국한되지 않고 다양한 이론을 적용하여 클라이언트의 문제를 해결할 수 있도록 실천하는 것이다.

클라이언트의 절망적, 부정적인 상황에 노출되어 있다가 오는 경우가 많으므로 강점관점을 유지하면서 그의 자원을 확대하는 데에 관심을 갖는다. 문제를 안고 있는 클라이언트는 자신에게 발생하는 문제를 효과적으로 처리하지 못한다.

그러나 문제에 체계적으로 접근하는 방법을 배우면 가족, 학교, 직장에서 상호협동하고 상호 존중하는 과정을 배울 수 있게 되고 대인관계의 갈등도 줄일 수 있다.

사회복지사는 클라이언트에게 문제해결 방법을 가르치면서 주의해야 할 점은 주·종관계가 아니라 서로 상호 협조적 관계로 인식해서 상호작용해야 한다는 것이다. 이러한 과정은 다음과 같다(NCS 학습 모듈, 2019).

1) 상호 협조적으로 상호작용하기

클라이언트와 사회복지사가 상호 협조적으로 상호작용하기 위해서는 클라이언트가 가지고 있는 욕구 및 문제에 대해서 문제를 건설적으로 재구성하며 상호 협조적으로 상호작용을 촉진하고, 문제는 체계 속에 있다는 것을 인식해야 한다.

(1) 문제의 건설적 재구성

사회복지사는 클라이언트가 가지고 있는 부정적이고 비판적인 진술 속에서 그의 필요 사항이나 욕구를 파악하고 긍정적으로 재정의한다. 문제 속에서 긍정적인 요소를 발견하고 이를 피드백 해주며 클라이언트가 가지고 있는 불만이나 비난의 목소리를 욕구로 재해석한다.

(2) 상호 협조적 상호작용 촉진하기

문제를 가지고 온 클라이언트가 서로 비난하지 않고 서로에게 숨겨진 좋은 의도를 발견할 수 있도록 한다. 부정적인 상호작용을 긍정적인 상호작용으로 전환할 수 있게 도와주며 더 나아가 상호 협조적인 노력을 인정할 수 있게 촉진한다.

(3) 문제는 체계 속에 있다는 것을 인식

문제는 한쪽이 원인이고 다른 쪽이 결과인 인과관계가 아니라 체계의 순환과정에서 발생하는 것으로 공동의 책임이 있음을 알도록 한다. 즉, 문제를 해결하기 위해서는 서로가 협조적으로 노력해야 한다.

2) 문제해결 단계

클라이언트의 욕구 및 문제를 해결하기 위해서는 먼저 클리이언트 자신에게 문제가 있다는 것을 인식시키는 것이 중요하다. 각각의 문제해결 단계에 대해서 알아본다.

(1) 문제 인식

문제해결을 위한 첫 번째 단계로 문제는 자신에게 있다는 것을 인정하는 것이다.

(2) 문제분석 및 욕구 파악

문제를 가진 자신의 문제에 대해서 원인을 분석하고 욕구가 무엇인지 파악하는 것이다. 문제 파악 및 해결 과정을 통해 자신의 욕구 충족이 될 수 있도록 방향과 목적을 세울 수 있으며, 자신의 욕구를 나누면서 타인의 욕구도 수용할 수 있게 된다.

(3) 가능한 해결 방안을 만들기 위해 브레인스토밍[1)]

최대한으로 다양한 방법이 나올 수 있도록 서로 개방하고 받아들이는 분위기를 조성한다.

(4) 참여자들의 욕구를 고려하면서 각 제안을 평가

많은 해결책 가운데 모든 참여자들의 욕구에 맞는 최선의 대안을 선택하는 것이다. 가능한 해결책을 적어 놓고 모든 참여자가 찬반을 정리하고 모두가 만족할 만한 방법의 하나를 선택하는 것이다.

(5) 선택한 대안 실행

선택한 대안을 목표나 계획에 따라 직·간접적으로 실천하는 것이다.

(6) 결과 평가

실행한 방법이 만족스러운지 모두의 욕구를 충족시키는지 등에 대해 모니터링을 하고 서로 피드백하는 과정이다.

2. 자기표현(주장) 능력향상

클라이언트는 대인관계에서 불안이나 스트레스를 받을 수 있다. 이러한 상황을 해결하기 위해 사회적 실천 훈련이 필요하다.

이러한 기술은 방임된 아동, 가정폭력 피해 여성, 성폭력 피해 여성, 정신과 환자 등 다양한 영역에서 그 필요성이 요구되고 있으며, 각각의 대상과 환경에 따라 프로그램을

1) 브레인스토밍(brainstorming)의 원래 의미는 “정신병 환자의 두뇌가 미친 상태”인데, “여러 사람이 모여 토론할 때 적용하는 기법”을 뜻하게 되었다. 토론 중 서로 반대를 위한 반대를 막으면서 자유롭게 의견을 낼 수 있도록 하여 집단의 효과를 살리고 아이디어의 연쇄반응을 얻을 수 있는 회의 진행 기법이다.

개발 · 운영하고 있다.

여기서는 자기표현(주장) 훈련과 스트레스 관리훈련, 사회 기술 훈련 등에 대해서 기술한다(NCS 학습 모듈, 2019).

1) 자기표현(주장) 훈련

자기표현(주장) 훈련은 친구 관계, 이성 관계, 직장에서의 대인관계, 이웃과의 대인관계 등에서 클라이언트가 자신의 생각이나 느낌을 상대방에게 표현하지 못하거나, 너무 공격적으로 표현해서 상대방에게 오해를 사는 경우에 건강하게 상호작용할 수 있도록 훈련하는 방법이다.

상대방의 권리와 감정을 존중하는 가운데 본인의 의견과 주장, 선호도 등을 구체적으로 표현하도록 하는 훈련이다.

따라서 자기표현(주장) 훈련은 인간은 자신을 표현할 권리가 있다는 기본 가정을 가지고 진행한다. 자기주장과 관련된 용어는 주장적 행동, 수동적 · 소극적 행동, 공격적 행동 등이 있다.

또한 자기표현(주장)을 잘하지 못하는 이유는 심리적 불안, 비합리적 신념이나 인지 왜곡, 수줍고 소극적인 성격, 자기표현 기술의 부족 등이 있을 수 있다.

2) 스트레스 관리훈련

스트레스 관리훈련이란 스트레스가 많은 사건이나 상황에 과도하게 반응하지 않게 대처할 수 있도록 돕는 방법이다. 스트레스는 사람이 일상생활에서 심리적 또는 신체적으로 감당하기 어려운 상황에 처했을 때 느끼는 불안과 위협의 감정으로 정신건강뿐만 아니라 개인의 전반적인 건강과도 관련이 있다. 사람들이 스트레스를 관리할 수 있으면 스트레스에 극도로 불안해하거나 분노를 느끼지 않지만 관리를 제대로 하지 못하면 불안, 불면증, 분노, 두통, 호흡 곤란 등을 겪을 수 있다.

스트레스 관리 방법으로는 긴장 이완법, 호흡법, 명상법, 인지치료법, 생활 관리 및 운동요법 등이 활용되고 있으며 주로 긴장 이완법이 많이 사용되고 있다. 긴장 이완 훈련은 근육의 수축과 이완을 되풀이하는 과정을 통해 점차 몸이 이완되고, 호흡도 편안해지도록 훈련하는 방법이다.

또한 클라이언트가 극도의 불안과 긴장으로 정신이 혼미하거나 강한 감정에 휩싸였을 때 다시 평정을 찾도록 도움을 줄 수 있는데, 위기 상황으로 급성 불안을 느끼는 사람, 긴장해 있고 불안한 사람, 긴장성 두통, 편두통, 호흡 곤란, 심리적으로 초조해하는 사람, 불면증으로 잠을 못 이루는 사람, 분노 통제가 어려운 사람, 보통 정도의 우울증이 있는 사람 등에게 긴장 이완 훈련을 활용하면 도움이 될 수 있다.

3) 사회 기술 훈련

사회 기술 훈련은 표적 행동의 상황에 따라 역할극 연습이나 놀이 · 미술치료 등을 통해 문제해결 방법, 사회적응 훈련, 스트레스 대처 등에 사용하는 방법이다. 여기서 문제해결 방법은 일상생활의 문제에 대처하는 능력이 적절하지 못하여 어려움을 겪고 있는 클라이언트에게 좀 더 나은 수준의 기능을 하도록 체계적으로 도와주는 방법이고, 사회적응 훈련은 클라이언트 자신이 속한 환경 속에서 효과적으로 기능할 수 있도록 필요한 방법을 습득하도록 연습하고 실연해 볼 수 있는 기회를 제공하는 방법이다.

또한 스트레스 대처는 클라이언트가 긴장이나 스트레스로 인해 어려움을 겪고 있을 때 효과적으로 대처하도록 도와주는 방법이다(NCS 학습 모듈, 2019).

학습하기

01 개인대상 사회복지 실천이다. □ 안의 (　　)에 알맞은 것은?

> (　　)는(은) 광범위한 활동이 포함되는데, 가령 다루기 힘든 청소년의 상담, 실업자에게 훈련이나 고용을 도와주기, 자살 충동이 있는 사람의 상담, 가정이 없는 아동의 입양 또는 위탁가정 소개, 학대아동과 그 가족에게 보호 서비스 제공하기, 알코올 중독자 돕기, 한부모 서비스 제공 등이 있다.

① 자료수집　　② 사례관리
③ 면접　　④ 상담
⑤ 케이스워크

해설 케이스워크에 대한 내용 숙지 내용이다.

02 개인의 대상으로 하는 사회복지사의 핵심기술이 상담이다. 관계 수립을 위한 내용이 <u>아닌</u> 것은?

① 클라이언트가 편안함을 느끼도록 위협적이지 않은 분위기를 조성한다.
② 클라이언트가 문제에 관하여 마음을 열 때 미소를 짓는 표현을 해준다.
③ 클라이언트를 평등한 관계로 본다.
④ 클라이언트를 이해할 수 있고 공격적이지 않은 어휘를 사용한다.
⑤ 클라이언트의 비밀을 지켜준다.

03 개인 대상 실천 단계이다. 실천 단계에 해당하지 <u>않는</u> 것은?

① 사전 분석하기　　② 정보 수집하기
③ 자문 구하기　　④ 환경 조성하기
⑤ 문제 이해하기

해설 실천 단계는 ①, ②, ③, ④, ⑤ 공감적 이해하기, ⑥ 사적 계획하기 이다.

04 다음은 무엇에 대한 설명인가?

> 클라이언트의 인식과 태도, 행동에 민감성을 갖고 클라이언트의 입장에서 상황과 문제를 인식하며, 클라이언트가 사회복지사와의 만남이 긍적적이며 생산적이라는 신뢰감을 갖도록 노력하여야 한다.

① 서비스 적격성 확인하기　　② 신뢰 관계 형성하기
③ 격려하기　　④ 합의하기
⑤ 정보 수집하기

05 게슈탈트(Gestalt)란 무엇인지 설명하시오.

06 개인 대상 실천에서 의사소통 방법이다. 이에 해당하지 않는 것은?

① 격려
② 규격화
③ 환기법
④ 재보증
⑤ 초점화

해설 의사소통 방법은 ① 격려, ② 일반화, ③ 환기법, ④ 재보증, ⑤ 초점화이다.

07 인지 및 행동 변화를 위한 실천이다. 이에 알맞지 않는 것은?

① 사건을 바라보는 인지행동적 관점
② 엘리스의 합리적 정서 치료
③ 아론벡의 인지치료
④ 행동 치료
⑤ 정신 치.

해설 인지 및 행동 변화를 위한 실천에는 ①, ②, ③, ④의 내용이다.

08 개인 대상 실천 중 문제해결 능력 향상을 위한 실천에서 문제해결 단계이다. 이에 알맞지 않은 것은?

① 문제 인식
② 문제분석 및 욕구 파악
③ 선택한 대안 실행
④ 해결 방안을 만들기 위한 계획
⑤ 결과 평가

해설 문제해결 단계는 ①, ②, ③ 가능한 해결 방안을 만들기 위한 브레인 스토밍, ④ 참여자들의 욕구를 고려하면서 각 제안을 평가, ⑤ 선택한 대안 실행, ⑥ 결과 평가이다.

정답

01. ⑤ 02. ② 03. ⑤ 04. ② 05. 전체, 형태, 모습 등의 뜻을 지닌 독일어로, 유기체는 어떤 자극에 노출되면 그것을 각각의 부분으로 보지 않고 하나의 의미 있는 전체로 만들어 지각하는 경향을 의미한다. 사회복지사에게 매달리는 반응, 과거 문제 재발, 새로운 문제 호소, 사회복지사를 대치할 대상을 찾는 경우. 06. ② 07. ⑤ 08. ④

12
Chapter

실행 단계(거시적)

사회복지 실천 과정에서 실천 단계는 사회복지사와 클라이언트가 합의하여 결정한 욕구 및 문제를 해결하기 위한 계획 단계(목표설정, 계약체결)를 실천하는 단계를 의미한다. 개인 체계 실천은 제11장에서 알아보았다. 이 장에서는 사회복지 실천 과정의 실천 단계 중에서 거시적 체계로 집단에 대한 이해, 집단 운영 계획하기 등에 대해서 기술한다.

제1절 집단에 대한 이해

인간은 태어나면서 가족이라는 집단에 속하게 되고 친구, 동료 등 다양한 유형의 집단과 상호작용을 하면서 성장(발달)하게 된다. 이러한 과정에서 인간은 집단과 밀접한 상호작용을 하기 때문에 인간의 문제는 집단 내의 관계에서 발생한다고 할 수 있다.

따라서 집단대상의 실천은 집단 내에서 집단을 도구로 또는 매개체로 활용하여 욕구를 충족시키고 사회·심리적 기능을 향상시키며, 집단 구성원인 개인이나 집단이 당면한 문제를 해결할 수 있도록 사회자원을 동원하여 원조하는 과정을 의미한다(최경화 외, 2010).

이러한 집단체계의 실천은 주로 집단의 목적에 따라 사회복지사 1인과 다수의 클라이언트가 함께 변화를 유도하기 위한 실천이다. 여기서는 집단체계의 실천 전에 집단의 개념, 목적, 유형, 집단실천의 모델 등에 대해서 기술한다.

1. 집단의 개념과 목적

1) 집단의 개념

집단은 2명 이상의 사람들이 공통의 목적과 소속감을 가지고 상호작용하는 집합체를 의미한다. 즉, 집단은 공통의 관심사를 지닌 사람들이 정서적으로 결속하고 서로 의지하게 되며 공통의 목표 및 문제해결을 위해 상호작용을 하는 집합체이다. 집단은 인간집합체로 가족, 지역사회, 국가사회가 형성될 수 있는 공식적·비공식적 구조를 제공하는 사회의 기본적 구성단위이다. 그리고 타인과의 관계를 형성하고 유지할 수 있는 수단을 제공한다(최경화 외, 2010).

집단의 조건은 구성원의 소속감, 공통의 목적이나 관심사, 구성원들끼리 정서적으로 결속하고 상호 의존하는 상호작용, 구성원들의 기능과 역할을 규제하는 규범(회칙) 등이다. 집단의 특성은 다른 사회체계와 마찬가지로 구조를 갖추어야 하고, 집단 구성원들의 개별목표와 집단 공동의 목표를 성취하기 위해 집단을 지지하고 격려해야 하며, 집단 구성원들의 성장과 발달을 촉진하는 환경이 제공되어야 한다(최경화 외, 2010).

위와 같은 집단의 조건 및 특성을 고려하여 한덕웅은 '집단은 적어도 집단의 구성원들이 서로 타인의 존재를 알고 있으면서, 직·간접적으로 서로 영향을 미치고 상호작용하며, 구성원들이 동일한 집단의 범주에 소속된다고 인식하는 두 사람 이상의 집합체를 의미한다'고 정의하였다(최경화 외, 2010).

따라서 집단 구성원 개개인은 가족, 또래 집단, 학교, 직장 등과의 관계를 형성함으로써 바람직한 사회행동의 규범을 학습하고, 사회적 관계를 만족스럽게 유지할 수 있으며, 개개인이 성취하고자 하는 목적을 확인할 수 있을 뿐만 아니라 고통스러운 시기에 지지를 받을 수 있는 기회를 갖게 되는 등의 다양한 혜택을 얻을 수 있다.

2) 집단의 목적

집단의 목적은 집단을 구성하는 구성원들과 집단이 달성하고자 하는 지향점을 의미한다. 사회복지 관련 집단의 목적은 기관, 사회복지사, 집단 및 구성원들의 욕구와 기대가 상호작용하여 설정된다. 이러한 집단의 목적은 집단이나 구성원들이 추진해야 할 방향을 제시하고 집단 프로그램의 방향을 결정하는 지침이 된다. 따라서 목적이 불분명하고 구성원들의 의견이 일치하지 않는 집단은 실패하게 된다. 또한 집단의 목적은 집단경험과 활동을 통하여 집단과 집단 구성원들이 발전시키고 변화시킬 수 있기 때문에 토의를 거쳐 수정될 수 있다(이영실 외, 2010).

집단의 목적을 설정하기 위한 고려 사항은 집단목적에 대한 이해, 집단 구성원들의 기대, 집단 내에서 성취될 수 있다는 믿음, 각 구성원들의 욕구와 기능 수준에 대한 사정, 실천 방법에 대한 사회복지사의 기대 등이다. 또한 집단을 이끌어 가는 기관의 방침과 실천 방법 등이 일반적인 사회적 기대와 목적에 일치되어야 한다.

따라서 사회복지 실천에서 집단목적의 특성은 집단이 일정한 목적을 달성하기 위해 형성된 것이고, 하나의 집단이 한 가지 이상의 목적을 동시에 세울 수 있고, 클라이언트의 욕구가 포함되면서 구체적으로 기술해야 한다. 또한 집단의 목적 수립을 위한 핵심요소는 구성원들의 선택, 집단구성, 성향 등 집단구조의 매개변수와 지속적인 성장, 빈도수, 리더십 등이 있을 수 있다(이영실 외, 2010).

2. 집단의 유형

집단의 유형 집단의 유형은 집단의 상호작용과 정서적 결속 정도, 구성 방법, 구성원의 크기, 집단의 개방성 여부, 목적 등에 따라 다음과 같이 구분된다(설진화, 2010).

1) 상호작용과 정서적 결속 정도

상호작용과 정서적 결속 정도에 따라 일차집단과 이차집단으로 구분할 수 있다. 일차집단(Primary group)은 원초집단이라고도 하는데, 친밀감을 갖고 면대면(Face-to-face)의 결합으로 구성되며 혈연 · 지연을 바탕으로 자연 발생적으로 이루어지는 집단이다.

이 집단의 특징은 구성원들이 상호 인접해 있고, 집단의 규모가 비교적 작고, 구성원들의 관계가 지속적일 때 성립되며, 구성원들 간의 관계는 친밀하며 개인적이다.

2) 구성 방법

구성 방법에 따라 자연 발생적 집단과 인위적 형성 집단으로 나눌 수 있다. 자연 발생적 집단(Natural group)은 자발적으로 발생한 사건, 인간 관계상의 매력, 구성원들의 욕구 등을 기초로 구성된 집단이다. 이 집단은 공식적 지원체계가 없는 것이 특징이다. 인위적 집단은 목적 달성을 위해 모이거나 계약에 의해 만들어진다. 회사, 동호회 등을 그 예로 들 수 있다.

3) 구성원의 크기

집단 구성원들의 크기에 따라 대집단과 소집단으로 구분할 수 있다. 구성원들의 크기는 집단의 만족도에 영향을 주게 되는데, 대부분의 집단은 5~15명을 선호한다(구혜영, 2010).

대집단(Big group)은 구성원의 수가 5~15명보다 많은 집단을 의미하는데, 장점은 복잡한 과제수행이 가능하고, 역할모델의 학습 기회가 다양하고, 집단 참여에 대한 압력이 적고, 의미 있는 상호작용을 유지할 수 있다는 것이다. 반면에 단점은 밀접하고 대면적인 상호작용의 기회가 감소하고, 역기능적 하위집단의 위험이 있을 수 있고, 구성원의 무관심과 탈퇴를 조장할 수 있고, 규칙 및 절차 등의 공식적인 구조가 필요하고, 결속력이 감소하고, 의사결정 합의 도출에 어려움이 있을 수 있다는 것이다(Reid & Epstein, 1972).

4) 집단의 개방성 여부

집단의 개방성 여부에 따라 개방형 집단과 폐쇄형 집단으로 구분할 수 있다. 개방형 집단(Open group)은 경계선이 유연해서 일정한 요건만 갖추면 구성원이 될 수 있어 언제든지 새로운 구성원을 받아들일 수 있다. 따라서 새로운 구성원을 통해 새로운 자원, 아이디어, 신념, 가치관 등이 향상될 수 있다.

폐쇄형 집단이란 개방형 집단과는 달리 집단이 진행되는 동안 새로운 성원을 받아들이지 않는 집단이다. 폐쇄형 집단이 적합한 경우에는 교육집단, 10대 미혼모집단, 심리치료 집단이 있다. 교육집단은 동일한 집단 성원들로 시작하고 종결함으로써 집단 성원들의 성과를 강화할 필요가 있으며, 10대 미혼모집단은 미리 정해진 내용의 양육기술을 교육하고 훈련시키는 것을 목적으로 한다. 심리치료 집단의 경우는 성원들의 정신 역동적 분석과 이해를 통해 현재의 상황을 이해할 목적으로 구성되기 때문에 폐쇄형 집단이 적합하다(이영호, 2016).

(1) 거주시설, 병원 등에서 운영되는 치료 집단

집단 구성원들이 치료를 마치고 퇴원을 하여 집단에 여석이 생길 경우 새로운 구성원이 집단에 합류한다.

(2) 자조 집단

알코올 중독으로부터 회복 중인 클라이언트들은 지역사회 내에 있는 공개 자조 집단 모임에 자유롭게 참여할 수 있다.

(3) 위기 상황 집단

위기 상황에 처해 있는 사람들은 새로운 집단이 형성될 때까지 기다릴 필요 없이 언제든지 개방형 집단에 참여할 수 있기 때문에 개방형 집단은 치료의 대안이 될 수 있다.

(4) 교육집단

동일한 집단 구성원들로 시작하고 종결함으로써 집단 구성원들의 성과를 강화할 필요가 있는 교육집단이다.

(5) 10대 미혼모 집단

미리 정해진 내용의 양육 기술을 교육하고 훈련시키는 것을 목적으로 하는 집단이다.

(6) 심리치료 집단

구성원들의 정신 역동적 분석과 이해를 통해 현재의 상황을 이해할 목적으로 구성된 집단이다. 집단 응집성에 변화가 발생할 수도 있다.

5) 목적에 따른 구분

토스랜드와 리바스(Toseland & Rivas)는 집단을 대상으로 한 사회복지 실천에서 집단을 목적에 따라 치료 집단을 지지집단, 교육집단, 성장집단, 치료집단, 사회화 집단 등으로 분류하였다. 그 내용은 다음과 같다(설진화, 2010).

(1) 지지집단

지지집단(Support group)은 일상생활 속에서 발생하는 문제들을 효과적으로 대처하고, 앞으로 일어날 생활사건에 대해서 좀 더 효과적으로 대처할 수 있는 능력을 향상시키기 위한 집단이다. 이 집단에서 사회복지사는 구성원들이 미래에 대한 희망을 갖고 스스로 일상생활을 할 수 있도록 대처 기술을 습득할 수 있게 지지자 및 촉진자 역할을 수행한다.

이 집단의 집단 구성원들은 자신들의 경험을 공유하고 때로는 지역사회의 편견과 낙인으로부터 벗어나 안정과 위로를 집단 안에서 찾으려고 하기 때문에 강한 정서적 유대를 보이게 된다.

(2) 교육집단

교육집단(Educational group)은 전문가의 강의와 교육을 통해 효과적으로 지식과 기술을 습득할 수 있도록 토론의 기회를 제공하는 집단이다. 이 집단의 구성원들에게 그들 자신과 사회에 대해 배울 수 있도록 직접적인 교습 활동을 통해 기술을 가르쳐 주고 정보를 제공하여 지식과 경험을 습득할 수 있도록 교육한다. 이 집단에서 사회복지사는 구성원들이 교육을 받을 수 있도록 교육자 역할을 수행한다.

일반적으로 교육집단의 구성원들은 자기 개방이 비교적 낮기 때문에 사회복지사는 그들의 지식, 기술, 경험 등을 고려하여 모든 구성원이 최상의 학습효과를 얻을 수 있도록 지지해야 한다.

(3) 성장집단

성장집단(Growth group)은 심리 · 사회적 질병을 치료하는 것보다 심리 · 사회적으로 건강을 향상시키고 집단을 자신의 성장 기회로 활용하기 위한 집단이다. 이 집단의 구성원들은 집단을 통해 자기개발, 잠재력 개발, 인간관계 개선 등을 목적으로 하기 때문에 다른 집단에 비해 자기 노출이 높은 편이다. 또한 구성원들은 집단을 통해 통찰력을 얻고자 하고, 새로운 행동을 시도해 보려 하고, 타인에게 피드백을 받아 인간다운 삶을 추구하려고 한다. 이 집단에서 사회복지사는 조력자 역할을 수행한다.

(4) 치료집단

치료집단(Therapy group) 또는 문제해결 집단은 행동을 변화시키거나 개인적 문제를 개선하기 위해 또는 사회적 · 의학적 충격으로 인한 치료(재활)를 목적으로 형성된 집단이다. 또한 미국정신의학회(APA: American Psychiatric Association)가 규정한 정신장애 진단 및 통계 편람인 DSM-5(Diagnostic and Statistical Manual of Mental Disorders Fifth Edition)에 해당하는 문제를 가진 구성원을 대상으로 하기도 한다. 이 집단의 구성원들은 치료라는 공통의 문제를 겪고 있기 때문에 집단 내에서 자기 표출 정도가 높으며 집단을 통해 문제를 해결하려고 한다. 또한 집단 내에서 각 구성원들이 서로 역할을 바꾸어 치료 및 문제해결을 하기 때문에 이러한 과정 속에서 행동의 변화를 가져오게 되고 서로의 문제를 이해하며 해결하도록 도와주게 된다. 이 집단에서 사회복지사는 치료자 및 변화 매개자의 역할을 수행한다.

(5) 사회화 집단

사회화 집단(Socialization group)은 사회적으로 어려움을 겪고 있는 사람들을 중심으로 형성된 집단이다. 이 집단의 목적은 구성원들이 사회생활에 효과적으로 기능하기 위해 필요한 사회 기술을 학습하거나 사회적으로 받아들여지는 행동양식을 배울 수 있도록 돕는 것이다. 사회화 집단은 직접 행동을 함으로써 학습하는(learning-through-doing) 접근방식을 사용하는데, 집단 구성원들의 행동과 태도를 좀 더 사회적으로 용납할 수 있는 태도로 변화시키고 사회생활에 요구되는 사회적 기술을 익히거나 학습시키게 된다.

3. 집단실천의 모델

집단체계의 실천은 어떠한 모델에 기초하여 구성되었는지에 따라서 특성이 결정될 수 있다. 집단실천의 모델은 파펠과 로스만(Papell & Rothman)이 제안한 사회적 목표 모델, 상호작용 모델, 치료 모델로 구분할 수 있으며 그 내용은 다음과 같다(김충식 외, 2009; 최경화 외, 2010; 엄명용 외, 2015).

1) 사회적 목표 모델

사회적 목표 모델(Social goals model)은 인간관계의 의식적인 훈련, 민주적 과정의 학습, 사회의식 고취 등과 같이 시민이 참여할 수 있는 집단활동을 통해 사회적 의식이나 사회적 책임성을 향상시킬 목적을 두고 있는 모델이다. 즉 참여, 토론, 합의, 집단과제 개발 및 실행 등의 활동을 통해 개인의 성숙과 민주시민의 역량 개발에 초점을 두고 있다. 예를 들어 보이스카우트와 걸스카우트, 주민회의 등이 있을 수 있다.

2) 상호작용 모델

상호작용 모델(Reciprocal model)은 사회적 목표 모델과 치료 모델을 혼합한 모델로, 집단 구성원이나 집단의 문제를 해결하기 위해 집단 구성원들 간의 상호작용을 통해서 목표를 설정하는 모델이다. 즉, 집단의 구성원들 간에 상호작용을 통해서 개인의 기능과 사회적 기능을 향상시키고자 하는 것이다. 예를 들어 가정폭력 피해자집단, 에이즈 환자 집단 등이 있을 수 있다.

3) 치료 모델

치료 모델(Remedial model)은 사회적 기능 수행에 문제가 있거나 문제 발생의 위험성이 높은 개인의 문제해결이나 문제 발생의 빈도를 완화시키기 위한 모델이다. 이 모델은 개인의 치료를 위해 집단을 도구로 활용하며 집단과정을 통한 개인의 변화와 치료 및 재활을 목적으로 한다. 예를 들어 우울증 치료를 위한 집단, 성폭력 피해자를 위한 집단, 신체적 · 정신적 장애를 가진 집단, 알코올중독자의 회복 집단, 정신 치료 집단 등이 있을 수 있다.

제2절 집단 운영 계획하기

사회복지 실천에서 집단체계의 실천은 개인 체계의 실천과 함께 사회복지 실천 방법 중 하나로 목표지향적인 활동이고, 개별성원, 전체집단, 집단이 속한 환경이라는 세 가지 초점 영역을 갖고 있으며, 주로 소집단을 활용하며, 고통받는 개인뿐만 아니라 건강한 개인들로 구성된 집단을 대상으로 하며, 치료 집단과 과업집단의 실무를 포함하여 전문가의 지도와 원조하에 이루어지는 것이라고 할 수 있다(김현호 외, 2023).

또한 이러한 집단체계의 실천은 집단을 매개 수단으로 활용하여 목표지향적인 활동을 통해 개인의 욕구 및 문제를 해결하거나, 개인의 강점을 더욱 강화시키고 집단이나 지역사회가 당면한 문제에 효과적으로 대처해 나가도록 돕는 과정이라고 할 수 있다(이영실 외, 2010).

즉, 특정한 욕구 및 문제가 있는 사람이나 건강한 개인들로 구성된 집단을 대상으로, 상호작용을 지도하는 전문가인 사회복지사가 개인, 집단, 환경 수준의 프로그램 활동 경험 및 기술을 통하여 개인과 집단의 사회적 성장과 발전을 도모하기 위해 실천하는 것을 의미한다(구혜영, 2010).

여기서는 집단실천의 사전 준비하기, 집단 구성원의 선정과 욕구 및 문제 파악, 집단 실천의 목표 수립 및 운영계획서 작성에 대해서 기술한다(NCS 학습 모듈, 2019).

1. 사전 준비하기

사회복지사(집단사회복지사, 집단지도자)는 집단을 효과적으로 운영하기 위해서 집단의 형성과 관련해서 충분한 시간을 갖고 계획해야 한다. 예를 들어, 누구를 위한 집단인지를 결정해야 하고, 집단의 목적이 무엇인지를 결정해야 한다. 또한 집단의 크기는 어느 정도로 할 것인지, 집단 구성원을 누구로 할 것인지, 모임의 빈도와 기간은 어느 정도로 할 것인지, 모임 장소는 어디로 할 것인지, 평가 방법은 어떻게 진행할 것인지 등을 집단 실천 전에 계획해야 한다(김현호 외, 2023).

따라서 사회복지사는 위와 같은 준비 사항의 중요성을 인식하고 준비를 철저히 하면 집단을 효과적으로 운영할 수 있을 것이다(엄명용 외, 2015).

집단실천의 사전 준비하기에서는 집단구성의 계획(안)을 작성하고, 집단 구성원의 모집과 선별 및 구성, 집단의 목적과 목표, 집단의 크기, 집단모임의 빈도와 시간 및 기간, 집단모임의 장소 등을 결정해야 한다(김현호 외, 2023).

(1) 집단구성의 계획(안)

집단구성의 계획(안)을 작성하는 데 있어서 사회복지사는 집단의 목표를 달성하기 위한 집단 구성원들의 행동 변화를 유도하는 것이 중요하다. 집단구성의 계획(안)에는 집단 구성원의 모집 방법, 구성원의 수, 집단의 목표설정, 후원조직, 사회복지사의 활동, 물리적 환경 등을 고려하여 세부적으로 작성해야 한다.

(2) 집단 구성원의 모집과 선별 및 구성

사회복지사는 잠재적 구성원에 대한 정보를 확인하고, 모집 절차를 통하여 적절한 수의 잠재 구성원을 모집한다. 구성원의 모집은 기관 내부(동료 직원의 사례, 기관기록 등), 기관 외부(타 기관에 의뢰 요청), 지역사회(인구조사자료 검토, 교사나 경찰을 통해 얻은 정보 등)에서 확보할 수 있다. 구성원 모집 방법에는 잠재 구성원과의 직접적인 접촉, 안내문

게시, 인쇄물 배포, 온라인 매체, 지방자치단체가 운영하는 홈페이지 등을 활용할 수 있다(김현호 외, 2023).

(3) 집단의 목적과 목표

집단의 목적은 잠재 구성원들이 집단 참여를 결정할 수 있도록 집단모임의 이유, 집단활동의 내용, 참여자들에게 요구되는 기대 등을 포함하여 설정하는 것이 중요하다. 이러한 목적은 기관이나 시설의 업무 범위 안에서 설정하게 되는데, 구성원들의 욕구를 고려하여 사회복지사나 집단 구성원들의 토론을 통해 타협하여 수정 · 변경될 수 있다.

목적의 하위단위인 목표는 기관이나 시설의 목표, 사회복지사의 목표, 집단 구성원들의 목표로 구분할 수 있는데, 이러한 목표들의 일치도가 크면 클수록 집단에 대한 매력은 증대되고 목표를 성취하기 위해 그들이 가지고 있는 자원이나 에너지를 더욱 제공하게 된다.

(4) 집단의 크기

집단의 크기는 구성원들의 만족도, 상호작용, 집단의 목적 달성에 영향을 미친다. 집단 구성원들이 많을수록 개별적인 관심은 더 적게 받고, 구성원 간의 상호작용은 적어지고, 스트레스와 의사소통의 장애를 경험할 확률은 많아지게 되지만 문제해결 기술과 자원은 더 풍부해질 수 있다. 하지만 집단 구성원들이 작으면 작을수록 구성원들의 참여 및 친밀성은 더 많아지고 사회복지사도 구성원들에게 쉽게 다가갈 수 있다는 장점이 있다. 라이드(Reid)는 친밀한 관계 형성을 위한 적정 인원을 5~12명이라고 하였으며, 구성원들이 결석을 하기도 하고 집단 진행 과정에 일부가 낙오될 수도 있다는 점을 고려하여 최소한 8명으로 구성할 것을 제안하였다(Reid, 1997; 최경화 외, 2010).

집단의 크기는 집단 구성원의 연령, 집단의 유형, 집단의 목적 등을 고려하여 결정하는 것이 좋다. 아동과 청소년의 경우, 성인보다 관심을 많이 기울여야 하기 때문에 성인 집단 보다 그 크기가 작은 것이 좋다. 일반적으로 성인 집단의 경우 8명 정도를 구성하는 것이 좋으며 아동 및 청소년의 경우 이보다 적은 수로 구성하는 것이 좋다.

(5) 집단모임의 빈도와 시간 및 기간

집단모임의 빈도와 시간을 결정할 때 집단 구성원의 연령을 고려하는 것이 중요하다. 아동이나 청소년의 경우 성인에 비해서 참을성이 적고 산만하기 때문에 가능하면 모임의 시간을 짧게 하면서 모임을 자주 갖는 것이 좋다.

일반적으로 집단의 모임은 성인의 경우 일주일에 1회씩 1~2시간가량 진행한다. 1시간보다 짧으면 토론 시간이 충분하지 못하고 2시간 이상이 되면 지루하여 집중을 하지 못한다.

따라서 시간 및 횟수는 집단 구성원들의 일상생활에 지장을 주지 않도록 배려하고 집단의 상황과 진행 과정에 따라 융통성 있게 적용하는 것이 바람직하다.

집단의 기간은 집단실천을 시작할 때 집단 구성원들에게 미리 알려주는 것이 좋은데, 라이드(Reid)는 신뢰감과 집단 결속력 구축을 위해서 필요한 시간을 고려하여 20회기 정도의 모임을 권장하고 있다(김현호, 외, 2023).

(6) 집단모임의 장소

집단의 모임을 위한 장소는 기관이나 시설의 물리적 환경에 따라 결정되나, 구성원들에게 비밀성, 친밀감, 편안함, 집중도의 측면을 고려해서 정하는 것이 좋다. 만약 집단 내에서 구성원들 간의 대화가 외부에 들리게 된다면 구성원들은 불안해하거나 집단 참여가 떨어져 보다 진솔한 대화를 기대하기 어렵다.

또한 좌석 배열은 누가 누구에게 말을 하고 듣는지를 알 수 있게 원형으로 배치하는 것이 좋다. 이러한 원형 배열은 각 구성원들이 동등한 위치에 있다는 느낌을 줄 수 있어 집단의 개방감과 응집력을 증진시키며 토론하는 데 좋다.

그리고 사회복지사는 개개의 구성원들과 눈맞춤을 할 수 있고 그들의 비언어적 행동을 관찰할 수 있을 뿐만 아니라 구성원들 간에도 집중할 수 있는 효과가 있다.

또한 장소에 배치해야 할 집기는 보통 책상, 의자, 간식, 티슈, 꽃, 필기도구 등이 있다. 이외에 청결을 유지하면서 구성원들의 연령이나 특성에 맞는 놀잇감이나 서적 등을 준비하는 것도 유용하다. 특히, 집기는 상담을 시작하기 전과 운영과정 중에 수시로 체크리스트를 확인하여 구성원들이 불편하지 않게 해야 한다(NCS 학습 모듈, 2019).

2. 구성원의 선정과 욕구 및 문제 파악

집단체계의 실천을 진행하기 위하여 사회복지사는 집단 구성원을 선정하는 것에서 시작하여 구성원 간의 관심과 참여로 적절히 균형을 맞추고, 구성원들 모두의 목표가 달성될 수 있도록 하는 등 개인 체계의 실천에서는 다루어지지 않는 다양한 점을 이해하고 대처해야 한다. 이러한 과정에서 우선 집단실천을 시작하기 전에 집단의 특성을 파악하고, 그에 맞는 구성원을 선정하며, 집단실천에 참여하기로 한 구성원들의 욕구와 문제를 면밀히 파악하는 것은 집단실천이 효과를 발휘하는 데 핵심적인 내용이다. 여기서는 집단 구성원의 선정, 집단 구성원의 욕구 및 문제 파악 등에 대해서 알아본다(김현호 외, 2023).

1) 집단 구성원의 선정

집단 구성원을 선정하는 것은 집단실천 운영을 계획하는 과정에서 중요한 내용이다. 집단실천에 참여하고자 하는 욕구와 문제를 가지고 있다고 하더라도 적합한 집단에 참여하지 못할 때에는 자신은 물론 함께 참여한 다른 구성원에게도 부정적인 영향을 끼칠 수 있다. 따라서 집단의 특성에 맞는 구성원을 선정하기 위해서는 집단유형과 문제의 일치도 파악, 동일한 문제 유형으로 집단 구성원 선정, 집단실천에 대한 동기 파악, 집단 구성원의 인구 사회학적 특성 파악, 집단실천에 적합한 인지능력 파악, 개방형 집단과 폐쇄형 집단의 특성에 맞는 구성원 파악 등을 고려하여 선정할 수 있다.

이러한 사항을 고려하여 잠재적 구성원이 집단실천에 참여하는 것이 적합한지를 판단하기 위한 방법에는 잠재적 구성원과 직접 면접하는 것, 잠재적 구성원에 대한 관찰, 잠재적 구성원의 가족이나 지인과의 면접 등이 있다.

2) 구성원의 욕구 및 문제 파악

집단체계의 실천에 참여하는 구성원들이 해결하고자 하는 문제는 무엇이며, 성취하고자 하는 욕구는 무엇인지를 파악하는 것은 집단실천의 운영 방향성과 내용을 결정하는 중요한 요소이다. 여기서 욕구 및 문제는 통상적으로 동일선상에서 언급되는데, 문제는 구성원이 인식하는 심리·정서적 또는 사회적으로 바람직하지 못한 상황이나 열악한 환경으로서 개인의 존재나 생활에 바람직하지 못한 것들이다. 예를 들어 학대, 학교폭력, 우울, 정신질환 등과 같은 것들은 문제가 될 수 있다.

그러나 구성원이 문제로 인식하고 있다고 하더라도 모든 문제가 반드시 욕구로 발전되지 않을 수도 있다. 욕구란 구성원들이 구체적인 서비스에 대해서 가지고 있는 필요성이라고 이해할 수 있다.

3. 목표 수립 및 운영계획서 작성

목표는 집단 구성원의 구체적인 변화 또는 문제해결을 의미한다. 집단실천은 단순히 친목 증진을 위한 만남이 아니라 어떠한 형태나 종류의 집단이라도 반드시 실천 과정을 통해서 이루고자 하는 목표를 수립해야 한다. 또한 달성하고자 하는 목표에 기반을 두어 집단실천이 이루어지고 최종적으로는 목표 달성 정도를 파악해야 한다. 여기서는 집단실천의 목표 수립 방법과 운영계획서 작성 방법에 대해서 알아본다.

1) 목표 수립 방법

집단실천에 참여하는 구성원들은 어떤 특정한 욕구와 문제가 해결되기를 바라고 현재의 어려운 상황이 긍정적으로 변하기를 바라고 있다. 집단의 목표는 집단 구성원 개인이 가지고 있는 욕구 및 문제를 구성원들의 합의에 기초하여 통일된 하나 또는 두 가지 정도의 내용으로 설정한다.

예를 들어, 집단 구성원의 욕구가 '학교에서 더 많은 친구를 사귀고 싶다.'라면 집단실천의 목표는 '구성원들이 집단실천에 참여하여 긍정적인 자기표현 능력을 습득한다.'가 될 수 있다. 그러나 집단실천에서 구성원 개개인이 가지고 있는 서로 다른 욕구를 집단 하나의 목표로 설정하는 것은 쉬운 일이 아니다. 왜냐하면 구성원들이 동일한 욕구를 표현한다고 하더라도 그것을 바라는 수준이 다를 수 있기 때문이다.

그러므로 구성원 개인의 욕구를 우선순위로 서열화하면 집단의 목표를 설정하는 데 쉬워질 수 있다. 그리고 집단목표의 범주 안에서 구성원들은 자신의 욕구나 능력 등에 따라 달성 가능한 목표를 수립해야 한다.

목표 수립의 요소, 목표 수립의 원칙, 목표 수립의 문서화 등의 내용은 다음과 같다 (NCS 학습 모듈, 2019).

(1) 목표 수립의 요소

'누가, 무엇을, 어떻게 한다.'의 내용을 하나의 문장으로 구성해서 기술한다. 일반적인 어문의 순서대로 주어인 '누가'를 먼저 기술하고, '한다.'를 마지막에 기술한다. '무엇을'과 '어떻게'는 목표의 특성이나 선호에 따라 순서를 바꿀 수도 있다.

(2) 목표 수립의 원칙

집단실천이나 프로그램에서 목표를 기술할 때 일반적으로 SMART 원칙[1]에 따라 기술

1) SMART 원칙은 목표한 설정을 더욱 효과적이게 하는 조건들을 의미한다. 광범위하게 "어떻게 될 것이다."라는 목표가 아닌 구체적 목표를 달성하기 위해 이 원칙을 이용한다. 목표를 실물화하고 목표를 향해 나아갈 수 있음

한다. 사회복지사는 SMART 원칙에 따라 목표를 기술하여 구성원들이 실천하는 동안 진행되는 방향성을 알 수 있도록 한다. 이렇게 SMART 원칙에 따라 명확히 기술한 목표는 종결 시에 집단실천이 얼마나 효과적이었는지를 평가할 수 있는 기준이 된다.

(3) 목표 수립의 문서화

수립된 목표를 문서화해서 모든 구성원이 서명하고, 이를 개인이 보관하거나 모든 구성원이 볼 수 있도록 게시한다. 이때 개인정보나 사생활이 노출될 수 있으므로 비밀유지에 주의해야 된다.

2) 운영계획서 작성

집단실천 운영계획서의 내용에는 구성원의 특성, 목표 및 평가계획, 회기별 계획, 예산 등이 포함되는데, 집단실천 운영계획서 양식의 예시는 다음과 같다.

(1) 구성원의 특성

구성원들이 학생일 경우에는 학년을 적는 것이 특성 파악에 도움이 된다. 참여 경로는 의뢰, 자발, 의무 등에서 선택하여 기록하고 의뢰자를 기록한다. 또한 의무는 사회봉사 차원에서 참여하거나 보호관찰 차원에서 참여하는 경우 등이다. 주 호소 문제는 구성원이 해결하기를 원하는 주된 문제를 기록해야 하며 이와 연관되어 목표가 설정될 수도 있다.

(2) 목표 및 평가계획

목표는 집단의 목표를 기술해야 하며 핵심을 요약하여 기록할 수 있다. 또한 평가계획에 따라 평가를 진행하는 평가도구는 목표의 달성 여부를 평가할 척도나 조사 도구를

은 물론, 내가 어떻게 발전하고 있는지를 회사에 공식적으로 알릴 수 있다. S(Specific): 구체성, M(Measurable): 측정 가능성, A(Achievable): 달성 가능성, R(Realistic): 현실성, T(Time-bounded): 적시성의 약자이다.

의미한다. 예를 들어, 목표가 자아존중감 향상이었다면 평가도구는 자아존중감 척도를 사용하게 된다.

평가 방법은 평가도구를 어떻게 사용할 것인지에 대한 계획으로 실천 전·후의 설문 조사라고 할 수 있다.

(3) 회기별 계획

각 회기의 목표를 달성하기 위한 계획을 기술한 것이다. 즉, 회기 목표는 한 회기에서 수행해야 하는 과업을 의미하며, 이를 어떻게 수행할 것인지에 해당하는 수행 방법과 이에 필요한 준비를 기록한다. 예를 들어, 1회기 목표가 구성원들의 친밀감 형성이라면 수행 방법은 첫 만남에서 긴장감 해소를 위해 자기소개를 위한 게임이나 놀이 등을 기록할 수 있다.

(4) 예산

목표와 진행 내용을 토대로 필요한 물품을 조달할 수 있도록 세목을 자세하게 수립해야 한다. 산출 기초는 어느 정도의 금액이 필요할 것인지를 나타내는 근거가 되므로 인원수나 횟수 등을 고려하여 작성한다.

4. 실천 과정

집단실천 과정은 개인의 사회적 기능을 향상시키는 것이 목적이며, 이를 위해 집단을 그 수단으로 하고, 프로그램이 집단경험을 구성하여 개인과 집단을 필요와 역량 및 발달단계 등을 기초로 하여 의도적, 계획적으로 준비되고 시행하며, 과학적 지식, 실천을 통해 경험을 토대로 개인과 집단을 진단하여 원칙에 입각한 기술적 도움을 준다.

또 상호 지지, 일반화, 희망 증진, 이타성 향상, 새로운 지식과 기술 습득, 집단의 통제감 및 소속감, 재경험의 기회 제공, 현실감각의 테스트 효과를 가져오도록 한다.

집단의 실천 과정은 준비 단계(사전 준비하기)를 통해 집단의 실천 과정은 초기 단계, 중간 단계, 종결 단계 등으로 구분할 수 있다(NCS 학습 모듈, 2019; 김현호 외, 2017).

1) 초기 단계

초기 단계에는 선정된 구성원들이 최초로 모임에 출석하여 구성원들 간의 대면이 이루어진다.

초기 단계의 첫 모임에서 사회복지사는 오리엔테이션을 통하여 집단 구성원들을 소개하고 집단의 목적을 알리며 구성원들의 역할 및 집단의 규칙에 대해서 알려줌으로써 집단에 대한 신뢰감을 조성하여 구성원들에게 동기를 부여하고, 계약과 집단 사정 등을 하게 된다.

(1) 초기 단계의 특징

초기 단계에서 집단 구성원들은 낯선 사람과 새로운 환경으로 인해 집단에 대한 불안과 불신감, 두려움과 저항감을 갖게 되거나 새로운 집단에 대한 희망이나 기대를 갖게 되는 회피와 접근의 양가감정이 공존하게 된다.

또한 개개의 행동양식을 집단에 가지고 오게 되며, 자신들이 집단에서 무엇을 할 것인지, 다른 구성원들과 사회복지사는 어떤 사람인지, 집단이 자신들에게 기대하는 바는 무엇인지 등의 많은 의문을 제기하게 된다.

그러므로 구성원들은 새로운 사람들과 접촉하기보다는 안면이 있는 사회복지사와 대화를 시도하려고 하여 사회복지사에게 주로 많은 질문을 한다(엄명용 외, 2015; 설진화, 2010).

(2) 집단 구성원들의 소개

집단의 첫 모임에서 사회복지사는 오리엔테이션을 통하여 자신과 구성원들을 소개하게 되는데, 이는 구성원들 간의 상호 관심사와 흥미를 공유하게 하고 상호 신뢰를 발전시킨다.

(3) 집단목적의 소개

집단 구성원들의 소개가 끝나면 사전에 알고 있다 할지라도 사회복지사는 다시 한번 집단의 목적에 대해서 명확하고 간결하게 설명하는 것이 좋다. 집단의 목적에 대해서 설명 할 때 부정적인 면보다 긍정적인 면을 강조하는 것이 좋으며, 후원하는 기관의 기능에 대해서도 언급하여 구성원들이 기대할 수 있는 서비스의 한계를 명확히 하는 것이 좋다.

일반적으로 이러한 집단의 목적에 따른 목표를 결정하는 데 있어서 적용할 수 있는 예는 자아존중감 향상, 자기 주장성 향상, 문제해결 능력향상, 자신과 타인을 신뢰하는 것, 독립적이면서 동시에 상호의존적으로 되는 것, 가치관 명확히 하기, 타인에게 유용한 피드백 제공하기 등이 있을 수 있다. 또한 노인집단의 경우 '인생 경험에 대한 회고 및 상실감 다루기', 장애인 집단의 경우 '장애에 대한 감정표현 및 지지체계 설정', 그리고 약물 남용 집단의 경우 '효과적인 대처 기술에 대한 학습' 등이 있을 수 있다(이영호, 2008).

(4) 구성원들의 역할 및 집단규칙의 소개

집단 구성원들이 각자 집단에 참여하게 된 동기를 알고 있을지라도 자신들의 문제를 해결하기 위해 집단 내에서 무엇을 해야 하는지 모르는 경우가 많다. 따라서 집단 구성원들이 자신의 목표를 달성하기 위해서 어떤 역할을 해야 할지 명확히 해주는 것이 좋다.

역할이 불분명하면 집단으로부터 탈락할 가능성이 크다. 구성원들의 역할은 집단의 규칙을 지키는 것에서부터 시작되는데, 성공적으로 집단을 운영하기 위한 규칙으로는 다른 구성원이 이야기하는 동안 방해하지 않고 경청하기, 집단토의를 독점하지 않기, 다른 구성원들의 생각과 감정을 존중하기, 다른 구성원들에 대한 나의 생각과 감정을 진실하고 솔직하게 이야기하기, 구성원들 간 서로 신뢰하고 협력하기, 집단 내에서 논의된 내용을 누설하지 않기 등을 들 수 있다(이영호, 2008).

(5) 신뢰감 조성 및 동기부여

초기 단계에서 집단의 신뢰감 조성은 매우 중요하다. 구성원들은 초기 단계에서 집단이라는 환경에 익숙하지 않으므로 사회복지사의 태도와 행동을 모방하게 된다. 사회복지사가 집단 구성원들이 하는 말을 비 심판적으로 경청하고 그들의 개인적 경험을 존중하는 태도를 보인다면 그들은 적극적 경청의 가치를 인정하게 된다.

따라서 사회복지사는 집단의 신뢰감 조성을 위해 적극적으로 경청하고 배려하는 마음으로 라포 형성을 해야 한다. 이때 구성원들의 이름을 가능한 한 빨리 기억하는 것도 라포 형성에 도움이 된다.

동기 부여는 어떤 생활체를 활동하도록 자극하여 목표에 도달하게 하는 것으로 집단 활동에 구성원들의 동기부여는 중요한 역할을 한다. 이를 위해 사회복지사는 집단 구성원들이 어떤 기대를 가지고 있는지 직접적으로 면담하여 탐색하고 집단활동에 적극적으로 반영해야 한다.

(6) 계약 집단체계의 실천계약

개인 체계의 계약과 유사하지만 개인보다 상위 개념인 기능적 행동 역기능적 행동이다.

따라서 계약은 집단의 목적과 구성원들의 목표 달성을 위해 필요한 사항인 모임의 빈도와 기간, 참여 규정, 비밀보장, 장소, 서비스의 내용, 의무와 책임 등을 포함해서 이루어져야 한다. 이러한 계약을 통해서 상호 간의 기대, 의무, 책임 등을 명확히 할 수 있다.

(7) 집단 사정

집단의 유형이나 실천 전략에 따라 달라질 수 있으나 집단이 구성되면서 지속적으로 이루어져야 한다. 집단체계의 사정은 집단 구성원들에 대한 사정과 집단 전체에 대한 사정으로 구분할 수 있다(Hepworth, Rooney, & Larsen, 1997; 최경화 외, 2010).

집단 구성원들은 준비 단계의 구성원 모집 과정에서 일차적으로 사정하여 선별했기 때문에 집단이 형성된 후의 구성원들에 대한 사정은 구성원들의 행동 패턴을 인식하고 행동을 변화시키도록 도와주기 위한 것이다.

행동 패턴은 집단 구성원들과 상호작용하는 방식을 관찰하거나 집단에서의 역할을 확인함으로써 알 수 있다. 집단에서의 역할은 다른 사회적 상황에서의 역할을 그대로 반영하는 것이므로 집단 내 역할에 대한 사정은 중요하다(김혜란 외, 2006.; 최경화 외, 2010).

따라서 사회복지사는 각 집단실천에서 나타난 구성원들의 행동과 인식상의 특성을 기록하는 개인별 프로파일을 만들어 관리하는 것이 필요하다. 이는 데이터를 통해 개인별 장점과 단점을 한눈에 알아보고, 얼마나 긍정적으로 변화하고 성장하고 있는지 확인하는 것이다. 이러한 프로파일을 기초로 행동 변화 및 기능 수행에 대한 체계적인 사정이 필요한데, 중기단계에서는 초기 단계의 사정 내용에 대한 타당성을 검토하여 그 성공 여부에 따라 실천 계획을 수정 · 변경할 수도 있다.

2) 중간 단계

중간 단계는 집단의 목적 달성을 위한 구성원들의 변화가 시작되어 그들 간에 친밀감과 상호관계가 향상되고 집단 응집력이 증대되는 단계이다. 이 단계에서 사회복지사는 집단과 구성원들이 목표를 달성할 수 있도록 격려 및 지지하고, 목표 달성에 필요한 집단의 문화와 규범을 발전 및 유지시키고, 목표 달성에 방해가 되는 장애를 극복할 수 있도록 실천해야 한다.

이러한 중간 단계의 특징, 집단의 응집력 향상, 집단과정 촉진, 집단의 변화유발 등은 다음과 같다.

(1) 중간 단계의 특징

초기 단계에서 나타난 구성원들의 낮은 신뢰감과 소속감, 불안 및 저항 등이 성공적으로 발달되었다면 보다 생산적이고 응집력이 강화된다. 이 단계에서 집단의 생산성은 높아지고, 구성원들은 자신들이 계획한 목표를 달성하기 위해 이전보다 더 많은 활동을 하게 된다. 따라서 구성원들은 서로를 수용하게 되어 개별적인 문제를 집단에서 말하게 되고 다른 구성원들에 대해서도 알고 싶어 하게 된다. 이러한 과정을 통해 구성원들의 대인 관계기술도 향상된다(이영호, 2008).

(2) 집단의 응집력 향상

집단의 구성원들이 소속감이나 연대감을 갖고 응집하는 힘이 증가되거나 향상되는 것을 의미하는데, 이러한 힘은 집단의 매력에서 나온다. 집단의 응집력이 강하면 구성원들은 자신에 대해서 더 잘 표현할 수 있고, 타인과의 관계를 활발하게 할 수 있어 구성원들이 서로에게 미치는 영향력과 효과도 더욱 커지게 된다(이영호, 2008; 엄명용 외, 2015).

(3) 집단과정 촉진

중간 단계에서 집단이 건설적이고 생산적인 변화를 추구하고, 집단 및 구성원들의 목적을 달성하기 위하여 집단과정을 촉진하는 것이 필요한데, 코리(Corey)는 이를 위해 사회복지사가 자기 개방, 직면, 적절한 피드백 등을 활용할 것을 권하고 있다(Corey, 1995; 이영호, 2008).

여기서 자기 개방(Self-disclosure)은 사회복지사가 언어적 · 비언어적 표현이나 행동을 통해서 자신에 대한 정보를 의도적으로 개방하는 것을 의미한다. 이러한 사회복지사의 적절한 자기 개방은 진실된 분위기를 조성하면서 집단과정을 원활하게 이끌 수 있다. 사회복지사가 자기 개방을 할 경우는 집단의 목적과 관련이 있고 구성원들에게 도움이 되어야 한다.

(4) 집단의 변화 유발

목표 달성을 위해 변화를 유도하는 것으로 구성원들의 내적 변화에 초점을 두거나, 대인관계 변화에 초점을 두거나, 환경변화에 초점을 두어 실천할 수 있다(이영호, 2008; 엄명용 외, 2015).

여기서 구성원들의 내적 변화에 초점을 둔 변화는 인지적 측면에 초점을 두어 변화를 추구하려는 것이다. 일반적으로 사람들의 사회적 · 행동적 역기능은 자신, 타인, 삶의 상황에 관해 잘못된 신념(사고, 해석 등)으로 인해 초래된 결과라는 것이다. 즉, 특정 상황을 부정적으로 해석하면 부정적인 감정을 경험하게 되고, 부정적인 감정을 처리하기 위해 음주나 폭력 같은 부정적인 행동을 할 가능성이 높아지게 되는 것이다. 그러나 긍정적으로 해석 및 평가하면 그 개인은 긍정적인 감정을 느낄 가능성이 높아질 수 있다(엄명용 외, 2015).

따라서 사회복지사는 역기능적인 구성원들의 내적 변화를 위해 인지 재구성(Cognitive restructuring)을 변화시켜야 한다. 인지 재구성은 집단 구성원들의 사고유형에서 잘못된 논리를 밝혀내고 그들의 비합리적인 사고 과정을 논리적이고 합리적인 사고유형으로 대처할 수 있도록 원조하기 위해 사용된다.

3) 종결 단계

집단발달의 마지막 단계는 종결 또는 분리 단계이다. 종결 단계는 집단 및 구성원들이 목적을 달성하여 끝을 맺음과 동시에 새로운 사회 환경에 적응해야 하는 단계이다. 따라서 사회복지사와 구성원들 모두에게 정서적으로 중요한 단계이며, 집단을 끝내는 것에 대해 긍정적인 감정과 부정적인 감정을 동시에 느끼는 양가감정을 경험하게 된다. 이때 사회복지사는 구성원들이 종결에 따른 감정을 잘 극복할 수 있도록 원조해야 한다. 종결 단계에서는 활동 결과 평가, 결과 문서화, 결과 공유 및 피드백, 활동 평가 및 종결로 이루어진다.

(1) 활동 결과 평가

사회복지 실천의 집단 개입 활동이 종료되면, 첫 번째 단계는 활동 결과를 평가한다. 이때, 다음과 같은 평가 과정을 거친다.

① **목표 달성 여부**: 처음에 설정한 목표가 달성되었는지를 검토한다. 예를 들어, 집단 내 아동 학업 성취도 향상을 목표로 했을 때, 목표가 달성되었는지를 확인한다.

② **진행 과정 평가**: 활동 동안의 진행 과정을 평가하고, 활동에 대한 피드백을 수집한다. 이는 활동의 효과성을 개선하는 데 도움이 된다.

(2) 결과 문서화

활동 결과를 평가한 후에는 결과를 문서화해야 한다. 이 단계에서는 다음과 같은 작업을 수행한다.

① **보고서 작성**: 활동의 목표, 진행 과정, 평가 결과, 성과 등을 포함하는 보고서를 작성한다.

② **데이터 수집**: 활동 중 수집한 데이터, 통계 정보, 참여자의 의견들을 정리하고 문서화한다.

(3) 결과 공유 및 피드백

활동 결과를 문서화한 후에는 이를 관련 이해관계자들과 공유하고 피드백을 받아야 한다.

① **이해관계자와 회의**: 활동 결과를 이해관계자들과 공유하고, 그들의 의견과 평가를 듣는다. 이를 통해 추기적인 통찰을 얻을 수 있다.

② **피드백 수용**: 이해관계자들로부터의 피드백을 수용하고, 필요한 조치를 취한다. 이는 미래의 활동에서 개선을 위한 기반을 제공한다.

(4) 활동 평가 및 종결

마지막으로 집단 평가 및 종결 단계에서는 활동을 공식적으로 평가하고 종결한다.

① **평가 및 반성**: 활동 전반을 평가하고, 활동에서 배운 교훈과 성과를 반성한다. 이는 미래의 사회복지 실천 활동에서의 개선점을 정리하고 문서화한다.

② **활동 종결 선언**: 활동이 성공적으로 완료되었음을 선언하고, 관련 이해관계자들에게 알린다.

학습하기

01 집단의 유형 중 집단의 개방성에 따른 구분한 내용이다. 이에 해당하지 않는 것은?

① 자조 집단
② 위기 상황 집단
③ 교육집단
④ 10대 미혼모 집단
⑤ 정신 치료 집단

해설 정신 치료 집단이 아니라 심리 치료 집단이다.

02 다음은 무엇에 대한 설명인가?

> 사회적 기능 수행에 문제가 있거나 문제 발생의 위험성이 높은 개인의 문제해결이나 문제 발생의 빈도를 완화시키기 위한 모델이다.

① 사회적 목표 모델
② 치료 모델
③ 상호작용 모델
④ 집단실천 모델
⑤ 집단목표 모델

03 집단의 유형 중 목적에 따른 구분에서 토스랜드와 리바스(Toseland & Rivas)는 치료 집단을 구분하였다. 이에 해당하지 않는 것은?

① 지지집단
② 교육집단
③ 성장집단
④ 치료집단
⑤ 정치집단

해설 치료집단은 ①, ②, ③, ④, ⑤ 사회화 집단이다.

04 다음은 무엇에 대한 설명인가?

> 잠재 구성원들이 집단 참여를 결정할 수 있도록 집단모임의 이유, 집단활동의 내용, 참여자들에게 요구되는 기대 등을 포함하여 설정하는 것이 중요하다.

① 집단의 목표
② 집단의 목적
③ 집단 구성원의 목표
④ 집단 구성원의 목적
⑤ 집단활동의 목적

05 부정적 종결 반응을 설명하시오.

06 집단실천의 사전 준비하기 내용이다. 이에 해당하지 않는 것은?

① 집단구성의 계획(안)을 작성
② 집단 구성원의 선발
③ 집단의 목적과 목표
④ 집단의 크기
⑤ 집단모임의 빈도와 시간 및 기간

해설 집단실천의 사전 준비는 ② 집단 구성원의 모집과 선별 및 구성, ⑥ 집단모임의 장소 등.

07 다음 집단실천 목표 수립 시 목표 수립 요소이다. 이에 해당하지 않는 것은?

① 누가
② 무엇을
③ 어떻게
④ 왜
⑤ 한다

해설 집단실천 목표 수립 시 수립 요소는 ①, ②, ③, ⑤ 등이다.

08 다음은 집단실천 중간 단계에서 사회복지사가 실천해야 할 내용이다. 이에 해당하지 않는 것은?

가. 중간 단계의 특징	나. 집단의 응집력 향상
다. 집단과정 촉진	라. 집단의 변화 유발

① 가 · 나 · 다
② 가 · 다
③ 나 · 라
④ 라
⑤ 가 · 나 · 다 · 라

09 다음은 종결 단계에서 실시되어야 하는 내용이다. 이에 해당하지 않는 것은?

① 활동 결과 평과
② 결과 문서화
③ 결과 종합
④ 결과 공유 및 피드백
⑤ 활동 평가 및 종결

정답

01. ⑤ 02. ② 03. ⑤ 04. ② 05. 사회복지사에게 매달리는 반응, 과거 문제 재발, 새로운 문제 호소, 사회복지사를 대치할 대상을 찾는 경우. 06. ② 07. ④ 08. ⑤ 09. ③

13

Chapter

종결 단계(평가, 종결)

사회복지 실천 과정의 최종단계는 최종 평가와 클라이언트와 사회복지사 간의 전문적 관계를 종결시킴으로써 끝나게 된다. 또한 평가는 사회복지 실천의 전 과정에서 계속적으로 일어나는 일로서 사회복지 실천의 목적과 목표의 달성 정도의 효과성을 나타내며, 동시에 목적과 목표를 성취하기 위해 사용된 수단의 적합성을 심사하는 과정이기도 하다.

또한 종결은 클라이언트의 사회적 기능을 강화시키는 동시에 사회복지사와 클라이언트가 개입의 전 과정을 통해 같이 발전시켜 온 성과를 이해시키는 과정이기도 하다. 어떤 관계이든 관계의 종결은 정서적 반응을 동반하게 되는데 이러한 감정들은 성장의 수단으로 쓰이기도 하고 거부되거나 억압되어 차후의 사회적 기능을 방해할 수 있다. 그러므로 사회복지사는 최종단계에서 종결을 잘 다룰 수 있는 기술이 필요하다(엄명용 외, 2006).

본 장에서는 평가와 종결 단계를 기술한다.

제1절 평가

사회복지 실천 단계의 마지막 단계인 결과의 평가는 대안 실행 후 문제가 해결되었는지, 해결되지 않았다면 왜 해결되지 않았는지를 평가한다. 평가란 사회복지 실천에서 개입 활동의 결과가 효율적 · 효과적이었는가를 사정하는 것을 의미한다.

종결에는 개입 활동 전반에 걸친 마지막 평가가 병행된다. 평가는 사회복지 실천의 전 과정에서 계속적으로 일어나는 일로서 사회복지 실천의 목적과 목표의 달성 정도를 결정하며, 동시에 목적과 목표를 성취하기 위해 사용된 수단의 적합성을 심사하는 과정이기도 하다. 평가는 개입의 전 과정에서 지속적으로 시행되지만 특히 개입이 끝날 때 더욱 중요하다. 종결 단계에서의 평가는 일어나도록 기대되었던 일들이 정말로 일어났는가를 보는 것이다.

평가란 클라이언트의 진전 상황과 목적 성취 여부를 점검하는 마지막 단계이다. 무엇이 변화되었고 변화하지 않았는가? 왜? 클라이언트가 이 시점에서 그 문제를 어떻게 보는가? 사회적 기능은 향상되었는가? 좀 더 역기능적으로 되지는 않았는가? 전반적으로 볼 때 진전 정도는 어떠한가? 다른 개입이 필요한가? 평가에 기초하여 개입이 지속되어야 하는지 변경되어야 하는지를 결정한다.

평가 과정을 진행하다 보면 초기 계약 때 제시되지 않았던 문제가 대두되는 경우가 있을 수 있다. 이럴 경우는 초기 단계에서 클라이언트가 표현하고 싶지 않았던 문제가 대부분이다. 따라서 사회복지사와 클라이언트 사이에 신뢰가 형성되었다면 다시 문제해결 과정을 시도해 볼 수 있다.

1. 평가의 이해

1) 평가의 개념

사회복지 실천 영역에서 마지막 단계에서 평가는 매우 중요시되고 있는데, 이것은 시간과 환경의 흐름에 따라 진화하는 영역이고 또한 학습하는 영역이라고 할 수 있다(김현호 외, 2023).

평가는 그 자체로서 평가의 대상과 함께 상호 교류하고 영향을 주고받으며 변화해 가는 것이다. 즉, 평가를 필요로 하는 것은 평가가 필요한 대상(사회복지 기관, 프로그램, 클라이언트 등)이다.

대상들에게 나타나는 문제들, 예를 들어 사회복지 기관들이 사회복지 기관의 목적에 맞는 업무를 효과적으로 수행하며, 책임성을 성취하고 있는지에 대한 의문이나 검증의 필요성에서 평가가 요구된다.

평가의 수행을 위한 지표개발에서도 역시 평가대상이 되는 기관의 개념, 목적, 사업, 운영 지침 등에서부터 출발하여 만들어진다. 이렇게 만들어진 평가지표는 평가의 절차를 통해 평가 업무를 수행하게 되면 다시 평가대상 기관에 영향을 미치고 그 영향은 다시 평가지표로 돌아온다.

또한, 평가는 그 결과를 통해 평가대상인 사회복지 기관을 학습하게 한다. 평가의 결과를 통해 평가대상 기관이 본연의 개념과 목적에 맞는 사업을 적절히 수행하고 있는지, 프로그램의 수행과 예산의 사용이 타당한지를 확인하게 되고, 그 결과 미흡한 점이나 부족한 점에 대해서 평가대상 기관이 다시 한번 사회복지 기관의 개념, 목적, 사업, 운영 지침 등에 맞도록 학습하고 수정하게 되는 것이다. 따라서 평가는 학습의 영역에 속한다고 할 수 있다.

과거에는 정부가 사회복지시설에 대한 운영과 건립에 있어 국고보조 사업 지침(1988)에 의해 단지 재정만 지원하는 경우가 많았다. 그러나 1997년 IMF 외환 위기를 겪고 난 뒤부터 모든 분야에서 자원의 효율적 배분 및 활용에 대한 문제가 제기되었다. 이러한 맥락 속에서 사회복지 분야도 사회복지시설의 운영 개선을 통한 합리화와 투명화, 사회복지서비스 질의 향상, 사회복지 재원 사용의 효율성에 대한 당위성이 제기되었다.

이와 더불어 공급자 중심의 복지에서 수요자 중심의 복지로 전환되는 계기가 되었다. 또한 인권을 중시하는 사회복지 패러다임의 변화가 나타나기 시작하면서 1997년 사회복지사업법이 개정되어 1999년부터 시행하기에 이르렀다. 이러한 관점에서 사회복지서비스와 실천 영역에서 평가는 다음과 같은 이유로 그 필요성이 제기된다.

첫째, 사회복지서비스의 양적 팽창에 따른 것이다. 이러한 양적 팽창은 사회복지사업에 할당된 자원이 효과적으로 사용되고 있는지에 대한 신뢰성 검증이 요구되기 때문이다.

둘째, 평가를 위한 법적 근거가 마련되었다. 1997년에 개정된 「사회복지사업법」에는 3년마다 1회 이상 사회복지시설 종사자의 전문성, 시설 환경, 서비스의 만족도 등에 대해 평가하도록 규정하고 있다.

셋째, 사회복지 내부에서 성숙되어 온 평가의 필요성과 이해의 증대를 들 수 있다. 전문직인 사회복지사들은 사회복지 실천의 전문성을 객관적으로 인정받을 수 있는 방법은 평가를 통하여 그 효과성과 효율성을 인정받는 것이라는 필요성을 느끼고 있다(최경화 외, 2010).

2) 평가제도의 법적 근거

사회복지 실천의 평가제도는 사회복지사업에 사용되는 자원을 효과적이고 효율적으로 사용하고 있는지 신뢰성을 검증하기 위하여 1997년에 개정된 「사회복지사업법」의 평가 규정이 추가되면서 지금에 이르고 있다. 「사회복지사업법」에는 「사회복지사업법 시행령」(대통령령)과 「사회복지사업법 시행규칙」(보건복지부령)으로 구성되었다. 법적인 근거는 〈표 13-1〉의 법적 근거와 같다.

〈표 13-1〉 법적 근거

• 사회복지사업법 제43조의2(시설의 평가): 법률 제19651호 일부개정 2023.08.16 ① 보건복지부 장관 및 시·도지사는 보건복지부령이 정하는 바에 따라 시설을 정기적으로 평가하고, 그 결과를 공표하거나 시설의 감독·지원 등에 반영할 수 있으며 시설 거주자를 다른 시설로 보내는 등의 조치를 할 수 있다. ② 보건복지부 장관이나 시·도지사는 제1항의 평가 결과에 따라 시설 거주자를 다른 시설로 보내는 경우에는 제38조 제3항의 조치를 하여야 한다. **• 사회복지사업법 시행규칙 제27조의2(시설의 평가): 보건복지부령 제950호 일부개정 2023.07.13** ① 보건복지부 장관 및 시·도지사는 법 제43조의2에 따라 3년마다 시설에 대한 평가를 실시하여야 한다. ② 제1항의 규정에 의한 시설의 평가 기준은 법 제43조 제1항에 따른 서비스 최저기준을 고려하여 보건복지부 장관이 정한다. ③ 보건복지부 장관 및 시·도지사는 제1항에 따른 평가의 결과를 해당 기관의 홈페이지 등에 게시하여야 한다. ④ 제1항의 규정에 의한 평가의 방법 기타 평가에 관하여 필요한 사항은 보건복지부 장관이 정한다.

2. 평가의 목적과 필요성

1) 평가의 목적

사회복지 실천에서 평가는 클라이언트 개인, 가족, 집단에 대한 사회복지사의 실천 활동과 실천 목표에 따른 변화 정도를 알아보는 것으로, 실천의 효과를 검증하고 판단하는 과정이다. 이러한 평가의 목적은 다음과 같다.

(1) 평가는 사회복지 실천의 효과성을 측정하는 것으로 목표 달성의 정도를 측정하는 것이다.

(2) 평가는 동일한 비용으로 높은 효과를 창출하기 위한 사회복지 실천의 효율성을

측정하는 것이다.

(3) 평가는 효과와 비용이 집단 및 지역 간에 공평하게 분배되었는지를 측정하여 공평성을 확보하는 것이다.

(4) 평가는 자원의 출처 및 사용에 대한 책임성을 입증하기 위한 것으로 재정적인 지원이나 지역사회의 승인이 필요할 때 이에 대한 근거를 제시하는 계획안이 된다.

(5) 평가는 클라이언트에 대한 책임성 이행을 위한 것으로 실천 정도에 대해 사회복지사 자신뿐만 아니라 지역사회와 클라이언트에게 알려 줄 책임을 이행할 수 있다.

(6) 평가는 실천 과정에 대한 모니터를 위한 것으로 클라이언트는 어떻게 반응하고 있는지, 계획했던 변화가 일어나고 있는지 등 변화 과정에 대한 피드백을 줄 수 있다.

(7) 평가는 사회복지사의 능력 제고를 위해 필요한 것으로 실천 내용에 대해 점검하고 평가함으로써 반성할 기회를 갖고 새로운 활동에 반영할 수 있기 때문이다(김현호 외, 2023).

2) 평가의 필요성

(1) 사회복지서비스의 양적 팽창에 따른 것이다.

양적 팽창은 사회복지사업에 할당된 자원이 효과적으로 사용되고 있는지에 대한 신뢰성 검증이 요구된다.

(2) 평가를 위한 법적 근거의 마련

3년마다 1회 이상 사회 복지시설 종사자의 전문성, 시설환경, 서비스의 만족도 등에 대한 평가를 하도록 「사회복지사업법 시행령」과 「사회복지사업 시행규칙」에 규정되어 있다.

(3) 사회복지 내부에 성숙하여 온 평가의 필요성과 이해의 증대

전문직인 사회복지사들은 사회복지 실천의 전문성을 객관적으로 인정 받을 수 있는 방법은 평가를 통하여 효과성과 효율성을 인정받는 것이라는 필요성을 느낀다.

3. 평가의 유형

평가에는 일반적으로 결과 평가, 과정 평가, 사회복지사 평가의 세 가지가 있다(Hepworth & Larsen, 1997).

1) 결과 평가

결과 평가(outcome evaluation)는 설정했던 목표들이 얼마나 달성되었는가를 평가하는 것이다. 개입 과정을 통해 기대했던 변화가 일어났는가 하는 평가이다. 여기서 중요한 것은 그 결과가 개입으로 인해 일어났다는 것을 검증하는 것이다. 왜냐하면 클라이언트의 변화는 개입 외에도 다른 여러 가지 변수에 의해 영향을 받을 수 있으므로 결과가 개입의 순수한 효과라고 보기 어려운 경우도 있다. 따라서 이러한 문제점을 극복하기 위해 주로 사용하고 있는 방법에는 일반적 진전평가 방법, 사전, 사후로 하는 비교평가 방법, 통제집단과 실험집단의 비교평가 방법의 세 가지가 있다.

(1) 일반적 진전평가

일반적 진전평가(general progress evaluation)를 사정하기 위해서는 클라이언트 각자가 성취해야 할 진전 정도에 관하여 클라이언트의 의견을 유도해 내고, 동의했던 목표를 참조하는 것이다. 사회복지사는 클라이언트에게 다음과 같은 척도를 사용하여 목표 달성의 정도를 질문한다.

5. 완전 성취했음
4. 거의 성취했음
3. 보통 정도 성취했음
2. 어느 정도 성취했음
1. 진전 없음

이러한 척도를 사용한 후 결과를 간단히 토론한다. 이것은 사회복지사와 클라이언트가 성취를 증명하는 기회가 되므로 높은 만족감과 신뢰를 얻게 된다.

(2) 사전-사후 비교평가

개인이나 집단에 대한 결과 평가로서 문제나 표적 행동의 빈도를 측정할 수 있다면 최근의 측정치에 기초선을 비교하는 객관적 방법인 사전-사후(pretest-posttest) 비교 방법이 있다. 이 방법은 사회복지 실천 과정을 평가하는 데 흔히 사용되고 있으며, 개입하기 전에 문제나 표적 행동, 그리고 측정 도구를 정확히 밝혀야 된다. 개입하기 전에 문제나 표적 행동에 대한 기초선을 측정하고 개입 후에 다시 반복 측정하여 비교한 후 그 결과를 개입의 효과로 측정하는 것이다.

(3) 통제집단 전후 비교평가

통제집단 전후 비교(the before-after control group design)는 실험집단과 통제집단의 차이를 전후 비교하여 그 차이를 변화로 측정하는 것이다. 실험집단이란 사회가 개입을 하는 집단이며 통제집단이란 사회복지개입을 하지 않은 집단을 의미한다. 실험집단에는 자기주장 프로그램을 실시하고 통제집단에는 실시하지 않는다. 실시하기 전에 실험집단과 통제집단에 자기주장 척도 수준을 조사하고, 실시한 후에 다시 두 집단의 척도를 조사하여 차이를 개입의 결과, 즉 변화로 보는 것이다.

2) 과정 평가

과정 평가는 개입 과정을 클라이언트가 어떻게 지각하는지를 평가하는 것이다. 즉, 과정이 자신에게 도움이 되었다고 느끼는지 아니면 자신에게 오히려 나쁜 영향을 주었다고 생각하는지를 평가하는 것이다. 특히 과정 평가란 원조 과정에 대한 클라이언트의 인식(client's perception)을 포함한다. 즉, 원조 과정이 클라이언트에게 유용하였는지 또는 손해를 보게 했는지에 대한 클라이언트의 평가이다. 다시 말해서, 사회복지사의 기법, 어떤 기술이 진전을 시켰고 또 어떤 기술은 효과가 없었는지, 또 다른 기술은 문제를 제거했는지, 그리고 특별히 구별된 기법을 사용했는지에 관한 클라이언트의 피드백(feedback)이다. 이는 결과 평가와는 좀 다른데, 목표가 달성되어 결과 평가는 긍정적이라 하여도 목표 달성을 위해 사용한 방법에 대해 클라이언트가 부정적 평가를 할 수 있다(Hepworth & Larsen, 1997).

예를 들어, 자발적으로 금주를 도와달라고 청한 알코올중독자에 대한 개입 방법으로 한 달간 폐쇄병동에 입원하여 알코올과 관련된 신체적 치료와 집단 프로그램에 참여하도록 하였다고 하자. 결국 금주를 하여 목표를 달성하였으나 클라이언트는 폐쇄병동에서의 입원 생활이 자신에게 매우 불쾌한 경험이었으며 앞으로 어떠한 일이 있어도 사회복지사의 도움은 요청하지 않겠다면 결국 사회복지사의 개입은 부정적으로 평가될 수 있다.

이러한 평가는 사회복지사에게 자발적으로 도움을 요청한 클라이언트와 그렇지 않은 클라이언트에 대한 개입 방법이 달라야 했음을 알려 준다. 과정 평가를 통해 사회복지사는 반드시 부정적 피드백만을 듣는 것은 아니고 반대로 사회복지사 때문에 긍정적이고 도움이 많이 되었다는 클라이언트의 평가는 사회복지사에게 자신감과 능력을 향상시켜 전문가로서의 정체감을 강화시키는 계기가 된다.

3) 사회복지사 평가

사회복지사에 대한 평가는 긍정적이거나 부정적인 원조 과정에 영향을 받는 클라이언트 태도, 행동, 특질에 대한 피드백에서 보여주는 평가이다. 사회복지사는 이와 같은 피드백에서 비판을 받게 된다. 사회복지사는 비판을 기꺼이 수용하면서 건설적으로 반응할 준비를 해야 한다.

피드백 결과는 가치가 있는 것이며 클라이언트는 부정적 요인보다는 긍정적 요인을 언급한다. 이와 같은 피드백은 사회복지사에게 자신의 강점에 대해 더 많은 인식을 하게 해주고, 미래에 이러한 강점을 많이 개발하도록 자극한다. 부정적 피드백은 때로는 고통을 주지만 주의를 산만하게 하거나 비치료적일 수 있는 사회복지사의 버릇, 태도, 행동에 대한 자각을 하게끔 해 준다. 사회복지사에 대한 비판은 사회복지사가 성장하는 지름길이 되기도 한다.

사회복지사에 대한 평가는 그의 행동, 태도, 속성 등이 개입 과정에 어떤 영향을 미쳤다고 생각하는지에 대한 피드백을 요청하는 것으로 사회복지사는 어떠한 비판도 각오해야 한다(Hepworth & Larsen, 1997). 이때 사회복지사는 사회복지실천가로서 갖는 장점과 단점을 솔직히 지적해 주도록 요청함으로써 스스로를 잘 알 수 있는 기회를 갖는다.

4. 평가의 측정 방법

평가를 위한 측정 방법은 다양하나 평가 목적에 부합되는 평가 방법과 도구를 선택하는 것이 중요하다. 즉, 측정하려는 것은 무엇인가, 서비스 결과가 클라이언트의 문제를 해결할 수 있는가, 평가 방법은 신뢰도와 타당성이 높은가, 측정은 장애 특성을 진단하기 위한 것인가, 교육적 결정을 위한 것인가, 연구 목적을 위한 것인가, 측정 도구는 개인용인가, 집단용인가, 무작위 집단을 대상으로 할 것인가, 아니면 유사 집단을 대상으로 할 것인가 등의 구체적인 목적을 갖고 평가를 해야 한다.

일반적으로 평가를 위한 측정 방법은 직접관찰법, 자기 보고식 평정척도, 표준화된 측정 도구(설문지, 평정척도, 체크리스트, 기타 측정 도구 등), 기타 방법 등이 많이 사용되는데, 각각의 내용은 다음과 같다(김현호 외, 2023).

1) 직접관찰법

직접관찰법은 클라이언트의 행동 변화를 직접 관찰하는 것으로 클라이언트의 문제나 목표 달성 정도가 변화하고 있는지를 판단하는 것이다. 예를 들어, 놀이 관찰이나 친사회적 행동 관찰의 사례에서 행동의 빈도를 기록할 수 있다. 즉, 아동이 하루 동안 화를 내거나 공격적인 행동을 보이거나 우는 행동 등의 횟수를 기록하는 것이다. 또한 산수 시간에 문제를 정확하게 푸는 개수를 기록하는 것이다. 반면 시간 표집법은 제한된 시간 내에 발생하는 행동의 횟수를 기록하는 것이다.

2) 자기 보고식 평정척도

자기 보고식 평정척도는 클라이언트의 결과를 측정하기 위해 내적 상태(생각, 사고, 신념, 감정 등)를 측정하는 방식이다. 예를 들어 분노나 우울한 감정 같은 클라이언트의 주관적 사고, 감정의 강도, 인식의 정도, 문제 발생 정도에 대한 인식 등을 평가할 때, 1점: 기분이 아주 나쁘다, 2점: 나쁘다, 3점: 보통이다, 4점: 좋다, 5점: 기분이 아주 좋다 등으로 평가하는 것이다.

3) 표준화된 측정 도구

표준화된 측정 도구로는 구조화된 문서로 작성된 평가지로 검사지, 설문지, 평정척도, 체크리스트, 측정 도구 등이 많이 활용된다. 예를 들어, 우울증의 변화를 평가하려면 표준화된 우울증 척도를 사용하고, 알코올 중독을 평가하기 위해서는 알코올 중독자가 진단검사 등을 활용한다. 이러한 측정 도구를 활용할 때는 누구나 같은 방법으로 일정한 점수와 기입 절차에 따르고, 방법론적인 적합성(신뢰성, 타당성 등)을 충족시키고, 검사 점수를 해석하는 데 활용되는 측정규칙을 따라야 한다.

4) 기타 방법

기타 방법으로 면접, 자기보고, 시뮬레이션, 시각 자료 등의 방식을 활용할 수 있다. 면접은 관찰된 변화, 감정, 지각 등을 확인하기 위해 클라이언트, 가족, 친구, 유의미한 다른 사람 등을 개인적인 상담을 수행해서 평가하는 것이고, 자기보고는 매일 기록과 행동 점검표, 질문지 등을 통해 변화를 측정하거나 생리 측정 도구를 이용하여 자가 점검으로 평가하는 것이다. 또한 시뮬레이션은 클라이언트에게 가상의 상황을 제시하고 그 상황에 반응하도록 하여 평가하는 것이고, 시각 자료는 사람이나 상황에 대해 가지는 감정에 관한 정보를 얻기 위하여 모형이나 그림 등을 사용해 평가하는 것이다(NCS 학습 모듈, 2019).

5. 평가의 분석 도구

평가를 분석할 수 있는 도구로는 개별화한 척도, 표준화한 척도, 과제 성취 척도, 목표 달성 척도, 클라이언트 만족도 조사, 단일사례 설계 등이 있는데, 그 내용은 다음과 같다(NCS 학습 모듈, 2019).

1) 개별화한 척도

개별화한 척도는 개인 클라이언트나 가족, 집단 등의 독특한 행동, 사건, 행위, 정서, 태도의 빈도, 기간, 강도 등을 측정할 수 있는 척도로 클라이언트의 독특한 상황에 맞추어 개발되고 적용될 수 있다. 이러한 척도는 실천의 결과를 분석할 때 적용할 수 있으며 다음과 같은 단계에 따라 구성된다.

(1) 클라이언트가 자신의 조건과 상황을 측정할 수 있도록 자신의 행동, 태도, 감정을 측정하는 가치를 인식하도록 한다.

(2) 실천 시 제기된 문제나 관심사가 무엇인지 주의 깊게 확인하고 측정한다. 즉, 측정할 것이 무엇인지를 확인하는 것은 제기된 문제에 대하여 타당하고 논리적인 지표를 제공하기 때문이다.

(3) 클라이언트의 위치를 부정적인 기능 수행부터 긍정적인 기능 수행까지 연속선상에 표시할 수 있는 척도로 구성한다. 즉, 가장 잘하고 좋은 것에서부터 가장 어렵고 나쁜 것까지를 몇 개의 점수로 척도를 정하고, 이를 클라이언트 자신이나 사회복지사가 평가하여 적용한다. 예를 들어 하루에 화가 나는 횟수, 외로움을 느끼는 정도 등을 낮은 점수부터 높은 점수까지 측정함으로써 개입이 진행되는 동안 그 변화의 수치를 분석함으로써 개입의 효과를 평가해 보는 것이다.

2) 표준화한 척도

표준화한 척도는 실천 시 미리 개발된 척도를 사용하여 클라이언트에 대한 다양한 차원의 기능 수행을 측정하는 것이다. 표준화된 척도는 보통 15~30문항으로 0~4점 또는 3~7점 단위로 응답하게 되어 있다. 이는 실천 초기 단계에서 사전설문을 하고 실천 종결 단계에서 사후설문을 통해 실천의 효과성을 평가한다. 표준화한 척도는 다양한 용도에 맞게 도구의 신뢰성을 확인하고 타당도를 점검한 것이므로 실천의 효과성을 검증하는 과학적 도구라 할 수 있다.

3) 과제성취 척도

과제성취 척도(TAS: Task Achievement Scaling)는 부여된 과제의 성취된 정도를 측정하여 실천의 효과성을 평가하는 것이다. 이러한 척도는 사회복지사와 클라이언트의 동의하에 과제를 선정하고, 클라이언트 자신의 목표 달성을 위하여 정해진 기간 내에 수행해야 할 구체적인 과제를 부여받고 완수한 정도를 평가하게 된다.

4) 목표 달성 척도

목표 달성 척도(GAS: Goal Attainment Scaling)는 실천해서 목표 달성 정도를 측정하기 위해 활용되는 분석 도구로 사회복지사와 클라이언트가 함께 설정하였던 '개별화한 목표'의 달성 정도를 측정하여 평가하는 것이다. 이러한 척도의 장점은 클라이언트의 개인 목표에 따라 자유롭게 정할 수 있고, 클라이언트와 사회복지사의 목표가 의미하는 것에 대하여 명확히 이해할 수 있도록 실천하며 목표 달성 정도를 계량화할 수 있다는 장점이 있다(엄명용 외, 2015).

5) 클라이언트 만족도 조사

클라이언트 만족도 조사는 상품에 대한 만족도를 조사하는 것처럼 사회복지기관이 제공하는 서비스나 프로그램에 대해 클라이언트의 만족도 설문을 통하여 의견을 조사하는 것이다. 이러한 방식은 개인뿐만 아니라 집단 또는 기관에서 서비스를 제공받고 있는 모든 클라이언트에게 적용될 수 있지만, 서비스나 개입의 결과로 일어난 것에 대한 클라이언트의 인식만을 파악하게 된다는 한계도 있다.

6) 단일사례 설계

단일사례 설계(Single case design)는 단일(동일) 대상자를 중심으로 욕구 및 문제를 해결하기 위해 표적 행동에 대한 개입의 효과를 입증하는 설계 방법이다. 즉, 통제된 환경하에서 연구 대상을 개입하기 전에, 개입 동안에, 개입 후의 변화를 반복적으로 관찰함으로써 그 변화를 측정하는 방법이다(최경화 외, 2010).

이렇게 반복적으로 변화를 관찰함으로써 독립변수(개입 방안)와 종속변수(개입 결과) 사이의 인과관계를 설정할 수 있다. 이러한 평가 방법은 개인을 대상으로 하기 때문에 개입이 계획되고 실천되는 과정 속에서 개입의 효과에 대한 지속적 피드백을 제공할 수 있다는 장점이 있다.

단일사례설계의 평가 과정은 다음과 같다(Zastrow, 1999; 김현호 외, 2023).

(1) 목표의 구체화

목표는 실천의 결과로 무엇이 변화되었는가를 구체적인 용어로 기술해야 한다. 목표는 사정에서 얻어진 정보를 기초로 해서 정하며, 종결에서 무엇이 변화되었는지를 알 수 있도록 측정 가능한 용어로 기술한다. 예를 들어, '사회적 기술 향상'이라는 목적이 있다면 '친구와 사이좋게 지내기', '혼자서 대중교통 이용하기' 등과 같이 구체적으로 명시한다.

(2) 적합한 측정 방법의 선택

평가는 신뢰할 수 있도록 계량화할 수 있어야 한다. 이러한 측정 방법에는 직접관찰법, 자기 보고식 평정척도, 표준화된 측정 도구(검사지, 설문지, 평정척도, 체크리스트, 측정 도구 등) 등을 활용한다.

(3) 기초선 자료의 측정

적합한 측정 방법을 선택한 다음 개입 이전의 기초선 자료를 측정하여 기록한다. 기초선은 단일설계에서 변화의 정도를 측정하기 위해 개입 시점에서 설정하는 기준선을 의미한다. 이러한 기초선은 개입 이전의 행동을 측정한 후 개입으로 인한 변화를 알 수 있도록 측정하여 설정하는 것이다. 기준선 측정은 며칠 또는 몇 주간에 일정한 시간대로 표적 행동에 대한 빈도, 강도, 지속시간을 관찰함으로써 설정되는데 자료의 신뢰성을 확보하기 위해 적어도 3회 이상 측정하여 평균값을 기록한다.

(4) 개입 행동과 지속적인 점검

기초선 자료의 측정이 완료되면 직접 개입에 따른 행동을 실천하게 된다. 개입에 따른 평가를 할 때는 개입의 구성 요인이 무엇인지를 명확하게 기술하고 측정을 할 때는 기초선을 측정할 때와 같은 조건에서 측정하여 신뢰성을 확보해야 한다.

(5) 변화의 사정과 인과관계의 추론

이 단계는 개입 행동으로 인해 얼마만큼 변화되었는지를 사정하고 인과관계를 추정하는 것이다. 즉, 클라이언트의 변화된 결과가 사회복지사의 개입으로 효과적이었는지를 논리적으로 증명하는 것이다.

제2절 종결

1. 종결의 이해

종결은 사회복지 실천 과정의 마지막 과정이다. 사회복지 서비스를 마무리하는 활동으로 개입 실천의 기간이 끝나거나 개입 실천의 목적이 달성되었을 때 이루어지는 마지막 단계이다.

종결은 개입을 끝마치는 것이므로 간단하게 보이지만 사실은 사회복지 실천 과정에서 매우 중대한 단계이다. 종결 작업은 클라이언트의 사회적 기능을 강화시키는 동시에 사회복지사와 클라이언트가 개입의 전 과정을 통해 같이 발전시켜 온 성과를 이해시키는 과정이기도 하다. 어떤 관계이든 관계의 종결은 강렬한 정서적 반응을 동반하게 되는데, 이러한 감정들은 성장의 수단으로 쓰이기도 하고 거부되거나 억압되어 차후의 사회적 기능을 방해할 수도 있다. 그러므로 사회복지사는 최종단계에서 종결을 잘 다룰 수 있는 기술이 필요하다.

사회복지 실천 과정의 종결 단계는 최종단계로 문제해결에 대한 목표가 달성되어 클라이언트가 떠나는 단계이다. 바람직한 종결은 클라이언트에게 실천 과정에서 이루어진 변화를 검토할 기회를 주고 미흡한 목표를 파악하여 보완해 주며, 클라이언트가 그 변화를 통합하여 자신이 변화의 주체임을 깨달아 대처 능력을 강화하고 종결 이후의 생활에 대한 자신감을 갖게 하며 원조 관계를 종료하도록 돕는 것이다(김향선 외, 2015).

이러한 종결 단계에서 목표 달성에 따른 성공적인 종결이 될 수 있도록 사회복지사는 종결 시기에 임박해서 종결에 따르는 클라이언트의 정서적 감정을 다루거나 유대할 수 있도록 지원하는 것이 필요하다.

또한 종결된 후 종결 기록을 남기는 기록 관리와 함께 사후관리 계획도 필요하다. 이러한 종결을 위해 필요한 것은 서비스 이용자가 개입 과정에서 성취하였던 긍정적인 변화의 결과를 인식하도록 하는 것이며, 변화된 상태를 지속적으로 유지하거나 더욱 향상시킬 수 있도록 자신감을 북돋워 주는 과정이 필요하다.

2. 종결의 유형

종결은 클라이언트와 사회복지사 모두에게 이별과 관련된 복잡한 감정을 갖게 한다. 이때 클라이언트가 보이는 반응은 사회복지사에 대한 애착 정도, 목표의 성취 정도, 그리고 어린 시절 이별 경험에 따라 다양한 반응으로 나타날 수 있다. 그러나 일반적으로 클라이언트는 일정 기간 자신과 관련된 모든 이야기를 들어주고 자신을 수용하며 헌신적으로 돌보아 준 사회복지사와의 이별을 큰 상실과 슬픔으로 느낄 수 있다.

헵워스와 라슨(Hepworth & Larsen, 1997)은 종결이 다음과 같이 일정 기간만 제공되는 계획된 종결, 시간제한이 있는 종결, 시간제한이 없는 종결, 클라이언트의 일방적 종결, 사회복지사의 이동으로 인한 종결로 다양하게 여러 가지 상황에서 나타날 수 있다고 했다.

1) 일정 기간만 제공되는 계획된 종결

정해진 기간만 제공되는 계획된 종결(planned endings)에는 학기 중에만 서비스를 제공하는 학교 프로그램, 입원 기간만 제공되는 병원 서비스, 실습 기간에만 사례를 다루는 실습생의 경우가 이에 해당한다.

처음부터 종결시간을 정하고 종결하는 경우로 미리 알려진 것이므로 클라이언트 입장에서는 갑작스럽게 종결을 맞는 것보다 충격이 적고 그에 대한 대비를 할 수 있어 종결에 따른 감정을 해소할 충분한 시간을 갖게 된다. 그러나 때로는 만약 그 시간 내에 문제가 해결되지 않았을 때 클라이언트는 진행 도중에 서비스가 중단되었다고 생각할 수 있고 사회복지사는 종결에 대한 감정처리 이외에 남아 있는 문제를 해결하기 위해 다른 기관에 의뢰해야 하는 이중부담을 가지게 된다. 이런 경우 사회복지사는 기관의 특성상 가지는 한계를 잘 설명하여 신뢰 관계가 손상되지 않도록 노력하고 적절한 기관에 의뢰한다.

2) 시간제한이 있는 종결

시간 제한적 방식에 의한 종결(anticipated endings)은 초기부터 사회복지사와 클라이언트가 개입의 시간을 미리 제한하고 시작하는 것이다. 이렇게 시간을 제한하는 방식은 정서적 애착과 의존을 줄여 주고 종결에 따른 상실감도 줄여 준다. 물론 시간제한을 두지 않는 방법에 비해 상대적으로 애착과 상실감이 적다는 것이지 상실감이 전혀 없다는 것은 아니다. 시간 제한적 방식에서도 나름대로의 종결에 대한 반응은 나타난다. 사회복지사는 이러한 반응에 민감하게 대처하여 적절히 다루어야 한다. 이런 종결에서 사회복지사가 할 업무는 첫째, 클라이언트가 개입을 통해 얻는 것을 분명히 하고, 둘째, 지속적 개입이 필요한 경우 또 다른 계획을 세우며, 셋째, 개입 기간에 배운 바를 클라이언트가 일상생활에 어떻게 적용할 것인지를 확인한다. 그리고 넷째, 사후 세션을 계획한다.

3) 시간제한이 없는 종결

시간제한이 없는 방식에 의한 종결(unanticipated endings)에서는 언제 종결할 것인가를 결정하는 것이 중요하다. 일반적으로 사회복지사와의 만남을 통해 클라이언트가 얻는 것이 줄어들 때, 즉 세션에서 얻는 이득이 점차 줄어들어 중요성이 없어질 때가 종결할 때라고 한다. 그러나 이런 경우 클라이언트는 매우 강한 정서적 반응을 보일 수 있다. 언제 끝날지 모르는 상황이란 클라이언트로 하여금 두려움과 지루한 감정을 유발하여 조기에 포기하는 경우가 생길 수 있다. 이럴 경우 클라이언트는 장기간의 개입 과정에서 의존심이 증가되고 전문적 관계를 통해 얻는 이득에 만족하는 경우 종결은 어려워진다.

4) 클라이언트의 일방적 종결

클라이언트가 일방적 종결을 하는 경우가 있는데, 그 이유는 다양하다. 가장 평범한 이유는 클라이언트에 의한 일방적 종결로 클라이언트가 갑자기 약속을 어기거나 이런 저런 이유로 올 수 없음을 핑계 대고 더 이상 자신의 문제를 노출시키지 않으면서 종결을 원할 때 이루어진다. 이때 사회복지사는 종결이 상당히 중요한 문제이므로 신중히 생각할 것을 권하지만 종국에는 클라이언트의 자기결정을 존중하는 것이 좋다. 클라이언트에 의한 일방적 종결은 대부분 해결되지 못한 저항 때문이거나 문제가 이미 해결되었다는 비현실적 믿음 때문일 수 있다. 따라서 이런 것들은 직면하여 토론하는 것이 좋다. 그러나 계속 진행할 것을 강요해서는 안 되며, 언제든지 다시 올 수 있는 여지가 있음을 분명히 알려야 한다. 이렇게 할 경우 클라이언트는 부가적 서비스 때문에 다시 올 수 있고 다시 올 때에는 전보다 더 많은 동기를 가지고 오게 된다.

5) 사회복지사가 이동함으로써 이루어진 종결

사회복지사가 이동함으로써 이루어진 종결은 클라이언트와 사회복지사 모두에게 힘든 것이다. 이전에 중요한 관계에서 거부당한 경험이 있는 클라이언트는 특히 상처받기 쉽고 자존감이 약해진다. 사회복지사는 떠나는 죄책감을 보상하기 위해 지나치게 잘 대해 주거나 재보증(reassurance)을 해 주어 클라이언트로 하여금 부정적 감정을 표현하기 어렵게 만든다. 따라서 이런 경우 사회복지사는 시간이 허락하는 한 감정표현을 허용하고 다른 사회복지사에게 의뢰하는 것을 수용하도록 도와야 한다. 기관으로 옮기는 준비를 잘하도록 도와주어야 한다.

3. 종결의 과제

1) 종결 시기의 결정

(1) 바람직한 종결 시기

① 사회복지 실천 과정에서 계획했던 목표를 달성했을 때

② 서비스 이용자가 스스로 욕구 충족과 문제해결을 할 수 있을 만큼 충분한 도움을 받았다고 느꼈을 때

③ 더 이상의 개선이나 향상이 없을 때

(2) 사회복지사가 서비스의 종결 시기를 결정하기 위해 고려할 요소

① 개입 목표가 달성되었는가?

② 서비스 제공을 위해 합의되었던 제한 시간이 종료되었는가?

③ 이용자가 사회복지기관에 오게 된 문제가 충분히 해결됐는가?

④ 사회복지사나 기관이 적절한 양의 시간, 에너지, 기술을 투여했는가?

⑤ 서비스 이용자나 사회복지사가 더 이상 기대할 만한 이득이 없다고 생각되는 시점에 왔는가?

⑥ 서비스 이용자가 사회복지사나 사회복지기관에 부적절하게 의존하고 있는가?

⑦ 서비스 이용자가 다른 기관 및 전문가에게 의뢰하여 더 적절한 서비스를 받아야 하는가?

2) 종결 시 수행 과제와 종결 판단 시 고려 사항

(1) 종결 시 수행 과제

① 사회복지사는 클라이언트가 원조 과정에서의 경험을 평가하도록 돕는다.

② 종결에 대한 감정처리를 돕는다.

③ 종결 후에도 유익한 변화를 계속 유지하도록 돕는다.

④ 필요하다면 새로운 서비스를 모색하도록 돕는다.

(2) 종결 판단 시 고려 사항

세퍼 등(Sheafor et al., 1997)은 종결할 때가 되었는지를 판단할 때 고려해야 할 몇 가지 기준을 다음과 같이 제시하였다.

① 개입 목적의 달성 정도

② 서비스의 시간 내 제공 완료 여부

③ 클라이언트 문제 상황의 해결 정도

④ 사회복지사와 기관의 투자 노력

⑤ 이득 체감에 대한 사회복지사와 클라이언트의 합의 여부

⑥ 클라이언트의 의존성

⑦ 클라이언트에 대한 새로운 서비스의 적합성 여부

3) 정서적 반응의 상호 해결

(1) 사회복지사가 떠나갈 때 생기는 정서 관리

사회복지사가 기관을 그만두기 때문에 일어나는 종결에서 클라이언트가 슬픔을 경험하기 전에 다른 반응들을 보일 때가 있다. 종결이 계획된 것도 아니고 사전에 알려 준 것이 아니므로 다른 갑작스러운 위기 유형에서 나타나는 반응과 유사할 때도 있다. 그래서 클라이언트는 상실을 거부함으로써 아무것도 일어나지 않은 것처럼 반응한다. 클

라이언트가 평소와 똑같이 처신하는 것을 클라이언트가 종결을 쉽게 극복하고 있는 표시로 해석할 수도 있는데, 그 까닭은 평온한 외모가 폭풍전야의 정적을 나타내는 것일 수 있기 때문이다.

클라이언트의 일시적 감정 거부는 직면해야 하는 고통스러운 현실과 관련된 정신적 고통을 피하려는 시도이다. 때때로 클라이언트는 사회복지사의 떠남에 대한 분노와 고통을 사회복지사를 거부하는 것으로 표현한다. 청소년 집단성원들이 사회복지사를 무시하거나 더 이상 필요가 없다고 주장하는 것은 결국 '방어는 최선의 공격'이라는 전략을 사용하고 있기 때문이다.

(2) 실패와 결과에 대한 해결

사회복지사가 어려움을 극복하기 위해 최선의 노력을 함에도 불구하고 클라이언트가 절망적으로 궁지에 빠져 있을 수 있다. 이와 같은 클라이언트에게 시간제한이 없는 서비스에서도 사회복지사는 종결을 강요해야 한다. 실패 결과로 집단들도 종료될 때가 있으며, 이로 인해 성원들은 지도자나 다른 성원들에 대해 좌절감이나 실망감, 또는 분노를 느낄 수 있다. 돕는 과정이 실패로 끝났을 때의 종결 시에 첫째, 개인, 집단이 더욱 바람직한 성과를 성취하지 못하게 하는 요인들에 대해, 둘째, 앞으로 추가 도움을 구하는 데 대한 클라이언트의 감정에 대해 토의해야 한다.

4) 사후관리 및 의뢰

(1) 사후관리

사회복지사는 클라이언트가 변화를 유지할 수 있도록 여러 방법으로 도울 수 있다. 즉, 사회복지사는 클라이언트의 변화들을 명확히 확인하며, 그리고 실제 환경 속에서 클라이언트가 여러 사람과 부딪치면서 발생하는 문제를 어떻게 극복할 것인지를 계획하는 일을 한다. 또한 사회복지사는 클라이언트가 개입을 통해 얻은 변화들을 유지 · 강화할 수 있는 방법을 찾도록 도와줄 수 있다. 또한 서비스를 종결하기 전에 클라이언트가 새로이 얻은 유익한 기술을 한 번 더 연습해 보도록 고무할 수도 있다.

사후관리에 대한 계획은 클라이언트에 대해서 종결 시까지의 과정을 살펴보고 그동안의 변화되었던 것들을 정리해 보면서 그와 합의를 통해 종결 후 구체적인 일정과 내용을 함께 계획한다. 사후관리 시 다룰 수 있는 내용은 개입을 통해서 배운 것을 클라이언트 자신의 생활 속에서 적용한 경험, 클라이언트가 직면한 문제와 긍정적 경험, 개입 당시에 대한 기억, 개입 효과의 지속성에 대한 평가 등이 있을 수 있다(NCS 학습 모듈, 2019).

사후관리란 개입을 통해 클라이언트가 얻은 이득을 강화하기 위해서는 클라이언트로 하여금 문제해결의 기본원칙을 파악하도록 도와주는 것이다. 개입 과정에서 얻은 이득을 유지·강화하기 위해 시도되는 또 다른 방법은 사후관리이다.

사후관리는 종결이 이루어진 후 일정 기간이 지나서 클라이언트가 잘 적응하고 있는지를 점검하는 과정이다. 대개 1개월에서 6개월 사이에 진행하는데, 전화로 확인하기도 하고, 면접을 실시하기도 한다.

사후관리는 클라이언트에 대한 실천 과정이 종결된 후 그의 변화한 상황을 점검하기 위한 목적으로 실시한다. 즉, 클라이언트와의 공식적인 관계가 종료되었지만 그가 실천 과정에서 획득한 변화를 잘 유지하고 있는지 확인하고, 만약 다시 어려움을 겪고 있다면 필요한 도움을 제공하기 위해서 실시한다. 이러한 사후관리는 실천의 효과를 지속시키기 위한 실천 과정으로 클라이언트의 향상된 문제해결 능력과 변화가 실천 과정이 종결된 이후에도 지속적으로 유지될 수 있도록 원조하는 것이다(김현호 외, 2023).

따라서 사회복지사는 종료 시점에 클라이언트와의 합의를 통한 사후관리를 계획해야 한다. 이는 클라이언트가 실천 과정을 통해 달성한 목표를 잘 유지하고 있는지를 확인하는 과정으로 그에게 유의미한 사람인 가족, 친지, 친구 및 주변 사회체계를 활용하여 그의 변화유지를 모니터링함으로써 실천 효과의 지속적 유지에 도움이 될 수 있도록 해야 한다.

(2) 의뢰

종결이 서비스의 완전한 중단을 뜻하는 것이 아닐 때도 종종 있다. 사회복지 실천 현장에서 개입 과정은 한시적인데, 그 제한된 기간 동안 클라이언트의 문제나 욕구가 충분히 해결되기를 기대하기도 어렵고, 한 기관이 클라이언트가 요구하는 서비스를 다 제공하지 못하는 경우도 많다. 이런 경우 사회복지사의 중요 임무 중 하나는 다른 기관이나 외부의 자원들과 클라이언트를 연결시켜 주는 것이다. 이를 의뢰 서비스라 한다. 사회가 복잡해지고 클라이언트의 문제 상황도 복잡해짐에 따라 점차 의뢰 서비스의 중요성이 부각되고 있다.

의뢰는 서비스 이용자의 문제해결과 욕구 충족을 위한 자원이나 서비스가 현재 서비스 이용자가 이용하는 사회복지기관에서 불충분할 경우 적절한 다른 기관이나 외부 자원들과 연결시켜 주는 것이다. 이러한 의뢰 과정 시 주의 사항은 다음과 같다.

① 의뢰로 인해 서비스 이용자가 거부 당했다는 느낌과 새로운 서비스에 대한 불신과 걱정 등을 하지 않도록 배려해야 한다.

② 의뢰의 필요성에 대해 충분히 잘 설명해 줘야 한다.

③ 사회복지사는 지역사회 내의 다양한 자원과 서비스에 대한 지식을 충분히 갖고 유용한 정보를 제공해야 한다.

④ 사회복지사는 서비스 이용자에게 도움이 될 최선의 서비스가 무엇인가에 대해 함께 의논한다.

⑤ 의뢰한 다른 사회복지기관의 기능을 알려 주는 것이 필요하다.

4. 종결에 대한 감정처리

종결에 대해 클라이언트는 어떤 감정을 갖곤 한다. 이런 감정은 목적을 이루게 된 것에 대한 기쁨이나 사회복지사와 헤어지게 되는 슬픔 또는 목적을 이루지 못하게 된 것에 대한 분노의 감정일 수도 있다. 앞으로 클라이언트가 이런 감정들을 표현하도록 돕고 그런 감정을 잘 처리하도록 도와야 한다. 클라이언트가 이러한 원조 과정으로부터 배운 것을 잊지 않도록 도와주는 길이며, 또한 클라이언트의 일생을 통해 일어날 수 있는 부득이한 종료 과정을 잘 처리할 수 있도록 도와주는 길이다.

1) 종결에 대한 반작용

(1) 부정

부정(denial)은 클라이언트들은 사회복지사가 종결에 관해 이야기했다는 것을 기억하지 못한다. 매우 놀란 듯이 행동하며 언제 다시 집단이 시작하는지를 묻는다.

(2) 퇴행

퇴행은 대인관계나 어떤 과업을 수행하는 능력 면에서 이전의 단계로 후퇴한다. 사회복지사에 대한 의존 욕구가 증대한다.

(3) 욕구의 표현

욕구의 표현은 클라이언트는 자신들이 서비스를 필요로 한다고 보여 준다면 사회복지사가 계속 치료를 진행할 것이라고 느낀다.

2) 종결의 기술

(1) 종결 알리기

마지막 회합 얼마 전에 종결을 준비하는 조치를 취한다. 즉, 종결시간이 처음부터 정해져 있으면 그 날짜를 환자에게 회상시킨다. 목표가 성취되었다면 사회복지사와 클라이언트가 상호 합의하여 종결 날짜를 결정한다. 때로 클라이언트는 종결 날짜를 잊어버리거나 무력감의 표현, 의존적 행동, 새로운 문제와 욕구의 제시, 주제를 회피하는 등의 반응을 보이기도 한다.

(2) 클라이언트의 간접적 표현(부정적 행동)에 직접적으로 반응하기

종결이 거절의 형태로 받아들여질 때 클라이언트는 노여움 같은 부정적 감정을 간접적으로 표시하여 적대적 코멘트나 질문(예: 퇴출되셨나요?) 또는 부적절하고 파괴적인 행동, 약속을 어기거나 늦는 행동을 한다. 어떤 클라이언트는 자신이 무가치하다고 느낀다. 이런 경우 사회복지사는 클라이언트의 노여움의 표현을 비 방어적으로(즉, 당연히 그럴 수 있다고) 받아들이고, 간접적으로 표현된 감정을 직접적으로 표현하도록 고무해야 한다.

(3) 종결에 대한 감정을 함께 공유하기

그동안의 관계의 의미를 서로 감사히 표현하고 헤어져야 한다는 사실에 대한 아쉬운 감정을 공유한다. 사회복지사가 종결에 대한 자신의 감정을 잘 파악하고 있어야 이러한 과정을 잘 통제할 수 있다.

(4) 클라이언트의 성취인정과 평가 시행

그동안 성취한 것을 식별하고 다음 단계를 계획한다. 초기에 합의한 바 있던 목표와 과제를 회상시키고 성취한 것을 다시 한번 인식시켜 클라이언트의 자존감과 능력을 확고히 한다. 또한 어떤 점이 효과적이지 못했는지, 그리고 왜 그랬는지도 함께 살펴본다. 후속 조치의 필요 여부도 결정한다(Shulman, 1992).

3) 종결에 대한 반응

레빈슨(Levinson, 1977)은 전형적으로 나타나는 종결의 반응을 다음과 같이 네 가지로 보았다(양옥경 외, 2006).

(1) 사회복지사에게 매달리는 반응

의존심이 증가하여 전문적 관계에서 얻는 이득을 포기하지 못할 경우 클라이언트는 사회복지사에게 계속 만나 줄 것을 요구하며 매달릴 수 있다. 이럴 경우 사회복지사는 클라이언트에게 독립적으로 문제를 해결하는 것이 목표였음을 강조하여야 한다.

(2) 과거의 문제가 재발했음을 보고한 경우

한동안 잘 조절되던 문제가 다시 발생했음을 보고하는 경우이다. 이럴 경우 사회복지사는 문제에 초점을 두지 말고 종결 이후 삶에 대한 불확실성, 두려움에 초점을 두어 세션을 진행하며 감정보다는 클라이언트가 세션을 통해 획득한 자원과 장점을 강조하여 자기 효율성을 높여 준다.

(3) 새로운 문제를 가지고 오는 경우

종결 단계에 들어가 새로운 문제가 발생했다고 하거나 이제까지 말하지 않았던 비밀을 밝히는 경우가 있다. 이런 경우 새로운 문제를 가볍게 다루어서는 안 되지만 우선 사회복지사는 그 문제를 다루기 전에 먼저 종결에 따른 감정을 탐색하여야 한다.

(4) 사회복지사를 대치할 대상을 찾는 경우

사회복지사를 대신하고 그 상실을 보상해 줄 수 있는 대상을 찾는 것은 의존심을 지속시키고자 하는 욕구 때문이다. 이런 경우 사회복지사는 클라이언트로 하여금 그 역할을 인식하도록 돕고 그 결과가 어떻게 될지 생각해 본다.

학습하기

01 일반적 진전평가에서 사회복지사는 클라이언트에게 사용한 척도에 해당하지 않는 것은?

① 완전 성취했음 ② 거의 성취 했음
③ 보통 성취했음 ④ 어느 정도 성취했음
⑤ 진전 있음

해설 진전 있음이 아니라 진전 없음이 맞다.

02 다음은 무엇에 대한 설명인가?

> 설정했던 목표들이 얼마나 달성되었는가를 평가하는 것이다. 개입 과정을 통해 기대했던 변화가 일어났는가 하는 평가이다. 여기서 중요한 것은 그 결과가 개입으로 인해 일어났다는 것을 검증하는 것이다.

① 비교평가 ② 결과 평가 ③ 진전평가
④ 과정 평가 ⑤ 사후 평가

03 사회복지사는 최종단계에서 종결을 잘 다룰 수 있는 기술이 필요하다. 종결 시 수행 과제에 해당하지 않는 것은?

① 사회복지사는 클라이언트가 원조 과정에서의 경험을 평가하도록 돕는다.
② 종결에 대한 감정처리를 돕는다.
③ 종결 후에도 유익한 변화를 계속 유지하도록 돕는다.
④ 필요하다면 새로운 서비스를 모색하도록 돕는다.
⑤ 종결에 필요하다면 사회복지사 자신의 경험을 고려한다.

해설 종결을 다룰 수 있는 기술은 ①, ②, ③, ④의 내용이다.

04 다음은 무엇에 대한 설명인가?

> 클라이언트의 욕구가 기관이 제공할 수 있는 것 이상을 필요로 할 때 다른 기관으로 연결시켜 준다.

① 조정 ② 의뢰 ③ 활용
④ 사정 ⑤ 탐색

05 부정적 종결 반응을 설명하시오.

06 면접 종결 시 클라이언트가 갑자기 다른 문제가 생각났다며 종결을 거부했을 때 올바른 사회복지사의 태도는?

① 계약기간을 연장한다.
② 일단 종결하고 빠른 시일 내에 먼저 시기를 정한다.
③ 다른 클라이언트가 있다고 하고 단호하게 거절한다.
④ 클라이언트 스스로 해결할 수 있도록 한다.
⑤ 다른 사회복지사를 소개해 준다.

해설 클라이언트가 종결의 불안을 가질 수 있음을 인식하고, 종결의 중요성에 대해 설명하고 신중히 생각할 수 있도록 한다. 또한 언제든지 다시 돌아올 수 있다는 것을 알려 준다.

07 다음 중 사정의 특성을 잘못 설명한 것은?

① 사정 과정은 서비스의 최종 국면까지 계속된다.
② 복합적 수준에서 개인적·환경적 강점을 사정한다.
③ 사정은 클라이언트와 사회복지사의 상호작용이다.
④ 사정은 개별적이다.
⑤ 상황에 대한 완벽한 이해는 가능하다.

해설 사정의 특성은 계속적 과정, 이중초점, 클라이언트와 사회복지사와의 상호과정, 사고의 전개 과정 존재, 수평적·수직적 탐색이 모두 중요, 클라이언트를 이해하는 지식적 근거가 필요, 개별과정, 판단이 중요, 클라이언트를 완전히 이해하는 것에 대한 한계 존재 등이다.

08 다음 종결의 유형에 해당하는 것을 모두 고르시오.

가. 클라이언트에 의한 일방적 종결	나. 시간적 구속 요인에 의한 계획된 종결
다. 시간 제한적 개입모델에 의한 계획된 종결	라. 시간제한이 없는 개입모델에서의 종결

① 가·나·다 ② 가·다 ③ 나·라
④ 라 ⑤ 가·나·다·라

정답

01. ⑤ 02. ② 03. ⑤ 04. ② 05. 사회복지사에게 매달리는 반응, 과거 문제 재발, 새로운 문제 호소, 사회복지사를 대치할 대상을 찾는 경우. 06. ② 07. ⑤ 08. ⑤

참고문헌

1급사회복지사시험연구회 편저(2009). **사회복지실천론.** 서울: 나눔의 집.

강호철(2007). 사회복지사의 전문직업적 정체성과 사회행동에 관한 연구. 탐라대학교 석사학위 논문.

고명수, 박연희, 신경희, 서민호(2019). **사회복지실천론.** 경기: 정민사.

구혜영(2019). **사회복지실천기술론.** 서울: 신정.

권구영, 고은숙, 김용민, 박봉정, 진혜경, 최은정(2008). **사회복지실천론.** 서울: 창지사.

권중돈, 김동배(2005). **인간행동과 사회환경.** 서울: 학지사.

권진숙(2005). **사례관리.** 서울: 학지사.

권진숙 편(2007). **사례관리이론과 실제.** 경기: 공동체.

길귀숙, 강희숙, 이재호, 천덕화, 김상곤, 오영훈, 현영렬, 임승의(2011). **사회복지실천론.** 경기: 양서원.

김기태, 김수환, 김영호, 박지영(2002). **사회복지실천론.** 경기: 양서원.

김동배, 권중돈(2005). **인간행동이론과 사회복지실천.** 서울: 학지사.

김융일, 조흥식, 김연옥(2000). **사회사업 실천론.** 서울: 나남출판사.

김인숙(2004). 한국 사회복지실천의 정체성. 한국사회복지학회 춘계학술대회. p.33-53.

김향선, 황희숙, 김봉순, 김현호, 박영국, 오정옥, 이금숙, 이연복(2015). **사회복지실천의 이해.** 서울: 창지사.

김혜영, 석말숙, 최정숙, 김성경(2020). **사회복지실천론.** 경기: 공동체.

김혜영, 석말숙, 최현미, 신인순, 홍나미, 황미영(2017). **사회복지실천기술론.** 경기: 공동체.

김현호, 양승연, 김영일, 박길남, 이규태, 이영희, 전대성, 최병태(2020). **사회복지실천론.** 경기: 양성원.

김현훈(2011). **사회복지실천론.** 서울: 공동체.

나동석, 서혜석, 채인석(2014). **사회복지실천론.** 서울: 정민사.

도광조(2012). **사회복지실천론.** 경기: 양서원.

류종훈(2006). **최신 사회복지실천론.** 서울: 청목출판사.

류종훈, 김주연, 심영진(2007). **사회복지실천기술론.** 경기: 21세기사.

박경애(2002). **인지 · 정서 · 행동치료.** 서울: 학지사.

박귀영(2008). **최신 가족복지론.** 서울: 은혜출판사.

______(2012). **사회문제론.** 경기: 양서원.

______(2014). **노년학.** 경기: 정민사.

______(2017). **사회복지실천기술론.** 경기: 양성원.

______(2020). **사회복지실천론.** 경기: 양성원.

박귀영, 류기덕, 박형준, 신종우, 오현숙, 이상주(2015). **사회복지실천론.** 경기: 양서원.

박용오(2004). 사회복지사의 직무만족이 전문직업적 정체성에 미치는 영향. 연세대학교 석사학위 논문.

보건복지부(1994). 보건사회백서.

_________(1997). 여성복지사업지침.

서혜석, 이혜숙, 이윤형, 한경리(2013). **사회복지실천기술론.** 경기: 양서원.

설진화(2010). **사회복지실천 기술론.** 경기: 양서원

양옥경, 김정진, 서미경, 김미옥, 김소희(2005). **사회복지실천론.** 서울: 나남출판사.

엄명용, 노충래, 김용석(2015). **사회복지실천기술의 이해.** 서울: 학지사.

윤찬영(2007). **사회복지의 이해.** 경기: 학현사.

이영실, 나임실, 임원균, 신준옥, 조명희, 홍성희(2016). **사회복지실천론.** 경기: 양서원.

이영실, 조미숙, 이미선, 강윤경(2010). **사회복지현장실습.** 서울: 창지사.

이원숙(2008). **사회복지실천론.** 서울: 학지사.

이윤로(2008). **최신 사회복지실천론.** 서울: 학지사.

______(2009). **사회복지실천기술론.** 서울: 학지사.

이은희, 김남숙(2015). **사회복지실천론.** 서울: 학지사.

이종복, 전남련(2011). **사회복지실천론.** 경기: 학현사.

임은희(2010). **사회복지실천론.** 서울: 학지사.

정은하(2003). 사회복지기관 간 네트워크에 대한 사회복지사의 인식과 태도. 가톨릭대학교 석사학위 논문.

조미숙, 유용식, 윤춘모, 현영렬(2020). **사회복지실천기술론.** 서울: 동문사.

최경화, 김재열, 유인애, 석재은, 황성식, 안성의, 이형진(2010). **사회복지실천기술론.** 서울: 신정.

최옥채(2017). **사회복지실천론.** 경기: 양서원.

최원석(2002). 지역사회복지 network 활성화방안에 관한 연구: 종합사회복지관 사회복지사들의 관점을 중심으로. 서강대학교 석사학위 논문.

한국전신보건 사회사업학회 내부자료(2005).

홍봉수, 임안나, 곽정국, 강해자, 장승전, 임현진, 김영호, 배재덕, 전경란, 김덕주, 박명옥(2019). **사회복지실천기술론**. 경기: 공동체.

Adler, A. (1931). ***What Life should Mean to You.*** New York: Blue Ribon Books.

Anderson, R. E. & Carter, I. E. (1984). ***Human Behavior in the Social Environment: A Social Systems Approach***. Chicago: Aldine.

Barker, R. L. (1995). ***Social Work dictionary***(3rd ed.). Washington, D.C.: NASW press.

Bartlett, H. M. (1970). ***The Common Base of Social Work Practice.*** Washington, D.C.: National Association of Social Workers Inc.

Boehem, W. W. (1958). The nature of Social Work. ***Social Work, 3***(2).

Bogo, M. (2006). ***Social Work. Practice: Cases and Principles***. Belmont, CA: Brooks/Cole.

Bronfenbrenner, U. (1979). ***The Ecology of Human Development.*** MA: Harvard Univ. Press.

Brown, J. & Levitt, A. (1979). "A Methodology for Problem: System Identification." ***Social Case Work, 60.***

Brown, J. A. (1992). ***Handbook of Social Work Practice***. Springfield Ⅲ: Charles C. Thomas.

Browne, C. V. (1995). "Empowerment in Social Work Practice with Older Women." ***Social Work, 40***(3), 408-415.

Cohen, N. (1958). ***Social work***. New York: Dryden Press.

Compton, B. R. (1983). ***"Traditional Fields of Practice." Handbook of Clinical Social Work.*** San Francisco: Jossey-Bass.

Compton, B. R. & Galaway, B. (1975). ***Social Work Process.*** Homewood, IL: The Dorsey.

________________(1984). ***Social Work Processes***(3rd ed.). Homewood, IL: Dorsey Press.

Dolgoff, R., Feildstein, D., & Scolnik, L. (1997). ***Understand Social Welfare***. NY: Longman.

Germain, C. B. (1970). "An Ecological Variable in Social Work Practice." ***Social Casework, 57***(7), 419-429.

Germain, C. B., & Gitterman, A. (1979). The life model of social work practice. In F. Turner (Ed.), ***Social work treatment*** (pp. 361-384). NY: Free Press.

Gittermann, A. (1996). The Life Model of Social Work Practice. In F. Turner(Ed.), ***Social Work Treatment.*** NY: Free Press.

Greenwood, E. (1957) Attributes of a profession, *Social Work, 2,* 5-45.

Hepworth, D. H. & Larsen, J. A. (1997). *Direct Social Work Practice: Theory and Skills.* Belmont, CA: Brooks/Cole.

Hepworth, D. H., Rooney, R. H., & Larsen, J. (2000). *Direct Social Work Practice: Theory and Skills.* Belmont, CA: Brooks/Cole.

Hurvitz, N. (1975). "Interations hypotheses in marriage counseling." In A. Gurman & D. Rice(Eds.), *Couples in Conflict.* NY: Jason Aronson.

Johnson, L. (1982). *Social Work Practice.* Boston: Allyn & Bacon Inc.

Johnson, P. J. & Rubin, A. (1983). "Case Management in Mental Health: A Social Work Domamin?" *Social Work, 28*(1).

Kadushin, A. (1990). *Social Work Interview*(3rd ed.). New York: Columbia University Press.

Kirst-Ashman, K. & Hull, G. (1993). *Understanding generalist Practice.* Chicago: Nelson-Hull Publishers.

Loewenberg, F. M. & Dolgoff, R. (1996). *"Ethical Decisions." Social Work Practice*(5th ed). Itasca, IL: F. E. Peacock.

Martin, P. Y., & O'Connor, G. G. (1989). *The social environment: Open systems applications.* New York: Longman.

McGoldrick, M. & Gerson, R. (1992). **가족분석가계도.** [Genograms in family assessment] (이영분, 이유숙 역). 서울: 홍익재(원저출판: 1986년).

NASW(1995). *Encyclopedia of Social Work*(19th ed.). Silver Spring, MD: NASW Press.

Perlman(1957). *Social Case Work: A Problem-Solving Process.* Chicago: The University of Chicago Press.

Pincus, A. & Minahan, A. (1973). *Social Work Practice: Model and method.* Itasca, IL: Peacock Publishers.

Popple, P. (1992). Social work: Social function and moral purpose. In P. Nelson Reid & P. R. Popple. (Eds.) *The moral purposes of social work* (pp. 141-154). Chicago: Nelson-Hall.

Richmond, M. E. (1922). *What is social case work? An introductory description,* New York: Russell Sage Foundation

Sheafor, W. B., Horejsi, R. C., & Horejsi, A. G. (1997). *Technique and Guidelines for Social Work Practice.* Boston: Allyn and Bacon Inc.

Siporin, M. (1975). *Introduction to social work practice.* New York: Macmillan.

__________(1980). Ecological systems theory in social work. *Journal of Sociology and Social Welfare, 7,* 507-532

Steinberg, R. M. & Carter, G. W. (1983). *Case management for planning and a dministering Programs.* Lexington, MA: Lexington Books.

Sue, D. W. (2010). **다문화복지실천.** [Multicultural Social Practice] (이은주 역). 서울: 학지사(원저출판 2006년).

Whitaker, W. H. & Federico, R. C. (1997). *Social Welfare in Today's World.* NY: McGraw-Hill.

Willams, R. M. Jr. (1952). *American Society.* New York: Alfred A. Knopf.

Zastrow, C. (1989). *The Practice Social Work.* Chicago: The Dorsey Press.

__________(1999). *The Practice of Social Work*(6th ed.). Pacific Crove, CA: Brooks/ Cole Publishing Company.

__________(2003). *The Practice Social Work*(7th ed.). Pacific Crove, CA: Brooks/ Cole Publishing Company.

국가직무능력표준(www.ncs.go.kr)

보건복지부(www.mw.go.kr)

중앙보육정보센터(www.educare.or.kr)

청소년보호종합지원센터(www.1388.or.kr)

한국장애인재활시설협회(www.kawid.or.kr)

찾아보기

가계도 / 278
가족 / 25
가치 / 81, 83, 85
가치 상충 / 87
감정이입 / 190, 192, 249
개방체계 / 137
개별사회사업 / 27
개별옹호 / 76
개별화 / 152, 193
개별화한 척도 / 364
개인 / 24
개인과 환경의 적합성 / 145
개인적 온화함 / 250
개인주의 / 35
개화기 사회사업 / 43
객관적 사실 / 235
거시적 수준 / 24
게슈탈트 상담 / 310
격려 / 311
결과 평가 / 359
결과의 모호성 / 87
경계 / 137
경쟁 / 145
계승 / 146
계약 / 290
계획 / 287
계획가 / 112
계획단계 / 281
고대사회의 구제 / 42
고려시대의 구제 / 42
공공옹호 / 76
공생 / 145
과정 기록 / 236
과제 / 174
과제 중심 모델 / 173
과제성취 척도 / 365
관계 / 148
관계 형성 / 244
교사 / 111
교육집단 / 330, 331
권위 / 190
권한 / 190
권한 부여 / 36
균형 / 140
긍정적 고려 / 250
기록의 유형 / 236
기본권 / 74
기생 / 145
기술 / 84

녹음 및 녹화기록 / 238

다양화 / 36
단일사례 설계 / 366
대처 / 147
동기화 / 251
동료 / 112
동시 통합 / 161

라포 형성 / 248

목표 / 283
목표 달성 척도 / 366
목표설정 지침 / 285
무비판적 태도 / 154
문제 중심 기록 / 237
문제 확인 / 247
문제해결 / 165

문제해결 모델 / 172
미국 사회교육협의회 / 19
미국 사회복지사협회 / 18
미군정시대의 사회사업 / 43
미시적 수준 / 23
민주적 사회주의 / 35
민주주의 / 34

발달적 위기 / 176
베버리지 보고서 / 41
부정 / 377
분리 / 146
분산 / 146
불신 / 197
브레인스토밍 / 319
비 심판적 태도 / 196
비난형 / 204
비밀보장 / 191, 196
비밀보호 / 155
비언어적 의사소통 / 208

사례관리 / 63, 297
사례관리자 / 107
사례론 / 22
사이버네틱스 / 149, 168
사정 / 266
사정 기술 / 273
사정의 과업 / 269
사정의 목적 / 267
사정의 특성 / 267
사회 부적합 계층 / 34
사회 적합 층 / 34
사회복지 실천 / 14
사회복지 실천 방법 / 26
사회복지 실천 수준 / 23
사회복지 실천 현장 / 62
사회복지 실천론 / 13
사회복지 실천의 기능 / 22
사회복지 실천의 대상 / 24
사회복지 실천의 핵심역량 / 59
사회복지 전문가 / 98
사회적 목표 모델 / 333
사회적 지원 / 63
사회정의 / 72
사회진화론 / 33
사회체계이론 / 52
사회학 / 134
사회행동 / 78
사회화 집단 / 332
사후관리 / 374
산만형 / 205
산출 / 139
삶의 질 / 16, 127
상담 / 63, 298
상리공생 / 145
상속 / 146
상호 교류 / 167
상호작용 모델 / 333
상황적 위기 / 176
생태도 / 279
생태체계 / 141
생태체계이론 / 52, 141, 170
생태학 이론 / 142
생태학적 체계 모델 / 142
생활모델 / 142, 173
생활환경 / 144
성장집단 / 331
성찰적 사고 / 117
세계화 / 36
소시오그램 / 280
소외계층 / 36
소질 / 129
수용 / 191, 195
수용 능력 / 145
수용 / 154
스트레스 / 147
시간성 / 235
시민권 / 74

실존적 위기 / 176
실천 지식 / 116
심리치료 집단 / 330

안전 통합 / 161
안정상태 / 140
양가감정 / 200
언어적 의사소통 / 206
역전이 / 198
역할 / 148
역할 갈등 / 275
역할 과정 / 276
역할 단절 / 276
역할모호성 / 276
연구자 / 113
옹호 / 75
옹호 활동 / 22
옹호와 정책 개발 / 63
옹호자 / 107, 110
요약기록 / 238
욕구의 표현 / 377
운영계획서 / 341
원인론 / 22
위계 / 138
위기 / 175
위기 개입 모델 / 175
위기 상황 집단 / 330
유능성 / 148
윤리 / 84, 85
의도적인 감정표현 / 153, 194
의뢰 / 248, 376
의무 / 189
의무 상충 / 87
의사소통 / 201
의사소통 방법 / 311
이야기체 기록 / 237
이중 초점 / 133
인간중심 상담 / 309
인권 / 73
인도주의 / 33, 73
인지치료 / 315
일반체계이론 / 135
일반화 / 312
일치성 / 190
일치형 / 205
임파워먼트 / 178

자기 결정권 / 191
자기 교정적 피드백 / 168
자기 규제 / 168
자기 보고식 평정척도 / 363
자기 인식 / 119
자료수집 / 257
자문가 / 108
자선조직협회 / 33
자연권 / 74
자유방임주의 / 35
자조 집단 / 330
재보증 / 312
저항 / 199
적소 / 144
적응 / 144, 147
적합성 / 147
전문직 / 98
전문직 실천 / 127
전이 / 198
전체성 / 167
전통적 접근방법 / 165
전환 / 138
접수 / 244
접수 과정 / 246
접수 목적 / 245
접수의 개념 / 244
정체성 / 102
정치적 옹호 / 76
조력자 / 110
조선시대의 구제 / 42
조정자 / 107

조직분석가 / 108
종결 / 368
중간적 수준 / 24
중개자 / 106, 110
중심화 / 146
중재자 / 107, 111
지속가능발전목표 / 50
지식 / 83
지역사회 / 26
지역사회복지 / 102
지역사회사업 / 31
지지집단 / 331
직접관찰법 / 363
진궁구휼 / 42
진단 / 266
진솔한 자세 / 192
진실성 / 190, 250
집단 / 25, 326
집단 구성원 / 338
집단사회사업 / 29
집단옹호 / 76

책무성 / 235
체계 / 135, 167
체계이론 / 167, 168
초 이성형 / 204
초기 면접지 / 255
초점화 / 313
촉매자 / 113
촉진자 / 108, 111
치료 모델 / 333
치료 집단 / 329
치료집단 / 332
침입 / 146

컴퓨터에 의한 표준화 기록 / 239
케이스워크 / 186, 297
클라리언트의 자기결정 / 154
클라이언트 만족도 조사 / 366
클라이언트 체계의 다중성 / 87
클라이언트의 사생활 보호 / 235

태화여자관 / 43
통제된 정서적 관여 / 153, 195
퇴행 / 377
투입 / 138
팀 성원 / 108

편리공생 / 145
평가 / 354
평가제도 / 356
평등 / 34
폐쇄체계 / 137
표적 문제 / 174, 289
표준화된 측정 도구 / 363
표준화한 척도 / 365
피드백 / 139

합리적 정서 치료 / 314
항상성 / 135, 138, 140
행동가 / 112
행동치료 / 315
헌신 / 189
현장 개입가 / 112
협합 / 129
협합설 / 129
환경 속의 인간 / 128, 130
환경 속의 인간 관점 / 128
환경 영향 / 129
환경적 위기 / 176
환기법 / 312
환류 / 139
회유형 / 204
효율성 / 235
훈련가 / 112
힘 또는 권력의 불균형 / 88